"十四五"职业教育国家规划教材

职业教育国家在线精品课程配套教材

国家级精品资源共享课程配套教材

高等职业教育财务会计类富媒体智能型·精品系列教材

U0816463

# 会计信息系统应用

APPLICATION OF ACCOUNTING INFORMATION SYSTEM

（用友ERP-U8V10.1）（第二版）

李娟 主编

东北财经大学出版社
Dongbei University of Finance & Economics Press
大连

**图书在版编目（CIP）数据**

会计信息系统应用 / 李娟主编. —2版. —大连：东北财经大学出版社，2025.8. —（高等职业教育财务会计类富媒体智能型·精品系列教材）. —ISBN 978-7-5654-5777-7

Ⅰ. F232

中国国家版本馆CIP数据核字第2025SS7983号

**会计信息系统应用**

KUAIJI XINXI XITONG YINGYONG

东北财经大学出版社出版

（大连市黑石礁尖山街217号 邮政编码 116025）

网　址：http://www.dufep.cn

读者信箱：dufep@dufe.edu.cn

大连金华光彩色印刷有限公司印刷　东北财经大学出版社发行

幅面尺寸：185mm×260mm　字数：473千字　印张：20.75

2025年8月第2版　2025年8月第1次印刷

责任编辑：王天华　责任校对：孟　鑫

封面设计：原　皓　版式设计：原　皓

书号：ISBN 978-7-5654-5777-7　定价：49.00元

教学支持　售后服务　联系电话：（0411）84710309



如有印装质量问题，请联系营销部：（0411）84710711

# 第二版前言

教育、科技、人才是全面建设社会主义现代化国家的基础性、战略性支撑，必须坚持科技是第一生产力、人才是第一资源。本教材的编写遵循“学业与就业岗位直通，素质拓展与地域文化相融”的办学理念，以济宁市一家工业企业为原型，融入一套完整的经济业务，依托用友U8V10.1平台，全面启动总账管理、薪资管理、固定资产管理、应收款管理、应付款管理和供应链管理等子系统，旨在实现会计信息化全面管理，为培养高端技术技能专门人才奠定基础。

本教材共分十个项目，项目一主要讲解会计信息系统的基础知识、功能框架及实施与运行管理要求；项目二主要讲解系统初始化内容，包括账套的创建与管理和基础设置；项目三主要讲解总账管理子系统的初始设置、日常业务处理和期末处理；项目四主要讲解调用报表模板和自定义报表的处理方法；项目五至项目十主要讲解各子系统的初始设置、日常业务处理和期末处理。

本次修订，旨在紧密贴合企业实际需求，推进会计信息系统在企业的深化应用。此次修改的内容主要有以下方面：一是将思政案例简化提炼，紧扣各学习任务中岗位需求和职业素养，以“明德善思”小栏目对学生进行职业警示；二是查错纠错，将上一版教材各项目任务中存在的错误进行了更正；三是结合获评的“国家在线精品课程”和最新的参考资料，进行相关参考文献的修改。

本教材具有以下特点：

### 1. 融入思政，立德树人

党的二十大报告指出：“教育是国之大计、党之大计。培养什么人、怎样培养人、为谁培养人是教育的根本问题。育人的根本在于立德。”教材充分挖掘课程思政资源，将党的二十大和二十届二中、三中全会精神融入教学内容，针对每个项目精心设计思政案例和案例评析，在潜移默化中引导学生树立爱岗敬业、诚实守信、遵纪守法等人生观、价值观，提高学生会计职业素养和职业操守。

### 2. 校企结合，学岗直通

本教材以济宁市一家工业企业为原型，在教材的编写过程中，编者深入企业，结合企业岗位需求，与企业高管和财务部人员就教学案例的撰写多次进行探讨，结合高职人才培养目标、学生学情特点，经过反复修订，制作了一整套适合大数据与会计专业人才培养的教学案例。

### 3. 案例丰富，课证融通

本教材基于会计信息系统的架构、各子系统之间的数据传递和数据共享，为适应互联网时代的教学需要，针对操作性较强的案例，配套制作了129个微课操作演示，并以二维码的形式呈现在教材中，以便学生学习使用。同时，本教材依据实践环节的教学目标，精心设计了案例，特别是关于供应链管理子系统日常业务的案例完整全面，与“1+X”证书训练内容相融，实现了课证融通。

4. 教改率先，质量取胜

本教材是李娟教授主持的国家级精品课程、国家级精品资源共享课“会计信息化实务操作”，以及2022年职业教育国家在线精品课程“会计信息系统应用”的配套教材。本教材反映了混合课程改革成果，搭建了线上线下混合课程平台，制作了丰富的课程资源，使课前、课中、课后混合教学模式得以实践应用，实现了教改率先，提高了教学质量。

5. 促进交流，资源共享

为提高会计信息系统应用教学质量，我们配套开发了数字化教学资源，包括教学课件、授课教案、教学案例、教学微课、实训账套、同步训练及答案等，为授课教师提供了教学资源保障。授课教师可以登录东北财经大学出版社网站（http：//www.dufep.cn）免费下载数字化教学资源，也可以加入会计信息化讨论QQ群（428108969），进行专业交流与讨论。此外，扫描封底课程二维码，无须登录即可在线学习。

本教材由济宁职业技术学院李娟担任主编，济宁职业技术学院李春燕、张霞、刘艳彤，济宁市工业行业发展服务中心刘建明、马运申，济宁市大明化工设备有限责任公司李承乾，济宁太白湖大学科技园有限公司李明哲，济宁市松岳建设机械有限公司李真，济宁仁诚集团陈瑞美担任副主编。

本教材结合高职人才培养模式要求进行撰写，既可以作为高职院校大数据与会计专业会计信息系统应用课程教学用书，也可以作为“1+X”证书培训的参考用书。

由于编者水平有限，书中难免存在疏漏，如有不当之处，恳请教师和同学们不吝指正，以便今后不断完善。

**编　者**

2025年8月

# 目　录

# 项目一

## 会计信息系统认知基础

学习目标

1. 认知会计信息系统相关概念
2. 复述会计信息系统体系结构及各子系统之间的数据传递关系
3. 掌握会计信息系统与手工核算的区别
4. 了解会计信息系统的新发展

知识点

数据　信息　系统　会计信息　会计信息系统　企业资源计划　供应链管理　客户关系管理　会计软件　试运行　正式运行　会计信息系统的基本构成

技能点

1. 绘制会计信息系统功能结构关系图
2. 复述会计信息系统的运行因素

素养目标

1. 会计是人类社会发展到一定阶段的产物，有了经济活动，无论有没有产品剩余，人们都需要记录、计量和核算。这就是马克思所说的“经济越发展，会计越重要”
2. 会计史就是一部人类文明发展史，了解会计文化就是了解人们在社会实践活动中逐渐创造和形成的一种精神文化、一种管理文化，便于认清规律、把握遵循规律，与时俱进

## 知识结构

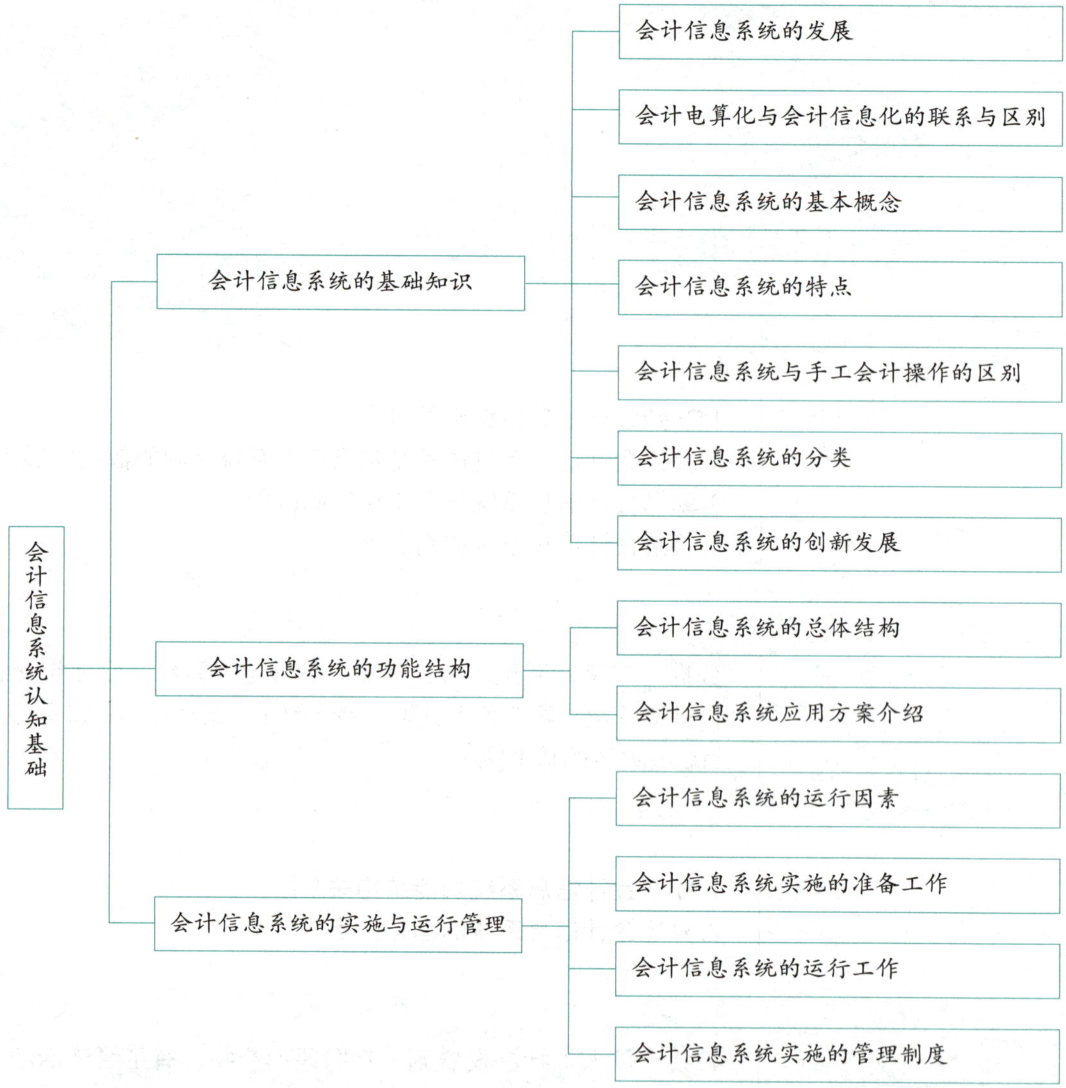


会计信息系统是一个组织处理会计事务，并为组织领导及有关管理人员提供会计信息，辅助组织决策，从而有效地运用有限资源，改变经营管理，提高经济效益的计算机信息系统。会计信息系统是管理信息系统的核心子系统，它为企事业单位提供最重要的经济信息，它连续、系统、全面、综合地反映和监督企业经营状况，并为管理、经营决策提供重要依据。会计信息系统的出现是会计学科发展过程中的一次革命，它不仅大大减轻了财务人员的劳动强度，还提高了会计工作的效率和质量，促进了会计工作的规范化及其工作职能的转变，而且有效推动了会计学科理论的深入研究，为企事业单位的管理现代化奠定了基础。

# 任务一　会计信息系统的基础知识

## 一、会计信息系统的发展

### （一）国外会计信息系统的发展

#### 1. 电算化会计信息系统（20世纪50年代中期以前）

微课

会计信息系统基础知识

1946年，世界上第一台电子计算机在美国诞生，实现了20世纪一场划时代的变革。此后，计算机在航空航天、工业、生物、医学、教育、经济等领域迅速得到广泛应用。1954年10月，美国通用电气公司第一次在计算机上计算职工工资，从而引起了会计处理技术的变革。最初的处理内容仅限于工资计算、库存材料的收发核算等一些数据处理量大、计算简单而重复次数多的经济业务。它以模拟手工会计核算形式代替了部分手工劳动，提高了这些劳动强度较高的工作效率。从此，电算化会计也应运而生。

#### 2. 准现代会计信息系统（20世纪50年代中期至70年代末）

20世纪50年代中期到60年代，人们利用电子计算机对会计数据进行综合处理，系统地提供了经济分析、决策所需要的会计信息，手工簿记系统被电算化信息系统取而代之。这一时期，所开发的系统具有一定的反馈功能，能为基层和中层管理提供信息，但各种功能之间还未实现共享。20世纪70年代，计算机技术迅猛发展，计算机网络的出现和数据库管理系统的应用，形成了应用电子计算机的管理信息系统。企业在管理中全面地应用电子计算机，各个功能系统可以共享储存在计算机上的整个企业生产经营成果的数据库。电算化会计信息系统成为管理信息系统中的一个部分，企业、公司的最高决策也借助计算机系统提供的信息，提高了工作效率和管理水平。

#### 3. 现代会计信息系统（20世纪80年代至今）

20世纪80年代，微电子技术蓬勃发展，微型计算机大批涌现，进入社会的各个领域，包括家庭在内。信息革命逐渐成为新技术革命的主要标志和核心内容，人类进入了信息社会。国际会计师联合会于1987年10月在日本东京召开的以“计算机在会计中的应用”为中心议题的第13届世界会计师大会，成为计算机会计信息系统广泛普及的重要标志。20世纪90年代，随着计算机技术的飞速发展，计算机会计信息系统在国际上呈现广泛普及之势。它集业务处理、信息处理、实时控制和管理决策于一体，不仅仅局限于财务管理，而是面向整个企业管理，充分利用信息技术并克服了电算化会计信息系统的弊端，因此称为现代会计信息系统。

### （二）我国会计信息系统的发展

会计信息系统是管理信息系统的一个重要组成部分，它可以划分为两块内容：一是处理相应的会计信息，完成核算与监督的任务；二是提供辅助信息用于辅助经营者管理和决策。根据会计信息系统结构、功能和开发技术的变化过程，可把我国会计信息系统的发展划分为以下4个阶段：

### 1. 会计信息系统理论研究与开发阶段（20世纪80年代中期以前）

1979年，财政部在长春第一汽车制造厂开启了会计电算化的试点工作，拨款500万元从德意志民主共和国进口电子计算机，尝试将电子计算机技术应用于会计工作。此时的会计信息化工作具有明显的科学研究的色彩，从处理内容看，主要用于工作量大、简单重复的单项会计业务，如会计核算工作和工资发放管理工作；从工作方式上看，仍以手工处理为主，计算机处理为辅；从应用范围上看，仅限于极少数企事业单位；从人员素质上看，掌握使用计算机的是少数计算机专业技术人员，既懂会计业务又懂计算机专业知识的复合型人才奇缺；从软硬件上看，硬件设备主要是中小型计算机，价格昂贵、体积较大、使用不方便，而软件方面还没有中文操作系统，中文处理能力较差，大多数工作是在dBASE III等小数据库上进行的。由于受当时技术、人才、资金等条件的限制，我国对于会计软件的研发还处在较低水平上。

### 2. 商品化会计信息系统开发阶段（20世纪80年代中期至90年代初期）

在20世纪80年代中期，我国培养了一大批既懂会计又懂计算机的复合型人才，他们逐渐认识到解决中国会计电算化问题必须走通用化的道路。1988年，中国会计学会在吉林省召开了第一届会计电算化学术讨论会，主题为“会计信息系统的通用化问题”。1989年，财政部开始组织专家对会计信息系统进行评审，同时出台多项会计信息系统的规范化管理政策。此时的会计信息系统以核算为主，主要功能包括账务处理、报表生成、工资核算、固定资产核算、材料核算、销售核算和库存核算。此时的会计信息系统各模块之间相互独立，结构松散，不能称之为一个整体系统。此外，大多数会计信息系统中只有账务处理模块、报表模块、薪资模块和固定资产模块能够真正投入实际应用，其他模块功能的通用性较差，实际应用面也很有限。

会计信息系统主要是基于DOS环境下的开发工具和小型数据库系统（如dBase、FoxPro等）开发完成的，软件主要运行在DOS操作系统上，而且以单用户为主。少数会计信息系统具有网络功能，网络体系结构也只有文件/服务器（File/Server，F/S）这一种。

### 3. 商品化会计信息系统不断成熟阶段（20世纪90年代中期）

20世纪90年代中期前后推出的商品化会计信息系统一般都不再是探索式开发，而是从一开始就进行规范化总体设计，力求克服开发阶段会计信息系统结构上的缺陷。这些商品化会计信息系统主要使用Windows环境下的开发工具，并在Windows操作系统上运行，大大增强了软件运行的稳定性。与此同时，图形化界面使得软件功能更直观和易于操作。部分软件应用了服务器数据库，如Sybase、Oracle、Informix、SQLServer、Access等，提高了数据的安全性。会计信息系统基本上都具有网络功能，网络结构体系主要有F/S（文件/服务器）和C/S（客户/服务器）两种。

### 4. 会计信息系统向企业管理信息系统发展阶段（20世纪90年代末至今）

进入21世纪，随着我国企业探索新的管理模式的发展，“管理型”会计信息系统逐步被提上日程。与20世纪90年代中期推出的商品化会计信息系统相比，90年代末推出的大型企业管理信息系统不仅局限于解决企业的财务管理问题，更是对企业的资金流、物流和信息流进行一体化、集成化管理。从软件结构上来看，企业管理信息系统各子系统不仅能独立运行，还可以集成一体化运行。从软件功能上来看，不仅包括总账管理、薪资管理、固定资产管理、采购与应付账款管理、销售与应收账款管理、库存管理，还要包括对物料需求计划、生产流程、成本以及对人力资源的管理。

这一阶段，大型企业管理信息系统主要采用32位的开发工具，在Window95以上的平台运行，数据库不再使用桌面数据库，而必须使用服务器数据库。网络体系结构主要采用3层（数据库服务器/应用服务器或事务处理服务器/客户）或多层结构。此外，还要采用Internet/Intranet技术中的浏览器与Web服务器技术，以及电子商务在软件功能中的应用，以实现软件系统数据结构的标准化、跨地区和跨平台运行。

【明德善思】我国会计史源远流长。远古以结绳记事；西周设“司会”，建立初步报告体系；唐宋“四柱清册”实现精准核算；明清“龙门账”“四脚账”完善复式记账。近代中西会计融合，新中国统一会计制度，改革开放后与国际接轨，如今会计信息系统蓬勃发展，助力经济腾飞。我们应严格遵守会计准则，培养严谨的工作作风和敬业精神，养成良好的职业习惯，增强文化自信，厚植爱国情怀。

## 二、会计电算化与会计信息化的联系与区别

### （一）会计电算化与会计信息化的联系

会计电算化与会计信息化两者因为思想架构和产生时代的不同，其内涵也有所不同，但是我们不能否认两者之间有着密切的联系。在全面实现电算化以后，我们进入了信息社会，要求企业对会计业务进行系统化和信息化的管理，这就诞生了会计信息化系统。由此看来，会计电算化是会计信息化的初级阶段，会计信息化是会计电算化在发展过程中结合信息技术产生的，是时代转换的结果。

### （二）会计电算化与会计信息化的区别

#### 1. 提出的背景不同

会计电算化：会计电算化是在1981年中国会计学会在长春市召开的“财务、会计、成本应用电子计算机专题讨论会”上提出来的。它是指将电子计算机技术应用到会计业务处理工作中，用计算机辅助会计核算和管理，通过会计软件指挥计算机替代手工完成或手工很难完成的会计工作，即电子计算机在会计中应用的代名词。

会计信息化：1999年4月在深圳举行的“会计信息化理论专家座谈会”上，根据当时会计电算化的发展状况，会计理论界的专家提出了“从会计电算化到会计信息化”的发展方向，首次明确提出“会计信息化”这一概念。

#### 2. 本质上的不同

首先，会计电算化以单机或者有限的网络作为基础，而会计信息化是以计算机网络和信息资源共享系统为基础，两者区别较大，从电算化到信息化是计算机技术本质的飞跃。其次，推行会计信息系统改变了会计电算化的地位，它成为管理信息化系统的一部分，并且会根据信息化系统的需求输出不同的会计信息提供给其他系统使用，会计信息化是会计电算化从观念上的彻底转变。会计信息化与会计电算化内涵上的不同，主要体现在会计工作目标、技术手段、会计程序、信息输入与输出、系统层次和依据的理论基础等方面。

## 三、会计信息系统的基本概念

### （一）信息

#### 1. 数据和信息

数据是记录客观事物的性质、形态、结构和特征的符号，并能对客观事物的属性进行描述。除各种数值、数据以外，还包括字符、声音、图画及影像等非数值数据。

信息是数据加工后得到的结果，它可以用文字、数字、图形等形式，对客观事物的性质、形式、结构和特征等方面进行反映，帮助人们了解客观事物的本质。

数据和信息的联系与区别：两者从形式上反映的都是客观实体属性的值，但数据强调的是对事实的客观记录，而信息强调的是与人们决策活动的密切联系。信息是数据加工后的结果，但数据未必是信息。在实际工作中，数据和信息往往很难严格区分。这是因为在整个数据处理过程中，经过处理和加工而得到的信息，往往又成为再次数据处理过程中的原料——数据。信息和数据的这种交替过程存在于数据处理的各个领域。

#### 2. 会计信息

会计是以货币作为主要计量单位，采用专门的核算方法，对企业和行政事业单位，乃至整个国家的经济活动进行连续、完整、系统的反映和监督的一种管理活动。

会计信息是指按照一定的需求对会计数据进行加工、计算、分类、汇总而形成的有用的信息。

### （二）系统

#### 1. 系统的概念

系统是指由一系列彼此相关、相互联系又相对独立的若干部分为实现特定目标而建立起来的一个有机整体。

通常大系统中包含着若干个小系统，称为子系统。系统、子系统总是相对的，在特定的情况下，也可以把子系统称为系统。

#### 2. 系统的特点

（1）整体性，是指构成系统的各要素之间存在相互依存的关系，虽然具有不同的性能，但它们通过综合、统一，形成了一个为实现某一目标而组成的具有一定功能的有机整体。

（2）目标性，是指系统在一定环境下，必然要达到特定的目标。虽然各个部分的分工不同，但整体目标却是相同的。目标性贯穿于系统发展的全过程，集中体现着系统发展的总倾向和总趋势。

（3）相关性，是指组成系统的各元素之间或系统与部分之间的相互作用、相互联系、相互依赖和相互制约。

（4）环境适应性，是指环境的变化往往能够引起系统特性的变化，系统要实现预定的目标或功能，必须能够适应外部环境的变化。

### （三）信息系统

信息系统是一个用于收集、存储、管理数据和对用户提供有用信息的人造系统。一个信息系统通常应具备数据的收集和输入、信息的存储、信息的传输、信息的加工、信息的输出（打印、查询）和系统维护等基本功能。

#### （四）会计信息系统（Accounting Information System，AIS）

会计信息系统是管理信息系统的一个子系统，是组织处理会计业务，为企事业单位提供财务会计信息并管理控制企业经济活动的系统。它是以人为主导，基于计算机软硬件、网络信息技术等，对会计信息进行采集、存储和处理，完成会计核算任务，并能为企业管理、分析、决策提供服务的信息系统。它的发展历程包括电算化会计信息系统、准现代会计信息系统和现代会计信息系统。

### 四、会计信息系统的特点

会计信息系统主要具有以下特点：

#### （一）数据来源广泛，数据量大

会计信息系统数据一般占管理信息系统数据总量的70%～80%左右。

#### （二）数据结构和数据处理流程较复杂

会计科目之间存在网状结构，系统内部和外部接口比较复杂。

#### （三）数据处理方法规范

各单位数据的加工处理必须严格执行会计准则和会计制度，并要求留有明确的审计线索，且不能随意更改。

#### （四）数据要求标准高

会计信息系统对会计数据的全面性、真实性、准确性和及时性要求很高。

#### （五）数据安全要求严格

由于数据安全隐患多，会计信息系统对数据处理过程的安全性、保密性有严格的要求，应采用各种有效措施加强防范与管理，保证会计信息系统的安全可靠。

### 五、会计信息系统与手工会计操作的区别

#### （一）改变了原有的组织体系

在手工会计操作中，以会计事务的不同性质为依据对会计工作组织体系进行划分，财务部门一般分为若干个业务核算小组；在会计信息系统中，以数据的不同形态为依据对会计工作组织体系进行划分，一般要设置数据录入、审核、处理、输出和维护等岗位。

#### （二）改进了会计核算形式和方法

手工会计操作下的会计核算形式和某些核算方法并不是会计数据处理本身所要求的，而是为减少或简化计算工作量所致。相比之下，会计信息系统在符合国家统一的会计制度规定的前提下，可以从所要达到的目标出发，设计出业务流程更加合理、更适合计算机处理、效率更高、计算更精确的会计核算形式和核算方法。在使用时，会计人员不必再考虑具体的核算方法，只要财务软件提供的核算是正确的，执行指定的功能，计算机就可以快捷、及时、准确地完成相应的工作。

#### （三）改变了原有的内部控制制度

手工方式下的内部控制方式部分被改变或取消。例如，会计信息系统中的各个账簿

数据取自会计凭证，原手工方式中靠账证核对、账账核对来实现的查错纠错控制已基本不复存在，取而代之的是更加严密的输入控制；会计信息系统本身已建立起了新的岗位责任制和严格的内部控制制度；财务软件增加了权限控制，各类会计人员必须有自己的操作密码和操作权限；系统本身增加了各种自动平衡校验措施。

### （四）改变了账表存储方式，增加了输出过程

手工操作中的总账、明细账、日记账都是严格区分的，并有其特定的格式，存储介质是看得见、摸得着的纸张。在会计信息系统中，会计凭证、账簿和报表的格式及数据是以数据库文件的形式保存在光、电、磁介质上的。当需要查看这些会计资料时，需要执行相应的会计信息输出功能，系统按事先设计的程序，自动从数据库文件中取得数据并进行筛选、分类、计算、汇总，然后按照国家统一的会计制度规定的格式，将指定的凭证、账簿或报表在计算机屏幕显示或由打印机打印出来。

### （五）使会计的管理职能进一步强化

在手工环境下，许多复杂、实用的会计模型，如最优经济订货批量模型、多元回归分析模型等很难在企业管理中得以实施，大部分预测、决策工作需要依赖管理者个人的主观判断。在会计信息系统中，管理人员借助于先进的管理软件工具，可以将已有的会计管理模型在计算机中实现，同时又可以不断研制新的管理模型，管理人员利用模型可以迅速地存储、传递以及调出大量会计信息，进行各种复杂的数量分析，及时、准确、全面地进行会计管理和决策工作。

【请注意】进一步熟悉手工会计操作与会计信息系统操作的不同点，对更好地认知会计信息系统方式下的账务处理有很大的帮助。

## 六、会计信息系统的分类

会计信息系统根据功能层次的高低，可划分为电子数据处理系统、管理信息系统和决策支持系统。

### （一）电子数据处理系统

电子数据处理系统（Electronic Data Processing Systems，EDPS），也叫业务处理系统。在20世纪50年代初期，电子数据处理系统被应用在经营管理工作中的计算机数据处理，特别是会计和统计工作的数据，主要用于运作层的控制管理。电子数据处理系统充分利用了计算机对数据进行快速和大量储存的能力，可以减少业务人员大量重复劳动，适用于各类企业、机关及个体经营者。

### （二）管理信息系统

管理信息系统（Management Information System，MIS），是一个以人为主导，利用计算机硬件、软件及其他办公设备进行信息的收集、传递、存贮、加工、维护和使用的系统。它以企业战略竞优、提高收益和效率为目的，同时支持企业高层决策、中层控制和基层操作。管理信息系统通过提供给管理者需要的信息来实现对组织机构的有效管理。

### （三）决策支持系统

决策支持系统（Decision Support System ，DSS）是辅助决策者通过数据、模型和知识，以人机交互方式进行半结构化或非结构化决策的计算机应用系统。它是管理信息系

统向更高一级发展而产生的先进信息管理系统。它为决策者提供分析问题、建立模型、模拟决策过程和方案的环境，调用各种信息资源和分析工具，帮助决策者提高决策水平和质量。决策支持系统强调的是对管理决策的支持，而不是决策的自动化，它所支持的决策可以是任何管理层次上的，如战略级、战术级或执行级的决策。

## 七、会计信息系统的创新发展

### （一）企业资源计划

企业资源计划（Enterprise Resource Planning，ERP），是由美国计算机技术咨询和评估集团Gartner Group Inc.于1990年提出的一种供应链的管理思想。企业资源计划是指建立在资讯技术基础上，以系统化的管理思想为企业决策层及员工提供决策运行手段的管理平台。ERP系统支持离散型、流程型等混合制造环境，应用范围从制造业扩散到零售业、服务业、银行业、电信业、政府机关和学校等部门，通过融合数据库技术、图形用户界面、第四代查询语言、客户服务器结构、计算机辅助开发工具、可移植的开放系统等对企业资源进行有效的集成。

企业资源计划的核心管理思想就是实现对整个供应链的有效管理，具体体现在三个方面：对整个供应链资源进行管理的思想；精益生产、并行工程和敏捷制造的思想；集成管理思想。ERP是一种主要面向制造行业进行物质资源、资金资源和信息资源集成一体化管理的企业信息管理系统，是一个以管理会计为核心，可以提供跨地区、跨部门，甚至跨公司整合实时信息的企业管理软件。它是针对物资资源管理（物流）、人力资源管理（人流）、财务资源管理（财流）、信息资源管理（信息流）集成一体化的企业管理软件。

ERP系统包括以下主要内容：供应链管理、销售与市场、分销、客户服务、财务管理、制造管理、库存管理、工厂与设备维护、人力资源、报表、制造执行系统（Manufacturing Executive System，MES）、工作流服务和企业信息系统等。此外，还包括金融投资管理、质量管理、运输管理、项目管理、法规与标准、过程控制等补充内容。除了生产企业，许多其他类型的企业，如一些非生产、公益事业的企业也可导入ERP系统进行资源计划和管理。

### （二）供应链管理

供应链管理（Supply Chain Management，SCM），指在满足一定的客户服务水平的条件下，为了使整个供应链系统成本达到最小而把供应商、制造商、仓库、配送中心和渠道商等有效地组织在一起来进行产品制造、转运、分销及销售的管理方法。

供应链管理是企业的有效性管理，表现了企业在战略和战术上对企业整个作业流程的优化。通过整合和优化供应商、制造商、零售商的业务效率，使商品以正确的数量、正确的品质、在正确的地点、以正确的时间、以最佳的成本进行生产和销售。有效的供应链管理可以帮助企业实现四项目标，即缩短现金周转时间、降低风险、实现盈利增长、提供可预测收入。

### （三）客户关系管理

客户关系管理（Customer Relationship Management，CRM），是指企业为提高核心竞

争力，利用相应的信息技术以及互联网技术来协调企业与顾客在销售、营销和服务上的交互，从而改善其管理方式，向客户提供创新式的个性化的客户交互和服务的过程。其最终目标是吸引新客户、保留老客户以及将已有客户转为忠实客户，增加市场份额。客户关系管理是选择和管理有价值客户及其关系的一种商业策略。

客户关系管理包括：市场营销中的客户关系管理、销售过程中的客户关系管理、客户服务过程中的客户关系管理。客户关系管理的实施目标就是通过全面改善企业业务流程的管理来降低企业成本，通过提供更快速、周到的优质服务来吸引和留住更多的客户。作为一种新型管理机制，客户关系管理极大地改善了企业与客户之间的关系，实施于企业的市场营销、销售、服务与技术支持等与客户相关的领域。

### （四）企业资源计划、供应链管理和客户关系管理的关系

企业资源计划、供应链管理、客户关系管理是当前研究的热点，三者之间的关系是：企业资源计划系统在以供应链为核心的管理基础上，增加了客户关系管理，着重解决企业业务活动的自动化和流程改进，尤其是在销售、市场营销、客户服务和支持等与客户直接打交道的前台领域；客户关系管理能帮助企业最大限度地利用以客户为中心的资源（包括人力资源、有形和无形资产），并将这些资源集中应用于现有客户和潜在客户身上。三者在功能上具有一定的重叠和互补性：企业资源计划是一个面向供应链的管理系统，但侧重于企业内部的优化与控制；供应链管理则强调沟通企业上下游的关系，侧重于供应链伙伴的参与与资源运筹调度能力；客户关系管理认为企业的运营应围绕客户来进行，强调对企业的潜在客户和现有客户的管理。

国内外的很多管理软件厂商相继推出了自己的供应链管理、客户关系管理软件，也有些企业资源计划厂商（如企业管理系统SAP）正在以企业资源计划为核心，将供应链管理、客户关系管理、企业门户等各种创新应用整合成为一体化的解决方案。研究企业资源计划、供应链管理及客户关系管理的整合方法，沟通企业内外部的信息联系，对于全面提高企业的竞争力具有重要意义。

## 同步训练

### 一、单项选择题

1.财政部在长春第一汽车制造厂开启会计电算化试点工作的时间是（　　）。

A.1954年　　B.1979年　　C.1981年　　D.1999年

2.构成系统的各要素之间存在相互依存关系，指的是（　　）。

A.目标性　　B.整体性　　C.相关性　　D.环境适应性

3.会计信息系统的运行规程是指保证会计信息系统正常运行的各种制度和（　　）。

A.内部环境　　B.操作流程　　C.内部结构　　D.控制程序

4.在会计信息系统中，对会计工作组织体系进行划分，一般要设置数据录入、审核、处理、输出和维护等岗位，依据是（　　）。

A.数据的不同形态　　B.结构

C.数量　　　　　　　　　　D.加工过程

## 二、多项选择题

1.我国会计信息系统的发展经历的阶段包括（　　）。

A.会计信息系统理论研究与开发阶段

B.商品化会计信息系统开发阶段

C.商品化会计信息系统不断成熟阶段

D.会计信息系统向企业管理信息系统发展阶段

2.系统的特点包括（　　）。

A.整体性　　B.目标性　　C.相关性　　D.环境适应性

3.会计信息系统的组成部分包括（　　）。

A.计算机硬件　　　　　　B.计算机软件

C.会计人员　　　　　　　D.会计信息系统的运行规程

4.会计信息系统的分类包括（　　）。

A.电子数据处理系统　　　　B.管理信息系统

C.决策支持系统　　　　　　D.手工核算系统

## 三、判断题（正确的打“√”，错误的打“×”）

1.会计电算化和会计信息化两者因为思想构架和产生时代的不同，其内涵也有所不同，两者之间没有联系。（　　）

2.会计信息系统中的各个账簿数据取自会计凭证，原手工操作中靠账证核对、账账核对来实现的查错纠错控制已基本不复存在。（　　）

3.在会计信息系统中，会计凭证、账簿和报表的格式及数据是以数据库文件的形式保存在光、电、磁介质上的。（　　）

4.决策支持系统强调的是对管理决策的支持，而不是决策的自动化。（　　）

# 任务二　会计信息系统的功能结构

微课

会计信息系统的功能结构

会计信息系统由若干个子系统组合而成。每个子系统处理特定部分的相关信息，各个子系统之间通过信息的传递相互支持、相互依赖，共同组成一个完整的系统，以便实现会计核算和财务管理一体化的目的。

## 一、会计信息系统的总体结构

会计信息系统的总体结构是指一个完整的会计软件由哪些子系统组成，每个子系统具有哪些功能，以及各子系统之间的相互关系等。一般认为，会计信息系统的功能结构可以分成三个基本部分：财务、购销存和管理分析，每部分由若干子系统所组成。

### （一）财务部分

财务部分主要用于完成会计核算任务，会计核算是对已经发生的经济业务的事后反映。该部分的会计核算业务主要包括：款项和有价证券的收付；财物的收发、增减和使用；债权、债务的发生和结算；资本、基金的增减；收支与成本费用的计算；财务成果的计算和处理以及其他会计事项等。财务部分主要包括总账管理子系统、薪资管理子系统、固定资产管理子系统、应收款管理子系统、应付款管理子系统、成本管理子系统、报表管理子系统和资金管理子系统。其中，总账管理为核心子系统，其他子系统生成的记账凭证都会自动传输到总账管理子系统的凭证库中。

薪资管理子系统的主要任务是及时、准确地输入与职工工资有关的原始数据并计算职工的工资，包括职工应发工资、个人所得税和各种代扣款，编制工资单，汇总分配工资费用和计提劳动保险费等，并生成相应的记账凭证，以便进行工资费用的账务处理和正确地计算产品的成本。固定资产管理子系统的主要任务是完成固定资产管理子系统的初始化，固定资产折旧的计提，固定资产增加、减少、变动的处理以及固定资产月末转账、对账和结账工作。

### （二）购销存部分

购销存部分也称为供应链管理子系统，主要用于生产单位的供应链管理。供应链管理是对物资采购、库存和产品销售等业务进行会计核算与实物管理，它是财务管理与物流管理的有机结合，是对物资进行现代管理的重要内容和手段，也是进行成本核算与管理的重要数据来源。购销存子系统以库存核算和管理为核心，主要包括采购管理子系统、库存管理子系统、销售管理子系统和存货核算子系统。

会计信息系统只有运用财务软件提供的供应链管理子系统，才能使企业做到经济采购、保持合理库存和扩大销售，从而优化现金流转，更好地管理营运资金，提高资金利用效率。

### （三）管理分析部分

管理分析部分一般包括：财务分析、流动资金管理、投资决策、筹资决策、利润分析、销售预测、财务计划、领导查询、决策支持等子系统。会计信息系统功能结构关系如图1-1所示。

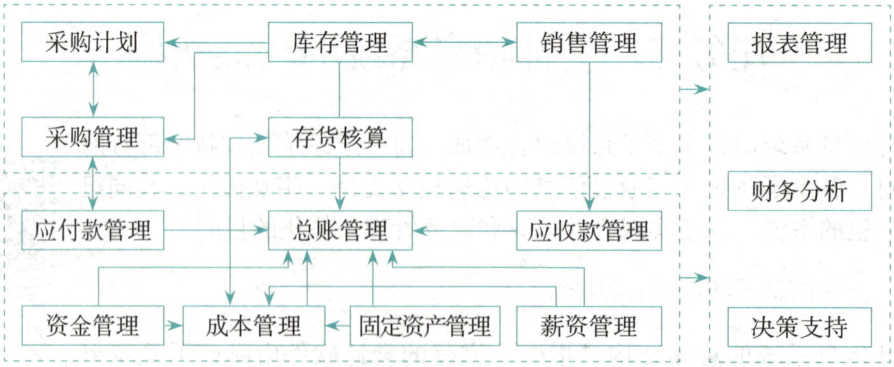


图1-1 会计信息系统功能结构关系

## 二、会计信息系统应用方案介绍

会计信息系统可适应不同的用户需求，企业性质不同，对会计信息系统的需求不同。企业可根据自己的管理情况和人力、财力，选择适合自己的解决方案。

### （一）财务应用方案

财务应用方案适用于仅使用会计信息系统解决会计核算与资金管理的企业。在财务应用方案中，系统构成为总账、应收管理、应付管理、报表，其扩展子系统为薪资管理子系统、固定资产管理子系统、资金管理子系统和财务分析子系统。

财务应用方案：在总账、薪资管理、固定资产管理子系统中，完成日常财务核算，在报表系统中完成相关财务报表的编制。在固定资产管理子系统中进行固定资产的日常管理及折旧的计提；在资金管理子系统中进行企业内、外部存贷款的管理；在财务分析系统中制订各项支出、费用计划并进行相应的考核。

财务应用方案对往来业务一般有两种基本的处理方法：对于往来业务不多、只需要进行简单的往来管理和核算的企业，可以使用总账系统提供的往来管理功能进行往来业务的处理；对于往来业务频繁、需要进行详细和严格的往来管理的企业则可以使用应收、应付子系统，与总账系统集成运行来解决往来管理和核算的需要。

### （二）工业企业应用方案

工业企业应用方案可以全面解决企业会计核算、资金管理和购销存管理的问题。

在工业企业应用方案中，系统构成为财务应用方案中的各子系统及存货核算、库存管理、采购管理、销售管理、成本核算子系统。其扩展系统为采购计划子系统。

工业企业应用方案：财务处理过程与财务应用方案相同。在工业企业应用方案中，针对工业企业的特点增加了处理购销存业务和成本核算的相关子系统，从而使财务系统与购销存业务处理系统集成运行。

### （三）商业企业应用方案

因为不存在产品的生产过程，所以商业企业应用方案除了没有成本核算子系统外，系统构成和应用方案与工业企业应用方案基本相同。

### （四）行政事业单位应用方案

行政事业单位会计核算与财务管理的核心是预算的制定和预算执行情况的统计分析，所以，系统构成为总账、财务分析与报表管理子系统。其扩展系统为薪资管理子系统、固定资产管理子系统。在行政事业单位应用方案中，财政预算和执行情况统计分析由财务分析子系统进行处理。在总账系统中进行会计核算并根据财务分析子系统中制定的预算进行资金控制。

为了促进我国企事业单位管理信息化的发展，这些会计信息化应用方案，将购销存业务处理与会计核算和财务管理紧密结合，形成一个财务业务高度集成的会计信息系统。这些软件也在原有的会计信息系统基础上对系统结构进行了优化，使得软件功能更集中，软件操作更显人性化。购销存业务的记账凭证生成集中在存货核算子系统中处理，操作更简单。

## 同步训练

### 一、单项选择题

1.组成会计信息系统的子系统是（　　）。

A.单个　B.若干个　C.2个　D.3个

2.会计信息系统财务部分主要用于完成的是（　）。

A.账务处理　B.填制凭证　C.编制报表　D.会计核算任务

3.会计信息系统财务部分主要包括总账管理子系统、薪资管理子系统、固定资产管理子系统、应收款管理子系统、应付款管理子系统、成本管理子系统、报表管理子系统和（　）。

A.购销存子系统　B.财务分析子系统

C.资金管理子系统　D.流动资金管理子系统

4.薪资管理子系统的主要任务是及时、准确地输入与职工工资有关的原始数据并计算（　）。

A.计算项　B.固定数据　C.变动数据　D.职工的工资

## 二、多项选择题

1.会计信息系统的功能结构包括（　）。

A.财务　B.购销存　C.管理分析　D.报表

2.购销存子系统以库存核算和管理为核心，主要包括（　）。

A.采购管理子系统　B.库存管理子系统

C.销售管理子系统　D.存货核算子系统

3.工业企业应用方案可以全面解决的问题有（　）。

A.建账　B.企业会计核算　C.资金管理　D.购销存管理

4.固定资产管理子系统要完成的任务有（　）。

A.固定资产管理子系统的初始化　B.固定资产折旧的计提

C.固定资产增加、减少、变动的处理　D.固定资产月末转账、对账和结账工作

## 三、判断题（正确的打“√”，错误的打“×”）

1. 会计信息系统可适应不同的用户需求，企业性质不同，对会计信息系统的需求不同。（　）

2. 会计信息系统只有运用财务软件提供的供应链管理子系统，才能使企业做到经济采购、保持合理库存和扩大销售。（　）

3. 在工业企业应用方案中，系统构成为财务应用方案中的各子系统及存货核算、库存管理、采购管理、销售管理、成本核算子系统。其扩展系统为决策支持等子系统。（　）

4. 购销存业务的记账凭证生成集中在存货核算子系统中处理，操作更简单。（　）

# 任务三　会计信息系统的实施与运行管理

在会计信息系统具体实施过程中，必须制订一个详细的实施计划，对在一定时期要完成的工作有一个具体的安排。这样才能使整个工作有计划、按步骤地进行，有利于合

理安排人力、财力和物力，有利于会计信息化工作的实施与管理。

## 一、会计信息系统的运行因素

会计信息系统是利用信息技术对会计信息进行采集、存储和处理，完成会计核算任务，并能为会计管理、分析、决策提供辅助信息的人机系统。其运行必备的因素有：会计人员、计算机硬件、计算机软件、数据文件和会计信息系统的运行规程，其核心部分是功能完备的会计软件。在信息社会，组织会计工作中常规的、可以程序化的任务将由会计信息系统处理，同时，会计信息系统还可辅助会计人员完成其他管理与决策任务。

微课

会计信息系统的实施与运行管理

### （一）会计人员

会计人员是指会计信息系统的使用人员和管理人员，包括会计主管、系统开发人员、系统维护人员、凭证录入人员、凭证审核人员、会计档案保管人员等。会计人员是会计信息系统中的一个重要组成部分，如果没有一支高水平、高素质的会计人员和系统管理人员队伍，即使有再好的硬件、系统软件、会计软件，会计信息系统也不能稳定、正常地运行。

### （二）计算机硬件

计算机硬件是指进行会计数据输入、处理、存储及输出的各种电子设备，如输入设备有键盘、扫描仪等；数据处理设备有计算机主机等；存储设备有磁盘、光盘等；输出设备有打印机、显示器等。

### （三）计算机软件

计算机软件包括系统软件和应用软件两类。系统软件是保证会计信息系统正常运行的基础软件，如操作系统、数据库管理系统等；在会计信息系统中应用软件主要指会计软件，它是专门用于会计核算和会计管理的软件，是会计信息系统的一个重要组成部分。没有会计软件的信息系统就不能称为会计信息系统，拥有会计软件是会计信息系统区别于其他信息系统的主要特征。

### （四）数据文件

企业在使用系统之前，需要收集和整理详细的企业资料，完善企业会计科目体系，做好会计分岗和操作人员权限的分配。为了做到账证相符、账账相符、账实相符，应做好往来账和银行存款的清理，查清呆账、长期拖欠及未达账项的原因，并按规定报批处理；查清、查实货币资金实存数额；清点各项财产物资，核实各账目期初余额，以保证系统各账目初始数据的准确性。需要整理的数据有：科目余额、各账户的未达账项、自定义项、外币设置、期初余额、结算方式、银行对账期初、常用摘要、凭证类别等。

### （五）会计信息系统的运行制度

会计信息系统的运行制度是指保证会计信息系统正常运行的各种制度和控制程序，如硬件管理制度、数据管理制度、会计人员岗位责任制度、内部控制制度、保密制度等。

## 二、会计信息系统实施的准备工作

会计信息化工作是一项复杂的系统工程，它不仅要满足财务部门的需要，还涉及供应、生产和销售等其他部门。因而应从企业管理的总体目标出发，制订科学的实施计划，保证会计信息化工作顺利、健康地发展。由于企业的规模、管理体制和环境等不同，实施前的准备工作不尽相同。

### （一）完善会计信息系统的运行环境

环境的构建要考虑所购会计软件需配套的计算机硬件配置和系统软件环境，应从分析企业现有手工会计处理的实际情况入手，根据单位财力、管理需要等企业实际情况，设计解决方案。在安装会计软件前，技术支持人员必须首先确保计算机的操作系统符合会计软件的运行要求。一般情况下，技术支持人员应事先对操作系统进行简单的配置，以确保会计软件能够正常运行。在检查并设置完操作系统后，技术支持人员需要安装数据库管理系统。

会计软件的正常运行需要某些支撑软件的辅助。因此，在设置完操作系统并安装完数据库管理系统后，技术支持人员应该安装计算机缺少的支撑软件。在确保计算机操作系统满足会计软件的运行要求，并安装完数据库管理软件和支撑软件后，技术支持人员方可开始安装会计软件，同时应考虑会计软件与数据库系统的兼容性。

### （二）选择适合企业的会计软件

会计软件是指专门用于完成会计工作的计算机应用软件，包括采用各种计算机语言编制的一系列指挥计算机完成会计工作的程序代码和有关的文档技术资料。它用于配合计算机完成记账、算账、报账，以及部分会计管理和会计辅助决策工作。

企业开展会计信息化工作，选择适合企业自身的会计软件是至关重要的。目前会计软件种类繁多，根据不同的标准，可划分为以下不同的类型：

（1）按适用范围可划分为通用会计软件、行业会计软件和专用会计软件。

（2）按提供信息的层次可划分为核算型会计软件、管理型会计软件与决策型会计软件。

（3）按硬件结构可划分为单用户会计软件、网络会计软件。

企业选择的会计软件，应当符合我国法律、法规、规章的规定，符合《会计软件基本功能和服务规范》的要求，符合企业会计核算的要求，同时考虑软件的合法性、安全性、正确性、可扩充性和满足审计要求等方面的问题，保证会计数据的合法、真实、准确、完整，软件的功能应满足本单位当前的实际需要，并考虑今后工作发展的要求。

### （三）培训会计信息系统应用人员

试运行前，单位会计部门应根据会计信息系统应用人员应具备的知识结构、会计软件的操作规范要求及会计人员的具体情况，对全体会计人员进行相应的培训。培训可分为初级、中级、高级三个层次：

（1）大部分会计人员要通过初级培训，掌握计算机和会计核算软件的基本操作技能。

（2）一部分会计人员要通过中级培训，能够对计算机系统环境进行一般维护，对会计软件进行参数设置，以及对会计核算信息进行简单的分析和利用。

（3）少部分会计人员要通过高级培训，能够进行会计软件的分析和设计。

## 三、会计信息系统的运行工作

### （一）会计信息系统的试运行

试运行也称并行，是指同时使用会计信息系统与手工会计系统两种方式进行会计业务处理的过程。其主要任务是：检验两种方式下核算结果的一致性；检查会计信息系统是否充分满足要求；完善各项信息化管理制度。并行期间还要适当安排好实施进度，定期检查，及时总结，如果实施效果不理想，应及时向软件公司或有关方面的专家咨询，修订实施方案，及时发现并解决问题，缩短并行时间。

并行起始时间应放在年初或季初等特殊会计时期，并行时间长度为3个月（最长不超过6个月）。在并行阶段，通过两种方式下的数据对比，主要检查各种核算方法的正确性、检验会计科目体系的正确性和完整性、考查操作熟练程度、纠正业务处理流程错误。并行期间的会计档案应以手工会计系统的会计档案为主，以会计信息系统的会计档案为辅。如果两种方式的核算结果不一致，要查明原因，纠正错误。

### （二）会计信息系统的正式运行

当会计信息系统经过一定时期的试运行，达到有关要求规定后，就要甩掉手工会计系统，由计算机完成会计核算管理工作，会计软件的正式运行是在试运行后进行的。

系统正式运行的要求如下：采用的会计核算软件已通过评审；双轨运行至少3个月，计算机与手工核算必须取得一致的结果；配备的会计软件和相关服务，应当符合国家统一的会计软件功能和服务规范的规定；已配备相应的会计信息化工作人员；已建立严格的内部管理制度。

【动脑筋】通过以上的学习，你知道会计信息系统运行前要做好哪些工作吗？

## 四、会计信息系统实施的管理制度

### （一）建立岗位责任制度

实行会计信息化后，财务部门应根据企业规模和实际情况需要，对岗位进行设置并明确各个岗位的职责范围。建立健全岗位责任制，一方面可以加强内部牵制，保护系统财产安全；另一方面可以提高会计信息化工作效率。由于各单位性质不同，管理特点、会计业务不同，其机构和岗位分工也不完全相同。具体岗位设置，要根据本单位实际情况进行安排，目标是有利于会计信息化的工作管理，有利于系统的正常运行，有利于企业推进计算机的应用。

会计信息化后的工作岗位可以分为基本会计岗位和信息化会计岗位。

（1）基本会计岗位，包括会计主管、出纳、会计核算各个岗、稽核、会计档案管理等。

（2）信息化会计岗位，包括电算主管、软件操作、审核记账、系统维护、电算审查、数据分析等。

各个岗位都有相应的操作权限，每个人都应该严格按照操作规程运行系统。对于中小型企业，有时一人可以兼任多个会计岗位，这样不仅可以加强会计信息化工作管理，而且能提高工作效率。但会计岗位的设置应该注意满足内部牵制制度的要求，譬如：出纳岗位和记账审核岗位不能是同一人；软件开发人员不能操作软件处理会计业务。

### （二）建立健全软、硬件设备管理制度

为了保障计算机软、硬件设备的安全运行，强化维护管理，为会计软件提供良好的运行环境，需要制定相应的计算机软、硬件维护管理制度，如会计信息化操作管理制度，计算机硬件、软件和数据管理制度，机房管理制度等。

（1）硬件设备的维护是指对计算机硬件进行检测、功能修复及零部件配置工作。设备安全和计算机的正常运行是进行会计信息化的前提条件，要经常对有关设备进行保养，保持设备的整洁，防止意外事故的发生。硬件设备的检测工作由系统维护人员负责进行。

（2）软件的维护是指要确保会计数据和会计软件的安全保密，防止对数据和软件的非法修改和删除，对磁盘介质存放的数据保存要双备份。对正在使用的会计信息化软件进行修改、对通用会计软件进行升级，要有一定的审批手续。在软件修改、升级过程中，要保证实际会计数据的连续和安全，并由有关人员进行监督。

### （三）建立完善的档案管理制度

会计信息系统应用后，会计档案分为采用磁盘、光盘等介质存储和纸介质存储两种方式。可采取以一种形式为主、另一种形式为辅，或者两种形式并重的方法管理，保存期限按照《会计档案管理办法》的规定执行。

会计档案管理主要是建立会计档案的立卷、归档、保管、调阅、销毁等制度。会计信息化档案管理制度主要内容包括：

#### 1. 档案的收集

所谓会计信息化档案的收集，是指在一定的时间间隔内（如一个会计年度），把计算机系统中的所有会计数据拷贝（备份）存储到磁性介质或光盘上，从而形成脱离于原计算机系统的会计档案。

#### 2. 档案的保存与管理

由于会计电算化档案是存储在磁性介质或光盘上的，根据这些信息载体的物理特性，在形成这些档案时就进行数据的备份，注明形成档案的时间与操作员姓名，存放在两个不同地点。注意防潮、防热、防尘、防磁的场所，对采用磁性介质保存的档案还应定期进行检查复制，防止由于磁性介质的损坏而使会计档案丢失，造成无法挽回的损失。

#### 3. 档案的安全保密

会计信息化档案管理是重要的会计档案保管工作，要严格按照财政部有关规定的要求对会计档案进行管理，由专人负责。

#### 4. 档案的保管方法

通用会计软件、定点开发会计软件、通用与定点开发相结合会计软件的全套文档资料以及会计软件程序，视同会计档案保管，保管期截至该软件停止应用或有重大更改之后的5年。

保管期满的会计电算化档案，由档案保管人员向单位负责人提出销毁意见，编制会计电算化档案销毁清册，列明应当销毁的档案名称、编号、数量、起止年度、应保管期

限等内容。单位负责人在会计电算化档案销毁清册上签署意见，实施销毁时，应当由单位档案机构、会计机构及主管部门派人监销，并将实际销毁内容与销毁清册进行准确核对。销毁后监销人员在销毁清册上签字并将监销情况报告单位负责人。

### （四）完善执行上机操作管理制度

为了加强会计信息系统的操作管理，保证会计软件的正常运行和会计信息的安全、完整，操作人员必须按照会计电算化岗位责任制中明确的职责范围进行会计软件的操作。严禁越权操作，防止操作事故发生。

同时要落实各岗位的职责范围。电算主管一般具有最高的权限；软件操作人员应严格按照特定的权限进行操作，凭证输入人员和审核记账人员不能是同一人；电算维护人员必须按有关的维护规定进行操作，除了系统维护员之外，其他人员不得直接打开数据库文件进行操作，不允许随意增删和修改数据、源程序和数据库文件结构；软件开发人员、专职电算维护员和档案保管员不允许进行系统性操作。

【明德善思】会计岗位责任制度要求坚持“不相容职务分离”原则，将授权批准、业务经办、会计记录等职能分设岗位、相互牵制。既通过流程制衡筑牢财务数据真实完整的“防护墙”，又传递“自律与监督并重”的深刻内涵。警示会计人员以诚信为本坚守职业底线，以廉洁奉公之姿履行岗位职责，在岗位间的相互制约中培养严谨规范的工作作风，让公正透明的价值理念深植于每一笔账务处理，护航财经秩序在新时代行稳致远。

## 同步训练

### 一、单项选择题

1.会计软件按提供信息的层次可划分为核算型、管理型与（　　）。

A.数据型　　B.决策型　　C.功能型　　D.协调型

2.企业开展会计信息化工作，至关重要的是选择适合企业自身的（　　）。

A.核算程序　　B.计算机软件　　C.计算机硬件　　D.会计软件

3.企业在使用系统之前，首先需要收集和整理详细的企业资料，完善企业会计科目体系，做好会计分岗和（　　）。

A.分配操作人员的权限　　B.客户档案

C.供应商档案　　D.期初数据

4.硬件设备的维护是指对计算机硬件进行检测、功能修复和（　　）。

A.更新　　B.清理

C.零部件配置工作　　D.采购

### 二、多项选择题

1.会计信息系统运行前除了会计人员外，其他应必备的因素有（　　）。

A.计算机硬件　　B.计算机软件　　C.数据文件　　D.运行规程

2.保管期满的会计电算化档案，由档案保管人员向单位负责人提出销毁意见，编制会计电算化档案销毁清册，除了应保管期限外，还需列明应当销毁的内容有（　　）。

A.档案名称　　B.编号　　C.数量　　D.起止年度

3.不允许进行系统性操作的人员有（　　）。

A.软件开发人员　　B.凭证录入人员

C.专职电算维护人员　　D.档案保管人员

4.为了保障计算机软、硬件设备的安全运行，强化维护管理，为会计软件提供良好的运行环境，需要制定的相应计算机软、硬件维护管理制度有（　　）。

A.会计制度　　B.计算机硬件、软件和数据管理制度

C.机房管理制度　　D.会计信息化操作管理制度

三、判断题（正确的打“√”，错误的打“×”）

1. 会计信息系统的运行制度是指保证会计信息系统正常运行的各种制度和控制程序，通常包括硬件管理制度、数据管理制度、会计人员岗位责任制度、内部控制制度、保密制度等。（　　）

2. 会计软件是指专门用于完成会计工作的计算机应用软件，包括采用各种计算机语言编制的一系列指挥计算机完成会计工作的程序代码和有关的文档技术资料。（　　）

3. 并行阶段，通过会计信息系统和手工会计系统两种方式下的数据对比，主要检查各种核算方法的正确性、检验会计科目体系的正确性和完整性、考察操作熟练程度、纠正业务处理流程错误。（　　）

4. 基础会计岗位包括电算主管、软件操作、审核记账、系统维护、电算审查、数据分析等工作岗位。（　　）

## 思考题

1. 我国会计信息化的发展经历了哪些阶段？
2. 会计信息系统的分类有哪些？
3. 什么是会计信息系统？试分析会计信息系统与手工会计系统的区别。
4. 会计信息系统的总体结构由哪些部分构成？
5. 会计信息系统的运行因素有哪些？
6. 简述会计信息系统实施的准备工作。
7. 简述会计信息系统实施的管理制度。

# 项目二

## 系统管理与基础设置

**学习目标**

1. 认知电算主管岗位工作范畴及应具备的相关知识
2. 分析系统管理的不同使用者及各自操作权限的异同点
3. 掌握系统管理的功能结构并能熟练掌握操作流程
4. 学会基础设置的功能结构并能熟练掌握操作流程
5. 复述电算主管岗位与其他工作岗位之间的数据传递关系

**知识点**

电算主管　系统管理　系统管理员　账套主管　账套
部门档案　人员类别　人员档案　地区分类　客户分类
客户档案　供应商分类　供应商档案

**技能点**

建立账套　修改账套　账套引入　账套输出　账套库管理
部门档案设置　人员档案设置　客户分类设置　客户档案设置
供应商分类设置　供应商档案设置

**素养目标**

1. 遵守国家财经法律法规及规章制度，严肃财经纪律，营造良好的经济运行环境
2. 合理控制资金流向，防止资金流失，杜绝贪污腐败，严格遵守国家有关制止“账外账”“小金库”的法律法规

## 知识结构

- 系统管理与基础设置
  - 系统初始化应用基础
    - 系统初始化
    - 信息化会计岗位划分
  - 系统管理
    - 系统管理的主要功能
    - 系统管理的使用者
    - 系统管理操作的基本流程
    - 系统管理的功能
  - 基础设置
    - 机构人员基础信息设置
    - 客商基础信息设置
    - 存货基础信息设置
    - 财务基础信息设置
    - 收付结算基础信息设置
    - 供应链基础信息设置
    - 其他基础信息设置

## 案例导入

2021年1月1日，山东泰恒建设机械有限公司实行会计信息化管理，财务部主管高文博会同用友公司技术人员完成了会计信息化账套的建立工作。公司账套的基本信息如下：

（1）账套信息。账套号：666。账套名称：山东泰恒建设机械有限公司。账套路径：采用系统默认路径。启用会计期：2021.1。会计期间设置：1月1日至12月31日。

（2）单位信息。单位名称：山东泰恒建设机械有限公司。单位简称：泰恒建设机械。单位地址：山东省济宁市金宇路88号。法定代表人：张启鸿。税号：

91370800876543211R。邮政编码：272000。联系电话及传真：0537-2232137。电子邮件：taihengjx@126.com。

（3）核算类型。本币名称：人民币（RMB）。企业类型：工业。行业性质：2007年新会计制度科目。账套主管：高文博。按行业性质预置会计科目。

（4）基础信息。该企业有外币核算，进行经济业务处理时，需要对存货、客户、供应商进行分类。

（5）分类编码方案。科目编码级次：4222。其他编码级次设置采用默认值。

（6）数据精度。采用系统默认值。

（7）系统启用。总账，启用日期为“2021年1月1日”。

思考：

（1）建立账套的意义是什么？

（2）建立账套的主要内容包括哪些？

# 任务一　系统初始化应用基础

## 一、系统初始化

### （一）系统初始化的含义及作用

系统初始化是系统首次使用时，根据企业的实际情况进行参数设置，并录入基础档案与初始数据的过程，即将手工会计工作转化为电算化工作所进行的一系列准备工作。

系统初始化是整个会计信息化工作的前提和基础，是将通用的会计软件转变为满足特定企业需要的会计系统，使手工环境下的核算和数据处理工作在计算机环境下得以延续和正常运行。系统初始化工作本身对技术性、专业性要求较高，工作量较大，涉及范围较广，所以必须给予充分重视，为会计信息系统正常运行打下良好的基础。

### （二）系统初始化的内容

系统初始化的内容包括系统级初始化和模块级初始化。

#### 1. 系统级初始化

系统级初始化主要是设置会计软件所公用的数据、参数和系统公用的基础信息，主要包括：创建账套并设置相关信息、增加操作员并设置权限，以及设置系统公用基础信息。其初始化的内容涉及多个子系统的运行，不特定专属于某个子系统。

创建账套并设置相关信息，是指根据本企业的具体情况建立会计数据库，包括根据会计软件提供的模板建立用户数据库，设置账套的相关参数。

增加操作员并设置权限，是指将会计人员的信息和权限添加到会计软件中的过程。在符合内部控制制度和不相容职务相分离的前提下，在会计软件中完成会计软件操作权限的分配。

微课

系统初始化应用基础

设置系统公用基础信息，主要是设置各种档案信息，如机构人员、客商信息、存货信息、财务信息、收付结算和业务信息等。

2. 模块级初始化

模块级初始化即子系统初始化，是设置特定子系统运行过程中所需要的参数、数据和子系统的基础信息，以保证其按照企业的要求正常运行。具体包括设置系统控制参数、设置基础信息和录入初始数据等内容，通常在各子系统的［设置］功能中完成。

设置系统控制参数，是针对各子系统的参数设置。具有相应权限的用户均可结合会计核算或业务管理的特点与要求，对账套中的各种运行参数进行适当的定义。只有对系统控制参数进行设置后，会计软件才能满足本企业或本部门的处理要求。具体包括总账管理子系统参数设置、薪资管理子系统参数设置、固定资产管理子系统参数设置等。

设置基础信息。会计软件中不同子系统的基础信息各不相同，包含会计软件各个子系统运行中可能涉及的所有信息项目的设置，如薪资管理子系统中的人员类别设置、工资项目设置等；固定资产管理子系统中部门对应的折旧设置、资产类别设置、增减方式设置等。为满足会计软件适用于本企业的具体情况，应该对各个子系统的基础信息进行设置。

录入初始数据。录入初始数据包括设置会计科目（设置账户）和录入初始余额两项内容，也称账务系统的初始化。设置会计科目是指在系统中建立起用于会计核算的会计科目（账户）体系；而录入初始余额是指为保证经济业务和会计数据的连续性，将其手工系统中的总账、明细账、辅助账中各科目的相关余额移植到会计软件系统中来，以便在会计软件中开展会计核算工作。

## 二、信息化会计岗位划分

在首次开展会计信息化工作前，各单位可以根据内部牵制制度的要求和本单位的工作需要，对会计岗位的划分进行调整并设立必要的工作岗位。会计信息化后的工作岗位可分为基本会计岗位和信息化会计岗位。

### （一）基本会计岗位

基本会计岗位可分为：会计主管、出纳、会计核算各个岗、稽核、会计档案管理等工作岗位。既可以一人一岗，也可以一人多岗或者一岗多人，但应当符合内部牵制制度的要求，如出纳人员不得兼管稽核、会计档案保管和收入、费用、债权、债务账目的登记工作。

### （二）信息化会计岗位

信息化会计岗位是指直接管理、操作及维护计算机和会计核算软件的工作岗位。实行会计信息化的单位要根据计算机系统操作、维护、开发的特点，结合会计工作要求划分信息化会计岗位。大中型企业和使用大规模会计信息化系统的单位，可以考虑设立如下岗位：

#### 1. 电算主管岗位

电算主管岗位负责协调计算机及会计软件系统的运行工作。此岗位要求具备会计和计算机知识以及相关的会计电算化组织管理的经验，可由会计主管兼任。

**2. 软件操作岗位**

软件操作岗位负责输入记账凭证和原始凭证等会计数据，输出记账凭证、会计账簿、报表和进行部分会计数据的处理工作。此岗位要求具备会计软件操作知识，达到会计信息化初级知识培训水平。各单位应鼓励基本会计岗位的会计人员兼任软件操作岗位的工作。

**3. 审核记账岗位**

审核记账岗位负责对输入计算机的会计数据（记账凭证和原始凭证等）进行审核，操作会计软件登记机内账簿，对打印输出的账簿、报表进行确认。此岗位要求具备会计和计算机知识，达到会计信息化初级知识培训水平，该岗位可由主管会计兼任。

**4. 电算维护岗位**

电算维护岗位负责保证计算机硬件、软件的正常运行，管理机内会计数据。此岗位要求具备计算机和会计知识，经过会计信息化中级知识培训。采用大型、小型计算机和计算机网络会计软件的单位，应设立此岗位。在大中型企业中，该岗位应由专职人员担任。

**5. 电算审查岗位**

电算审查岗位负责监督计算机及会计软件系统的运行，防止利用计算机进行舞弊。该岗位要求具备会计和计算机知识，达到会计信息化中级知识培训水平。此岗位可由会计稽核人员兼任。

**6. 数据分析岗位**

数据分析岗位负责对计算机内的会计数据进行分析。该岗位要求具备计算机和会计知识，达到会计信息化中级知识培训的水平。该岗位可由会计主管兼任。

【请注意】上述信息化会计岗位中，软件操作岗位与审核记账、电算维护、电算审查岗位为互不相容岗位。

在实施会计信息化过程中，各单位可根据内部牵制制度的要求和本单位的工作需要，参照对会计信息化岗位的划分进行调整和设立必要的工作岗位。基本会计岗位和信息化会计岗位，可在保证会计数据安全的前提下交叉设置，各岗位人员要保持相对稳定。

## 同步训练

### 一、单项选择题

1. 对技术性、专业性要求较高，工作量较大，涉及范围较广，属于整个会计信息化前提和基础的工作是（　　）。

A. 日常管理　　B. 系统初始化　　C. 期末处理　　D. 记账

2. 采用中小型计算机和计算机网络会计软件的单位，会计主管可以兼任的岗位是（　　）。

A. 出纳人员　　B. 电算主管　　C. 仓库保管员　　D. 软件操作人员

3. 负责对输入计算机的会计数据（记账凭证和原始凭证等）进行审核，操作会计软件登记机内账簿，对打印输出的账簿、报表进行确认的岗位是（　　）。

A. 审核记账　　B. 电算维护　　C. 电算主管　　D. 数据分析

4. 系统级初始化主要是设置会计软件所公用的数据、参数和系统公用的基础信息，下列各项属于系统初始化情况的是（　　）。

A. 首次使用财务软件　　B. 第二年使用财务软件

C. 重复使用财务软件　　D. 最后一年使用财务软件

5. 系统初始化的内容涉及多个子系统的运行，下列各项属于系统初始化特征的是（　　）。

A. 特定专属于某个子系统　　B. 可重复用于某个子系统

C. 不特定专属于某个子系统　　D. 专属于某些子系统

## 二、多项选择题

1. 电算主管的工作内容包括（　　）。

A. 会计软件运行环境的建立　　B. 各项系统初始化工作

C. 会计软件的日常运行管理　　D. 监督并保证系统的有效、安全、正常运行

2. 电算主管具体职责包括（　　）。

A. 输出账表　　B. 检查凭证数据的正确性

C. 及时检查工作　　D. 系统维护

3. 下列各项属于信息化会计工作岗位的有（　　）。

A. 电算主管　　B. 审核记账　　C. 电算维护　　D. 数据分析

4. 系统级初始化主要是设置会计软件所公用的数据、参数和系统公用的基础信息，主要工作有（　　）。

A. 创建账套　　B. 设置相关信息

C. 负责计算机输出账表　　D. 凭证的数据正确性

5. 系统初始化的内容包括（　　）。

A. 建账　　B. 录入期初余额　　C. 系统级初始化　　D. 模块级初始化

## 三、判断题（正确的打“√”，错误的打“×”）

1. 电算主管负责协调计算机及会计软件系统的运行工作，要求具备会计和计算机知识，以及相关的会计电算化组织管理工作经验。（　　）

2. 模块级初始化是设置特定子系统运行过程中所需要的参数、数据和本子系统的基础信息，以保证其按照企业的要求正常运行。主要包括设置系统控制参数、设置基础信息和录入初始数据等内容。（　　）

3. 设置系统公用基础信息，主要是设置各种档案信息，如客户分类、供应商分类、地区分类、客户档案、供应商档案和职工档案等。（　　）

4. 系统初始化是整个会计信息化工作的日常业务处理工作，是将通用的会计软件转变为满足特定企业需要的会计系统，使手工环境下的核算和数据处理工作在计算机环境下得以延续和正常运行。（　　）

5. 录入初始数据包括设置会计科目（账户）和录入初始月两项内容，也称账务系统的初始化。（　）

# 任务二　系统管理

## 一、系统管理的主要功能

系统管理是会计信息系统运行的基础，它为各个子系统提供了一个统一的操作平台（公共账套），各子系统的操作员需要在系统管理中统一设置并分配功能权限，从而实现对各个子系统的统一管理。系统管理的主要功能包括账套管理、权限管理、账套库管理、系统安全维护等。

### （一）账套管理

账套是一组相互关联的数据，是在会计软件系统中为每一个独立核算的企业所建立的一套完整的账务体系。账套管理是对账套的统一管理，包括账套的建立、修改、引入和输出（恢复备份和备份）等功能。

### （二）权限管理

为了保证会计信息系统的数据安全与保密，系统提供了操作员及操作权限的集中管理功能，以便在会计信息系统上进行操作分工及权限控制。通过对系统操作的分工和权限的管理，一方面可以避免与业务无关的人员进入系统，另一方面可以对会计信息系统所含的各个子系统的操作进行协调，以保证系统的安全与保密。操作权限的集中管理包括设定系统用户、定义用户的角色以及设置用户的权限等功能。

### （三）账套库管理

一个账套对应一个独立核算的经济实体，一个账套库包含了这个经济实体的一个或多个年度账数据。在系统管理中，用户不仅可以建立多个账套，而且每一个账套中可以由一个或若干个账套库组成。账套库管理包括：账套库建立、账套库初始化、清空账套库数据、引入和输出账套库等功能。对账套库的管理只能由账套主管进行。

### （四）系统安全维护

为了使会计信息系统在一个安全、稳定的环境下运行，系统管理提供了各项安全保障功能，以确保系统运行安全、数据存储安全。系统安全维护包括系统运行监控、设置数据自动备份计划、清除系统运行异常任务、记录上机日志和刷新等功能。

## 二、系统管理的使用者

系统管理的使用者有系统管理员和账套主管。

### （一）系统管理员

系统管理员负责整个应用系统的总体控制和维护工作，可以管理该系统中所有的账套。以系统管理员身份注册进入，可以进行账套的建立、引入和输出，设置操作员和权限，监控系统运行过程，清除异常任务等。

系统管理员是系统中权限最高的操作员，可以管理该系统中所有的账套。负责系统的数据安全和运行安全。通用会计信息系统中一般预置默认的系统管理员及口令，企业在正确安装应用系统后，应该及时更改系统管理员的密码，以保障系统的安全。

【例 2-1】以系统管理员“admin”的身份登录系统管理。

操作路径：双击桌面快捷方式［系统管理］，执行［系统］—［注册］命令，打开［登录］对话框，输入操作员“admin”，密码为空，选择系统默认账套“（default）”，单击［登录］按钮，以系统管理员身份进入系统管理，如图 2-1 所示。

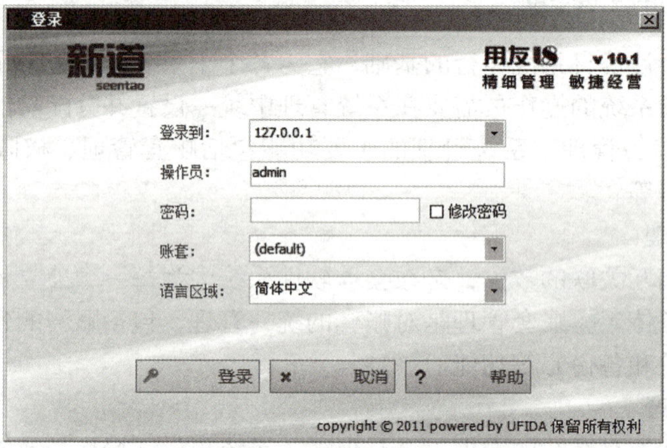


图2-1　系统登录

### （二）账套主管

账套主管负责所选账套的维护工作，主要包括对所管理的账套进行修改、对账套库进行管理（建立账套库、账套库初始化、清空账套库数据、引入及输出账套库账），以及设置该账套操作员权限。

对所管辖的账套来说，账套主管级别最高，拥有所有子系统的操作权限。由于账套主管是由系统管理员指定的，因此第一次必须以系统管理员的身份登录系统管理，建立账套和指定相应的账套主管之后，才能以账套主管的身份登录系统管理。

【请注意】系统管理员（admin）是系统管理中权限最高的操作员，负责系统的数据安全和运行安全。在安装用友软件后，系统管理员应该及时更改密码，以防止其他操作人员任意使用其权限。设置（更改）系统管理员密码的方法：在系统管理员［登录］对话框中，输入操作员密码后，单击［修改密码］复选框，单击［登录］按钮，在弹出的［设置操作员密码］对话框中，可进行密码设置或修改。

## 三、系统管理操作的基本流程

对于系统管理模块的操作，新用户和老用户的操作流程是不一样的。

### （一）新用户的操作流程

首次启用系统的操作流程如图 2-2 所示。

### （二）老用户的操作流程

以后年度使用系统的操作流程如图 2-3 所示。

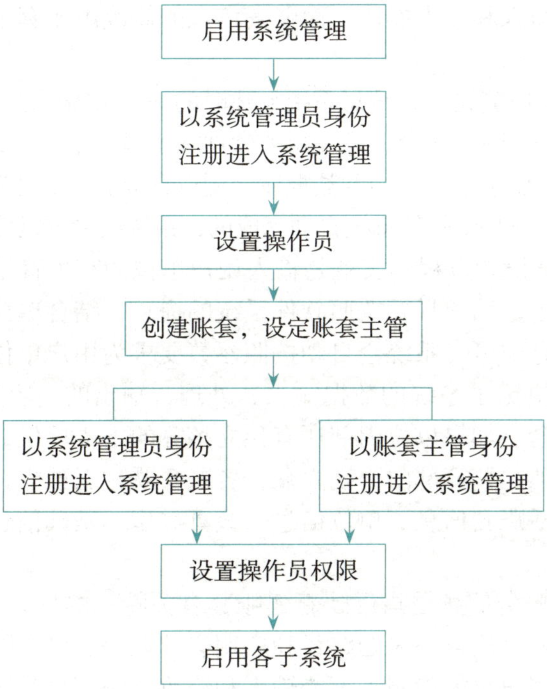


图2-2　新用户的操作流程

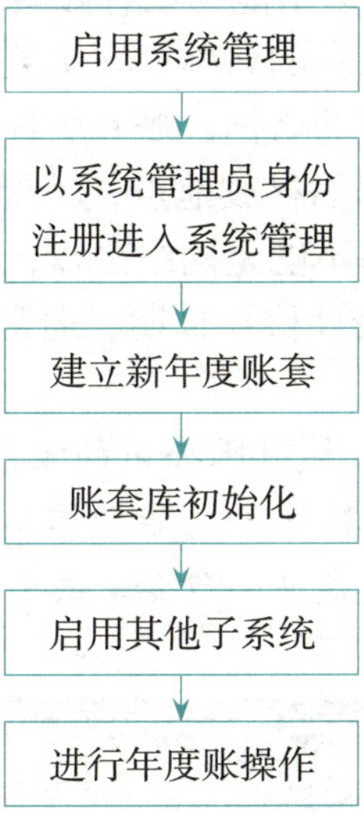


图2-3　老用户的操作流程

## 四、系统管理的功能

### （一）账套管理

账套是指核算单位所建立的一套独立完整的账簿体系。一般一个企业只用一个账套，如果企业有几个独立核算的下属单位，就可以建立相应数目的账套。账套之间是相对独立的，即建立、删除或修改一个账套中的数据，不会对其他账套有任何影响。账套管理是对账套的统一管理，包括账套的建立、修改、引入和输出。其中，系统管理员有权进行账套的建立、引入和输出操作，而账套信息的修改由账套主管负责。

### 1. 建立账套

微课

建立账套

建立账套是会计信息系统初建时的一个必需的步骤，是所有会计业务处理的前提。建立账套，是在财务软件环境里为本企业或本核算单位创建一个符合核算要求的一系列的数据库，用以存放凭证、账簿等各类数据信息。账套建立过程是由软件系统自动完成的，系统最多可以建立999个账套。

账套设置过程其实就是输入用户单位的有关背景资料和环境参数的过程。在设置账套过程中，用户只要按照软件系统的提示，结合单位的实际情况，选择输入各项参数或说明信息即可，系统会自动按照参数要求为用户单位建立一套独立完整的账簿体系。账套参数决定了系统的数据输入、处理、输出的内容和形式。一般情况下，一个单位对应一个账套。如果单位内部还有独立核算的下级单位，或下设多个独立核算的部门，则可给每个独立核算部门分别立账，各账套既相互独立，又可实现数据共享。

账套参数主要包括账套信息、单位信息、核算类型、基础信息、编码方案、数据精度、系统启用等内容。

（1）账套信息。账套信息是指反映新建账套有关特征的信息。具体包括已存账套、账套号、账套名称、账套语言、账套路径和启用会计期等。已存账套是指已经建立并保存在系统中的账套。用户只能参照，不能输入和修改。账套号是区分不同账套的唯一标识，可以自行设置3位数字表示，但不能与已存账套号相同，设置后不允许修改。账套名称是指供用户识别，用于新建账套的名称。在多数情况下，账套名称与单位名称是统一的，即以单位名称作为新建账套的名称，账套名称可以由账套主管在修改账套功能中进行修改。账套路径是指账套数据的存放地点，系统一般默认为用友U8V10.1软件的安装路径，也可以选择其他路径，但不能是网络磁盘，账套路径一旦设定不能修改。启用会计期是指新建账套开始使用的会计核算日期，通常为某年1月份，启用日期应在新建账套时设定，且一旦设定不能更改。

【例2-2】根据山东泰恒建设机械有限公司的案例资料，以系统管理员“admin”身份登录系统管理，完成会计信息化账套的［账套信息］设置工作。

操作路径：执行［账套］—［建立］命令，打开［创建账套］—［账套信息］对话框，如图2-4所示。

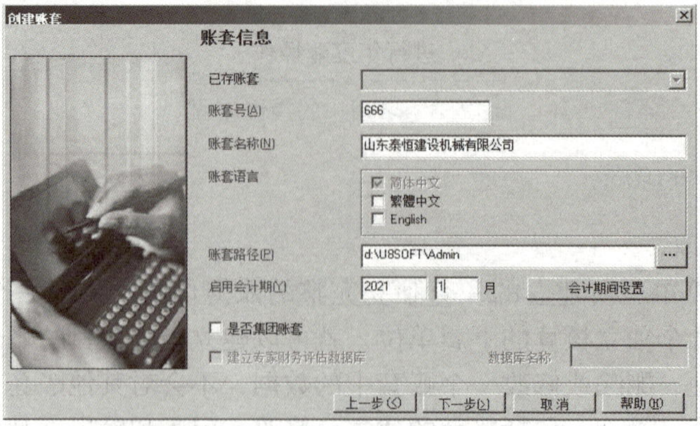


图2-4　创建账套—账套信息

（2）单位信息。单位信息是反映企业新建账套的基本信息。具体包括单位名称、单位简称、单位地址、法定代表人、联系电话、电子邮件和税号等信息。其中单位名称是必须录入的，以蓝色标识。单位名称应录入企业全称，以便打印发票时使用。单位简称虽然没有蓝色标识，建议最好录入。

【例 2-3】完成会计信息化账套的［单位信息］设置工作。

操作路径：在［账套信息］窗口，单击［下一步］按钮，进入［单位信息］对话框，如图 2-5 所示。

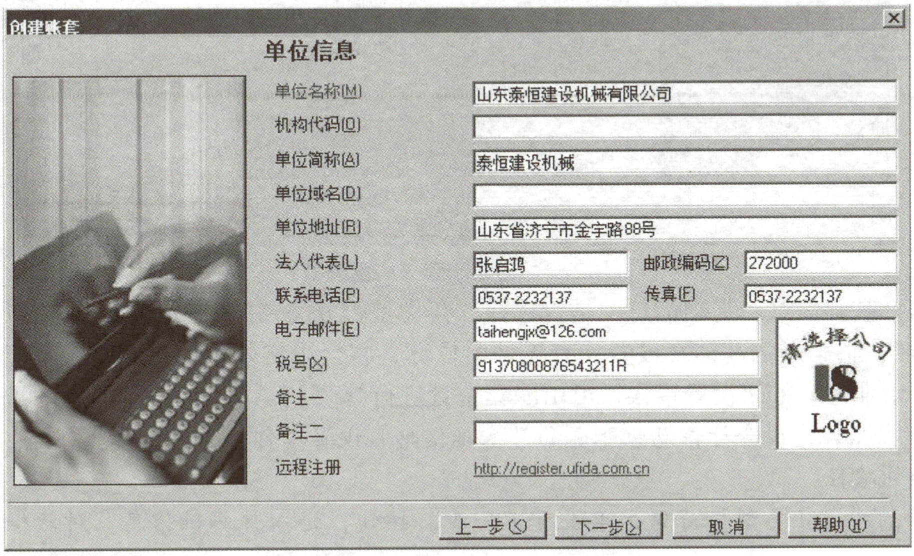


图2-5　创建账套—单位信息

（3）核算类型。核算类型是反映新建账套会计核算的相关信息。具体包括本币代码、本币名称、企业类型、行业性质、账套主管和按行业性质预置科目等信息。

① 本币代码：用来输入新建账套所用的本位币代码。

② 本币名称：用来输入新建账套所用的本位币名称。

③ 企业类型：系统提供了工业和商业两种类型。若不启用供应链管理子系统，两者无差别；若启用供应链管理子系统，则应正确选择企业所属行业类型。

④ 行业性质：选择不同的行业性质，将决定系统预置会计科目的类型范围，同时影响相应行业的特定方法和报表。

⑤ 账套主管：用来选择新建账套的账套主管姓名，前提条件是事先已增加好用户。

⑥ 按行业性质预置科目：系统根据所选的行业类型自动配置国家规定的一级科目。如果不勾选此项，则系统会计科目库为空。

【例 2-4】完成会计信息化账套的［核算类型］设置工作。

操作路径：在［单位信息］窗口，单击［下一步］按钮，进入［核算类型］对话框，如图 2-6 所示。

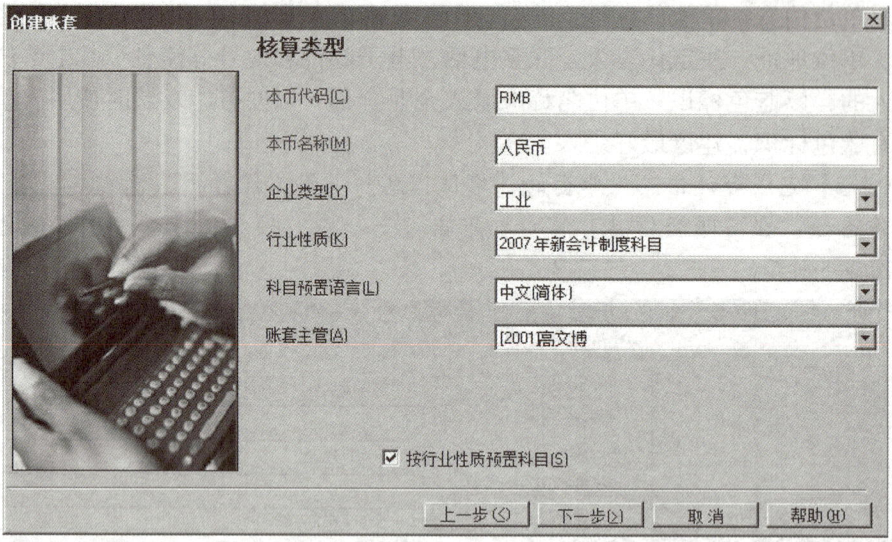


图2-6 创建账套—核算类型

（4）基础信息。基础信息中是否选择“存货是否分类”“客户是否分类”“供应商是否分类”，将会影响其档案设置；有无外币核算，将会影响外币信息的设置及能否处理日常外币业务。如果设置错误，可由账套主管进行修改。

【例2-5】完成会计信息化账套的［基础信息］设置工作，并完成账套创建。

操作路径：

①在［核算类型］窗口，单击［下一步］按钮，进入［基础信息］对话框，如图2-7所示。

②在［基础信息］窗口，单击［下一步］按钮，系统自动弹出“可以创建账套了么?”提示框，单击［是］按钮，如图2-8所示。

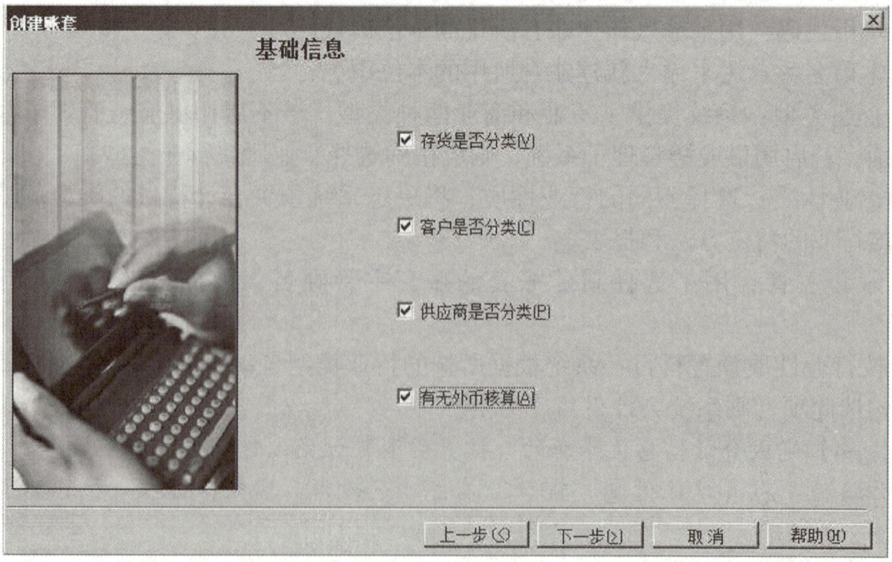


图2-7 创建账套—基础信息

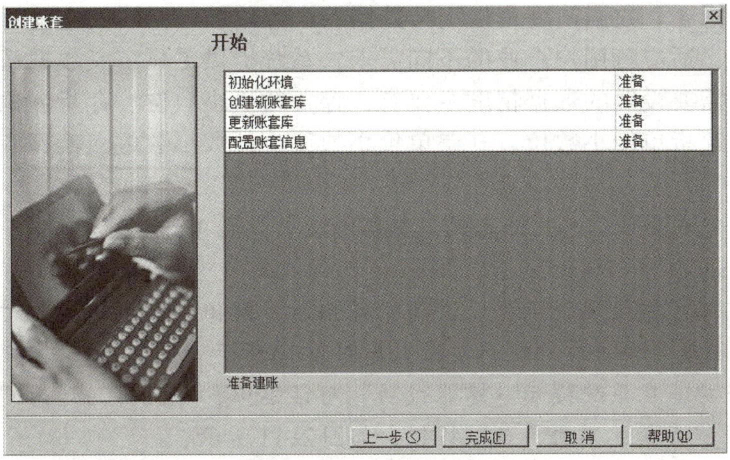


图2-8　创建账套—开始

（5）编码方案。编码方案是为了便于用户进行分级核算、统计、管理及提高工作效率，系统需要对基础数据的编码进行分级设置。需要分级设置的内容包括：科目编码级次、客户分类编码级次、供应商分类编码级次、存货分类编码级次、地区分类编码级次、结算方式编码级次等内容。进行设置时，应根据企业实际需要进行，同时应遵守最大级数、最大长度和单级最大长度的规定。

【请注意】编码方案的设置将会直接影响基础信息设置中相应内容的编码级次及各级编码的位长。

【例2-6】完成会计信息化账套的［编码方案］设置工作。

操作路径：创建账套完成后，系统自动弹出［编码方案］对话框，根据案例中具体要求修改编码方案后，单击［确定］按钮，如图2-9所示。

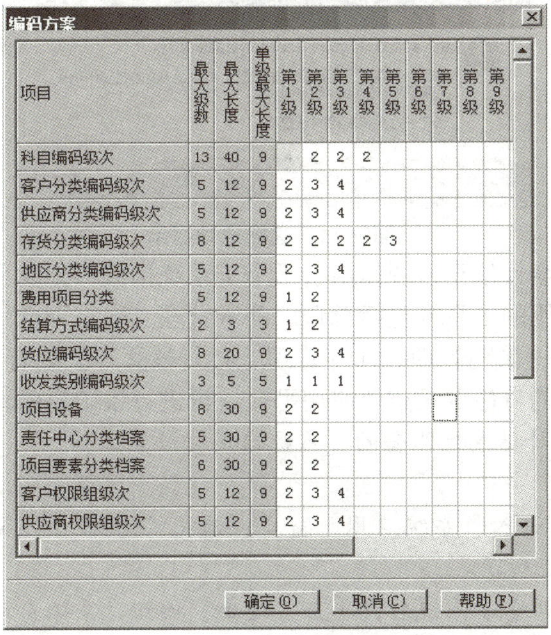
编码方案

| 项目 | 最大级数 | 最大长度 | 单级最大长度 | 第1级 | 第2级 | 第3级 | 第4级 | 第5级 | 第6级 | 第7级 | 第8级 | 第9级 |
|---|---|---|---|---|---|---|---|---|---|---|---|---|
| 科目编码级次 | 13 | 40 | 9 | 4 | 2 | 2 | 2 | | | | | |
| 客户分类编码级次 | 5 | 12 | 9 | 2 | 3 | 4 | | | | | | |
| 供应商分类编码级次 | 5 | 12 | 9 | 2 | 3 | 4 | | | | | | |
| 存货分类编码级次 | 8 | 12 | 9 | 2 | 2 | 2 | 2 | 3 | | | | |
| 地区分类编码级次 | 5 | 12 | 9 | 2 | 3 | 4 | | | | | | |
| 费用项目分类 | 5 | 12 | 9 | 1 | 2 | | | | | | | |
| 结算方式编码级次 | 2 | 3 | 3 | 1 | 2 | | | | | | | |
| 货位编码级次 | 8 | 20 | 9 | 2 | 3 | 4 | | | | | | |
| 收发类别编码级次 | 3 | 5 | 5 | 1 | 1 | 1 | | | | | | |
| 项目设备 | 8 | 30 | 9 | 2 | 2 | | | | | | | |
| 责任中心分类档案 | 5 | 30 | 9 | 2 | 2 | | | | | | | |
| 项目要素分类档案 | 6 | 30 | 9 | 2 | 2 | | | | | | | |
| 客户权限组级次 | 5 | 12 | 9 | 2 | 3 | 4 | | | | | | |
| 供应商权限组级次 | 5 | 12 | 9 | 2 | 3 | 4 | | | | | | |

确定(O)　取消(C)　帮助(F)

图2-9　编码方案

（6）数据精度。数据精度是指定义数据的小数位数。不同的企业对数量、单价的要求不同，为了适应各用户企业的不同需求，系统提供了自定义数据精度的功能。在系统管理中，需要设置的数据精度主要有：存货数量小数位、存货体积小数位、存货重量小数位、存货单价小数位、开票单价小数位、件数小数位、换算率小数位和税率小数位。

【例2-7】完成会计信息化账套的［数据精度］设置工作。

操作路径：

①完成编码方案设置，点击［关闭］按钮后，弹出［数据精度］对话框，默认系统预置的数据精度，单击［确定］按钮，如图2-10所示。

②建账成功。在系统提示［建账成功］对话框中，系统自动弹出“现在进行系统启用的设置?”提示框，单击［是］按钮，如图2-11所示。

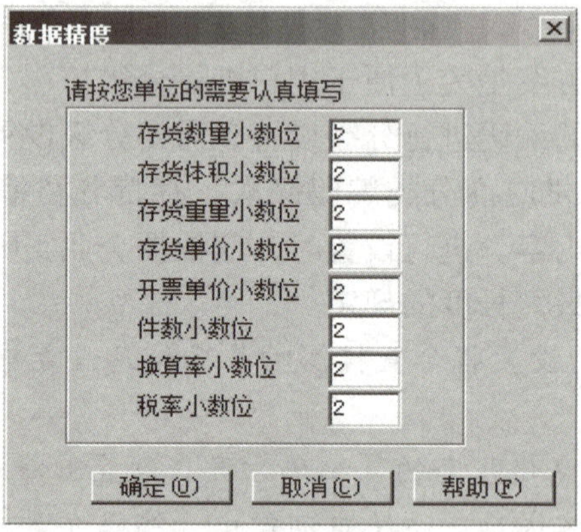


图2-10　数据精度

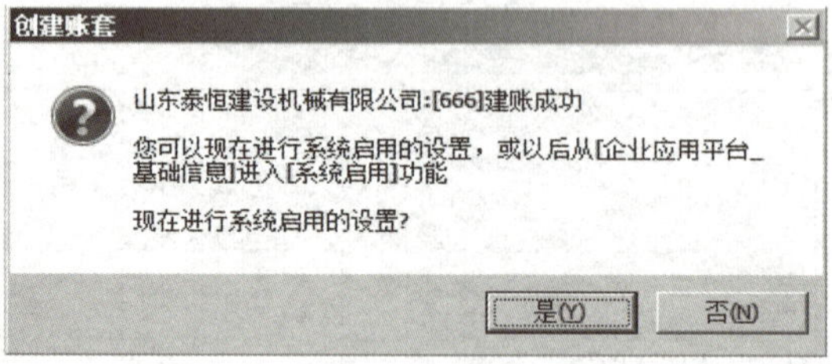


图2-11　建账成功提示

（7）系统启用。会计信息系统是由若干个子系统构成，企业可以根据实际需要启用所需要的子系统。常用的子系统包括总账、薪资管理、固定资产管理、应收款管理、应付款管理、销售管理、采购管理、库存管理、存货核算等。如有暂时不需用的子系统，以后可以以账套主管的身份登录企业应用平台，再进行系统启用设置。

【例2-8】完成会计信息化账套的［系统启用］设置工作。

操作路径：

①建立账套后，进入［系统启用］窗口，启用“总账”子系统，启用日期为2021年1月1日，如图2-12所示。

②启用完本企业所需子系统后，单击［退出］按钮，系统自动弹出“请进入企业应用平台进行业务操作!”提示框，单击［确定］按钮，如图2-13所示。

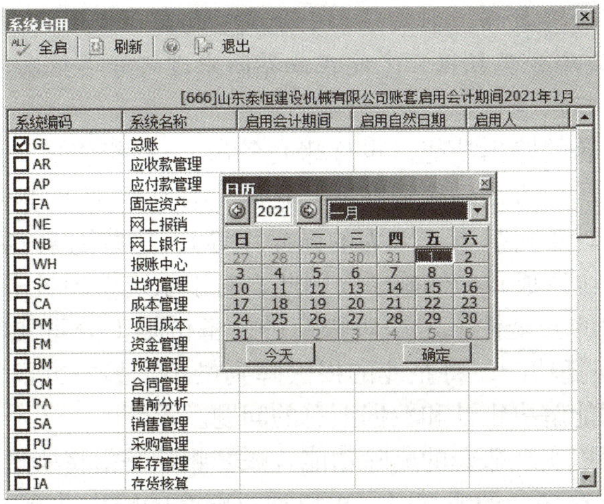


图2-12　系统启用

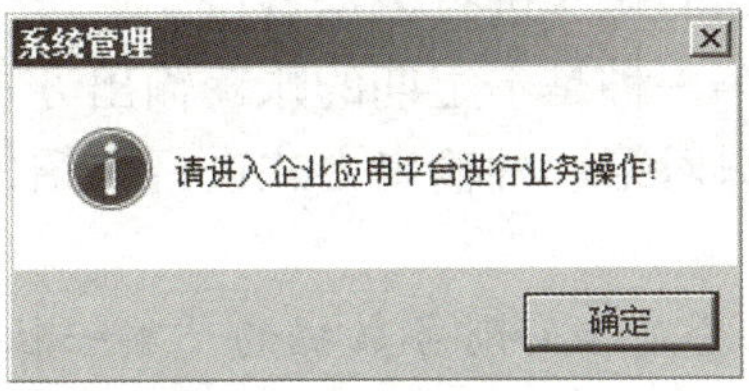


图2-13　系统管理

## 2. 修改账套

微课

修改账套

前面已经讲过，系统管理模块可以以系统管理员和账套主管两种操作员身份登录。当系统管理员建完账套后，在未使用相关信息的基础上，需要对某些信息进行调整，以便真实准确地反映企业的相关内容，这就要求以账套主管的身份登录系统管理进行操作。

账套修改操作步骤如下：

第一步：用户必须以账套主管的身份注册，选择相应的账套后，进入系统管理界面。

第二步：选择［账套］菜单中的［修改］功能，进入修改账套操作界面（账套修改的顺序及操作界面与新建账套的顺序及操作界面相同）。可修改的账套信息主要有：账套信息（账套名称、启用会计期间的月份可以修改，其余信息不可修改）；单位信息（所有信息均可修改）；核算类型（仅“行业性质”可修改）；基础信息（根据系统是否已建立分类数据情况进行修改）。针对以上各操作界面，账套主管可以根据需要对允许修改的内容进行修改。

第三步：“基础信息”修改完毕后，单击［完成］按钮，弹出“确认修改账套了么?”提示框，单击［是］按钮。

第四步：系统依次弹出“编码方案”及“数据精度”两个对话框，如果有信息需要修改，可以对相应的信息进行修改，完成修改后单击［确定］按钮；如果没有信息需要修改，单击［取消］按钮。系统提示“修改账套成功”，单击［确定］按钮，即可完成账套的修改。

【请注意】“基础信息”“外币核算”界面：如果在“基础信息”设置中，尚未建立存货、客户及供应商分类、外币核算数据，则此界面中分类信息可以修改；如果基础信息设置中已经建立了分类数据，则此界面中分类信息显示灰色状态，不可修改。必须在“基础信息”设置中删除分类数据，才能在此界面中进行分类信息的修改。

### 3. 账套的输出

微课

账套的输出

账套的输出功能（也称账套备份），是指将所选定的账套数据进行备份输出。一方面，企业在实际运营中存在很多未知的不安全因素（地震、火灾、计算机病毒、人为的误操作等），这些因素的存在会对企业会计数据的安全造成致命的威胁。因此，对于系统管理员来说，为了保证企业会计数据的安全性，定期对账套进行备份是十分重要的，一旦发生数据丢失，可以通过数据恢复功能，将企业的损失降到最小。另一方面，对于异地管理的公司，也可以通过此功能解决审计和数据汇总的问题。

账套的输出还可以实现账套的删除功能。账套删除是指将所选的账套数据从本系统中卸出。当系统中存在多余的账套时，可以通过账套的输出功能完成账套删除的操作，当然，前提条件是，要对删除的账套进行数据备份。

账套备份有两种方式：第一种是不定期的账套输出方式，第二种是可实现定期输出的设置自动备份计划。此处只对第一种输出方式进行介绍，第二种设置自动备份计划在系统的安全维护中再做讲解。

【明德善思】建立规范账套是扣好财务数据的“第一粒扣子”，备份账套则是守护财务数据安全的“防护盾”。定期对账套进行增量或全量备份，既能防范因系统故障、病毒攻击、人为误操作等导致的数据丢失，又能在历史数据回溯中彰显财务监督的严肃性。备份数据不仅可以为财务审计、绩效评价提供原始依据，还可以通过数据的可追溯性检查财务行为是否合规。

【例 2-9】完成会计信息化账套的［输出账套］工作。

操作路径：

（1）在［系统管理］页面，点击［账套］—［输出］命令，进入［账套输出］窗口。

（2）选择需要输出的账套“［666］山东泰恒建设机械有限公司”，选择账套输出位置，如图 2-14 所示。

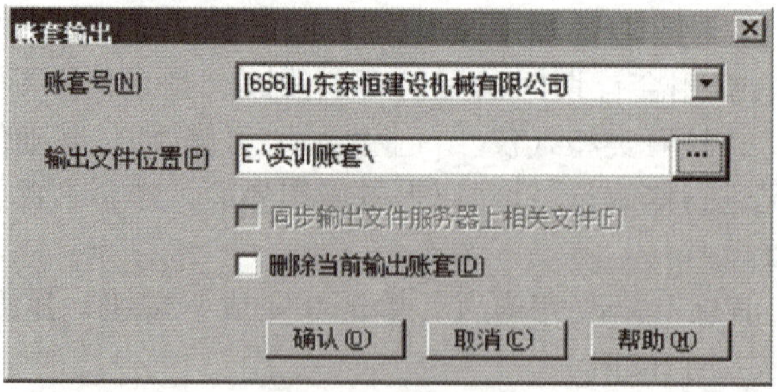


图2-14 账套输出

（3）单击［确认］按钮，开始进行账套输出备份。

（4）系统弹出“输出成功”提示框，单击［确定］按钮。

【请注意】

（1）备份账套需要一定时间。

（2）账套的输出还可以实现账套的［删除］功能，在［账套输出］对话框中，勾选“删除当前输出账套”选项即可删除账套。

输出账套功能操作步骤如下：

第一步：系统管理员在系统管理界面单击［账套］菜单的［输出］功能，进入输出账套的对话框。这里的输出实际上是指备份，选择输出功能就是将账套备份到用户指定的位置。

第二步：系统管理员在账套号栏目选择将要进行输出的账套，如想删除所选账套，则选中［删除当前输出账套］复选框。单击［确定］按钮表示被选账套将被删除；如想放弃，则单击［取消］按钮。

### 4. 账套的引入

账套的引入（也称账套恢复），是指将系统外某账套数据引入本系统中。一方面，账套的引入有利于集团公司的操作，子公司的账套数据可以定期被引入母公司系统中，以便进行有关账套数据的分析和合并工作。另一方面，当系统数据被病毒侵害或遭遇非法破坏时，可以使用此功能将最近时间备份的账套数据恢复到系统中。

微课

账套的引入

由于账套的恢复是一项不留痕迹且改变了系统运行状态与运行进程的操作，如果疏于防范，可能会成为篡改机内数据的便利途径，因此，对此功能操作权限只赋予系统管理员。

【请注意】只有系统管理员用户才有权限引入和输出任意一个账套。

引入账套功能操作步骤如下：

第一步：系统管理员用户在系统管理界面单击［账套］菜单的［引入］功能，进入引入账套的对话框。

第二步：系统管理员用户在选择账套备份文件窗口中间的文件选择区域，找到并选中要引入的账套备份文件，单击［确定］按钮。

第三步：引入账套需要一定的时间，请耐心等候，引入完成系统弹出提示“账套［666］引入成功！”。

【动脑筋】系统管理员和账套主管在登录界面上看到的信息有什么差别？

## （二）操作员及权限设置

考虑到会计信息系统及数据的安全与保密，在系统管理模块中［权限］菜单下，设置了［角色］、［用户］和［权限］三个功能，以便在会计信息系统上进行操作分工及权限控制。系统管理员和账套主管分别根据自己的操作权限进行相应的管理，一方面可以避免与业务无关的人员对系统进行操作，另一方面可以对各个子系统的操作进行协调，以保证系统数据的安全。

### 1. 角色管理

在系统管理中，为了加强会计信息系统中对权限的管理，增加了角色管理这一功能。角色是指在企业管理中拥有某一类职能的组织，这个组织既可以是实际的部门，也可以是拥有同一类职能的人所构成的虚拟组织。一个角色可以拥有多个用户，一个用户也可以分属于多个不同的角色。在角色和权限的关系上，应先设置角色，再对角色进行权限分配。当用户被设置为某个角色后，在系统内的所有账套都拥有该角色的权限，无须重新设置。

微课

增加操作员

角色管理包括［增加］角色、［修改］角色、［删除］角色等功能。

## 2. 用户管理

用户是指有权登录系统，可以对应用系统进行操作的人员，即指“操作员”。每次登录系统时，都要对用户的合法身份进行检查，用户可以设置密码，也可以不设置密码，但在实际会计工作中，为了保证系统数据的安全性，建议用户一定要设置密码。

只有系统管理员有权设置用户，用户管理包括［增加］用户、［修改］用户、［删除］用户等功能。

【例 2-10】完成设置用户工作，见表2-1。

表2-1　财务部及相关人员权限设置

| 部门 | 编号 | 姓名 | 口令 | 权限 |
|---|---|---|---|---|
| 财务部 | 2001 | 高文博 | 2001 | 账套主管，具有负责各项初始设置、审核凭证、编制会计报表的权限 |
| 财务部 | 2002 | 肖　然 | 2002 | 具有“基本信息”、“总账管理”（除审核凭证、出纳签字之外）、“应收款管理”、“应付款管理”、“存货核算”子系统的全部权限 |
| 财务部 | 2003 | 张岩华 | 2003 | 具有“基本信息”“总账—凭证—凭证处理”“薪资管理”“固定资产”子系统的全部权限 |
| 财务部 | 2004 | 唐　艺 | 2004 | 具有“总账—凭证—出纳签字”“总账—出纳”“应收款管理—日常处理—收款单据处理”“应收款管理—日常业务处理—票据管理”“应付款管理—日常处理—付款单据处理”“应付款管理—日常业务处理—票据管理”的权限 |
| 销售部 | 3001 | 赵景涛 | 3001 | 具有“基本信息”“销售管理”子系统的全部权限 |
| 采购部 | 4001 | 刘佳慧 | 4001 | 具有“基本信息”“采购管理”子系统的全部权限 |
| 仓管部 | 5001 | 吴晓波 | 5001 | 具有“基本信息”“库存管理”子系统的全部权限 |

操作路径：在用友U8V10.1［系统管理］中，执行［权限］—［用户］命令，进入［用户管理］窗口，单击［增加］功能，打开［操作员详细情况］对话框，可根据表2-1逐一增加用户，如图2-15所示。

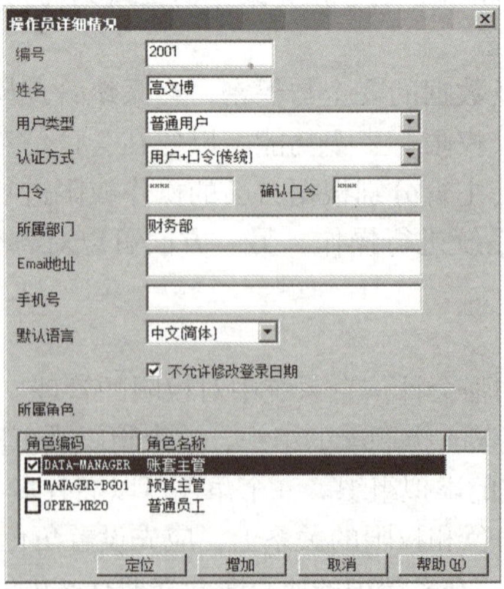


图2-15　操作员详细情况

对于用户的［修改］功能，在［修改用户信息］对话框中，已使用过的用户只能修改口令、所属部门、E-mail 地址、手机号等信息。如果暂时停止使用该用户，可单击［注销当前用户］按钮，之后，该按钮变为“启用当前用户”。

### 3. 权限管理

微课
权限管理

权限管理是系统管理员在完成角色管理、用户管理后要进行的一项财务分工工作。为了保证系统数据的安全，当系统管理员增加完操作员后，要给每一位操作人员定义相应的角色，并赋予其各自的操作权限。

只有系统管理员和该账套的账套主管才拥有设置操作员权限的功能，系统管理员可以给系统内所有账套的操作员设置相应的权限，而账套主管只能给自己所管辖账套的操作员设置权限。

在用友 U8V10.1 系统中，提供了三个层次的权限管理：

（1）功能级权限管理。功能级权限管理是在系统管理模块中设置完成。该功能提供了更为细致的功能级权限管理功能，对不同操作员分配不同功能的操作权限，包括各功能模块相关业务的查看和分配权限。例如，赋予财务部张岩华具有山东泰恒建设机械有限公司［666］账套薪资管理、固定资产管理的全部功能及总账管理子系统中的凭证处理权限。

【例 2-11】设置财务部肖然具有［666］账套的会计操作权限，如图 2-16 所示。

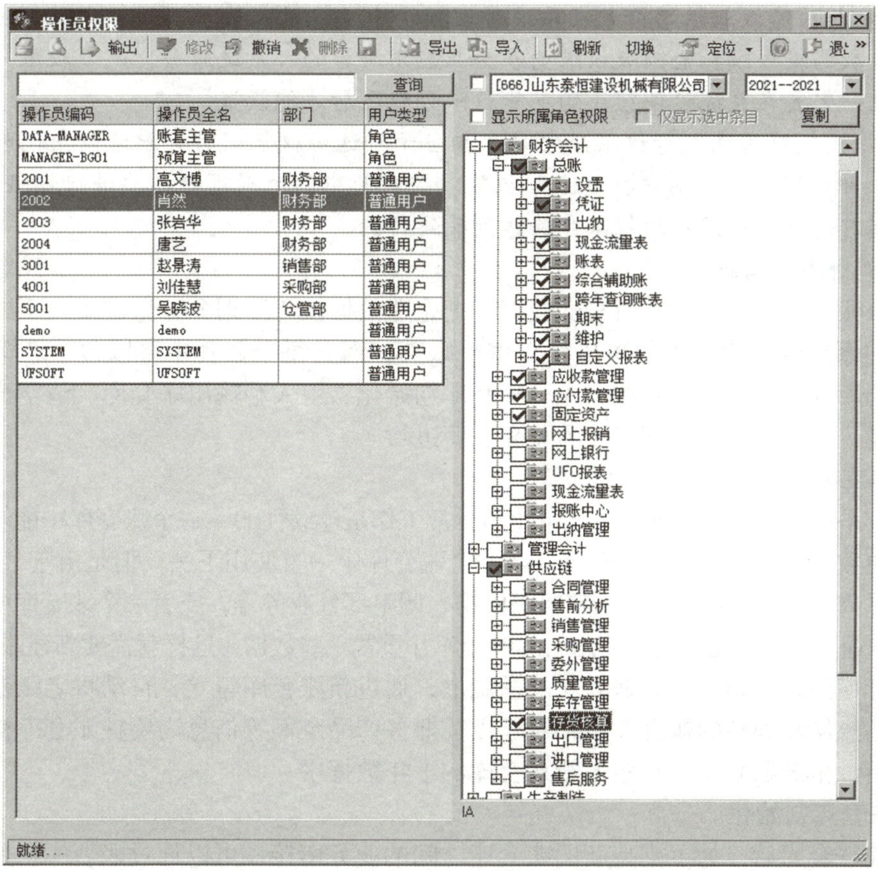


图2-16　设置操作员权限

【请注意】只有系统管理员和该账套的账套主管才有权进行功能级权限设置，但两者的权限又有区别。系统管理员可以指定某账套的账套主管，也可以对各个账套的用户进行权限设置；而账套主管只可以对所管辖账套的用户进行权限设置。

（2）数据级权限管理。数据级权限管理可以通过两个方面进行权限控制：一个是字段级权限控制，另一个是记录级权限控制。字段级权限控制是指对单据中包含的字段进行权限分配。出于安全保密性考虑，对一些单据或者列表中有些栏目应限制用户的查看权限。例如：限制仓库保管员看到出入库单据上的有关产品（商品）价格信息。记录级权限控制是指对具体业务对象进行权限分配，通常根据所限定的用户或角色以及业务对象进行明细的数据权限分配工作。使用前提是在［数据权限控制设置］中选择控制至少一个记录级业务对象。例如：设定财务部操作员肖然只能录入某一种类别的凭证。

（3）金额级权限管理。金额级权限管理主要用于完善内部金额控制，实现对不同岗位和职位的操作员进行可使用金额级别的设置，限制他们制单时可以使用的金额数量，不涉及内部系统控制的不在管理范围内。例如：对业务对象提供金额级权限设置，在设置采购订单的金额审核额度、科目的制单金额额度权限之前就必须先设定对应的金额级别；设定操作员肖然只能录入金额在20 000元以下的凭证。

【提示】功能级权限的分配在系统管理模块中［权限］菜单下的［权限］功能中进行设置，数据级权限和金额级权限均在企业应用平台的［系统服务］—［权限］中进行设置，且一定要在系统管理模块的功能权限分配之后才能设置。

【请注意】对角色进行权限分配时，相当于将这些权限同时分配给该角色包含的所有用户，即实现对多个用户批量分配权限。若对其中的个别用户还要进行权限的添加、删除，则可通过对该用户的权限分配达到最终目的。

### （三）账套库管理

一个账套中包含了企业所有的数据，把企业数据按年度划分，组成了一个或多个账套库。在系统管理中，不仅可以建立多个账套，而且每个账套中可以包含若干个账套库。账套库管理包括：建立账套库、账套库初始化、引入和输出账套库、清空账套库数据等功能。对账套库的管理只能由账套主管进行。

#### 1. 建立账套库

企业是持续经营的实体，由于企业的日常工作是连续性的，一个账套库中能够保存连续多年的数据，理论上一个账套可以在一个账套库中一直使用下去。但是由于某些原因，比如需要调整重要基础档案、调整组织机构、调整部分业务等，或者一个账套库中数据过多，影响业务处理性能，需要使用新的账套库并重置一些数据，这样就需要新建账套库。

账套库的建立是在已有账套库的基础上，通过新账套库建立，自动将老账套库的基本档案信息结转到新的账套库中，对于以前业务产品余额等信息需要在账套库初始化操作完成后，由老账套库自动转入新账套库的下年数据中。

#### 2. 账套库初始化

新建账套库后，为了支持新旧账套库之间的业务衔接，可以通过账套库初始化功能将上一个账套库中相关子系统的余额及其他信息结转到新账套库中。为了统计分析的规整性，每个账套库包含的数据都以年为单位，上一账套库的结束年+1就是新账套库的开始年。

### 3. 引入和输出账套库

账套库的引入和输出与账套的引入和输出操作含义基本一致，所不同的是两者的数据范围不同：账套库操作中的引入和输出不是针对某个账套，而是针对账套中的某年度区间的账套库进行的；账套的引入和输出是针对整个账套的全部数据进行的。

### 4. 清空账套库数据

如果用户发现某账套库中错误太多，或不希望将上一账套库的余额或其他信息全部转到下一年度，便可使用清空账套库数据的功能。“清空”并不是指将账套库的数据全部清空，而是要保留一些信息，如基础信息、系统预置的科目报表等。保留这些信息主要是为了方便用户使用清空后的账套库重新做账。

## （四）系统的安全维护

为了保证会计信息系统的安全、稳定运行，保障各子系统提供的会计信息的完整、准确，系统管理模块在设置［系统］、［账套］、［账套库］、［权限］菜单的基础上，还提供了相应的系统安全、维护功能，包括系统运行安全监控、设置自动备份计划、清除系统异常任务、上机日志监控、刷新等功能。

### 1. 系统运行安全监控

在系统管理窗口，能实时监控到各用户登录控制台或某一账套的年度、执行的功能、各子系统登录的服务器、运行状态和具体注册时间等，以保证会计信息系统的安全运行。

### 2. 设置自动备份计划

微课

备份计划设置

在系统管理模块中的［系统］菜单下，还提供了［设置自动备份计划］功能。其作用是自动、定时地对设置的账套进行输出备份。利用该功能可以实现定时、自动输出多个账套的目的，有效地减轻了系统管理员的工作量，保障了系统数据的安全性。

### 3. 清除系统异常任务

在会计信息系统运行的过程中，由于网络系统发生内部冲突、用户的非法操作、系统非正常退出、死机等现象，造成系统运行异常，系统管理提供了清除异常任务和清除单据锁定两个功能。

（1）清除异常任务。系统管理对每一个登录系统的工作站定时轮询检查，如果发现有死机、网络阻断等异常情况，将在监视窗口中与工作站相对应的［运行状态］栏内显示“异常”。解决的方法是：点击［视图］菜单下的［清除异常任务］功能，这些异常任务所申请的系统资源就会被释放，并恢复可能被破坏的系统数据库和用户数据库，同时任务栏内也会清除这些异常任务，任务的运行情况均被记录在上机日志中。

（2）清除单据锁定。在系统操作过程中，由于不可预见的原因，有时会出现系统数据被锁定（某数据库被禁用写入或修改）的现象。例如：在录入往来科目期初余额时，系统会出现操作锁定的提示窗口，或在进入［录入期初余额］功能时，系统提示为浏览和只读状态，无法再次录入和修改期初余额。解决的方法有两种：一是通过系统管理[视图]菜单下的[清除单据锁定]功能，删除工作站的所有锁定；二是在出现锁定提示的工作站上，退出数据锁定的某个操作窗口至总账首页，按“Ctrl+F6”组合键解除，最后运行[视图]菜单下的[刷新]功能。

### 4. 上机日志监控

为了保证账套数据的安全，系统管理还提供了实时记录每个用户操作情况的[上机日志]功能。通过上机日志可以监控整个系统的使用过程、登录的用户、登录的时间、操作的具体功能以及操作的结果，为系统数据的安全性提供保障。上机日志还提供了[删除]、[排序]、[刷新]等功能。

### 5. 刷新

为了监督系统管理中各用户对每个账套的各个功能的具体操作情况，系统管理模块[视图]菜单下还提供了[刷新]功能，通过点击此功能，可以随时更新功能列表的内容，实现对系统管理的实时监控。

## 同步训练

### 一、单项选择题

1. 系统管理员负责整个应用系统的总体控制和维护工作，可以管理的系统账套的范围是（　　）。

A. 某一账套　　B. 所有的账套

C. 特定账套　　D. 某些账套

2. 对所管辖的账套来说，级别最高、拥有所有子系统操作权限的人员是（　　）。

A. 账套主管　　B. 系统管理员

C. 出纳人员　　D. 记账人员

3. 能够管理账套库的操作人员的是（　　）。

A. 系统管理员　　B. 审核人员

C. 账套主管　　D. 薪资管理员

4. 在账套输出时，还可以实现的功能是（　　）。

A. 复制账套　　B. 修改账套

C. 建立账套　　D. 删除账套

5. 为了统计分析的需要，可以人为地将企业的持续经营时间划分为一定的时间段，可以划分的最大时间单位是（　　）。

A. 年　　B. 半年

C. 月　　D. 季

### 二、多项选择题

1. 系统管理的主要功能包括（　　）。

A. 账套管理　　B. 账套库管理

C.系统操作员　　D.操作权限的集中管理

2.账套备份一种是不定期备份，一种是定期备份，其具体方式有（　　）。

A.账套的删除　　B.账套输出

C.账套的建立　　D.设置自动备份计划

3.下列各项属于系统安全维护功能的有（　　）。

A.系统运行安全监控　　B.设置自动备份计划

C.清除系统异常任务　　D.上机日志监控

4.对账套库的管理除了账套初始化外，其功能还包括（　　）。

A.建立　　B.清空账套库数据

C.引入　　D.输出

5.在系统管理［权限］菜单下，设置的三个功能包括（　　）。

A.角色管理　　B.用户管理

C.权限管理　　D.帮助

**三、判断题（正确的打"√"，错误的打"×"）**

1. 系统最多可以建立999个账套。（　　）

2. 安装用友软件后，应该及时更改系统管理员的密码，以防止其他操作人员任意使用其权限。（　　）

3. 建立账套是会计信息系统初建时的一个必需的步骤，是所有会计业务处理的前提。（　　）

4. 由于账套的恢复是一项不留痕迹且改变了系统运行状态与进程的操作，如果疏于防范，可能会成为篡改机内数据的便利途径，因此账套恢复功能的操作权限只赋予系统管理员。（　　）

5. 只有账套主管有权设置用户，用户管理包括［增加］用户、［修改］用户、［删除］用户等功能。（　　）

# 任务三　基础设置

对于一个新建立的账套来说，要根据企业的实际情况，将企业手工处理过程中的会计基础档案和初始数据，录入系统的基础设置公共平台中，以满足特定企业需要的会计核算环境，各子系统的日常业务处理可以共享基础档案信息。基础设置的内容涉及多个子系统的运行，不特定专属于某个子系统。

基础设置主要包括基本信息、基础档案、业务参数、个人参数、单据设置和档案设置等内容。企业所有的基础信息设置，均需在遵循分类编码方案的基础上进行。此处主要对基础档案设置进行讲述，其他的基础设置内容在相应项目中阐述。基础档案框架图如图2-17所示。

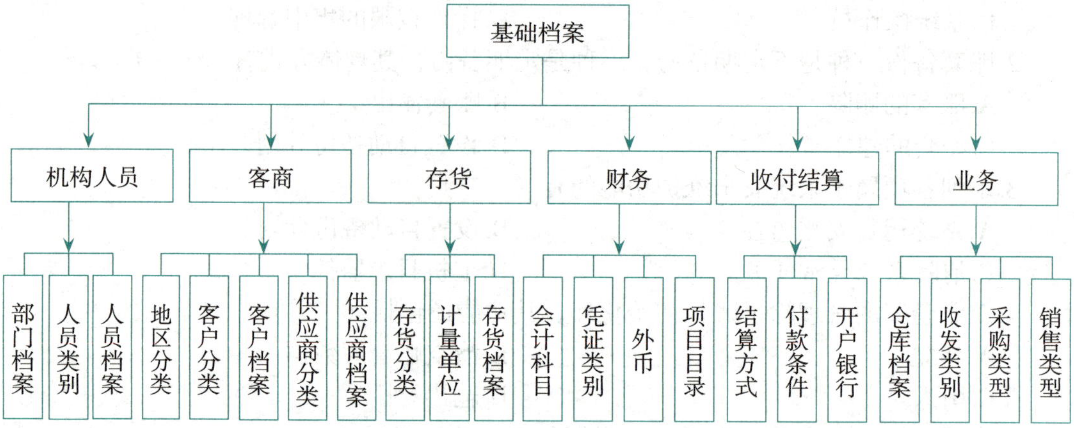


图2-17　基础档案框架图

## 一、机构人员基础信息设置

### （一）部门档案

部门是指构成企业整体的各个组织机构，是为实现企业经营目标下设的业务管理单元体。例如，一个企业可以由经理室、财务部门、采购部门、销售部门、后勤部门等组成。企业对部门档案进行管理的主要目的是控制部门的费用开支，通过对各部门的收支情况的比较来考核部门的费用预算执行情况，以减少费用开支，提高经济效益。同时，部门档案的设置也便于按部门来管理和发放职工工资，便于计提固定资产折旧时按部门分配折旧费用。

微课

机构人员基础档案设置

部门档案的内容包括部门编码、部门名称、部门分类、部门负责人、部门属性等信息。其中，部门编码的设置应严格按照分类编码方案的设定进行，在部门档案和人员档案的设置顺序上，建议先设置部门档案，再设置人员档案，如果在设置部门档案负责人时已经输入了人员档案，可以从已输入的人员档案中进行选择，如果还未设置人员档案，可以在设置人员档案后，再返回到部门档案中采用［修改］功能进行补充设置。

【例2-12】根据山东泰恒建设机械有限公司部门档案资料，完成设置部门档案工作，见表2-2。

表2-2　部门档案

| 部门编码 | 部门名称 | 部门编码 | 部门名称 |
| --- | --- | --- | --- |
| 1 | 经理室 | 5 | 仓管部 |
| 2 | 财务部 | 6 | 生产部 |
| 3 | 销售部 | 601 | 生产一部 |
| 4 | 采购部 | 602 | 生产二部 |

操作路径：在用友U8V10.1企业应用平台［基础设置］菜单下，执行［基础档案］—［机构人员］—［部门档案］命令，进入［部门档案］窗口，在此界面上，可以进行部门档案［增加］、［修改］、［删除］等操作，如图2-18所示。

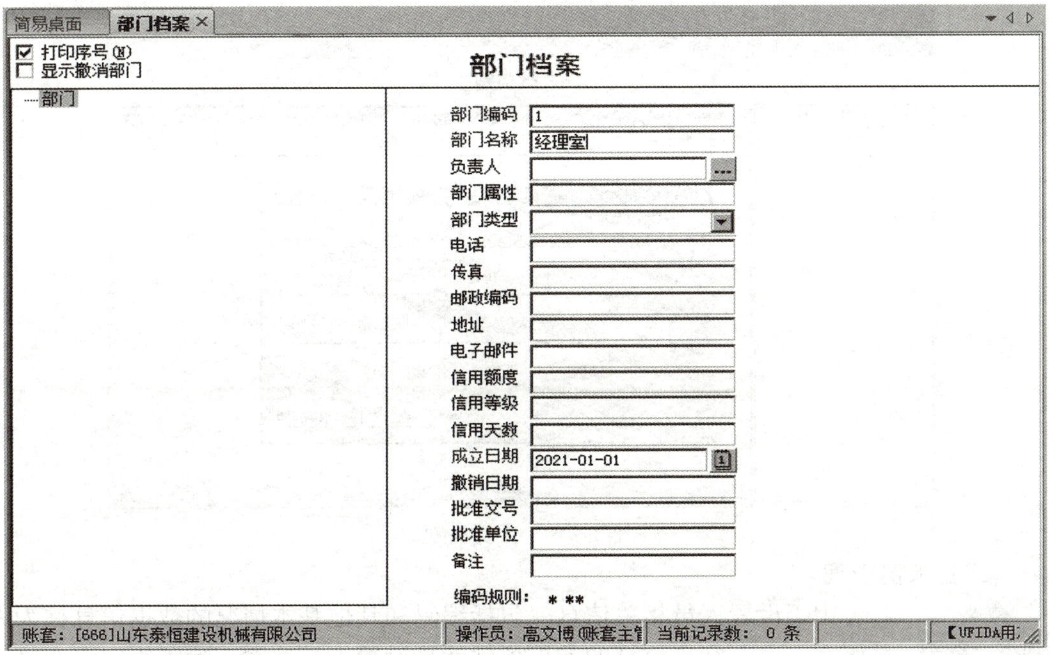


图2-18　部门档案

### （二）人员类别

在增加人员档案之前，首先要对不同部门的不同工作性质的人员进行类别划分。在薪资管理子系统中，工资费用的分配及分摊是一项重要的工作，不同类别人员的工资所归属的入账科目是不同的，它决定着生成凭证的正确性，更决定着成本管理数据的正确性。人员类别是人员档案的必选项目，先设置人员类别，再设置人员档案。

微课
人员类别设置

【例2-13】完成人员类别设置工作，人员类别详见表2-3。

表2-3　人员类别

| 人员类别编号 | 人员类别 |
|---|---|
| 1011 | 企业管理人员 |
| 1012 | 采购人员 |
| 1013 | 销售人员 |
| 1014 | 生产管理人员 |
| 1015 | 生产人员 |
| 1016 | 仓管人员 |

操作路径：执行［基础档案］—［机构人员］—［人员类别］命令，进入［人员类别］窗口，在此界面上，可以进行人员类别［增加］、［修改］、［删除］等操作，如图2-19所示。

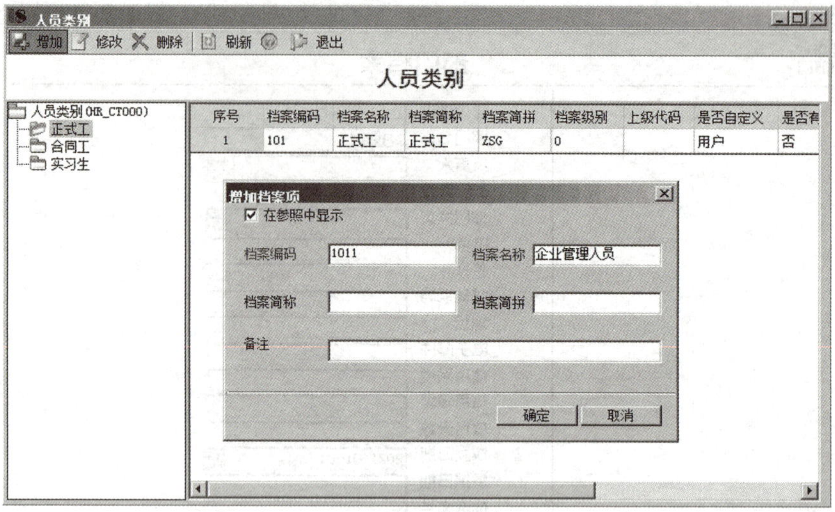


图2-19 人员类别

## （三）人员档案

微课

人员档案设置

用于设置人员相关信息，包括编码和其他基本情况的数据信息称为人员档案。个人往来核算的前提条件就是设置人员档案。除了固定资产管理和成本管理两个子系统外，其他子系统均可以使用人员档案。人员档案包括的基本信息有人员编码、人员姓名、人员类别、所属部门、人员属性等。

【例2-14】完成人员档案设置工作，人员档案详见表2-4。

表2-4 人员档案

| 人员编号 | 人员姓名 | 性别 | 雇佣状态 | 所属部门 | 人员类别 | 是否业务员 |
|---|---|---|---|---|---|---|
| 1001 | 张启鸿 | 男 | 在职 | 经理室 | 企业管理人员 | 是 |
| 2001 | 高文博 | 男 | 在职 | 财务部 | 企业管理人员 | 是 |

操作路径：执行［基础档案］—［机构人员］—［人员档案］命令，进入［人员档案］窗口，在此界面上，可以进行人员档案［增加］、［修改］、［删除］等操作，如图2-20所示。

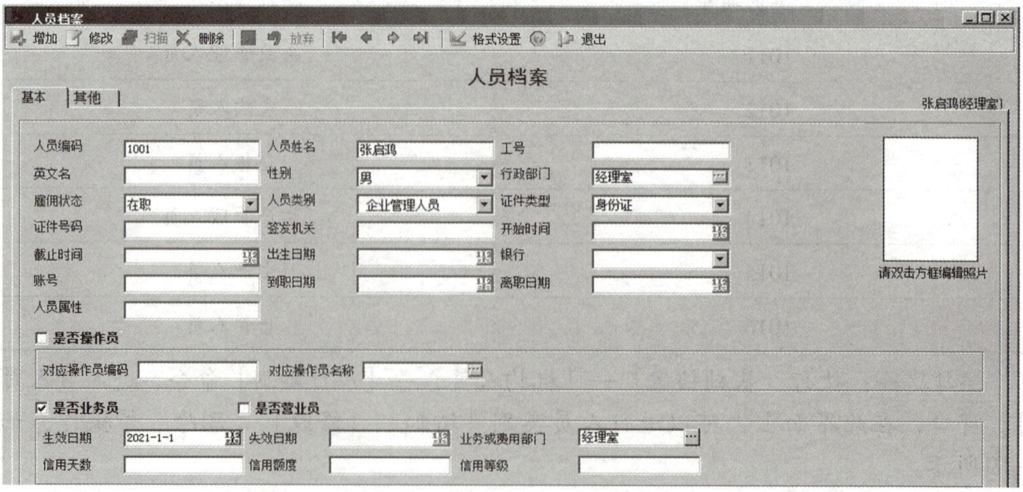


图2-20 人员档案

## 二、客商基础信息设置

客商信息是指与本单位有业务往来的客户或供应商信息。客商信息包括往来客户和往来供应商两大类。客商基础信息设置主要包括地区分类、客户分类、客户档案、供应商分类、供应商档案、行业分类等功能。

### （一）地区分类

地区分类是企业从自身管理要求出发，为了便于在查询、统计等业务操作中使用，对客户、供应商的所属地区进行的相应分类。往来管理应按照一定的顺序进行设置，地区分类是设置客户档案、供应商档案的前提，先设置地区分类、客户分类和供应商分类，再进行客户档案、供应商档案的设置。

地区分类设置包括类别编码和地区分类名称两部分内容。

【例2-15】完成地区分类设置工作，地区分类详见表2-5。

表2-5　地区分类

| 地区类别编码 | 地区分类名称 |
| --- | --- |
| 01 | 华东地区 |
| 02 | 东北地区 |
| 03 | 其他地区 |

操作路径：执行［基础档案］—［客商信息］—［地区分类］命令，进入［地区分类］窗口，在此界面上，可以进行地区分类［增加］、［修改］、［删除］等操作，如图2-21所示。

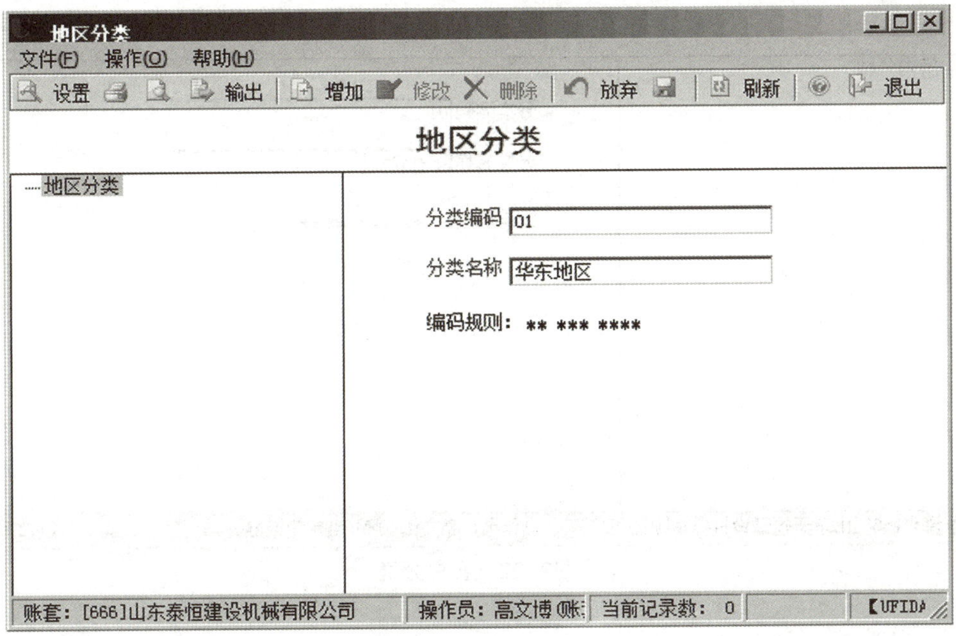


图2-21　地区分类

### （二）客户分类

微课

客户分类设置

客户分类是基于客户的属性特征所进行的有效性识别与差异化区分。为了方便对客户进行管理，当客户较多时，企业可以从自身管理要求出发对客户进行相应的分类，以便于对业务数据进行统计、分析。例如：结合企业的业务属性或地域特点来进行设置，也可考虑多个方面因素将分类设置成多个级别。在客户管理方面，先进行客户分类的设置，再进行客户档案的设置。如果企业没有对客户分类管理的要求，也可以直接建立客户档案。

客户分类设置包括类别编码和客户分类名称两部分。

【例2-16】完成客户分类设置工作，见表2-6。

表2-6　客户分类设置

| 客户类别编码 | 客户分类名称 |
| --- | --- |
| 01 | 工业企业 |
| 02 | 商业企业 |
| 03 | 行政事业单位 |

操作路径：执行［基础档案］—［客商信息］—［客户分类］命令，进入［客户分类］窗口，在此界面上，可以进行客户分类［增加］、［修改］、［删除］等操作，如图2-22所示。

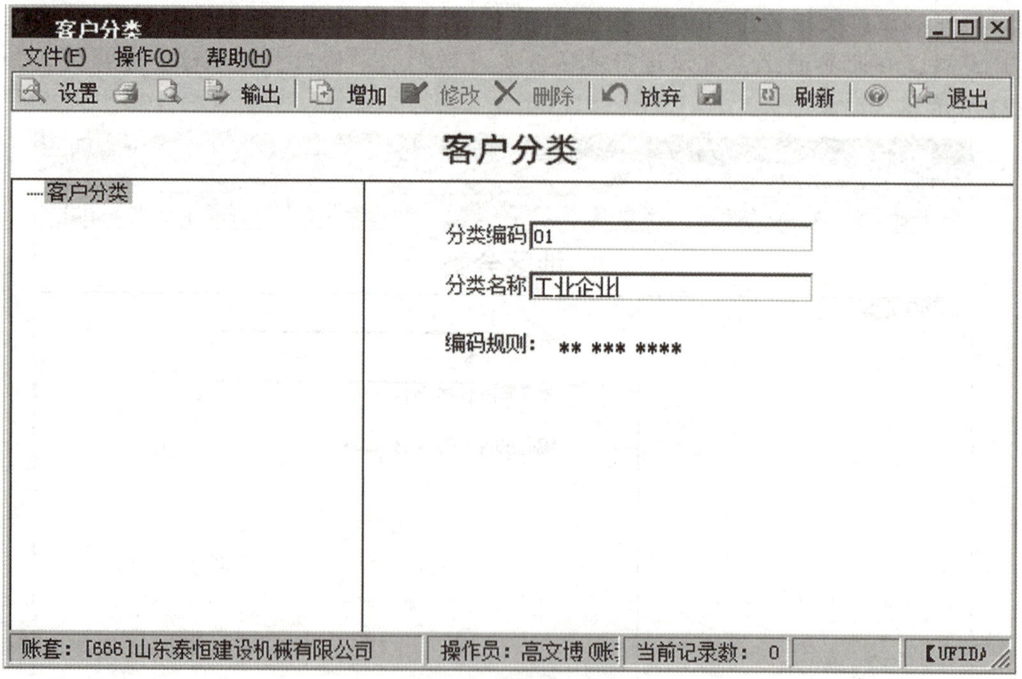


图2-22　客户分类

### （三）客户档案

客户档案是企业在与客户交往过程中所形成的客户信息资料、企业自行制作的客户信用分析报告，全面反映企业客户资信状况的综合性档案材料。

微课

客户档案设置

客户档案分为［基本］、［联系］、［信用］和［其他］四个页签，具体内容主要有设置客户编码、客户名称、客户简称、所属地区、所属分类、所属行业、币种、税号等。

【例2-17】完成客户档案设置工作，客户档案详见表2-7。

表2-7　客户档案

| 客户编码 | 客户名称 | 客户简称 | 所属地区 | 所属分类 | 税号 | 开户银行 | 账号 |
|---|---|---|---|---|---|---|---|
| 001 | 济宁嘉丰机械有限公司 | 嘉丰机械 | 01 | 01 | 91370802792489747R | 建设银行济宁分行 | 37050168640800000908 |
| 002 | 上海鑫瑞股份有限公司 | 上海鑫瑞 | 01 | 01 | 91310802792488765M | 建设银行上海分行 | 31050168640800000909 |
| 003 | 辽宁天悦机械制造有限公司 | 天悦机械 | 02 | 01 | 91210502792467855A | 建设银行大连分行 | 21050168640800000910 |
| 004 | 浙江圣迪制造有限公司 | 圣迪制造 | 01 | 01 | 91310612345678901W | 建设银行杭州分行 | 31050168640800000911 |

操作路径：执行［基础档案］—［客商信息］—［客户档案］命令，进入［客户档案］窗口，在此界面上，可以进行客户档案［增加］、［修改］、［删除］等操作，如图2-23所示。

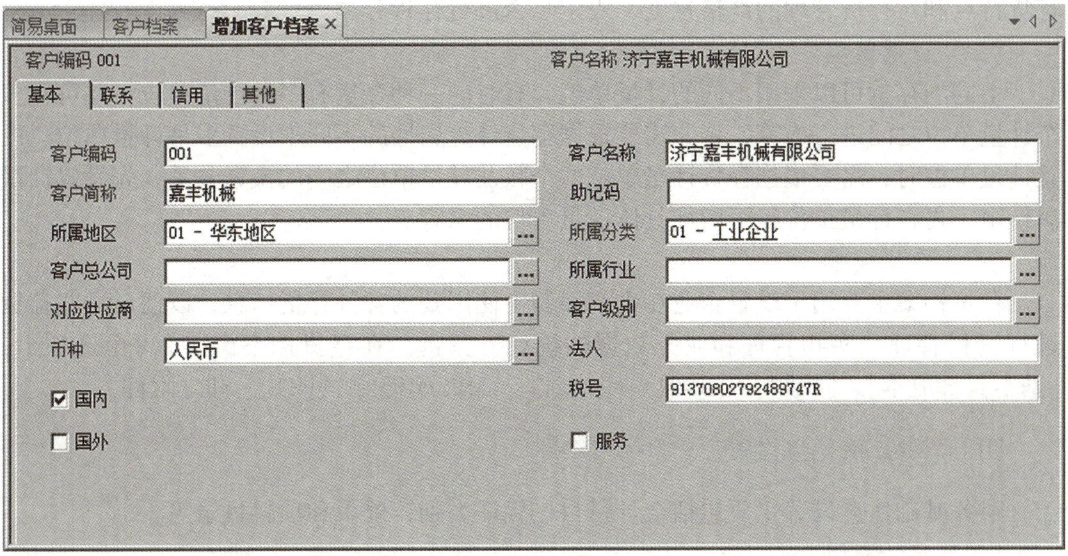


图2-23　客户档案

### （四）供应商分类

根据供应商对采购方的重视程度和信赖度等因素，将供应商划分为若干个不同的群体。供应商分类是对不同供应商进行分别管理的首要环节，采购企业只有根据自身特点在供应商细分的基础上，才能依据不同的类别实施恰当的管理。可以按照行业或者地区对供应商进行划分，如果对供应商没有进行分类管理的需要，也可以直接建立供应商档案。

供应商分类设置包括分类编码和分类名称两部分内容。

供应商分类设置的操作与客户分类设置类似，这里不再详述。

### （五）供应商档案

供应商档案是设置往来供应商的档案信息，便于对供应商的数据进行统计和分析。供应商档案管理不仅是采购管理的重要组成部分，同时也是应付款管理不可或缺的基本要素。会计科目一旦被定义为供应商往来辅助核算，都要建立供应商往来档案。

供应商档案分为［基本］、［联系］、［信用］和［其他］四个页签，具体内容主要有设置供应商编码、供应商名称、供应商简称、所属分类、所属地区、税号、币种、开户银行、银行账号等。

供应商档案设置的操作与客户档案设置类似，这里不再详述。

## 三、存货基础信息设置

存货基础信息设置包括存货分类、计量单位和存货档案的设置。

### （一）存货分类

每个企业的存货构成和对存货的管理要求各不相同。一般而言，如果企业的存货构成简单、品种规格较少，则可以不进行存货分类；如果企业的存货构成复杂，并对存货管理要求严格，则需要按照一定的标准进行存货分类管理。因此，企业可以根据自身的存货特点和对存货管理的严格程度，决定是否进行存货分类。

### （二）计量单位

不同的存货可以采用不同的计量单位，有时同一种存货有多种计量单位，并可在多个计量单位之间进行换算，企业需要根据存货计量属性的不同来设置多种计量单位。设置计量单位时，需要根据存货计量单位的个数及计量单位之间的换算关系，先设置计量单位组，再在计量单位组下增加具体计量单位的内容。

### （三）存货档案

存货档案主要用于设置企业在生产经营中使用到的各种存货信息，以便对这些存货进行资料管理、实物管理和业务数据的统计、分析。在存货档案窗口有8个选项卡：［基本］、［成本］、［控制］、［其他］、［计划］、［MPS/MRP］、［图片］和［附件］。

## 四、财务基础信息设置

财务基础信息设置主要包括会计科目、凭证类别、外币和项目目录等。

### （一）会计科目

会计科目是按照经济业务的内容和经济管理的要求，对会计要素的具体内容进行分类核算的目录。会计科目是填制会计凭证、登记会计账簿、编制会计报表的基础。会计科目设置是指企业、事业等单位，在国家统一规定的会计科目的基础上，建立本会计主体的会计科目体系。会计科目设置的详细程度直接影响到会计核算所反映企业信息的详细、准确程度。

会计科目设置的主要内容包括科目编码、科目名称、科目类型、账页格式、助记码、外币核算、数量核算和各种辅助核算信息等。

### （二）凭证类别

为了便于管理、记账和凭证信息的汇总，企业可根据管理和核算的需要，对会计凭证进行分类编制。通常，系统提供五种常用的分类方式：记账凭证；收款、付款、转账凭证；现金、银行、转账凭证；现收、现付、银收、银付、转账凭证；自定义凭证类别。不同的凭证分类方式对科目有不同的限制要求，无论选择哪种分类方式，其记账的结果都是一致的。

### （三）外币

外币设置是为外币核算服务的，当企业有外币核算业务时，需要对所使用的外币币种、核算方法和具体汇率进行设置。此设置主要是为完成涉及外币业务的凭证填制进行的。

外币设置主要包括币符、币名、汇率小数位、折算方式、固定汇率和浮动汇率等内容的设置。

### （四）项目目录

企业在生产经营过程中，会有很多的重要项目需要进行专项管理，为了更好地对某一类项目进行反映和管理，系统提供了项目管理这一功能，对产品成本、在建工程、对外投资、技术开发等进行管理。项目目录设置的前提条件是，在总账系统的会计科目设置中，先将需要进行项目核算的会计科目的辅助核算属性设置为项目核算，然后才能进行项目目录设置的具体操作。

项目目录设置的顺序是：定义项目大类、指定核算科目、增加项目分类、增加项目档案。

## 五、收付结算基础信息设置

收付结算基础信息设置主要包括结算方式、付款条件、开户银行等设置。

### （一）结算方式

设置收付结算方式，其目的是建立和管理企业在经营活动中所涉及的结算方式，以便于银行对账、票据管理和结算票据。收付结算设置方式与财务结算方式一致，如现金结算、支票结算等。结算方式一旦被引用，便不能进行修改和删除。

结算方式设置内容主要包括结算方式编码、结算方式名称和对应票据类型等。

### （二）付款条件

付款条件也叫现金折扣，是指企业为了鼓励客户偿还货款而允许在一定期限内给予的规定的折扣优待。付款条件主要在采购订单、销售订单、采购结算、销售结算、客户目录、供应商目录中引用。系统最多同时支持4个时间段的折扣。

付款条件设置主要包括付款条件编码、付款条件名称、信用天数、优惠天数、优惠率的设置等。

### （三）开户银行

开户银行用于维护及查询使用单位的开户银行信息，也用于填制销售发票时自动带入开户银行信息，否则将无法保存销售发票。开户银行设置的内容主要包括开户银行的编码、账户名称、银行账号、币种、开户银行、所属银行编码等。

## 六、供应链基础信息设置

企业在应用供应链管理系统之前，首先要做好供应链管理系统的基础应用设置，建立适合企业应用的账套数据平台。供应链基础信息设置是为企业采购管理、销售管理、库存管理和存货核算子系统日常业务处理提供基础档案的设置工作。

供应链基础信息设置内容主要包括仓库档案、货位档案、收发类别、采购类型、销售类型、产品结构、成套件、费用项目分类、费用项目、发运方式、非合理损耗类型等。

## 七、其他基础信息设置

除了以上各基础信息设置，其他基础信息设置还包括常用摘要和自定义项。

### （一）常用摘要

企业在填制记账凭证的过程中，由于经济业务的重复性，经常会用到许多完全相同或大部分相同的摘要，为了提高业务处理效率，可以将这些经常使用的摘要存储起来，以便在填制会计凭证时可随时调用。由于常用摘要按照操作员定义，因此在调用常用摘要时，不同的操作员看到的摘要内容不同，并且每个操作员只能查看、修改、删除自己的及公用的摘要内容。

常用摘要设置内容主要包括摘要编码、摘要内容和相关科目等。

### （二）自定义项

在基础设置中，自定义项和自由项是为各类原始单据和常用基础信息提供的，这样可以让企业方便地设置一些特殊信息。在自定义项中指定的项目，会反映在每张单据上，而在单据设置中指定的项目只适用于指定的单据。例如：需要对会计科目制定自定义项的，首先需要在自定义项——单据中增加自定义项；需要添加档案的，在自定义项档案中增加档案，然后在［财务］—［会计科目］中的菜单项中找到定义，就可以指定自定义项目。

【请注意】基础设置属于系统级初始化，是各子系统进行日常业务处理的前提条件。

【明德善思】基础设置是企业财务管理的根基性工作，从账套参数精准设定、编码规则科学规划到会计科目系统梳理，各环节如精密齿轮环环相扣，直接关系财务数据真实完整。这就要求会计人员以一丝不苟的作风贯穿始终，让从业者在细节打磨中淬炼专业素养，在规则坚守中培育责任意识，以专业能力筑牢财务根基，以敬业态度守护财经秩序。

## 同步训练

### 一、单项选择题

1.企业所有的基础信息设置，需遵循的基础是（　　）。

A.分类编码方案　B.科目级次　C.记账方法　D.结账方法

2.只有在存货分类、计量单位设置完成的前提下，才能进行的设置是（　　）。

A.收发类别　B.仓库档案　C.存货档案　D.计量单位组

3.用于设置人员相关信息，包括编码和其他基本情况的数据信息是（　　）。

A.部门档案　B.人员档案　C.客户档案　D.项目档案

4.企业在与客户交往过程中所形成的客户信息是（　　）。

A.往来信息　B.部门信息　C.供应商信息　D.客户档案

5.企业为了鼓励客户偿还货款，允许在一定期限内给予规定的折扣优待是（　　）。

A.付款条件　B.购买材料　C.销售商品　D.收回货款

### 二、多项选择题

1.下列各项属于机构人员设置的有（　　）。

A.客户档案　B.部门档案　C.人员档案　D.供应商档案

2.人员档案的基本信息包括（　　）。

A.人员编码　B.人员姓名　C.人员类别　D.所属部门

3.外币设置是为外币核算服务的，当企业有外币核算业务时，需要设置的内容有（　　）。

A.会计科目　B.外币币种　C.账簿格式　D.具体汇率

4.财务基础信息的设置主要包括（　　）。

A.会计科目　B.凭证类别　C.外币　D.项目目录

5.下列各项属于客商基础信息设置的有（　　）。

A.地区　B.客户档案　C.开户银行　D.供应商档案

### 三、判断题（正确的打“√”，错误的打“×”）

1. 企业对部门档案进行管理的主要目的是控制部门的费用开支，通过对各部门的收支情况的比较来考核部门的费用预算执行情况，以减少费用开支，提高经济效益。（　　）

2. 如果对供应商没有进行分类管理的需要，也可以直接建立供应商档案。（　　）

3. 存货的构成内容有很多，且各有其特点，在不同的企业中，对各种存货的管理要求也不尽相同。（　　）

4. 付款条件主要在采购订单、销售订单、采购结算、销售结算、客户目录、供应商目录中引用。系统最多同时支持3个时间段的折扣。（　　）

5. 会计科目一旦被定义为供应商往来辅助核算，就需要设置供应商档案。（　　）

## 思考题

1. 什么是电算主管？其工作内容有哪些？
2. 什么是系统管理？其主要功能有哪些？
3. 系统管理员和账套主管在权限上有何区别？
4. 什么是账套的输出？什么是账套的引入？两者的意义如何？
5. 权限管理中，三个层次的权限管理分别指的是哪些内容？
6. 什么是账套库？账套库管理包括哪些主要功能？
7. 基础设置主要包括哪些内容？
8. 财务基础信息设置主要包括哪些内容？

## 实践训练

完成与本教材配套的《会计信息系统实训》教材中“实训一、实训二”的实训内容。

# 项目三

## 总账管理子系统

**学习目标**

1. 描述总账管理子系统与其他子系统之间的关系
2. 掌握总账管理子系统的主要功能和操作流程
3. 完成与总账管理子系统相关的系统级和模块级初始设置
4. 能够进行填制凭证、审核凭证、凭证记账等日常业务的操作
5. 完成日记账查询、支票登记簿管理、银行对账等操作
6. 认知总账管理子系统期末处理内容，并完成自动转账和结账处理工作

**知识点**

会计科目　凭证类别　项目目录　期初余额　期初试算平衡凭证处理　银行对账　支票登记簿　自定义转账　对账　结账

**技能点**

设置会计科目　设置凭证类别　设置项目目录　设置总账控制参数　录入期初余额　填制凭证　修改凭证　审核凭证　删除凭证　查询凭证　银行对账　期末处理

**素养目标**

1. 爱岗敬业，恪尽职守，要深知整个社会对会计从业人员的职业观念、职业态度、职业技能、职业纪律和职业作风的要求越来越高
2. 会计职业道德水平受会计环境的制约，必须将会计职业道德建设提高到一个新水平，“不做假账”是会计人员的基本职业操守

## 知识结构

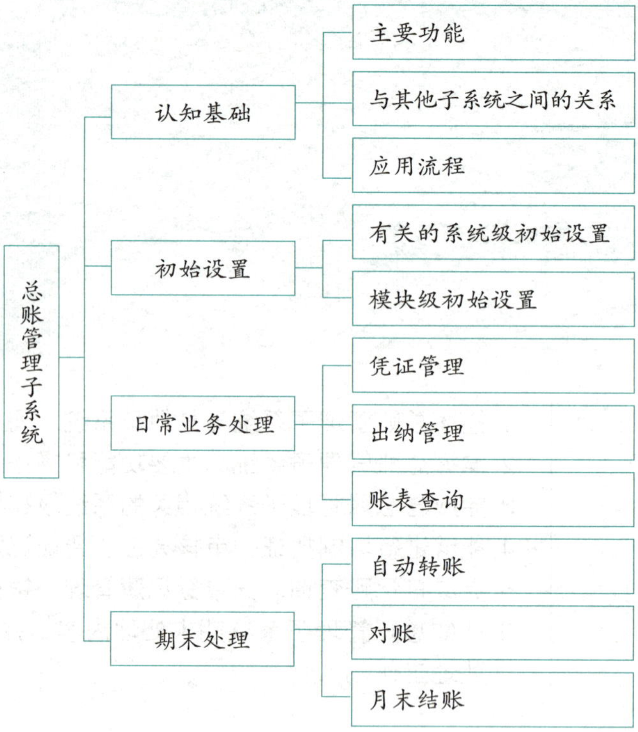


## 案例导入

随着山东泰恒建设机械有限公司规模的扩大，财务制度日渐完善，2021年1月引入财务软件用友U8V10.1。为了有效合理地利用总账管理子系统的功能，财务部商议结果如下：

（1）初始设置工作。主要包括会计科目设置、凭证类别设置、项目目录设置、汇率设置、总账参数设置和期初余额录入等内容。

（2）日常业务处理工作。肖然负责填制凭证、修改凭证、查询凭证、记账等工作；唐艺负责出纳签字、查询日记账、登记支票登记簿和银行对账等工作；高文博负责凭证的审核工作。

（3）期末处理工作。利用自动转账功能，进行计提利息和期间损益结转工作，并完成期末对账和结账工作。

思考：

（1）日常业务处理中各操作员岗位分工是什么？

（2）自动转账功能的作用是什么？

# 任务一　总账管理子系统认知基础

总账管理子系统是财务软件的核心子系统，适合各种行业进行账务处理及管理工作，因此也称为账务处理子系统。它通过开放的数据接口、标准化的业务流程与其他子系统有机结合成一体，实现财务业务一体化。总账管理子系统根据企业会计准则和本企业的核算管理要求，完成企业经济活动的凭证输入或接收其他子系统传递的凭证，并通过记账功能完成账簿的登记过程，进而为企业提供账簿查询功能，为报表编制提供数据支持，为信息使用者提供决策分析信息。

## 一、总账管理子系统的主要功能

总账管理子系统的主要功能包括初始设置、凭证管理、出纳管理、账表管理、辅助核算管理和期末处理。借助这些丰富的功能，会计处理变得更为简单、有效，增强了会计工作的规范性、效率性。

微课

总账管理子系统主要功能

### （一）初始设置

总账管理子系统的初始设置主要包括与总账管理子系统有关的系统级初始设置和模块级初始设置。其中系统级初始设置包括会计科目、凭证类别、项目目录和外币等财务基础信息设置，这些设置与总账业务处理密切相关；模块级初始设置包括总账控制参数设置和期初数据录入。

### （二）凭证管理

凭证是反映经济活动的载体，是总账管理子系统的唯一数据来源，做好凭证管理工作是为后续会计工作提供及时、准确数据的前提。凭证管理主要包括填制凭证、修改凭证、审核凭证、凭证记账、查询打印凭证和其他辅助功能。总账控制参数中的制单控制、凭证控制、权限控制等选项，对记账凭证进行严格的检查和控制，以保证凭证的正确性，加强对经济业务的管理和控制。

### （三）出纳管理

资金收支核算的正确性，直接影响企业资金的安全性和分配的合理性，为此软件通过出纳管理功能为出纳人员提供了一个集成的办公环境。出纳管理用于完成现金日记账和银行存款日记账的查询与输出、资金日报的查询和输出、支票登记簿管理以及银行对账等工作，并可为企业长期未达账提供审计。

### （四）账表管理

总账管理子系统提供了强大的账表查询功能，不仅可以查询打印总账、明细账、余额表、多栏账、序时账等基本账表，还可以查询客户往来、供应商往来、项目核算、部门核算、个人往来等辅助账。同时，在查询到的账表中，还可以联查相关明细账、记账凭证，使会计信息查询更为方便快捷。

### （五）辅助核算管理

为了优化会计科目体系，精细化会计核算和管理，总账管理子系统提供了辅助核算管理功能。辅助核算主要包括：客户往来核算、供应商往来核算、部门核算、个人核算和项目核算。用户在会计科目设置中为某一科目设置一种或多种辅助核算后，填制凭证时系统提示输入辅助核算信息，经过记账后系统自动登记辅助账，从而使辅助核算信息的查询更为快捷、详细。

### （六）期末处理

总账管理子系统的期末处理主要包括自动转账、对账和结账工作。其中自动转账功能针对期末经常发生的经济业务，通过设置转账定义可以快速生成转账凭证，能大大提高会计人员的期末工作效率。

【明德善思】我国会计法规定：任何单位或者个人不得以任何方式授意、指使、强令会计机构、会计人员伪造、变造会计凭证、会计账簿和其他会计资料，提供虚假财务会计报告。作为会计人员，应遵循党的二十大报告提出的“坚持发扬斗争精神”，对待违法乱纪行为要敢于斗争、善于斗争，应不断增强财经纪律意识，树立良好的会计职业道德。

## 二、总账管理子系统与其他子系统之间的关系

总账管理子系统属于财务管理系统的一部分，既可以独立运行，也可以与其他子系统协同运转。总账管理子系统在整个会计信息系统中处于核心地位，以记账凭证为数据接口与其他子系统有机联系在一起，同时，也为部分子系统提供数据支持和对账工作，概括地反映企业购销存等经济业务的综合信息。总账管理子系统与其他子系统之间的关系，如图3-1所示。

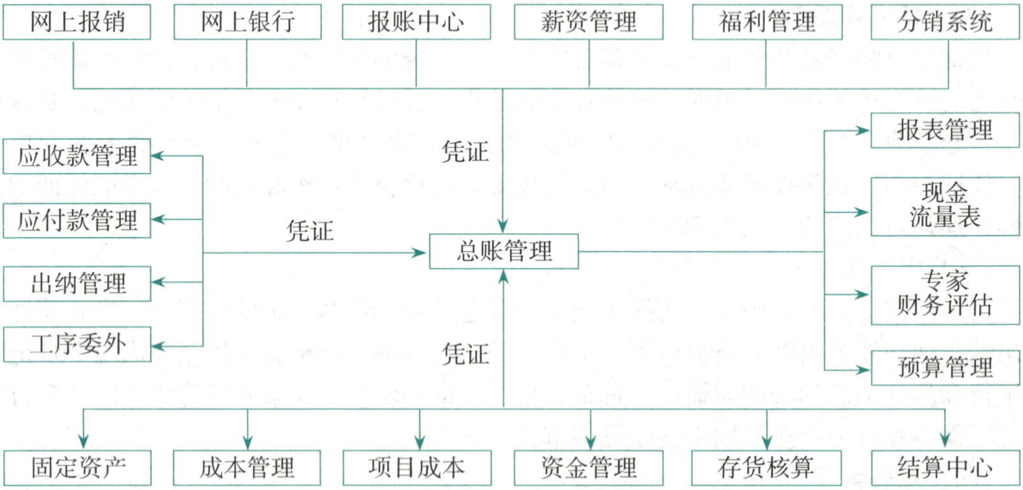


图3-1 总账管理子系统与其他子系统之间的关系

用友U8V10.1系统庞大，各子系统之间关系错综复杂，现实工作中企业可能只启用部分主要的子系统，一般启用总账管理子系统、应收款管理子系统、应付款管理子系统、出纳管理子系统、固定资产管理子系统、薪资管理子系统、存货核算子系统、成本管理子系统和报表管理子系统，这些子系统与总账管理子系统之间的具体关系如下：

（1）应收款管理子系统中的所有凭证传递到总账管理子系统，总账管理子系统可从应收款管理子系统中引入期初余额，应收款管理子系统与总账管理子系统进行对账。

（2）应付款管理子系统中的所有凭证传递到总账管理子系统，总账管理子系统可从应付款管理子系统中引入期初余额，应付款管理子系统与总账管理子系统进行对账。

（3）出纳管理子系统中的所有凭证传递到总账管理子系统，并根据凭证生成流水账，出纳对有关出纳凭证进行出纳签字。

（4）总账管理子系统接收从固定资产管理子系统传递的凭证，固定资产管理子系统可与总账管理子系统进行对账。

（5）薪资管理子系统将工资计提、分摊结果自动生成的转账凭证，传递到总账管理子系统。

（6）总账管理子系统接收从存货核算子系统传递的凭证，存货核算子系统可与总账管理子系统进行对账。

（7）成本管理子系统引用总账管理子系统中计入生产成本的间接费用（制造费用）或其他费用数据，以便正确计算产品成本，并将成本核算结果生成的转账凭证传递到总账管理子系统。

（8）资金管理子系统引用总账管理子系统中的科目余额进行资金预测，并将本系统生成的所有凭证传递到总账管理子系统。

（9）总账管理子系统将账表等信息传递到报表管理子系统、财务分析子系统和决策支持子系统，以便生成会计报表，进行财务分析和决策。

【请注意】总账管理子系统不仅可以直接输入记账凭证，还可以接收来自其他子系统传递的凭证，从而进行总分类核算，以提供综合性的会计信息。各个子系统生成的凭证传递到总账管理子系统后，仍需要在总账管理子系统中进行审核、记账，最后生成的数据可用于报表编制、财务分析和决策支持。

## 三、总账管理子系统的应用流程

用友U8V10.1总账管理子系统提供了完善的业务处理功能，针对企业发生的经济业务，应严格按照应用流程提供的操作顺序进行处理。一般而言，各个子系统的操作分为初始设置、日常业务处理和期末处理三个阶段，总账管理子系统也遵循这一规律。总账管理子系统的应用流程如图3–2所示。

从图3–2可以看出，通常情况下，出纳凭证需要出纳签字，所有凭证需要经过主管会计签字，因此总账管理子系统的控制参数中提供了“出纳凭证必须经由出纳签字”和“凭证必须经由主管会计签字”两个选项供用户选择。如果勾选此项，则出纳凭证必须经过出纳签字、所有凭证必须经过主管签字后才可以记账；如果不勾选此项，则出纳凭证不经过出纳签字或主管签字也可以记账。用户可以根据实际工作需要，选择是否进行出纳签字或主管签字。

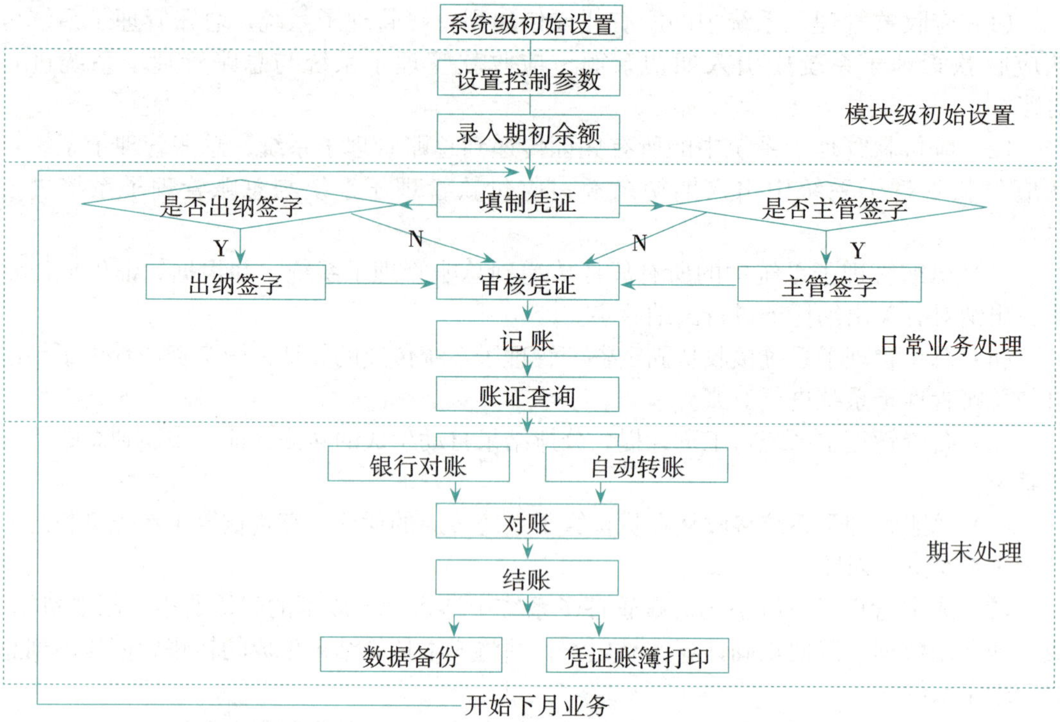


图3-2 总账管理子系统的应用流程

## 同步训练

### 一、单项选择题

1. 在建立会计账套之后，一般各个子系统的操作流程是（　　）。

A. 格式化→日常处理→期末处理

B. 格式化→定义报表→审查与分析运行结果

C. 初始化→期初建账→日常处理

D. 初始化→日常处理→期末处理

2. 下列子系统中，与总账管理子系统无直接关系的是（　　）。

A. 存货核算子系统　　B. 成本管理子系统

C. 采购管理子系统　　D. 应付款管理子系统

3. 接收各个子系统生成凭证的子系统是（　　）。

A. 存货核算子系统　　B. 总账管理子系统

C. 薪资管理子系统　　D. 应付款管理子系统

### 二、多项选择题

1. 下列各项属于初始化的有（　　）。

A. 建立账套　　B. 设置会计科目

C. 设置辅助核算项目　　D. 录入科目期初余额

2. 下列各项属于总账管理子系统功能的有（　　）。

A. 初始设置　　B. 凭证管理　　C. 账表查询　　D. 期末处理

3. 总账管理子系统的凭证来源有（　　）。

A. 手工填制　　B. 接收其他子系统传递的凭证

C. 自动转账生成　　D.Excel 导入

### 三、判断题（正确的打“√”，错误的打“×”）

1. 总账管理子系统是会计信息系统的核心子系统。（　　）

2. 出纳签字和主管签字是日常业务处理必须进行的操作。（　　）

3. 其他子系统生成的凭证传递到总账管理子系统后，仍需要在总账管理子系统中进行审核、记账。（　　）

# 任务二　总账管理子系统初始设置

总账管理子系统初始设置是应用总账管理子系统的基础工作。由用户根据本企业的需要建立的账务应用环境，通过初始设置可以变成适合本单位实际需要的专用系统。前面已经介绍了系统初始化包括系统级初始化和模块级初始化两部分内容，系统级初始化一般在［基础设置］中操作完成，设置的企业信息可供各个子系统共享使用；而模块级初始化在［业务工作］相应子系统的［设置］中完成，设置的信息供各子系统专用。在进行总账管理子系统初始设置的过程中，一般要在系统级初始化的基础上进行，因此，在介绍本部分内容时，将涉及的部分系统级初始化内容一并讲解。

## 一、总账管理子系统有关的系统级初始设置

总账管理子系统有关的系统级初始设置是指与总账业务处理有关的机构人员、客商信息、财务信息、权限分配等方面的系统级初始化，一般在［基础设置］中完成。前面已经讲解了机构人员设置和客商信息设置，下面主要讲解会计科目、凭证类别、项目目录和外币等财务信息设置。

### （一）会计科目设置

会计科目设置的规范性、合理性，将直接影响整个会计信息系统的功能和扩展能力，因此，应结合本企业会计核算和管理需要，建立一套完善的会计科目体系。设置会计科目时要遵循一定的原则，按照科目编码方案为每一个会计科目建立对应的科目编码，进而进行会计科目的增加、修改、删除和指定会计科目等操作。

#### 1. 会计科目设置的原则

各单位经济活动的异同性，要求设置会计科目时既要考虑本单位的特点和核算要求，又要兼顾会计信息作为国际通用语言服务于宏观管理及外部投资人的需要。因此，设置会计科目时，必须遵循以下原则：

（1）会计科目设置的完整性。设置会计科目时应全面反映会计对象的内容，不能遗漏，不同行业核算的业务内容不同，会计科目设置也有所不同，因此在建立账套时，需

正确地选择企业类型和行业性质，以确保预置的会计科目全面、完整、适时。

（2）满足会计核算与管理的要求。设置会计科目时要结合本单位经济业务的特点，使所设的科目体系既能满足会计核算要求，又能满足管理者信息决策需求。例如，总账管理子系统要求只有末级科目才允许输入发生额，因此其他各个子系统的核算科目只有设置为末级科目，才能将生成的凭证传递到总账管理子系统。

（3）统一性与灵活性相结合。为了保证对外会计指标口径一致，使会计信息具有可比性，财政部根据企业会计准则及行业特点，统一制定了各类企业的一级分类会计科目。企业根据自身经营活动的特点，在符合国家统一性原则下，灵活增设、减少某些科目。

（4）保持相对稳定性。为了保证会计信息的连续性、可比性，便于不同时期、不同行业间的会计核算指标的分析和比较，会计科目应在一定时期内保持相对稳定，不宜经常变更。但是，会计科目的稳定性是相对的，当会计环境发生变化时，会计科目也应随之进行相应调整。

（5）简明通俗。会计核算的目的是向信息使用者提供有用的会计信息，为了信息使用者便于理解和实际运用会计信息，科目名称要简单明了、通俗易懂。

### 2. 会计科目编码方案

会计信息化相对于手工会计操作在数据处理方式上有了质的变化，它将所有会计科目信息存于数据库中，而科目编码是数据库的主关键字、是数据流转的唯一标识。因此，按照科目编码方案为每一个会计科目建立一个科目编码显得至关重要，它可以提高运算速度，减少汉字输入工作量，并通过科目编码之间的层级反映会计科目之间的逻辑关系。

科目编码方案由科目编码级次和各级科目编码长度两部分组成，系统最大限制级次为13级，最大限制总长度为40位，且任何一级的最大长度都不得超过9位编码。科目编码方案直接决定着科目编码的编制规则，由用户在建立账套时根据需要自行设置，也可以在企业应用平台中的基础设置中进行设置。比如科目编码方案是“4-2-2-2”，表示科目编码共四级，第一级是4位编码，第二级是2位编码，第三级是2位编码，第四级是2位编码，编码总长度不超过40位。例如：会计科目“应交税费——应交增值税——进项税额”的科目编码可以设置为“22210101”。

设置完科目编码方案后，需要按照方案为每一个科目名称设置一个科目编码，便于反映会计科目间的上下级逻辑关系，便于计算机识别和处理，减少输入工作量，促进会计核算的规范性和标准化。在设置科目编码时需要注意以下问题：

（1）系统性。财政部统一规定了一级科目及少量明细科目的名称和科目编码，除企业会计准则规定以外的各级明细科目名称和科目编码，企业可根据核算和管理要求自行设置，以保证科目代码的系统性和统一性。

（2）唯一性。每一个代码对应一个会计科目，既不允许出现重复的科目编码，也不允许出现同名的会计科目，但如果同名的明细科目分属不同的上级科目，则可以被系统接受。

（3）简洁性。在满足管理要求和适合计算机处理的前提下，应力求科目代码简单明了、位数越短越好，既便于记忆又能提高输入凭证的速度。

（4）可扩展性。会计科目体系一经设定，其代码结构就无法改变。修改结构只能通过重新建账实现，而重新建账将丢失已输入的所有初始化数据和凭证资料。因此在设计科目代码时一定要充分考虑企业经济业务的发展性和变动性。

### 3.会计科目的内容

企业应根据对业务核算的精细程度，合理设置不同层次的会计科目。会计科目的内容主要包括科目编码、科目名称、科目类型、账页格式、助记码、科目性质、辅助核算、外币核算、数量核算、其他核算和受控系统等信息。

（1）科目编码。科目编码应当按照科目编码方案进行设置。科目编码必须是全编码，并且唯一。科目编码必须按其级次的先后次序建立，即先建上级科目，再建下级科目。在建立账套时，如果选择了“按行业性质预置会计科目”，系统会按新建账套的行业类型自动装入规范的一级会计科目。在此基础上，企业可以根据核算需要和相关规定，设置明细科目或修改一级科目的相关内容。

【请注意】科目编码和科目名称不能为空，必须输入。一般一级科目名称和科目编码以及部分明细科目名称和科目编码是法定的，由财政部统一规定，其他明细科目则由企业根据需要自行设置。科目一经使用，只能增加同级科目，不能在该科目下增设下级科目。

（2）科目名称。科目名称是指本级科目名称。科目名称分为科目中文名称和科目英文名称，可以是汉字、英文字母或数字。在中文版软件中，必须录入中文科目名称；在英文版软件中，必须录入英文科目名称。科目中文名称和科目英文名称不能同时为空。

（3）科目类型。科目类型是由会计准则规定的科目类型。行业性质为企业时，科目类型分为资产、负债、共同、权益、成本、损益。一级科目编码的首位数字与科目类型存在着直接的对应关系，便于系统根据科目编码自动识别科目类型，如工业企业科目编码的首位数字“1”代表资产，“2”代表负债。

（4）账页格式。账页格式是定义科目在账簿打印时默认的打印格式。系统有金额式、外币金额式、数量金额式和外币数量式四种账页格式可供选择。一般情况下，有外币核算的科目可设为外币金额式，有数量核算的科目可设为数量金额式，既有外币又有数量核算的科目可设为外币数量式，既无外币又无数量核算的科目可设为金额式。

（5）助记码。助记码用于帮助记忆会计科目，在录入科目时可直接输入助记码，系统自动将助记码转换成科目名称，这样可加快录入速度，也可减少汉字录入量。

（6）科目性质。科目性质即科目余额的方向。增加登记在借方科目的，科目性质为借方；增加登记在贷方科目的，科目性质为贷方。一般情况下，资产类科目的科目性质为借方，负债类科目的科目性质为贷方。

需要注意的是，只能为一级科目设置科目性质，下级科目的科目性质附属于一级科目。已使用的会计科目不能再修改科目性质。

（7）辅助核算。辅助核算一般通过核算项目来实现，是对账务处理的一种补充，用于说明本科目是否有其他核算要求。系统提供了5种常用辅助核算供用户选择，包括部门核算、个人往来核算、客户往来核算、供应商往来核算、项目核算。一个科目可以设置单一辅助核算，也可以设置多种辅助核算，使财务核算更为广泛、灵活。

需要注意的是，如果会计科目已有数据，对会计科目辅助核算进行修改，很可能会造成总账与辅助账对账不平。

【动脑筋】为什么要使用辅助核算？使用辅助核算的会计科目有哪些？

（8）外币核算。外币核算用于设定科目是否有外币核算，以及核算的外币名称。一个科目只能核算一种外币，只有有外币核算要求的科目才允许也必须设定外币币名，如果此科目核算的外币币种还没有定义，可以通过［参照］功能进行增加。

（9）数量核算。数量核算用于设定科目是否有数量核算，以及数量核算的计量单位。计量单位可以是任何汉字或字符，如千克、件、吨等。

（10）其他核算。其他核算用于说明本科目是否有其他要求，如银行账、日记账等。一般情况下，库存现金科目要设为日记账；银行存款科目要设为银行账和日记账。

（11）受控系统。为了加强各个子系统之间的相互联系与控制，在定义会计科目时引入受控系统概念，即某科目设置为受控科目后，该科目受控于某一系统，该受控系统可以使用受控科目制单，从而保证子系统之间数据的一致性。

### 4. 会计科目的辅助核算

系统提供了5种常用的会计科目辅助核算，包括部门核算、个人往来核算、客户往来核算、供应商往来核算和项目核算，用户也可以自定义辅助核算。对于哪些科目适合进行辅助核算、进行哪种辅助核算，完全取决于企业需要。一般随着企业规模的扩大和核算要求的精细化，通过设置明细科目核算往来、部门、个人等信息时，会计的工作量势必大大增加，此时利用系统提供的辅助核算功能，可将明细科目的上级科目改设为末级科目并选择相应的辅助核算，以后企业每发生一笔经济业务，都会同时登记总账和辅助账，这样既优化了会计科目结构，又提供了更为灵活、广泛的会计信息。

例如，通过应收账款对不同的客户进行核算与管理，可以通过辅助核算或者明细科目核算两种方式实现，其科目设置见表3-1。通过对比可以发现，利用辅助核算时不必建立下级明细科目，可以大大减少明细科目数量，优化会计科目体系，更为重要的是可以通过系统提供的辅助账查询功能进行信息的全方位查询，为深化企业管理提供了有力保障。

表3-1 未使用辅助核算和使用辅助核算的科目设置对比

| 未使用辅助核算的科目设置 | | 使用辅助核算的科目设置 | | |
|---|---|---|---|---|
| 科目编码 | 科目名称 | 科目编码 | 科目名称 | 辅助核算 |
| 1122 | 应收账款 | 1122 | 应收账款 | 客户往来 |
| 112201 | 嘉丰机械 | | | |
| 112202 | 上海鑫瑞 | | | |
| 112203 | 天悦机械 | | | |
| 112204 | 圣迪制造 | | | |

### 5. 会计科目设置的功能

会计科目设置的功能主要包括会计科目的增加、修改、删除和指定会计科目。

（1）增加会计科目。会计科目是填制会计凭证、登记会计账簿、编制会计报表的基础，因此，企业在进行日常业务处理前应按照会计科目设置的原则，增加完善、适时的会计科目。如果系统已经预置好一级会计科目，用户只需根据企业需要增加明细科目即可。此外，系统提供了会计科目的复制和成批复制功能，使会计科目增加更为快捷。如果新增的会计科目与某一已设置好的会计科目相似，可以使用科目复制功能复制增加新会计科目；如果新增会计科目的下级科目与一个已设置好的会计科目的下级明细科目类似，在这种情况下设置一批新下级明细科目，可以使用成批复制功能成批复制增加一批下级明细科目。

微课 会计科目

【请注意】已使用的会计科目增加下级科目时，如果新增加的下级科目属性与上级科目一致，系统自动将原科目的所有信息全部转移到新增的第一个下级科目中，此操作不可逆。

【例3–1】新增会计科目“银行存款/建设银行（100201）”，采用人民币核算，其他核算为“日记账、银行账”。

操作路径：以“2001高文博”的身份登录企业应用平台，单击［基础设置］菜单项，执行［基础档案］—［财务］—［会计科目］命令，进入［会计科目］窗口，单击［增加］按钮，增加会计科目“银行存款/建设银行（100201）”，如图3–3所示。

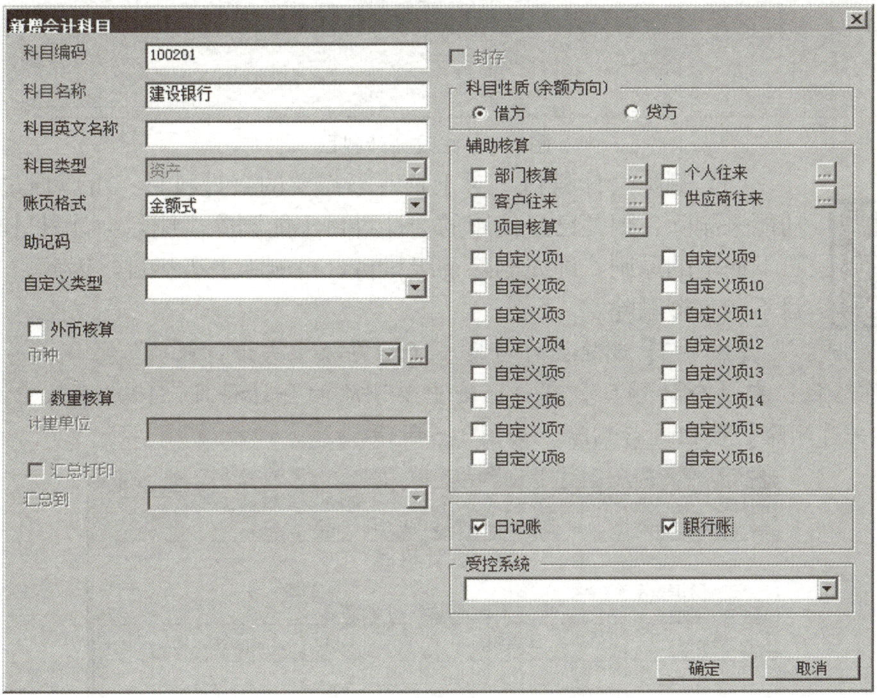


图3–3　新增会计科目

（2）修改会计科目。修改会计科目是指已经增加完的会计科目内容设置有误或不合理，通过［修改］功能修改该会计科目的编码、名称、辅助核算、外币核算等内容。但已有数据的科目不能修改科目编码和科目性质。

微课 修改会计科目

【例3–2】修改会计科目“1122应收账款”的辅助核算为“客户往来”。

操作路径：在［会计科目］窗口，选中要修改的会计科目“1122应收账款”，单击［修改］按钮或者双击该科目，打开［会计科目修改］对话框，单击［修改］按钮，勾选辅助核算“客户往来”，如图3–4所示。

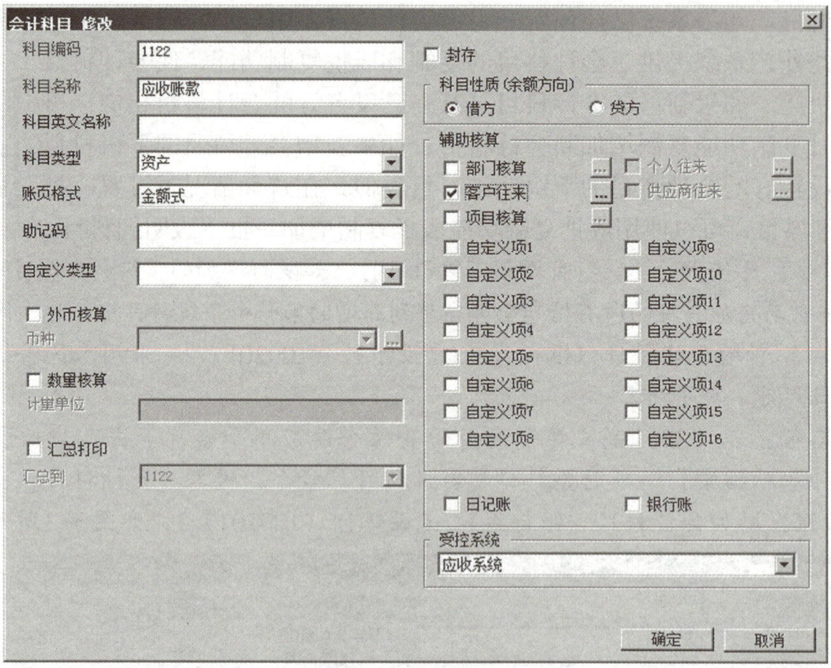


图3-4 修改会计科目

微课

删除会计科目

（3）删除会计科目。对于企业不需要的会计科目，可以通过［删除］功能来删除，但是已经使用的会计科目不能删除。删除会计科目时应遵循自下而上的原则，即先删除下级科目，再删除上级科目。因此，非末级科目不能直接删除。

【例3-3】删除会计科目“1003存放中央银行款项”。

操作路径：在［会计科目］窗口，选中要删除的会计科目“1003存放中央银行款项”，单击［删除］按钮进行删除，如图3-5所示。

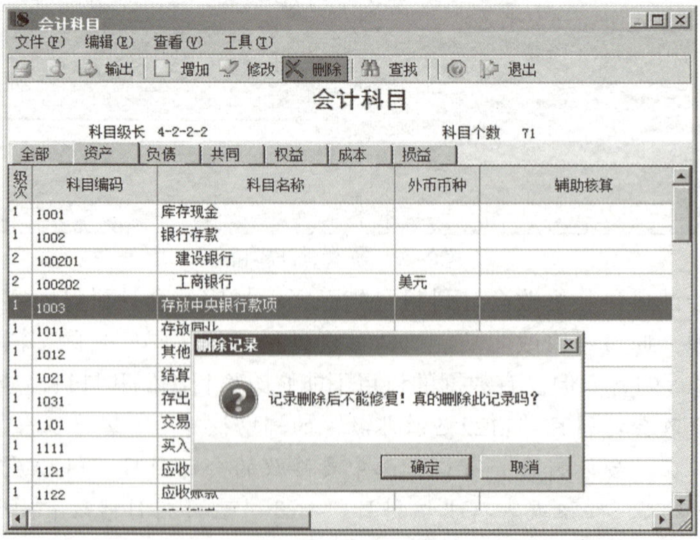


图3-5 删除会计科目

（4）指定会计科目。指定会计科目是指定需要出纳管理的会计科目，包括指定现金科目、银行科目和现金流量科目。只有指定过现金科目和银行存款科目，才能执行出纳签字或者查看现金、银行存款日记账。一般指定“库存现金”为现金科目，指定银行存款为银行存款科目。指定现金流量科目，主要用于录入记账凭证的现金流量科目时，可选择现金流量项目，供以后编制现金流量表的函数取数使用。

微课

指定会计科目

【例3-4】完成会计科目的指定工作，见表3-2。

表3-2　指定会计科目

| 项目 | 会计科目 |
|---|---|
| 现金科目 | 库存现金（1001） |
| 银行科目 | 银行存款（1002） |
| 现金流量科目 | 库存现金（1001）<br>银行存款/建设银行（100201）<br>银行存款/工商银行（100202） |

操作路径：在［会计科目］窗口，执行［编辑］—［指定科目］命令，进入［指定科目］窗口。依次指定现金科目、银行科目、现金流量科目，如图3-6所示。

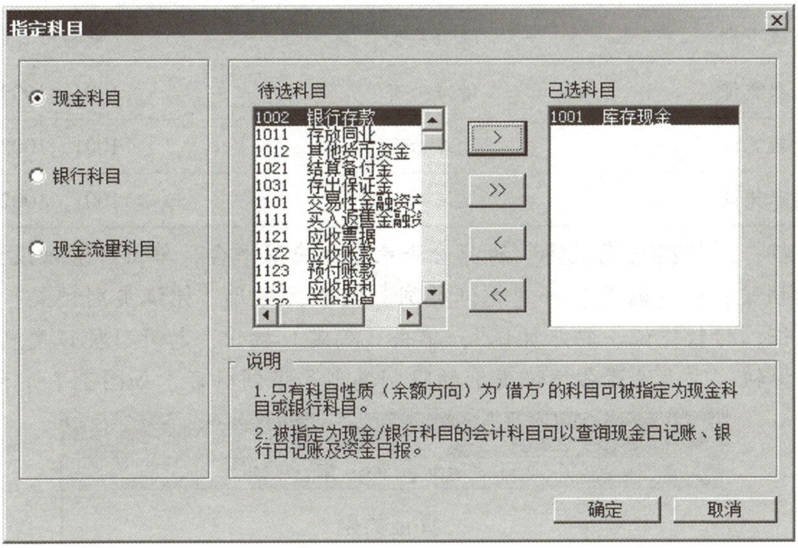


图3-6　指定会计科目

## （二）凭证类别设置

为了便于管理凭证或提高登账效率，企业应根据管理和核算需要，对记账凭证进行分类设置，由于各企业分类方式不同，选择记账凭证类别不尽相同。

1.第一次进行凭证类别设置，系统提供5种常用分类方式可供选择：

（1）记账凭证；

（2）收款凭证、付款凭证、转账凭证；

（3）现金凭证、银行凭证、转账凭证；

（4）现金收款凭证、现金付款凭证、银行收款凭证、银行付款凭证、

微课

凭证类别

转账凭证；

（5）用户也可以根据实际需要自定义凭证类别。

2. 在设置凭证类别时，某些类别的凭证在制单时对科目有一定限制，系统提供了7种限制类型可供选择：

（1）借方必有：制单时，借方至少有一个限制科目有发生额；

（2）贷方必有：制单时，贷方至少有一个限制科目有发生额；

（3）凭证必有：制单时，无论借方还是贷方至少有一个限制科目有发生额；

（4）凭证必无：制单时，无论借方还是贷方不可有一个限制科目有发生额；

（5）无限制：制单时，此类凭证可使用所有合法的科目；

（6）借方必无：制单时，借方科目必须不包含限制科目；

（7）贷方必无：制单时，贷方科目必须不包含限制科目。

对凭证类别设置限制类型和限制科目后，当保存某张凭证时，系统会自动根据凭证类别检查科目的名称和方向是否满足限制类型和限制科目，如果满足条件则可以保存凭证，否则不能保存凭证。

【例3–5】完成凭证类别的设置工作，见表3–3。

表3–3　　凭证类别

| 凭证类别 | 限制类型 | 限制科目 |
|---|---|---|
| 收款凭证 | 借方必有 | 1001，1002 |
| 付款凭证 | 贷方必有 | 1001，1002 |
| 转账凭证 | 凭证必无 | 1001，1002 |

操作路径：以“2001高文博”的身份登录企业应用平台，单击［基础设置］菜单项，执行［基础档案］—［财务］—［凭证类别］命令，打开［凭证类别预置］对话框，选择“收款凭证　付款凭证　转账凭证”，单击［确定］按钮，打开［凭证类别］窗口，单击［修改］按钮，依次设置各凭证类别的限制类型和限制科目，如图3–7所示。

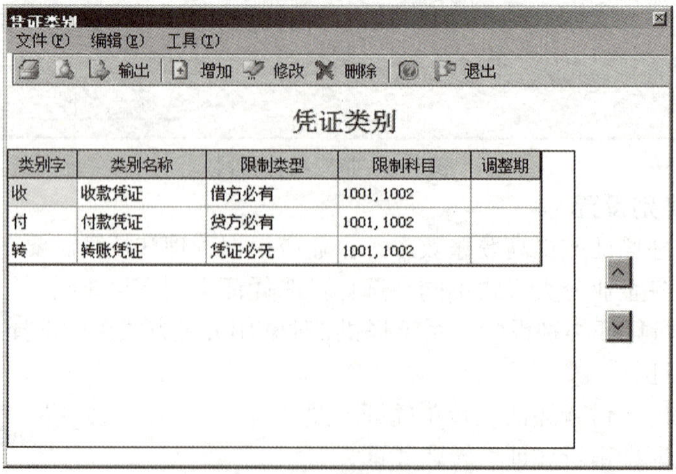


图3–7　设置凭证类别

### （三）项目目录设置

企业在实际业务处理中会对很多的项目进行专门核算和管理，如在建工程、对外投资、技术改造项目、产品成本等，为了能对这些项目进行精细化管理，用户可以将具有相同特性的一类项目定义成一个项目大类，从而使项目核算更加方便、详细。系统允许用户设置多个项目大类，为了便于分级管理，项目大类下还可以建立项目分类，末级分类下建立具体的项目档案。

系统内置了使用存货目录定义项目、成本对象、现金流量项目、项目成本核算四个项目大类供用户选择使用，用户也可以根据需要自定义项目大类。

使用项目核算首先要做好项目目录设置工作，项目目录设置分为新增项目大类和设置项目档案两部分。其中：新增项目大类包括新增项目大类名称、定义项目级次和定义项目栏目；设置项目档案包括选择核算科目、设置项目结构、项目分类定义、项目目录维护，如图3-8所示。

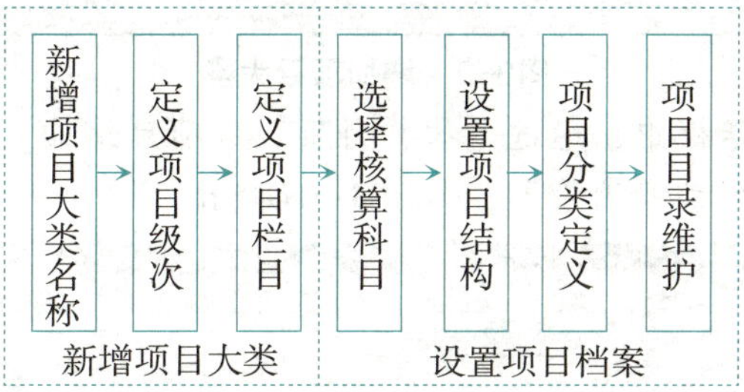


图3-8　项目目录设置步骤

微课

项目目录

【请注意】定义项目级次是指定义项目编码规则。选择项目核算科目的前提是，该科目已设置辅助核算为“项目核算”。一个项目大类可以设置多个核算科目，一个核算科目只能属于一个项目大类。

【例3-6】完成项目目录的设置工作，见表3-4。

表3-4　项目目录的设置

| 项目目录设置步骤 | 设置内容 |
| --- | --- |
| 项目大类 | 产品 |
| 核算科目 | 直接材料（500101）<br>直接人工（500102）<br>制造费用（500103） |
| 项目分类 | 1. 导向轮调节总成<br>　11. 涨紧机构<br>　12. 导向轮总成<br>2. 其他 |
| 项目名称 | 1101 涨紧油缸<br>1201 导向轮 |

操作路径：以“2001高文博”的身份登录企业应用平台，单击［基础设置］菜单项，执行［基础档案］—［财务］—［项目目录］命令，打开［项目档案］对话框。完成项目大类的［增加］、［修改］、［删除］操作，如图3-9所示。

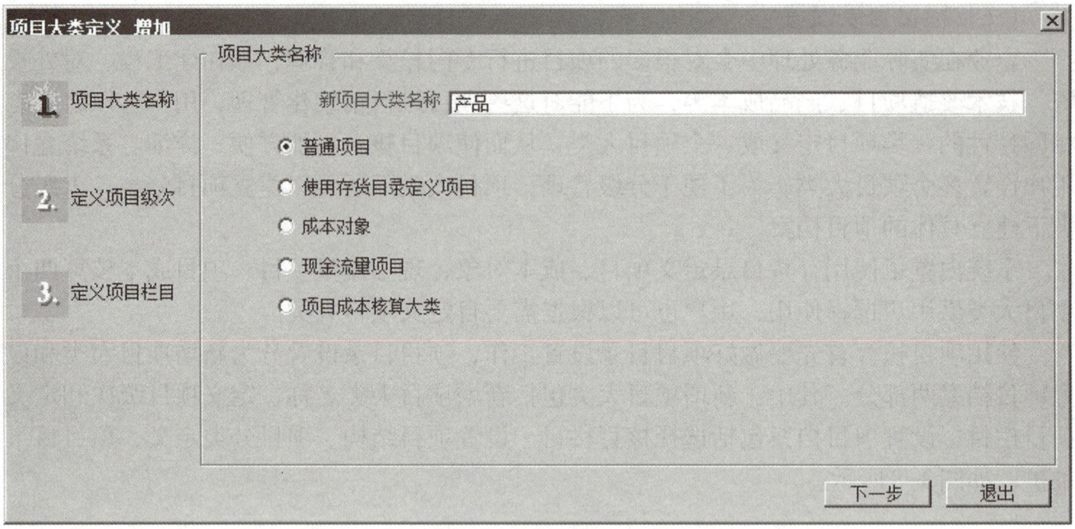


图3-9　增加项目大类

在［项目档案］对话框中，通过［核算科目］、［项目结构］、［项目分类定义］、［项目目录］选项卡完成项目档案的设置，如图3-10所示。

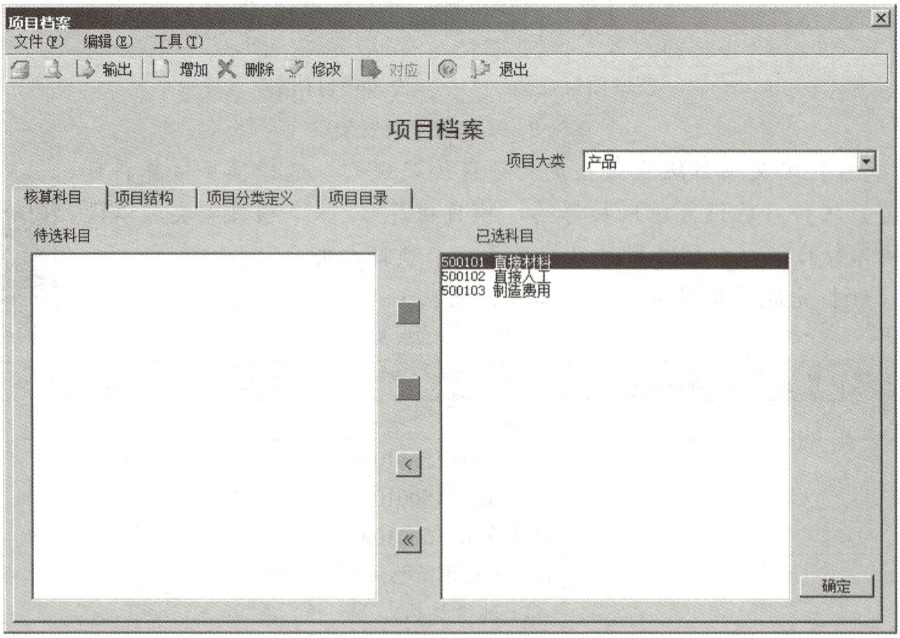


图3-10　设置项目档案

## （四）外币设置

微课

外币设置

外币设置是为外币核算服务的，当企业对外币业务制单时，系统可以调用该外币设置中的币符、汇率等信息，以提高制单效率。外币设置的内容主要包括币符、币名、汇率小数位、外币折算方式、汇率等。

外币折算方式有固定汇率和浮动汇率两种可供选择。采用固定汇率时，需要录入各月的记账汇率和期末调整汇率；采用浮动汇率时，需要录入各月的每日记账汇率和期末调整汇率。记账汇率是指发生外币业务制单时所使用的汇率，在平时制单时系统调用该汇率；调整汇率一般是指月末汇率，应在月末输入，用于期末计算汇兑损益。

需要注意的是，制单时使用固定汇率或浮动汇率，不是由外币设置中选择的固定汇率或浮动汇率决定，而是由总账管理子系统的选项参数中设置的“汇率方式”决定。

【例3-7】完成外币设置工作。币符：USD。币名：美元。固定汇率1：6.52。

操作路径：以“2001高文博”的身份登录企业应用平台，单击［基础设置］菜单项，执行［基础档案］—［财务］—［外币设置］命令，打开［外币设置］对话框。单击［增加］按钮，输入“币符”“币名”“记账汇率”等信息，如图3-11所示。

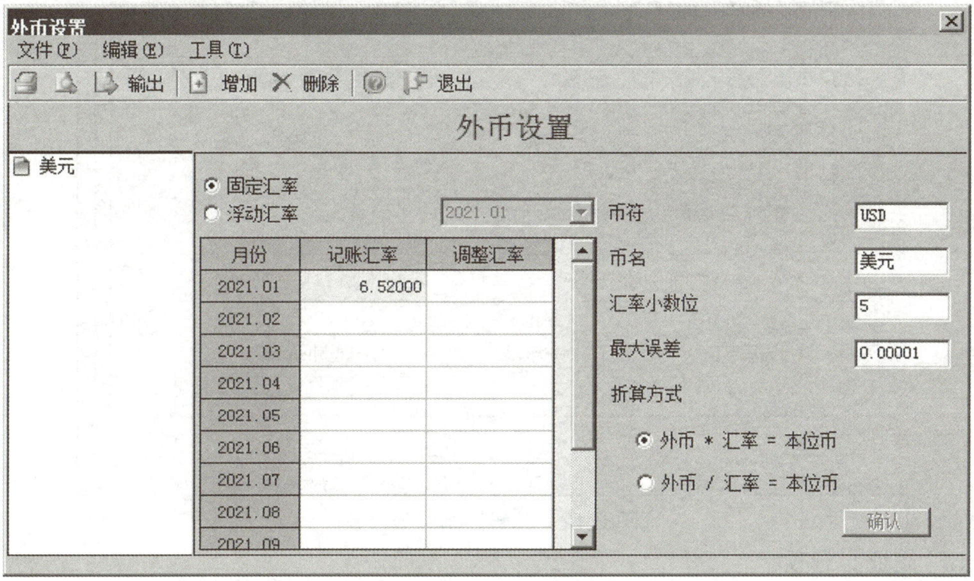


图3-11　外币设置

## 二、总账管理子系统模块级初始设置

总账管理子系统模块级初始设置是根据本企业业务处理和内部控制的需要，完成有关参数、权限和期初数据的设置工作，主要包括总账控制参数设置和期初余额录入，需要在［总账］—［设置］中完成。

### （一）总账控制参数设置

针对企业生产经营和财务管理需求的个性化特点，总账管理子系统作为通用商品软件的核心子系统，内置了大量的控制参数供企业根据自身实际情况进行选择，使软件更好地适应本企业的要求。

微课

总账控制参数

总账管理子系统将参数设置分为8个选项卡：［凭证］选项卡、［账簿］选项卡、［凭证打印］选项卡、［预算控制］选项卡、［权限］选项卡、［会计日历］选项卡、［其他］选项卡和［自定义项核算］选项卡，如图3-12所示。企业使用总账管理子系统进行日常业务处理前，须根据企业会计核算和经营管理的需要，设置好相应的控制参数。如果企业以后业务变更或发生一些与核算信息不符的事项，可以通过此功能进行调整。

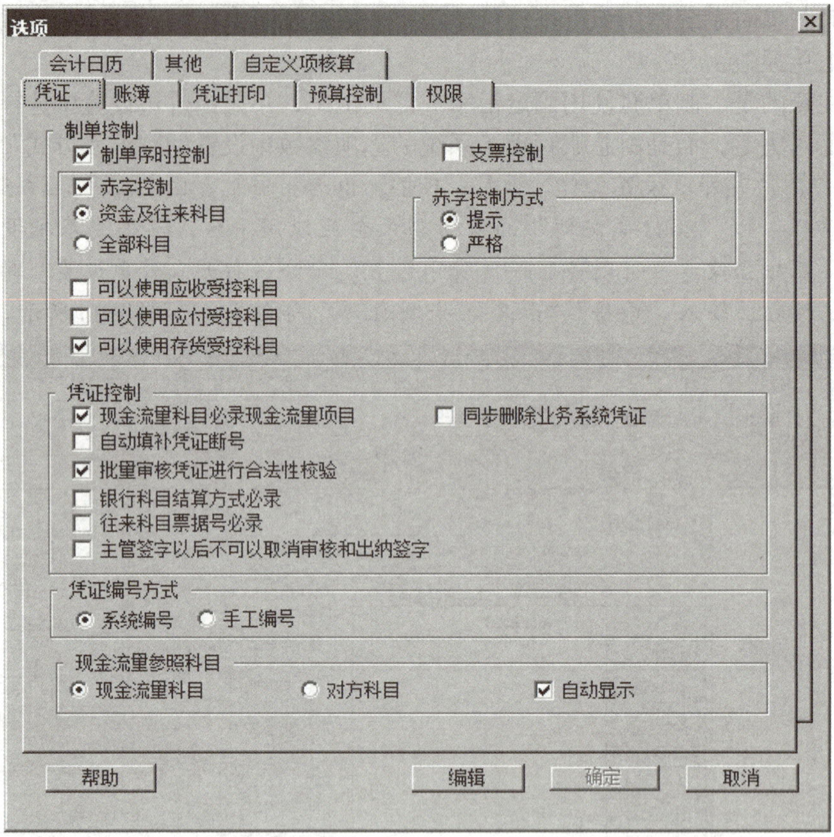


图3-12　总账控制参数设置

### 1.［凭证］选项卡

（1）制单控制。制单控制主要用于设置在填制凭证时，系统应对哪些操作进行控制。

①制单序时控制。此选项和“系统编号”选项联用，制单时某类凭证编号必须按日期顺序从小到大排列。序时制单时，如有特殊需要可以将其改为不序时制单。

②支票控制。若勾选此项，制单时，如果使用银行存款科目填制凭证，系统根据票据管理的结算方式进行登记，若录入的支票号在支票登记簿中已存在，系统提供已登记支票的报销功能；否则，系统提供登记支票登记簿的功能。

③赤字控制。若勾选此项，制单时，如果“资金及往来科目”或“全部科目”的最新余额出现负数，系统将予以提示。赤字控制既可以只针对“资金及往来科目”，也可以针对“全部科目”。系统提供了提示、严格两种方式，可根据企业的需要进行选择。

④可以使用受控科目。若科目为应收款管理子系统、应付款管理子系统或存货核算子系统的受控科目，为了防止重复制单，系统只允许应收款管理子系统、应付款管理子系统或存货核算子系统使用此科目进行制单，总账管理子系统不能使用此科目制单。如果希望在总账管理子系统中也能使用这些科目填制凭证，则应勾选此项。

【请注意】若总账管理子系统和其他非受控系统使用了受控科目，则会引起受控系统与总账管理子系统对账不平。

（2）凭证控制。

①现金流量科目必录现金流量项目。如果企业选择利用现金流量项目核算作为编制现金流量表的数据来源，则可以勾选此项，以提高现金流量表的编制效率。若勾选此项，制单使用现金流量科目时，则必须输入现金流量项目及金额。

②自动填补凭证断号。若勾选此项，同时选择凭证编号方式为系统编号，则在新增凭证时，系统按凭证类别自动查询本月的第一个断号作为本次新增凭证的凭证号。如无断号则为新号，与原编号规则一致。

③银行科目结算方式必录。若勾选此项，在填制凭证时如果使用了银行科目，则必须录入结算方式。如果录入的结算方式勾选了“是否票据管理”，则票据号也必须录入，否则不必录入。

④往来科目票据号必录。若勾选此项，填制凭证时往来科目必须录入票据号。

⑤主管签字以后不可以取消审核和出纳签字。若勾选此项，则要求出纳签字、凭证审核后才可对凭证执行主管签字。

（3）凭证编号方式。系统提供系统编号和手工编号两种凭证编号方式。如果勾选“系统编号”，填制凭证时系统按照设置的凭证类别按月自动编号；有的企业需要在填制凭证时手工录入凭证编号，需要勾选“手工编号”。

（4）现金流量参照科目。此选项用于设置现金流量录入界面的参照内容和方式。若勾选“现金流量科目”选项，系统参照凭证中的现金流量科目；若勾选“对方科目”选项，系统参照凭证中的非现金流量科目。若同时勾选“自动显示”选项，系统依据前两个选项将“现金流量科目”或“对方科目”自动显示在指定现金流量项目界面中，否则需要手工参照选择。

### 2.［账簿］选项卡

［账簿］选项卡用于设置各种账簿的输出方式和打印要求等。

### 3.［凭证打印］选项卡

［凭证打印］选项卡用来设置凭证的输出方式和打印要求等。

（1）合并凭证显示、打印。若勾选此项，则在填制凭证、查询凭证、出纳签字和凭证审核时，以系统选项中的设置显示；在科目明细账显示或打印时，凭证按照“按科目、摘要相同方式合并”或“按科目相同方式合并”合并显示，并在明细账显示界面提供是否“合并显示”的选项。

（2）打印凭证的制单、出纳、审核、记账等人员姓名。若勾选此项，在打印凭证时，自动打印制单、出纳、审核、记账等人员的姓名。

### 4.［预算控制］选项卡

根据预算管理系统或财务分析系统设置的预算数对业务发生进行控制。

### 5.［权限］选项卡

（1）制单权限控制到科目。如果需要操作员只能使用具有相应制单权限的科目制单，除了勾选此选项外，还需要与数据权限联合使用。即需要在“数据权限控制设置”中勾选记录级“科目”后，再在“数据权限分配”中对该操作指定可以使用的科目，此时填制凭证时，操作员只能使用具有使用权限的科目制单。

（2）制单权限控制到凭证类别。在“数据功能权限”中设置凭证类别权限后，再勾选此项，操作员只能填制有凭证类别权限的凭证，并且参照凭证类别时只显示操作员有权限的凭证类别。

（3）操作员进行金额权限控制。若勾选此项，则可以对不同级别的人员进行金额大小的控制。例如，财务主管可以对10万元以上的经济业务制单，一般财务人员只能对5万元以下的经济业务制单，这样可以减少由于不必要的责任事故带来的经济损失。若为外部凭证、常用凭证调用生成或结转凭证，则不做金额权限控制。

（4）凭证审核控制到操作员。若勾选此项，则要求有审核权限的操作员才能审核某些制单人填制的凭证。

（5）出纳凭证必须经由出纳签字。若勾选此项，则要求现金、银行科目凭证必须由出纳人员核对签字后才能记账。

【请注意】出纳签字与审核凭证不分先后顺序。

（6）凭证必须经由主管会计签字。若勾选此项，则要求所有凭证必须由主管签字后才能记账。

（7）允许修改、作废他人填制的凭证。若勾选此项，在制单时操作员可修改或作废别人填制的凭证，否则不能修改。“控制到操作员”属于数据权限控制内容，若勾选此项，可以指定哪些操作员有权修改、作废他人填制的凭证。

（8）可查询他人凭证。若勾选此项，则允许操作员查询他人凭证。

（9）明细账查询权限控制到科目。此选项是权限控制的开关。在数据权限中设置明细账查询权限后，必须勾选此项，才能起到控制作用，有明细账查询权限的操作员才可以查询相应明细账。

（10）制单、辅助账查询控制到辅助核算。若勾选此项，需要在数据权限中设置辅助核算权限后，制单时才能使用有辅助核算权限的科目，辅助账查询时才能查询有权限的辅助账。

#### 6.［会计日历］选项卡

可以查看会计期间、设置账套的一些基本信息，也可以修改数量小数位、单价小数位和本位币精度。

#### 7.［其他］选项卡

企业有外币核算时，可以查看本位币、设置汇率方式；也可以对部门、个人、项目三类辅助核算设置查询列表的内容排序方式，选择按编码排序或者按名称排序。

#### 8.［自定义项核算］选项卡

如果系统提供的个人、部门、项目、供应商、客户等辅助核算项不足时，可在此将某些自定义项设置为辅助核算。

【动脑筋】不同的控制参数设置会对后续操作产生什么影响？

### （二）总账期初数据录入

如果总账管理中子系统中已有上年数据，在使用“结转上年余额”后，上年各账户余额将自动结转到本年，用户无须录入。如果第一次使用总账管理子系统，为保证账簿资料的连续性，企业应将启用系统前的各账户余额及累计发生额录入系统中，并通过试算平衡检查数据的正确性，为以后会计期间的账务提供期初数据。

总账管理子系统的期初数据处理包括期初余额录入和期初余额试算平衡两个功能。

### 1.期初余额录入

总账管理子系统的期初余额就是各账户的余额和累计发生额，包括年初余额、累计借方发生额、累计贷方发生额和期初余额，其中期初余额是启用总账管理子系统时各账户的当前余额，年初余额由系统根据期初余额、累计借方发生额和累计贷方发生额自动计算得出。

企业期初余额录入的内容，因建账时间不同而有所不同。例如，如果是在年中9月初建账并启用总账管理子系统，则需要录入9月初的期初余额及1—8月的借、贷方累计发生额，系统自动计算年初余额；如果是在年初1月初建账，则只需直接录入期初余额。

根据科目是否设置辅助核算，期初余额录入可分为无辅助核算科目的期初余额录入和有辅助核算科目的期初余额录入。

（1）无辅助核算科目的期初余额录入。无辅助核算科目的期初余额和累计发生额录入从最末级科目开始，上级科目的期初余额和累计发生额由系统自动计算汇总。如果某科目有数量核算，在输完本币金额后，还要输入相应的数量；如果某科目有外币核算，在输完本币金额后，还要输入相应的外币金额；若期初余额有外币、数量余额，则必须有本币余额。

微课

录入无辅助核算科目的期初余额

【例3–8】录入无辅助核算科目的期初余额，见表3–5（币别默认为人民币）。

表3–5 无辅助核算科目的期初余额表

单位：元

| 科目名称 | 辅助核算 | 方向 | 币别/计量 | 期初余额 |
|---|---|---|---|---|
| 库存现金（1001） | 日记账 | 借 | | 6 852.00 |
| 银行存款（1002） | 银行账、日记账 | 借 | | 262 150.00 |
| 建设银行（100201） | 银行账、日记账 | 借 | | 262 150.00 |
| 工商银行（100202） | 银行账、日记账 | 借 | | |
| | | 借 | 美元 | |

操作路径：以“2002肖然”的身份登录企业应用平台，单击［业务工作］菜单项，执行［财务会计］—［总账］—［设置］—［期初余额］命令，进入［期初余额录入］窗口，录入末级科目“库存现金”“建设银行”的期初余额，上级科目“银行存款”期初余额系统自动汇总，如图3–13所示。

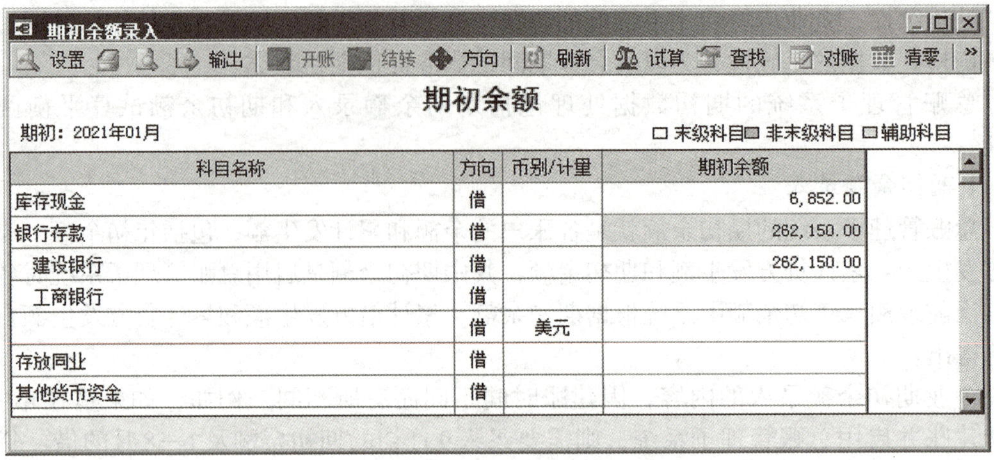


| 科目名称 | 方向 | 币别/计量 | 期初余额 |
|---|---|---|---|
| 库存现金 | 借 | | 6,852.00 |
| 银行存款 | 借 | | 262,150.00 |
| 建设银行 | 借 | | 262,150.00 |
| 工商银行 | 借 | | |
| | 借 | 美元 | |
| 存放同业 | 借 | | |
| 其他货币资金 | 借 | | |

图3-13 无辅助核算科目的期初余额录入

（2）有辅助核算科目的期初余额录入。有辅助核算科目的期初余额需要在科目的辅助期初余额中按照明细录入，系统自动将辅助核算科目的期初明细汇总生成该科目的期初余额，不能直接输入总账期初数。在录入有辅助核算科目的期初余额之前，需要对该科目设置辅助核算属性，系统才会自动为其开设辅助账。

微课

录入有辅助核算科目的期初余额

如果用户对系统不太熟悉，在进行期初设置时的一些不经意的修改，可能会导致总账与辅助账、总账与明细账核对有误，利用系统提供的期初余额对账功能，可以及时做到账账核对。

【例3-9】录入有辅助核算科目的期初余额，见表3-6。

表3-6 应收账款（1122）期初余额 单位：元

| 日期 | 客户名称 | 摘要 | 方向 | 余额 |
|---|---|---|---|---|
| 2020-12-26 | 嘉丰机械 | 销售部赵景涛销售涨紧油缸10件，单价760元/件，销售专用发票号：35434567 | 借 | 8 588.00 |
| 2020-12-28 | 天悦机械 | 销售部赵景涛销售导向轮10件，单价3 200元/件，销售专用发票号：35434569 | 借 | 36 160.00 |

操作路径：在［期初余额］窗口，双击“应收账款期初余额”，进入［辅助期初余额］窗口，单击［往来明细］按钮，打开［期初往来明细］对话框，单击［增行］按钮，输入应收账款明细后，单击［汇总］按钮，系统自动将往来明细汇总到辅助账期初余额，如图3-14所示。

### 2. 期初余额试算平衡

微课

期初余额

期初数据录入完毕后，用户应当对期初余额进行试算平衡，以检查期初余额输入的正确性。如果试算不平衡，需要重新调整数据直至平衡后再进行下一步工作。

系统在第一次记账时会自动进行期初试算平衡，如果试算不平衡，将不能记账，但可以填制、审核凭证，以保证初始化和日常业务处理能够并行操作，不会因为期初数据的不平衡而影响已发生经济业务的处理。期初余额试算平衡后方可记账，一经记账，则不能再录入、修改期初余额，也不能执行“结转上年余额”的功能。

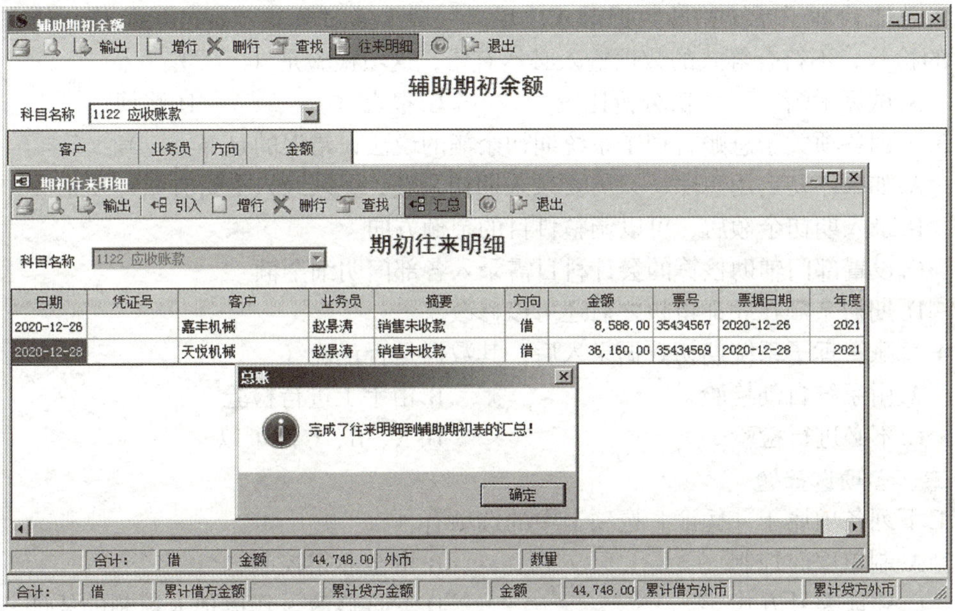


图3-14　往来辅助账期初余额录入

【例3-10】对期初余额进行试算平衡。

操作路径：在［期初余额］窗口，单击［试算］按钮，系统弹出［期初试算平衡表］对话框，提示“试算结果平衡”，如图3-15所示。

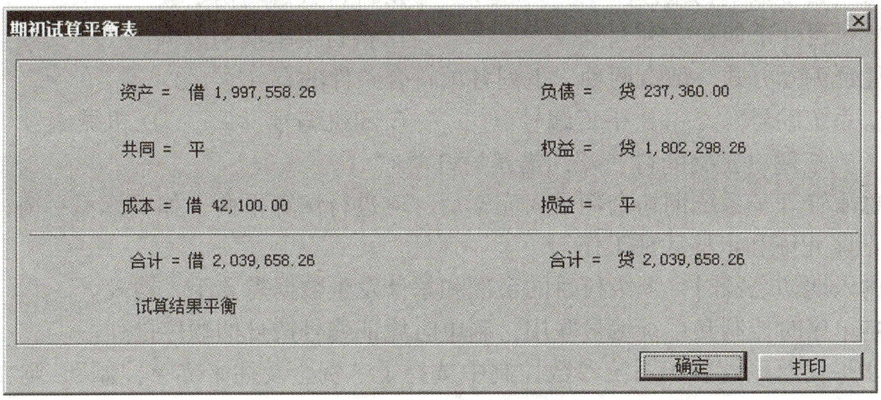


图3-15　期初试算平衡

【动脑筋】在录入期初余额时，如果试算不平衡对后续工作有哪些影响？

## 同步训练

### 一、单项选择题

1. 制单时凭证编号必须按日期顺序排列的是（　　）。

A. 制单权限控制　　B. 制单序时控制
C. 资金赤字控制　　D. 凭证控制

2. 总账管理子系统初始数据录入之后，一般要通过公式“资产 = 负债 + 所有者权益”的检验，不符合等式的数据输入必然有错，这项检验是（　　）。

A. 试算平衡　　B. 分析比较　　C. 报表　　D. 账簿

3. 下列各项关于总账管理子系统期初余额的说法，错误的是（　　）。

A. 如果年初启用总账，只需要录入期初余额，无须录入借贷方累计发生额
B. 录入期初余额后，可以调整科目的余额方向
C. 设置部门辅助核算的会计科目需录入各部门明细金额
D. 期初余额在凭证审核之后还可以修改

4. 总账管理子系统期初数据录入后，其数据是否正确（　　）。

A. 由系统自动检验　　B. 由手工进行检验
C. 不必进行检验　　D. A、B、C 都可以

## 二、多项选择题

1. 下列各项属于［凭证］选项卡中的选项有（　　）。

A. 制单序时控制　　B. 资金赤字控制
C. 凭证编号方式　　D. 允许修改、作废他人填制的凭证

2. 总账管理子系统期初余额在经过下列操作后不能修改的有（　　）。

A. 对账　　B. 制单　　C. 记账　　D. 结账

3. 总账管理子系统录入期初余额时，应录入的有（　　）。

A. 科目金额期初余额　　B. 科目数量期初余额
C. 科目外币期初余额　　D. 科目汇率期初数据

4. 凭证编号方式一般有两种，下列各项符合条件的有（　　）。

A. 系统编号　　B. 手工编号　　C. 随机编号　　D. 机械编号

## 三、判断题（正确的打“√”，错误的打“×”）

1. 总账管理子系统期初余额录入完毕后，应进行试算平衡，如试算不平衡，不能进行输入记账凭证和审核凭证工作。（　　）

2. 输入期初余额时，上级科目的余额和累计发生数据需要手工输入。（　　）

3. 制单序时控制和系统编号联用，制单时凭证编号按日期顺序排列。（　　）

4. 如果在总账管理子系统参数控制中选择了“资金及往来赤字控制”，则在制单时资金及往来出现负数，系统将提示并禁止保存该凭证。（　　）

# 任务三　总账管理子系统日常业务处理

总账管理子系统初始设置完成后，进入日常业务处理阶段。总账管理子系统的日常业务处理主要包括凭证管理、出纳管理、账表查询。具体而言，总账管理子系统日常业务处理从填制凭证开始，经过审核、出纳签字等操作后，通过记账完成账簿的登记工

作，并通过账表查询功能随时对经济业务进行账表查询、统计分析，从而实现会计核算和监督经济管理活动的职能。

## 一、凭证管理

记账凭证是登记账簿的依据，是查询会计数据的主要来源，也是总账管理子系统与其他子系统进行数据交换的桥梁，因此需要做好凭证管理工作，以加强业务的管理和控制。凭证管理主要包括填制凭证、修改凭证、出纳签字、凭证复核、凭证记账、凭证查询、冲销凭证等内容。此外，还包括常用凭证、常用摘要和科目汇总等其他辅助内容。

### （一）填制凭证

记账凭证按其生成方式可分为两大类：手工填制凭证和机制凭证。手工填制凭证是由用户根据审核无误、准予报销的原始凭证手工填制；机制凭证是由计算机生成的记账凭证，包括利用总账管理子系统自动转账功能生成的记账凭证以及由其他子系统生成后传递到总账管理子系统的记账凭证。下面重点讲解手工填制的记账凭证。

微课

填制凭证

记账凭证是总账管理子系统日常业务处理的起点，日常业务处理首先从准确完整地填制凭证开始。记账凭证的内容包括凭证头、凭证体和凭证尾三部分。

#### 1. 凭证头

凭证头包括凭证类别、凭证编号、凭证日期、附单据数和凭证自定义项等内容。

（1）凭证类别。由于初始设置时已定义好凭证类别，填制凭证时可根据业务发生的性质进行选择。如果没有设置凭证类别，则不能填制记账凭证。填制凭证时，应正确选择凭证类别，由于初始化时设置了限制类型，因此，如果选错系统则不予保存。

（2）凭证编号。凭证编号可以采用自动编号，也可以采用手工编号，由企业在总账控制参数中勾选的编号方式决定。采用手工编码时，容易出现重号、漏号等情形，因此企业一般采用自动编号方式，这样每填制一张新凭证，系统就自动给出一个凭证号。但是对于网络用户，如果是几个人同时制单，系统先提供一个参考凭证号，最终凭证编号只有在凭证保存时才能确定。此外，系统默认每页凭证有五行，当凭证不止一页时，系统会自动加上分单号，“收0008号0002/0003”表示收款凭证第0008号凭证共有三张分单，当前光标所在分录在第二张分单上。

（3）凭证日期。凭证日期是指填制凭证的日期，一般系统自动取登录时的业务日期。如果日期不对，可进行修改或参照输入。在制单序时控制的情况下，应注意凭证日期的范围是该类凭证最后一张凭证日期至系统日期之间。

【请注意】采用序时控制时，凭证日期应大于等于总账系统启用日期，但不能超过业务日期。

（4）附单据数。附单据数是指将来装订凭证时该记账凭证后面所附的原始凭证张数。附单据数可以填，也可以不填，如若填写，则必须与实际张数相符。

（5）凭证自定义项。凭证自定义项是由用户自定义的凭证补充信息。单击凭证右上角的输入框，用户根据需要自行定义和输入，系统对这些信息不进行校验，只进行保存。

### 2. 凭证体

凭证体主要包括摘要、会计科目、辅助信息及金额。如果输入的会计科目有辅助核算要求，则应输入辅助核算内容；如果一个科目同时兼有多种辅助核算，则同时要求输入各种辅助核算的有关内容。

（1）摘要。摘要是对经济业务主要内容的简要记录，可以直接输入，也可以调用已预先设置好的常用摘要。比如，输入摘要代码或按［F2］键或单击［参照］按钮选入常用摘要。摘要可以相同，但不能为空，按回车键，系统自动将摘要复制到下一分录行。

（2）会计科目。要求必须输入末级科目，可以通过输入科目编码、科目名称、助记码或单击［参照］按钮等方式输入会计科目。输入会计科目后系统会自动校验“会计科目是否存在、是否为末级科目”，如果有错则无法保存凭证。

（3）辅助信息。当输入设置了辅助核算属性或有其他核算要求的会计科目时，系统会提示输入相应的辅助信息。①当科目为银行科目时，一般系统提示输入结算方式、票号及发生日期等，以便日后用于银行对账。如果总账控制参数中勾选“支票控制”选项，那么输入支票号后，系统会自动判断该支票是否已在支票登记簿中登记，并根据情况对该支票进行报销或登记并报销。②对于有数量核算的科目，系统提示用户输入数量和单价，并根据运算关系自动计算金额。③对于有外币核算的科目，系统自动将凭证格式改为外币式，并带出外币设置中的记账汇率。如果汇率不符则可进行修改，输入外币金额后，系统自动计算出本币金额。如果该科目有其他辅助核算，则先输入其他辅助核算，再输入外币信息。④对于有客户、供应商、部门、项目目录辅助核算的科目，系统会提示输入客户、供应商、部门、项目目录等辅助信息，必须录入相应信息后才可保存凭证。

（4）金额。①在填制凭证时，应输入会计科目的借方或贷方本币发生额。金额可以是正数或负数（即红字），但不能为零。如果输入的金额方向不符，可按空格键调整借贷方向。②在填制凭证时，经常会涉及重复发生的经济业务，如果设置了常用凭证模板，可以直接调用常用凭证，从而提高制单效率；如果设置了操作员的制单权限，有相关制单权限的人才能填制相应凭证。③如果启用了应收款管理子系统来管理所有客户往来业务，那么所有与客户发生的业务，都应在应收款管理子系统中生成相应的凭证，而不能在［填制凭证］功能中制单。同理，如果使用了应付款管理子系统来管理所有供应商往来业务，那么所有与供应商发生的业务，都应在应付款管理子系统中生成相应的凭证。否则，容易引起总账与应收应付款管理子系统对账不符。

【请注意】（1）按“=”键取当前凭证借贷方金额的差额到当前光标位置；（2）凭证金额应满足“有借必有贷，借贷必相等”的要求，否则凭证将不能保存；（3）凭证内容录入完毕，单击［保存］按钮时系统会自动校验“会计科目是否符合凭证类别限制条件”，如果不符凭证将无法保存；（4）使用损益类科目时，如果科目发生额方向与正常方向不一致，应填写红字负数以改变为正常余额方向。

### 3. 凭证尾

凭证尾主要包括各个操作人员的签章，具体涉及制单、出纳、审核和记账四个人员。除了出纳签字和审核凭证没有先后顺序外，其他应严格按照上述顺序签章。

【例3-11】填制一张普通凭证。

1月2日，销售部赵景涛购买600元的办公用品，以现金支付，取得增值税普通发票一张，附单据一张。

（付款凭证）摘要：购买办公用品

借：销售费用（6601）　　600

　　贷：库存现金（1001）　　600

（现金流量：07支付的其他与经营活动有关的现金）

操作路径：以“2002肖然”的身份登录企业应用平台，执行［业务工作］—［财务会计］—［总账］—［凭证］—［填制凭证］命令，进入［填制凭证］窗口。单击［增加］按钮，出现一张空白凭证，输入凭证内容后，单击［流量］按钮，选择现金流量项目编码“07”，单击［保存］按钮，系统弹出“凭证已成功保存！”提示框，如图3-16所示。

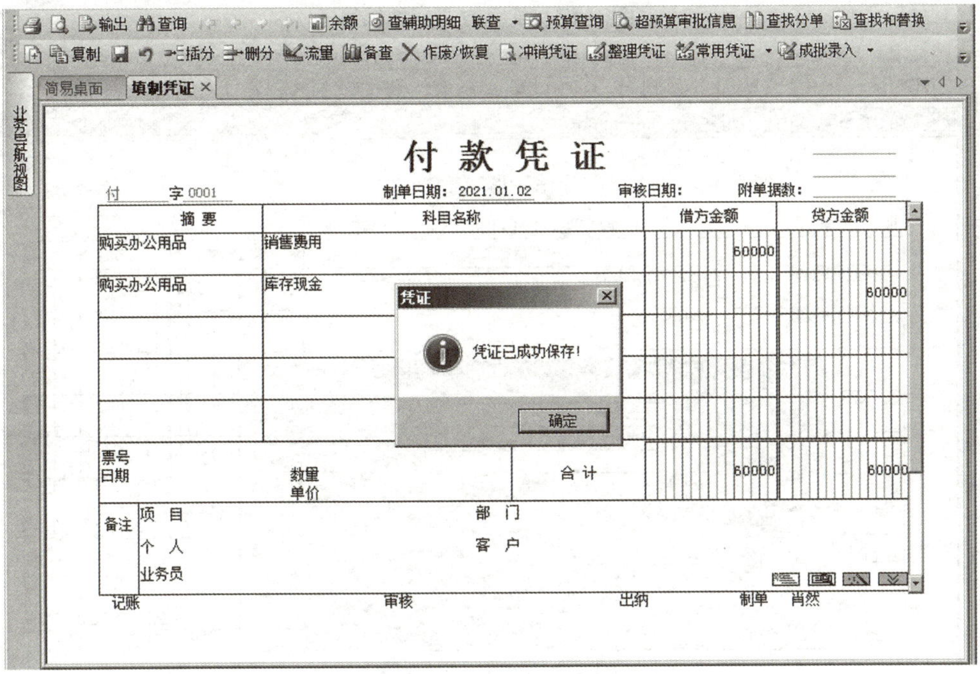


图3-16　增加普通凭证

【例3-12】填制一张带辅助核算的凭证。

1月9日，销售部赵景涛收到天悦机械建设银行转账支票（票号：92345602）一张，金额为8 588元，用以偿还前欠货款。

（收款凭证）摘要：收到天悦机械货款

借：银行存款/建设银行（100201）　　8 588

　　贷：应收账款（1122）　　8 588

（现金流量：01销售商品、提供劳务收到的现金）

操作路径：在［填制凭证］窗口，单击［增加］按钮，录入“银行存款/建设银行（100201）”科目后，弹出结算方式［辅助项］对话框，输入如图3-17所示内容；录入“应收账款（1122）”科目后，弹出客户

微课

填制辅助核算凭证

［辅助项］对话框，输入如图3-18所示内容。

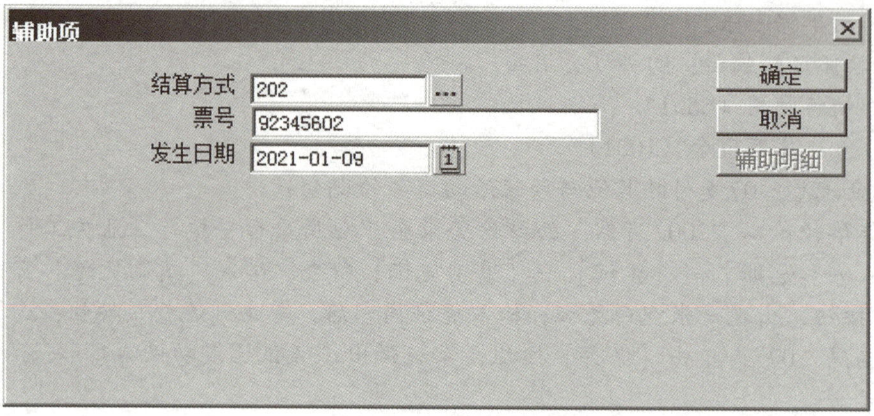


图3-17　结算方式辅助核算

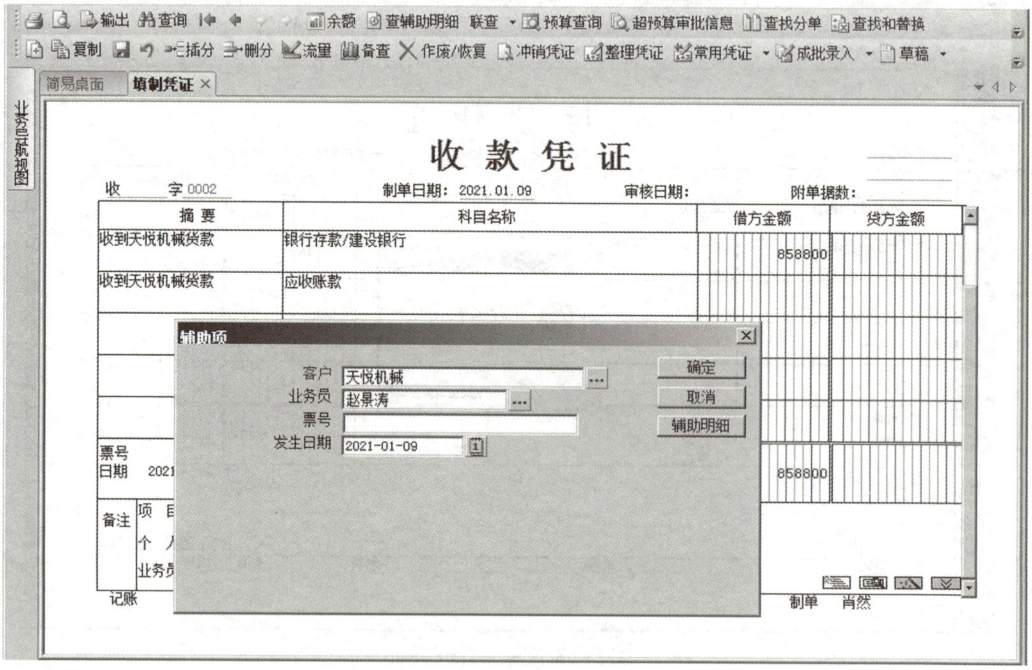


图3-18　客户辅助核算

## （二）修改凭证

微课

修改凭证

填制凭证后如发现内容有误，为保证核算的正确性，应对错误凭证进行修改。但是并不是所有的凭证内容都可以直接修改，修改凭证的方式因发现凭证错误的时点不同而有所不同。在会计信息化操作方式下，凭证的修改分为无痕迹修改和有痕迹修改。

### 1. 无痕迹修改

无痕迹修改，是指系统内不留下任何曾经修改的线索和痕迹。下列两种情况下的错误凭证可以实现无痕迹修改：（1）对于未审核和未签字的凭证，以及已经标错的未签字凭证，可通过［填制凭证］功能直接修改。（2）对于已审核或已签字但尚未记账的凭证，不能直接修改，应取消审核或签字后再修改。显然，上述两种情况都没有保留任何审计线索。

对于已保存的凭证，摘要、科目、外币、汇率、金额和方向等内容可直接修改，而凭证类别、编号不能修改。

若已采用制单序时控制，则在修改制单日期时，不能修改至上一张凭证的制单日期之前，即日期应介于前后两张凭证日期之间。

其他子系统传递过来的凭证，在总账管理子系统中只能查询、审核、记账，不能修改和作废，只能在生成该凭证的原子系统中进行删除或冲销，以保证记账凭证和原子系统的原始单据相一致。

### 2. 有痕迹修改

有痕迹修改是指系统通过保存错误凭证和更正凭证的方式而留下曾经修改的痕迹，因而留有审计线索。对于已经记账或结账的错误凭证，不能再对原记账凭证进行修改，一般采用有痕迹修改。具体方法是采用红字更正法或补充更正法进行修改，前者适用于更正记账金额大于应计金额的情形或者会计科目错误的情形，后者适用于更正记账金额小于应计金额的情形。

【例3-13】沿用【例3-12】的资料，修改未经审核或签字的凭证。

收到的支票为嘉丰机械开具，财务挂错为天悦机械，修改该笔业务的凭证。

操作路径：以“2002肖然”的身份登录企业应用平台，执行［业务工作］—［财务会计］—［总账］—［凭证］—［填制凭证］命令，进入［填制凭证］窗口。找到要修改的凭证，将摘要修改为“收到嘉丰机械货款”，将客户修改为“嘉丰机械”，单击［保存］按钮，如图3-19所示。

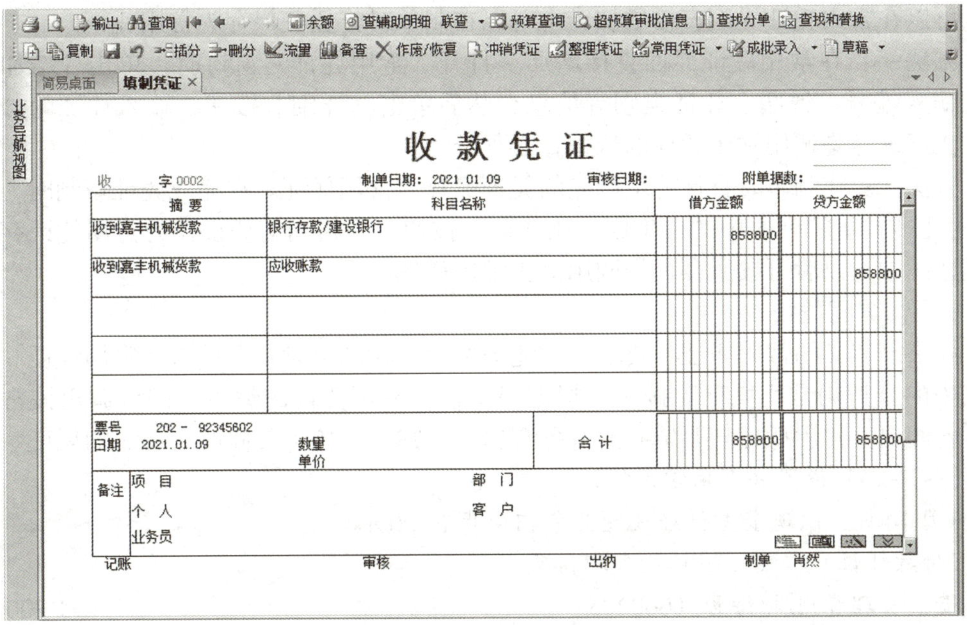


图3-19　辅助项修改

### （三）删除凭证

微课

删除凭证

对于尚未审核或签字的凭证，如果想彻底删除，必须经过作废凭证、整理凭证两步。

#### 1. 作废凭证

对于不需要的错误凭证，可以直接将其作废，已经作废凭证仍保留凭证内容及凭证编号，只显示“作废”字样。作废凭证不能修改，也不能审核，但应参与记账，否则月末无法结账。在记账时，不对作废凭证做数据处理，相当于一张空凭证；在账簿查询时，也查询不到作废凭证的数据。

#### 2. 整理凭证

整理凭证就是删除所有作废凭证，并对未记账凭证重新编号。若本月已有凭证记账，那么，本月最后一张已记账凭证之前的未记账凭证，只能作废，但不能做凭证整理，只能对其后面的未记账凭证做凭证整理。反之，应先利用［恢复记账前状态］功能恢复到记账前状态，再做凭证整理。

【请注意】对于已经审核或签字的凭证要想作废，应当先取消审核或签字后，再行作废。手工编制凭证号造成凭证断号，也可通过［整理凭证］功能重排凭证编号。

### （四）常用凭证

微课

常用凭证

在现实工作中，企业很多经济业务已经常规化，对于经常发生的业务处理相同的凭证，为了提高制单效率，可以利用系统提供的常用凭证功能，将其定义为常用凭证模板，在业务发生时随时进行调用。

#### 1. 设置常用凭证

在调用常用凭证之前应先设置常用凭证，设置常用凭证有以下两种方法：可以在常用凭证界面直接增加，也可以在制单时将凭证保存为常用凭证。

方法一：在常用凭证界面直接增加。打开［常用凭证］窗口时，单击［增加］按钮，输入编号、说明、凭证类别等信息，然后单击［详细］按钮，输入凭证的分录信息。注意编号是调用常用凭证的依据，必须唯一。

方法二：在制单时直接将填制完的凭证保存为常用凭证。在完成凭证填制时，单击［常用凭证］下拉列表中的［生成常用凭证］按钮，可将当前凭证作为常用凭证存入常用凭证库中，以后可按所存代号调用该张常用凭证。

#### 2. 调用常用凭证

如果已定义的常用凭证与要填制的凭证类似，在制单时，则单击［常用凭证］下拉列表中的［调用常用凭证］按钮，根据提示输入常用凭证的编号，即可调出该常用凭证。若调出的常用凭证与要填制的业务有出入，则可直接将其修改为所需的凭证。

【例3-14】设置并调用常用凭证。

1月14日，以现金支付经理室业务招待费1 200元。

（付款凭证）摘要：报销业务招待费

借：管理费用/招待费（660205）　　1 200

　　贷：库存现金（1001）　　1 200

（现金流量：07 支付的其他与经营活动有关的现金）

操作路径：

（1）设置常用凭证。

①以“2002 肖然”的身份登录企业应用平台，单击［业务工作］菜单项，执行［财务会计］—［总账］—［凭证］—［常用凭证］命令，打开［常用凭证］对话框；单击［增加］按钮，输入相关内容：编码“01”、说明“报销业务招待费”、凭证类别“付 付款凭证”，如图3-20所示。

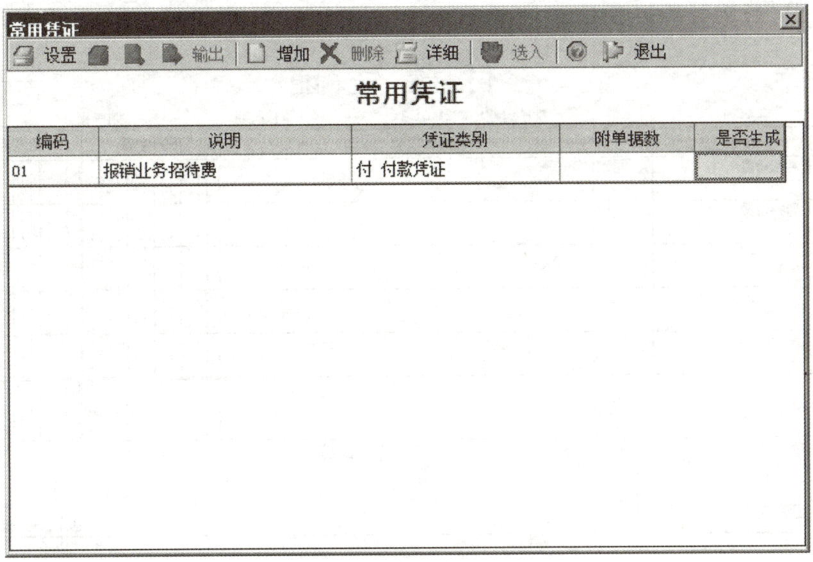


图3-20　增加常用凭证

②单击［详细］按钮，打开［常用凭证］对话框，单击［增分］按钮，输入第一行摘要和科目名称；同理，单击［增分］按钮，输入第二行摘要和科目名称，如图3-21所示。

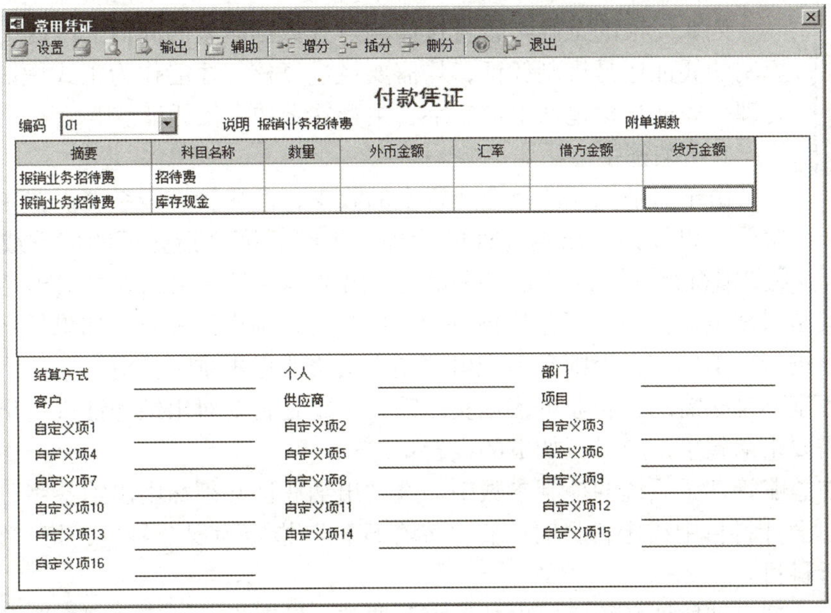


图3-21　增加常用凭证分录

（2）调用常用凭证。

执行［总账］—［凭证］—［填制凭证］命令，进入［填制凭证］窗口，单击［常用凭证］按钮下拉列表的［调用常用凭证］，打开［调用常用凭证］对话框，输入常用凭证代号，单击［确定］按钮，修改凭证内容后保存即可，如图3–22所示。

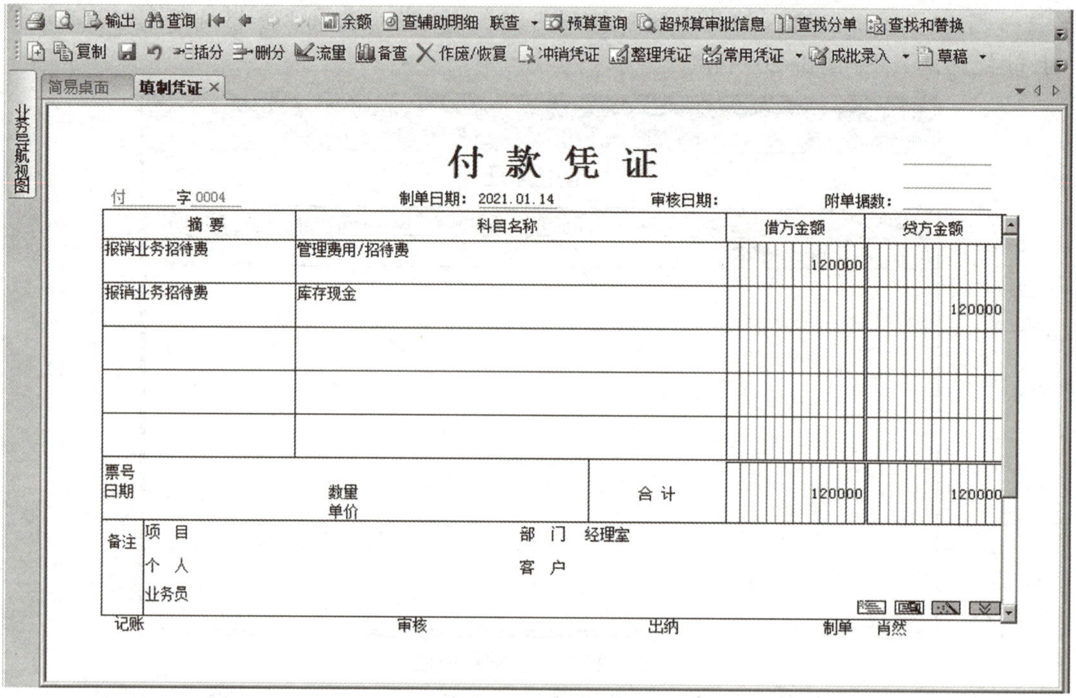


图3–22 调用常用凭证

## （五）凭证复核

微课

出纳签字、凭证审核、凭证记账

记账凭证的正确与否直接影响财务数据质量的高低，因此无论是手工填制的凭证还是机制凭证，均需要经过复核，才能作为正式凭证进行记账处理。凭证复核包括出纳签字、主管签字和审核凭证。

### 1. 出纳签字

由于出纳凭证涉及企业资金的收支，总账管理子系统设置了出纳签字功能，以加强对出纳凭证的管理。出纳凭证是指凭证的借方或贷方涉及“库存现金”或“银行存款”科目的记账凭证。出纳签字是指出纳人员对出纳凭证进行检查，尤其是对现金科目和银行存款科目的金额是否正确进行核对，如果凭证正确无误则在凭证上进行出纳签字，否则必须交由填制人员修改后再重新核对。

出纳签字不是必需的，企业可根据实际需要决定是否要对出纳凭证进行出纳签字管理。如果需要出纳签字，应进行如下的设置：

（1）在总账管理子系统的控制参数中勾选“出纳凭证必须经由出纳签字”选项。

（2）在会计科目中指定科目时，将“库存现金”指定为现金科目，将“银行存款”指定为银行科目。

如果勾选“出纳凭证必须经由出纳签字”选项，针对涉及“库存现金”及“银行存款”的凭证（如收、付款凭证），必须经出纳签字后才允许记账。

出纳签字时，可以对凭证单张签字，也可以对凭证成批签字，已经出纳签字的凭证下方出纳处显示出纳人员姓名。总账管理子系统也提供了取消出纳签字的功能，但应遵守“谁签字谁取消”的原则。如果想对已经出纳签字的凭证取消出纳签字，可以单张取消出纳签字，也可以成批取消出纳签字。

【请注意】（1）出纳签字和审核签字没有先后顺序；（2）制单人和出纳签字可以为不同的人，也可以为同一人；（3）凭证一经出纳签字，便不能被修改或删除，只有取消出纳签字后才可以进行修改或删除，取消签字只能由签字人本人进行。

【例3–15】对本月的凭证进行出纳签字。

操作路径：以“2004唐艺”的身份登录企业应用平台，单击［业务工作］菜单项，执行［财务会计］—［总账］—［凭证］—［出纳签字］命令，输入签字凭证范围，进入［出纳签字］窗口，可进行单张签字或成批签字，如图3–23所示。

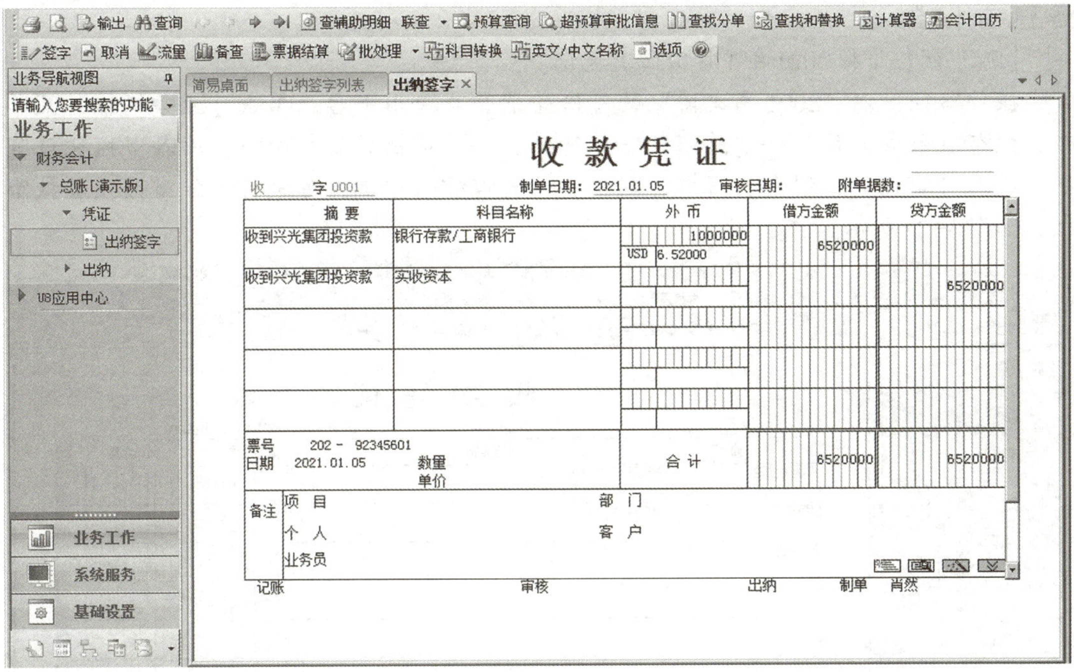


图3–23　出纳签字

## 2. 主管签字

为了加强对会计人员制单的管理，有的企业规定经主管签字后的凭证才能有效。因此，总账管理子系统提供了主管签字功能。

凭证是否需要主管签字，取决于总账控制参数中是否勾选“凭证必须经主管会计签字”。如果勾选此项，凭证必须经主管会计签字后才能记账；否则，凭证不经过主管会计签字也可记账。

微课

审核凭证

## 3. 审核凭证

审核凭证是指有审核权限的操作员按照财会法规，对制单人填制的记账凭证或系统自动生成的记账凭证进行检查核对，如检查记账凭证是否与原始凭证相符、会计分录是否正确等，审核无误后，审核人才可签字；审查时如果发现有错误或有异议的凭证，审核人应进行标错，并交由制单人员修改后再重新审核。

审核凭证时，可以单张审核，也可以成批审核。同时，总账管理子系统也提供了取消审核的功能，但应遵守“谁审核谁取消”的原则。如果想对已审核的凭证取消审核，可以单张取消审核，也可以成批取消审核。

审核凭证应注意的事项：

（1）只有具有审核凭证权限的人才能进行审核操作。

（2）审核人与制单人不能是同一人。

（3）所有凭证必须审核后才能记账。

（4）凭证一经审核，就不能被修改或删除，只有被取消审核签字后才可以进行修改或删除，取消审核签字只能由审核人本人进行。

（5）作废凭证不能被审核，也不能被标错；已标错的凭证不能被审核，若想审核，需先取消标错。

【例 3-16】审核2021年1月份所有凭证。

操作路径：以“2001高文博”的身份登录企业应用平台，单击［业务工作］菜单项，执行［财务会计］—［总账］—［凭证］—［审核凭证］命令，输入审核凭证范围，进入［审核凭证列表］窗口，双击打开要审核的凭证，可进行单张审核或成批审核，如图3-24所示。

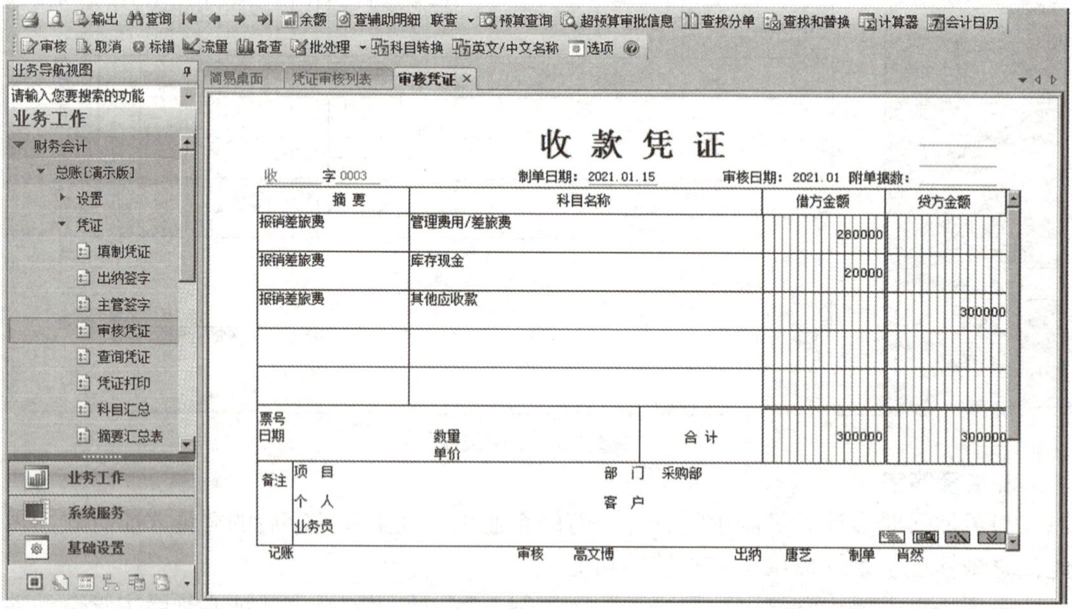


图3-24 审核凭证

### （六）凭证记账

记账就是将记账凭证登记到账簿中去的过程，也称为登账。记账凭证经审核签字后，便可用来登记总账、明细账、日记账、各种辅助账等。在会计信息化操作下，记账一般采用向导方式，由有记账权限的操作员发出指令，由计算机按照预先设计的记账程序自动进行合法性检查、科目汇总并登记账簿。显然，记账工作由计算机自动进行数据处理，无须人工干预。

一个月内，可以一天记一次账，也可以一天记多次账，还可以多天记一次账。记账过程不得中断，一旦断电或由其他原因造成中断后，系统将自动调用“恢复记账前状态”恢复数据，然后再重新记账。

微课

凭证记账

系统提供了两种恢复记账前状态的方式，用户注意区分使用。①最近一次记账前状态：一般用于记账时系统造成的数据错误的恢复。②最近记账月的月初状态：是指恢复到最近记账月的月初未记账时的状态。例如，最后记账月为2021年1月，系统提示可恢复到2021年1月月初状态。

记账时，系统一般进行合理性检查，以下情况将不允许记账：①在第一次记账时，若期初余额试算不平衡，不允许记账；②所选范围内的未审核凭证，不允许记账；③上月未结账，本月不允许记账。

【例3–17】对全部已审核凭证进行记账。

操作路径：以会计“2002肖然”的身份登录企业应用平台，执行［业务工作］—［财务会计］—［总账］—［凭证］—［凭证记账］命令，弹出［记账］窗口，如图3–25所示。单击［全选］按钮，再单击［记账］按钮。

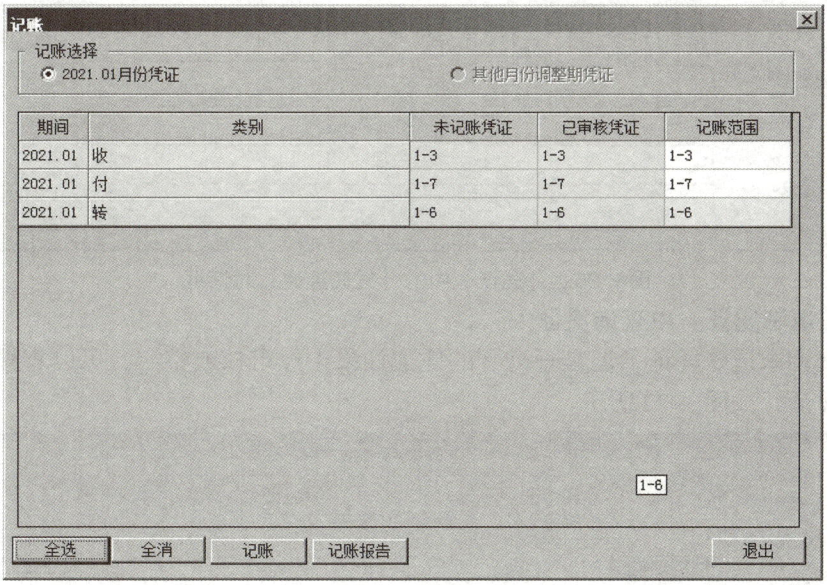


图3–25　凭证记账

## （七）制作红字冲销凭证

红字冲销凭证是针对已记账凭证而言的，应视同正常凭证进行保存和管理。

微课

制作红字冲销凭证

红字冲销可以采用手工冲销，也可以采用系统自动冲销。如果自动冲销，用鼠标单击［冲销凭证］按钮，输入要冲销凭证的所在月份、凭证类别和凭证号，系统自动制作一张红字冲销凭证，该凭证是与原凭证相同只是金额为红字（负数）的凭证。红字冲销凭证仍然需要审核、记账。

制作红字冲销凭证将错误凭证冲销后，需要再编制正确的蓝字凭证进行补充。

微课

查询凭证

### （八）查询凭证

总账管理子系统提供了方便灵活的凭证查询功能，以便随时了解经济业务的发生情况，保证记账凭证的正确性。总账管理子系统有两种凭证查询方式：一种是通过［凭证］—［凭证查询］方式进行查询，另一种是在［填制凭证］界面中进行查询。

#### 1. 在［凭证］—［凭证查询］中查询凭证

既可查询已记账凭证，也可查询未记账凭证；既可查询作废凭证，也可查询有错凭证；既可设置凭证类别、制单日期等一般查询条件，也可按月份、凭证号、制单人、审核人等查询条件查询。在这种方式下查询到的凭证，未经审核和出纳签字，可以进行修改和作废，但不能删除凭证，如图3-26所示。

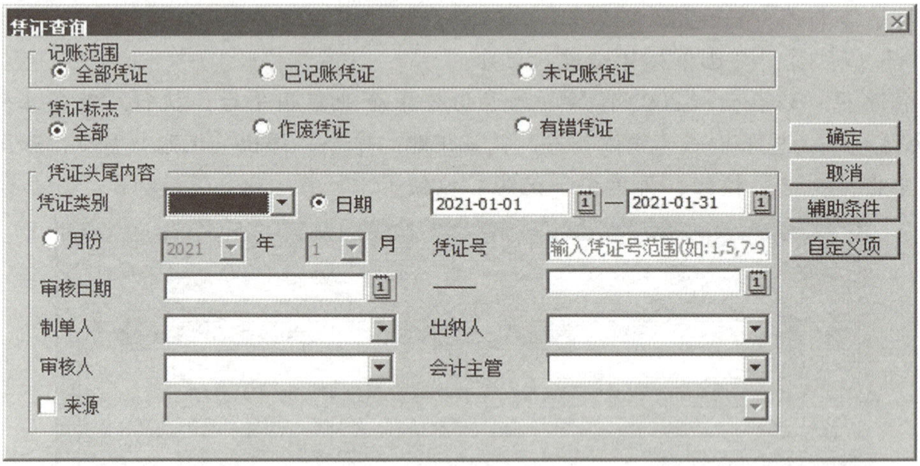


图3-26　［凭证］中的［凭证查询］对话框

#### 2. 在［填制凭证］中查询凭证

只能查询未记账凭证，但是查询到的凭证如果未经审核或签字，可以直接修改、作废和删除凭证，如图3-27所示。

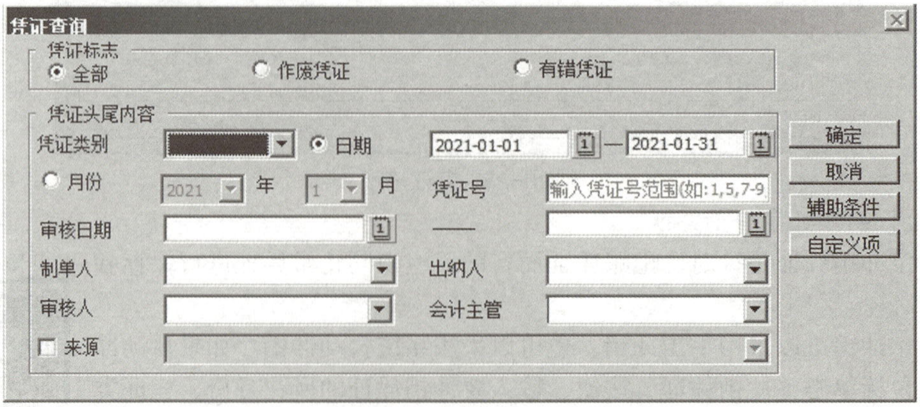


图3-27　［填制凭证］中的［凭证查询］对话框

### （九）设置常用摘要

由于经济业务发生的重复性，在制单时经常会有许多摘要重复录入，如果将这些常用摘要存储起来，在填制凭证时可以随时调用，必将大大提高业务处理效率。为此，系统提供了设置常用摘要的功能，以便加快录入速度、提高摘要的规范性。

设置常用摘要有两种方式，一种是在常用摘要库中增加摘要，即通过执行［基础设置］—［基础档案］—［其他］—［常用摘要］命令增加常用摘要；另一种是在填制凭证过程中增加摘要，即在制单过程中调用常用摘要进行增加。

### （十）科目汇总

科目汇总可根据输入的汇总条件，有条件地对记账凭证进行汇总并生成一张科目汇总表。科目汇总时，可以是已记账凭证或未记账凭证，在具体到某一凭证类别时，既可针对不同级次的科目进行汇总，也可以针对指定的凭证号进行汇总，因此财务人员可随时根据需要查看科目汇总表，以便了解企业的经营状况以及其他财务信息。

## 二、出纳管理

出纳主要负责现金和银行存款的管理，对货币资金及有价证券的安全性、收付业务处理的合法性提供全过程监督。为此，总账管理子系统中专门为出纳人员提供了出纳管理功能，便于出纳人员完成本职工作。出纳管理是系统为出纳人员提供的一套管理工具和平台，可以进行日记账查询、支票登记簿管理和银行对账。需要注意的是，出纳签字也属于出纳工作，由于出纳签字功能在凭证管理中已经讲解，此处不再赘述。

### （一）日记账查询打印

日记账查询打印主要包括现金日记账、银行日记账和资金日报的查询打印。日记账是由系统在填制凭证后自动登记生成，无须手工操作，用户随时可以查询或打印。

微课

现金日记账查询

使用日记账查询功能查询现金日记账和银行日记账，需要预先指定“库存现金”为现金科目、“银行存款”为银行科目。现金日记账和银行日记账可以按日查询、按月查询或按科目查询；在某些凭证尚未记账而需要查询真实的现金、银行存款收支情况时，也可以勾选“包含未记账凭证”进行查询。

资金日报是由出纳逐日填写，以反映当日营业终了时现金、银行存款的收支以及结余情况。在会计信息化下，资金日报可由系统根据记账凭证自动生成供用户查询或打印，以便随时掌握现金、银行存款科目某日的借方合计、贷方合计以及余额情况。用户根据需要自行设置查询条件，可以按日期查询或按科目级次查询，也可以勾选“包含未记账凭证”或“有余额无发生也显示”选项进行查询。

【例3-18】查询2021年1月份现金日记账。

操作路径：以出纳“2004唐艺”的身份登录企业应用平台，执行［业务工作］—［财务会计］—［总账］—［出纳］—［现金日记账］命令，打开［现金日记账查询条件］对话框，输入要查询的条件，进行现金日记账的查询，如图3-28所示。

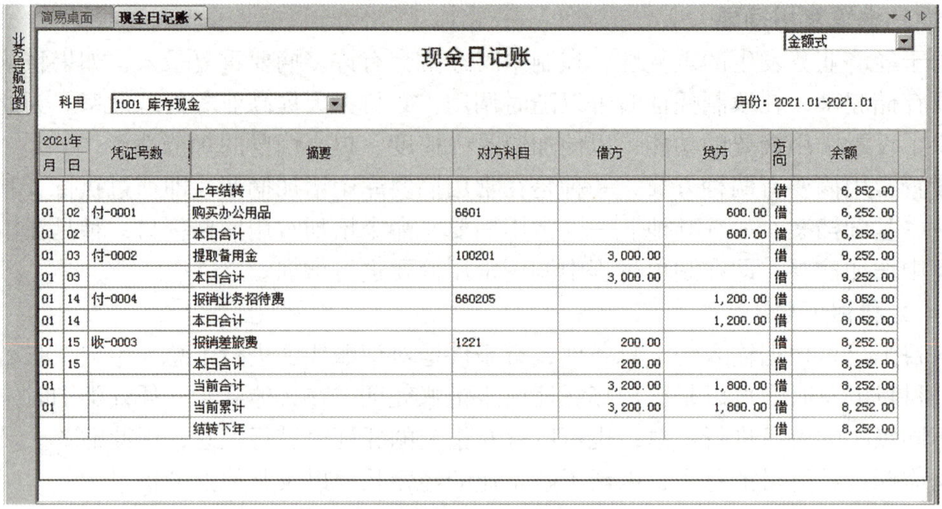



| 2021年 月 | 日 | 凭证号数 | 摘要 | 对方科目 | 借方 | 贷方 | 方向 | 余额 |
|---|---|---|---|---|---|---|---|---|
| | | | 上年结转 | | | | 借 | 6,852.00 |
| 01 | 02 | 付-0001 | 购买办公用品 | 6601 | | 600.00 | 借 | 6,252.00 |
| 01 | 02 | | 本日合计 | | | 600.00 | 借 | 6,252.00 |
| 01 | 03 | 付-0002 | 提取备用金 | 100201 | 3,000.00 | | 借 | 9,252.00 |
| 01 | 03 | | 本日合计 | | 3,000.00 | | 借 | 9,252.00 |
| 01 | 14 | 付-0004 | 报销业务招待费 | 660205 | | 1,200.00 | 借 | 8,052.00 |
| 01 | 14 | | 本日合计 | | | 1,200.00 | 借 | 8,052.00 |
| 01 | 15 | 收-0003 | 报销差旅费 | 1221 | 200.00 | | 借 | 8,252.00 |
| 01 | 15 | | 本日合计 | | 200.00 | | 借 | 8,252.00 |
| 01 | | | 当前合计 | | 3,200.00 | 1,800.00 | 借 | 8,252.00 |
| 01 | | | 当前累计 | | 3,200.00 | 1,800.00 | 借 | 8,252.00 |
| | | | 结转下年 | | | | 借 | 8,252.00 |

图3-28 现金日记账

## （二）支票登记簿管理

出纳管理中提供了支票登记簿管理功能，供出纳人员详细登记支票的领用及报销情况，以强化支票管理。支票登记簿主要包括领用日期、领用部门、领用人、支票号、用途、金额、收款人、报销时间等内容，可以详细地反映支票的领用及报销信息。

### 1.支票登记簿使用前提

当企业需要使用支票登记簿功能时，需要提前做好设置工作，满足以下前提条件：

（1）在总账管理子系统的控制参数中，勾选“支票控制”选项；

（2）在会计科目设置中，将与支票有关的银行存款科目设置为“银行账”属性；

（3）在结算方式设置中，对使用支票登记簿的结算方式勾选“是否票据管理”。

微课

支票登记簿

### 2.支票登记簿的登记与报销

在支票登记簿中，显示所有已登记支票的领用及报销情况，右上角显示已报销和未报销支票数，下方显示“预计未报金额”和“科目截止余额”。当报销日期为空时，表示支票未报销，背景颜色呈现白色；当报销日期不为空时，表示支票已在该报销日期报销，背景颜色呈现黄色，如图3-29所示。

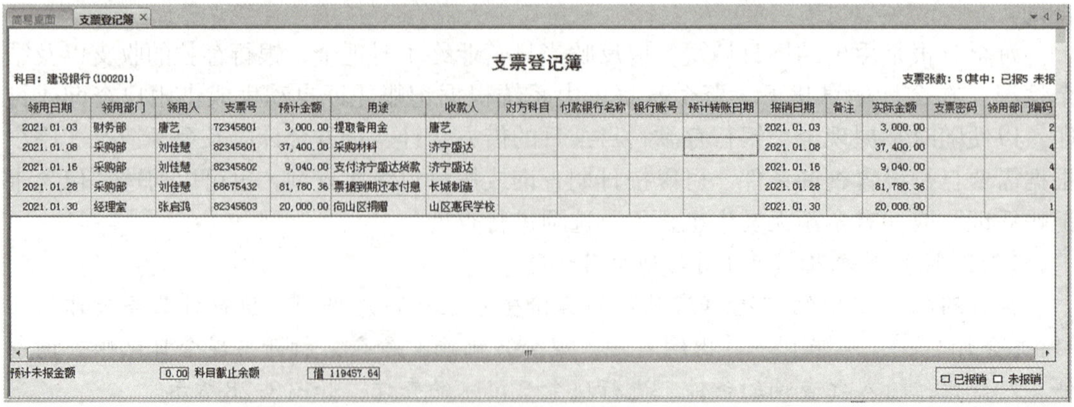



| 领用日期 | 领用部门 | 领用人 | 支票号 | 预计金额 | 用途 | 收款人 | 对方科目 | 付款银行名称 | 银行账号 | 预计转账日期 | 报销日期 | 备注 | 实际金额 | 支票密码 | 领用部门编码 |
|---|---|---|---|---|---|---|---|---|---|---|---|---|---|---|---|
| 2021.01.03 | 财务部 | 唐艺 | 72345601 | 3,000.00 | 提取备用金 | 唐艺 | | | | | 2021.01.03 | | 3,000.00 | | 2 |
| 2021.01.08 | 采购部 | 刘佳慧 | 82345601 | 37,400.00 | 采购材料 | 济宁盛达 | | | | | 2021.01.08 | | 37,400.00 | | 4 |
| 2021.01.16 | 采购部 | 刘佳慧 | 82345602 | 9,040.00 | 支付济宁盛达货款 | 济宁盛达 | | | | | 2021.01.16 | | 9,040.00 | | 4 |
| 2021.01.28 | 采购部 | 刘佳慧 | 68675432 | 81,780.36 | 票据到期还本付息 | 长城制造 | | | | | 2021.01.28 | | 81,780.36 | | 4 |
| 2021.01.30 | 经理室 | 张启鸿 | 82345603 | 20,000.00 | 向山区捐赠 | 山区惠民学校 | | | | | 2021.01.30 | | 20,000.00 | | 1 |



图3-29 支票登记簿

支票登记簿的登记和报销有以下三种方式：

（1）出纳在支票登记簿中手工登记支票的领用和报销。在支票领用时，出纳人员在支票登记簿中增加一条支票记录，登记支票领用情况，此时，支票记录显示为白色未报销状态；当支票支出后，经办人持原始单据（发票）到财务部门报销时，出纳在支票登记簿中输入报销日期，此时支票记录显示为黄色已报销状态。

【请注意】①将光标移到需要修改的数据项上可直接修改支票登记簿内容；②支票登记簿中报销日期为空时，表示该支票未报销，否则系统认为该支票已报销；③已报销的支票不能进行修改。若想取消报销标志，需要将光标移到报销日期处，按空格键删除报销日期。

（2）在支票登记簿中登记支票领用情况，在填制凭证时进行支票报销。当经办人持原始单据报销时，会计人员在填制凭证界面中输入“结算方式”“票号”等信息，保存凭证时，系统会自动识别该支票号已经在支票登记簿中登记，并弹出“此支票已登记过，是否报销？”提示框，如图3-30所示。确认后，系统自动在支票登记簿中填写该支票号的报销日期，此支票记录行显示为已报销状态。

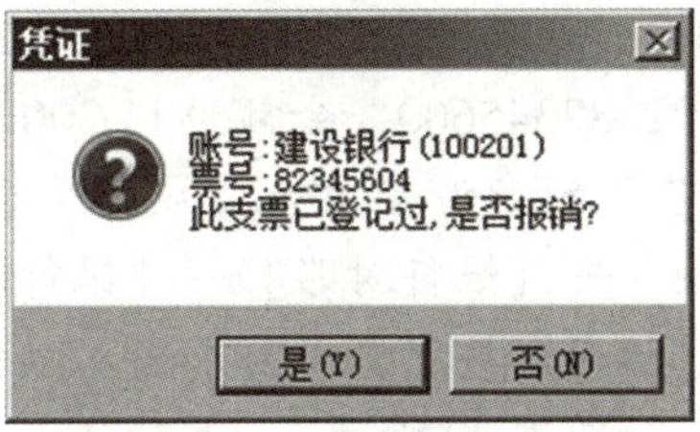


图3-30　支票是否报销提示框

（3）在填制凭证时对支票进行登记和报销。在填制付款凭证进行保存时，系统通过票号自动识别该支票尚未登记和报销，弹出“此支票尚未登记，是否登记？”提示框，点击［是］按钮，弹出［票号登记］窗口，如图3-31所示，输入该支票领用信息后，系统自动在支票登记簿中增加一条记录，并显示已报销。

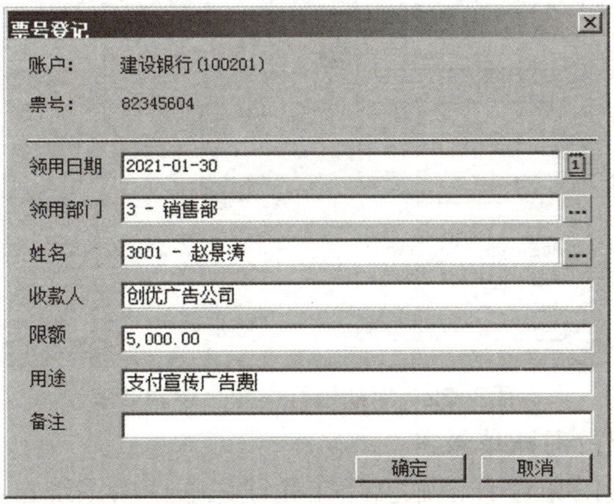


图3-31　票号登记

## （三）银行对账

在手工会计操作下，企业需要定期编制银行存款余额表，以检查企业和银行双方账面记录的正确性和一致性。为此，总账管理子系统提供了银行对账功能，用于核对企业的银行日记账和银行对账单，以便了解未达账项情况。在设置会计科目时，属性为“银行账”的会计科目均可以进行银行对账。

银行对账工作程序包括银行对账期初录入、银行对账单录入、银行对账、银行存款余额调节表查询和核销银行账。

### 1. 银行对账期初录入

微课

银行对账

为了确保银行对账的准确性和连续性，第一次使用银行对账功能，系统要求先录入银行对账启用日期的银行对账期初数据，包括银行对账启用日的企业方银行存款日记账调整前期初余额、银行方银行对账单的调整前期初余额、启用日期之前的单位日记账和银行对账单的未达账项。录入银行对账期初数据后，银行日记账的调整后余额等于银行对账单的调整后余额，否则应反复调整直至平衡。

【例 3-19】录入建设银行的银行对账期初数据。

2021 年 1 月 1 日，山东泰恒建设机械有限公司建设银行对账期初数据如下：银行存款日记账期初余额为 262 150 元，银行对账单期初余额为 273 450 元，2020 年 12 月 31 日企业开具转账支票一张，票号：82345600，金额为 11 300 元，银行未记账。

操作路径：以“2004 唐艺”的身份登录企业应用平台，执行［业务工作］—［财务会计］—［总账］—［出纳］—［银行对账］—［银行对账期初录入］命令，打开建设银行的［银行对账期初］对话框。按照资料要求输入单位日记账、银行对账单调整前的余额及对账单期初未达项，如图 3-32 所示。

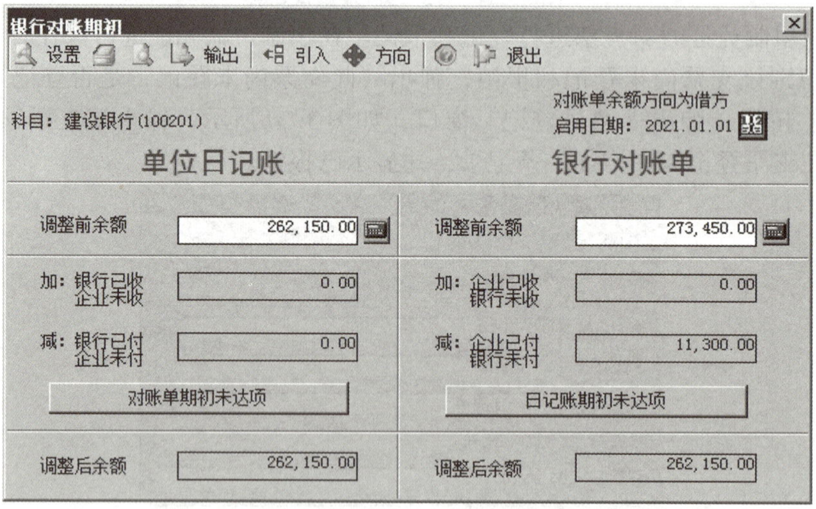


图3-32 期初银行存款余额调节表

### 2. 银行对账单录入

微课

录入银行对账单

企业的单位日记账已经在凭证记账后由系统自动生成，因此进行银行对账前，出纳人员只需要将银行对账单数据录入到本系统中，便可以开展单位日记账和银行对账单之间的核对工作。

企业向银行索取银行对账单数据后，可以手工录入到本系统，也可以将电子版的银行对账单直接导入到本系统，以减少手工录入的烦琐过程和出错的可能性。录入的银行对账单主要包括业务日期、结算方式、票号、金额、方向等内容，如果手工录入银行对账单数据务必要仔细，数据录入错误将直接影响后面的对账结果。

【例3-20】录入建设银行的银行对账单，见表3-7。

表3-7　　1月份建设银行对账单　　单位：元

| 日期 | 结算方式 | 票号 | 借方金额 | 贷方金额 |
|---|---|---|---|---|
| 2021.01.02 | 转账支票 | 82345600 | | 11 300.00 |
| 2021.01.03 | 现金支票 | 72345601 | | 3 000.00 |
| 2021.01.08 | 转账支票 | 82345601 | | 37 460.00 |
| 2021.01.09 | 转账支票 | 92345602 | 8 588.00 | |
| 2021.01.16 | 转账支票 | 82345602 | | 9 040.00 |
| 2021.01.28 | 银行承兑汇票 | 68675432 | | 81 780.36 |

操作路径：执行［业务工作］—［财务会计］—［总账］—［出纳］—［银行对账］—［银行对账单］命令，打开建设银行的［银行对账单］对话框。单击［增加］按钮，输入银行对账单资料，如图3-33所示。

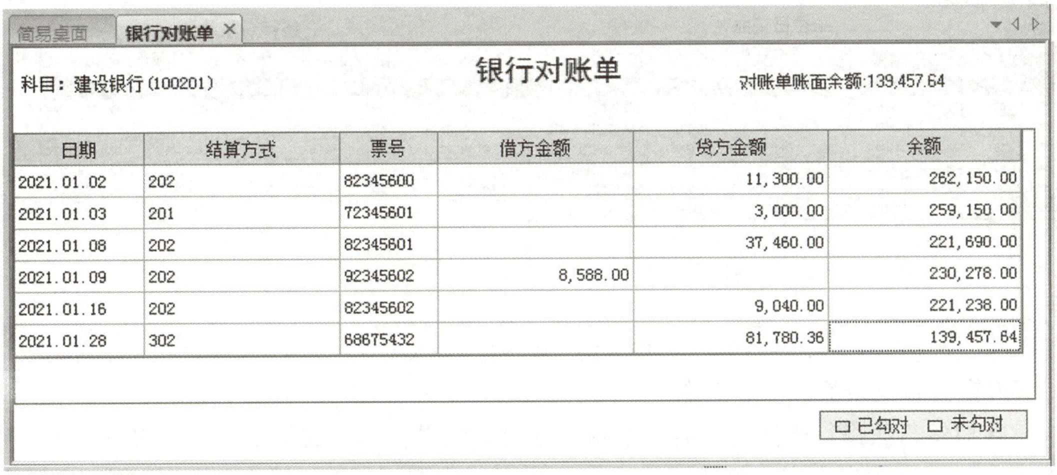
简易桌面　银行对账单

银行对账单

科目：建设银行(100201)　　对账单账面余额:139,457.64

| 日期 | 结算方式 | 票号 | 借方金额 | 贷方金额 | 余额 |
|---|---|---|---|---|---|
| 2021.01.02 | 202 | 82345600 | | 11,300.00 | 262,150.00 |
| 2021.01.03 | 201 | 72345601 | | 3,000.00 | 259,150.00 |
| 2021.01.08 | 202 | 82345601 | | 37,460.00 | 221,690.00 |
| 2021.01.09 | 202 | 92345602 | 8,588.00 | | 230,278.00 |
| 2021.01.16 | 202 | 82345602 | | 9,040.00 | 221,238.00 |
| 2021.01.28 | 302 | 68675432 | | 81,780.36 | 139,457.64 |

□ 已勾对　□ 未勾对

图3-33　录入银行对账单数据

### 3. 银行对账

银行对账采用自动对账与手工对账相结合的方式，一般先自动对账，后手工对账。自动对账是计算机根据对账依据自动进行核对、勾销，对于已核对上的银行业务，系统将自动在单位日记账和银行对账单上写上两清标志，并视为已达账项，对于在两清栏未写上两清标志的记录，系统则视其为未达账项。自动对账的依据可由用户自行设置，但是“方向相同，金额相同”为必要条件，结算方式、票号、日期为可选条件。

手工对账是对自动对账的补充，自动对账后，可能还有一些特殊的已达账没有对出来，比如有些银行业务结算方式录入不全，或者双方记录存在一对多、多对多的情况，系统将视为未达账项，为了保证对账的正确性，用户需用手工对账来进行调整。

【例 3-21】对建设银行进行银行对账。

操作路径：执行［业务工作］—［财务会计］—［总账］—［出纳］—［银行对账］命令，打开建设银行的［银行对账］对话框。单击［对账］按钮，打开［自动对账］对话框，选择对账条件，如图 3-34 所示。单击［确定］按钮，系统显示银行对账结果，如图 3-35 所示。

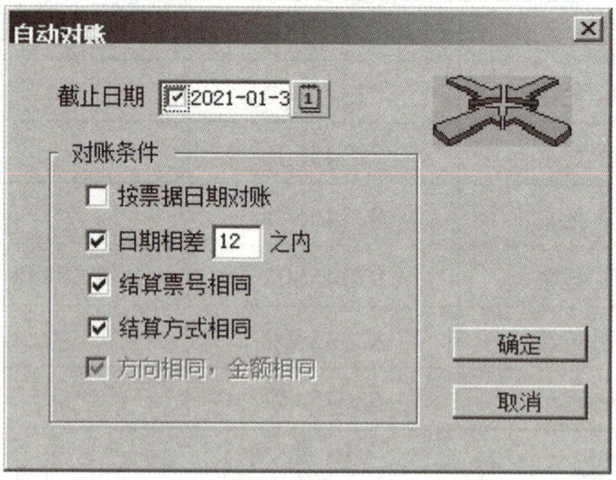


图3-34　自动对账条件设置

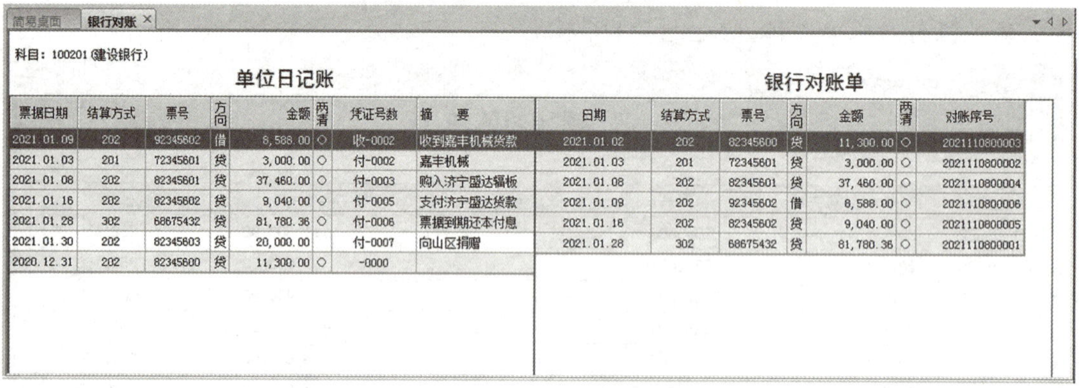

科目：100201 (建设银行)

单位日记账

| 票据日期 | 结算方式 | 票号 | 方向 | 金额 | 两清 | 凭证号数 | 摘　要 |
|---|---|---|---|---|---|---|---|
| 2021.01.09 | 202 | 92345602 | 借 | 8,588.00 | ○ | 收-0002 | 收到嘉丰机械货款 |
| 2021.01.03 | 201 | 72345601 | 贷 | 3,000.00 | ○ | 付-0002 | 嘉丰机械 |
| 2021.01.08 | 202 | 82345601 | 贷 | 37,460.00 | ○ | 付-0003 | 购入济宁盛达辐板 |
| 2021.01.16 | 202 | 82345602 | 贷 | 9,040.00 | ○ | 付-0005 | 支付济宁盛达货款 |
| 2021.01.28 | 302 | 68675432 | 贷 | 81,780.36 | ○ | 付-0006 | 票据到期还本付息 |
| 2021.01.30 | 202 | 82345603 | 贷 | 20,000.00 | | 付-0007 | 向山区捐赠 |
| 2020.12.31 | 202 | 82345600 | 贷 | 11,300.00 | ○ | -0000 | |

银行对账单

| 日期 | 结算方式 | 票号 | 方向 | 金额 | 两清 | 对账序号 |
|---|---|---|---|---|---|---|
| 2021.01.02 | 202 | 82345600 | 贷 | 11,300.00 | ○ | 2021110800003 |
| 2021.01.03 | 201 | 72345601 | 贷 | 3,000.00 | ○ | 2021110800002 |
| 2021.01.08 | 202 | 82345601 | 贷 | 37,460.00 | ○ | 2021110800004 |
| 2021.01.09 | 202 | 92345602 | 借 | 8,588.00 | ○ | 2021110800006 |
| 2021.01.16 | 202 | 82345602 | 贷 | 9,040.00 | ○ | 2021110800005 |
| 2021.01.28 | 302 | 68675432 | 贷 | 81,780.36 | ○ | 2021110800001 |

图3-35　银行对账结果

## 4. 银行存款余额调节表查询

在对银行账进行两清勾对后，系统根据对账结果自动生成每个银行的银行存款余额调节表，以供用户查询、打印或输出。用户可以查询银行存款余额调节表的详细内容，包括账面余额、已达账项和未达账项。

微课

查询银行存款余额调节表

银行存款余额调节表是系统自动生成的，如果不平衡，不能修改，需要查看前面三步的操作是否有误。例如，银行对账期初调整后余额是否平衡、银行对账单录入是否正确、对账时勾对是否正确等。

【例 3-22】查询建设银行的银行存款余额调节表。

操作路径：执行［业务工作］—［财务会计］—［总账］—［出纳］—［银行对账］—［余额调节表查询］命令，打开建设银行的［银行存款余额调节表］，如图 3-36 所示。

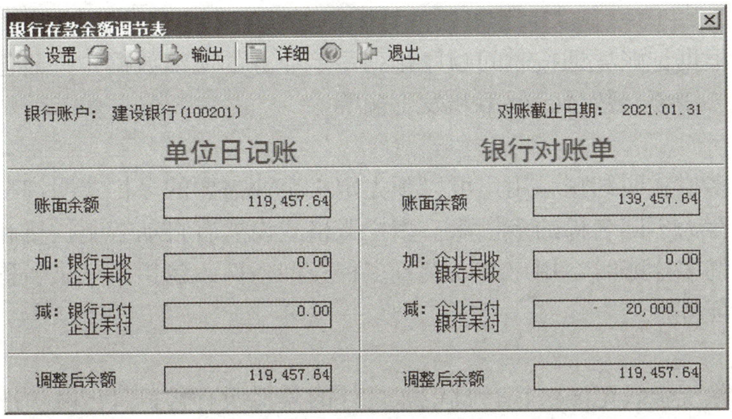


图3-36　银行存款余额调节表

#### 5. 核销银行账

为节约磁盘空间，提高系统运行效率，可以利用核销银行账功能删除已达账项。删除已达账项不会影响企业银行存款日记账的查询和打印。在银行对账正确后，如果想将已达账删除并只保留未达账，可使用本功能。如果银行对账不平衡，请不要使用本功能，否则将造成以后对账错误。

## 三、账表查询

企业发生的经济业务，经过制单、审核、记账后，就形成了正式的会计账簿，这些账簿可以随时进行查询或打印输出。账表查询分为科目账查询和辅助账查询。

### （一）科目账查询

科目账查询主要是查询手工会计操作下的一些传统账簿，包括总账、余额表、明细账、序时账、多栏账和日记账等。

#### 1. 总账

不仅可以查询各总账科目的年初余额、各月借贷方发生额合计、本年借贷方累计发生额和期末余额，还可以查询所有二到六级明细科目的年初余额、各月借贷方发生额合计、本年借贷方累计发生额和期末余额，也可以联查当前会计科目的明细账。

【请注意】如果勾选“包含未记账凭证”，那么在记账前，也可以查询科目账，这一点与手工做账是有明显区别的。如果不勾选该复选框，那么账簿查询将不包含未记账凭证数据。

#### 2. 余额表

用于查询统计各级会计科目的期初余额、本期发生额、累计发生额和期末余额等。用户可以灵活运用，设置多种查询条件，查询包含未记账凭证在内的最新发生额及余额表，联查某一科目某一时期的明细账。

微课

查询余额表

#### 3. 明细账

用于查询各账户的明细发生情况。用户可以设置多种查询条件查询明细账，包括会计科目范围、查询期间、会计科目代码、是否包含未记账凭证等。在明细账窗口，可以联查所选明细事项的记账凭证或联查总账。

### 4. 序时账

序时账是根据记账凭证按时间顺序排列每笔业务的明细数据，一般包括日期、凭证号、科目名称、摘要、数量、外币和发生额等。

### 5. 多栏账

多栏账即多栏式明细账，用户可以预先定义企业需要的多栏式明细账格式，然后按照明细科目保存为不同名称的多栏账。多栏账格式设置有自动编制栏目和手动编制栏目两种方式。查询多栏账时，用户可以设置多种查询条件，包括多栏账名称、期间、是否包含未记账凭证等。

### 6. 日记账

用于查询除现金日记账、银行日记账之外的其他所有科目日记账。用户可以设置多种查询条件查询某科目日记账，日记账包括日期、凭证号、摘要、对方科目、借方发生额、贷方发生额和余额等栏目。

【请注意】现金日记账和银行存款日记账在［出纳］菜单下的相应子菜单中查询。在会计信息化下，任何科目都可以查询日记账，用户只需把会计科目设置为“日记账”属性即可。

## （二）辅助账查询

辅助核算账簿管理包括个人往来、部门核算、项目核算账簿的总账、明细账查询输出，以及部门收支分析和项目统计表的查询输出。当供应商往来和客户往来采用总账管理系统核算时，其核算账簿的管理在总账管理系统中进行；否则，应在应收款、应付款管理系统中进行。

【例 3-23】查询管理费用多栏账。

操作路径：

（1）定义多栏账格式。执行［总账］—［账表］—［科目表］—［多栏账］命令，打开［多栏账］对话框。单击［增加］按钮，打开［多栏账定义］对话框，选中核算科目为“6602 管理费用”，单击［自动编制］按钮，单击［确定］，如图3-37所示。

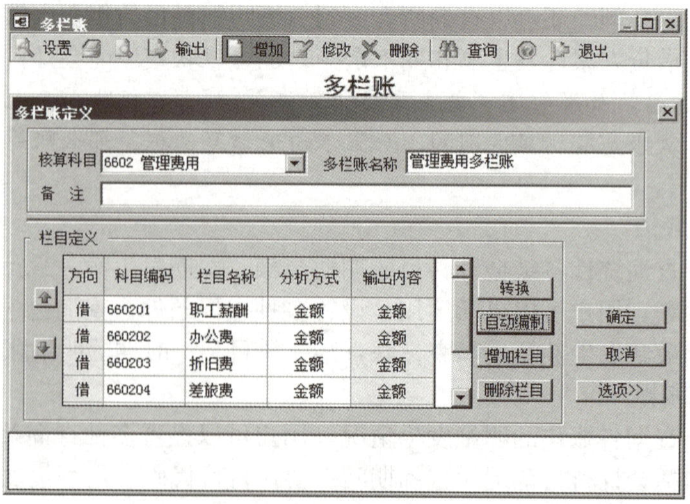


图3-37　［多栏账定义］对话框

微课
查询管理费用多栏账

（2）查询多栏账。在［多栏账］对话框中，单击［查询］按钮，输入查询条件，单击［确定］按钮，显示查询结果，如图3-38所示。

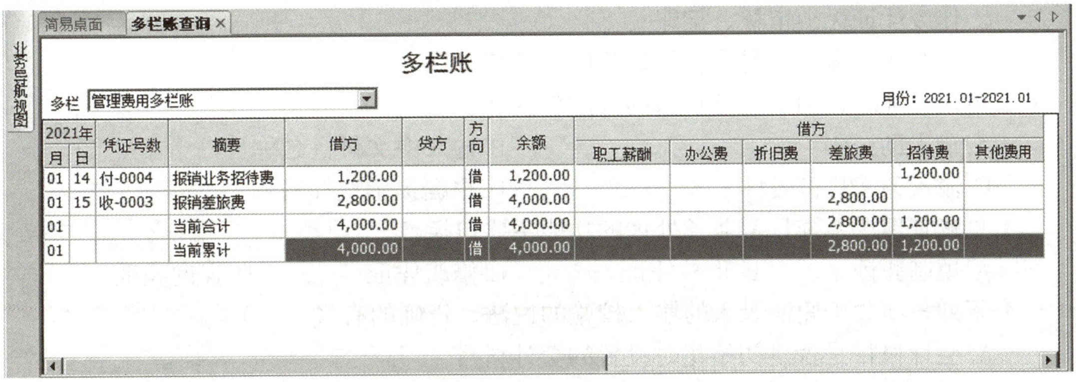


| 2021年 | | 凭证号数 | 摘要 | 借方 | 贷方 | 方向 | 余额 | 借方 | | | | | |
|---|---|---|---|---|---|---|---|---|---|---|---|---|---|
| 月 | 日 | | | | | | | 职工薪酬 | 办公费 | 折旧费 | 差旅费 | 招待费 | 其他费用 |
| 01 | 14 | 付-0004 | 报销业务招待费 | 1,200.00 | | 借 | 1,200.00 | | | | | 1,200.00 | |
| 01 | 15 | 收-0003 | 报销差旅费 | 2,800.00 | | 借 | 4,000.00 | | | | 2,800.00 | | |
| 01 | | | 当前合计 | 4,000.00 | | 借 | 4,000.00 | | | | 2,800.00 | 1,200.00 | |
| 01 | | | 当前累计 | 4,000.00 | | 借 | 4,000.00 | | | | 2,800.00 | 1,200.00 | |

图3-38　管理费用多栏账

【明德善思】从职业操守来讲，诚实守信是会计从业人员必须恪守的最起码的职业道德。党的二十大报告中提出“弘扬诚信文化，健全诚信建设长效机制”，这是我们会计人员必须坚守的信念。一个合格的会计人员，要不断充实完善自身会计专业知识，提高专业技能，树立正确的人生观和价值观，在全社会营造良好的职业环境。

## 同步训练

### 一、单项选择题

1. 下列各项将总账管理子系统与其他子系统有机地连接在一起的是（　　）。
   A. 报表　　B. 记账凭证　　C. 账簿　　D. 登账
2. 在输入记账凭证过程中，用友财务软件提供提示功能，但其中不包括（　　）。
   A. 转账凭证借贷双方没有“库存现金”或“银行存款”科目
   B. 记账凭证有借方科目而无贷方科目，或者有贷方科目而无借方科目
   C. 收款凭证借方科目不是“库存现金”或“银行存款”科目
   D. 付款凭证贷方科目不是“库存现金”或“银行存款”科目
3. 下列各项不属于凭证头内容的是（　　）。
   A. 凭证类别　　B. 凭证编号　　C. 制单日期　　D. 摘要
4. 下列各项关于彻底删除一张未审核的凭证，正确的操作是（　　）。
   A. 可直接删除　　B. 可将其作废
   C. 先作废，再整理凭证编号　　D. 先整理凭证编号，再作废
5. “红字”金额的输入方法是（　　）。
   A. 用红字输入　　B. 用方框进行输入
   C. 用负数形式输入　　D. 加下划线进行输入

### 二、多项选择题

1. 在用友软件中，下列各项关于凭证审核和记账的说法，正确的有（　　）。

A. 凭证审核需要先重新注册更换操作员，由具有审核权限的操作员来进行
B. 未审核凭证不能记账，记账范围应小于等于已审核范围
C. 作废凭证无须审核、记账
D. 上月未结账，本月同样可以记账

2. 填制凭证时，确定会计科目的办法包括（　　）。
A. 输入助记码　　B. 输入中文科目名称
C. 输入英文科目名称　　D. 根据提示选择输入

3. 总账管理子系统日常业务处理的功能主要包括（　　）。
A. 填制凭证　　B. 审核凭证　　C. 修改凭证　　D. 查询凭证

4. 下列各项关于凭证录入的输入校验的说法，正确的有（　　）。
A. 会计科目是否是初始化时设置的会计科目
B. 会计科目是否为末级科目
C. 会计科目是否符合凭证的类别限制条件
D. 发生额是否满足“有借必有贷，借贷必相等”的记账凭证要求

5. 记账后修改错误凭证的方法有（　　）。
A. 直接修改错误凭证　　B. 补录红字冲销凭证和正确凭证
C. 补录一张差额凭证　　D. 删除错误凭证后再输入正确凭证

### 三、判断题（正确的打“√”，错误的打“×”）

1. 凭证编号按年编号，可以统一编号，也可以按每类凭证单独编号。（　　）
2. 凭证经审核签字后，只有取消审核才能修改和删除。（　　）
3. 总账管理子系统，不仅可以直接处理来自记账凭证的信息，而且可以接收来自各子系统传递的凭证。（　　）
4. 在总账管理子系统中，凭证的无痕迹修改只能在记账前进行。（　　）
5. 在会计信息系统中，试算平衡、登记账簿、审核、记账等均由计算机自动完成，大大地减轻了会计人员的工作负担，提高了工作效率。（　　）

# 任务四　总账管理子系统期末处理

总账管理子系统的期末处理是指会计人员在每个会计期间的期末所要完成的特定业务，主要包括银行对账、自动转账、对账和月末结账。其中银行对账在出纳管理中已经介绍，在此不再赘述。

## 一、自动转账

自动转账是指对于期末那些摘要、借贷方会计科目固定不变，发生金额的来源或计算方法基本相同，相应凭证处理基本固定的会计业务，将其设置成凭证模板事先录入并保存到系统中，在期末处理该类经济业务时，系统调用该凭证模板自动生成相应的记账凭证。自动转账功能可以大大提高该类业务的制单效率和准确率。

实现自动转账包括转账定义和转账生成两部分。

### （一）转账定义

转账定义是指定义凭证模板，即定义凭证类别、摘要、借贷方会计科目和金额公式等凭证内容。即使是同一类经济业务，各月发生的金额也不可能总是相同，因此，凭证的金额是通过公式来计算，用户可以使用系统提供的账务函数来提取账户数据。严格来说，转账定义属于初始设置，只需定义一次，以后各月可以重复使用。

系统提供了多种转账定义类型，主要包括自定义转账、对应结转、销售成本结转、汇兑损益结转和期间损益结转。

#### 1. 自定义转账

自定义转账由用户根据实际业务需要，利用自定义转账功能，来定义凭证模板的所有内容，包括凭证类别、摘要、借贷方科目、金额公式等内容。

自定义转账虽然需要逐一定义凭证的每一项内容，较为烦琐，但是适用范围广，能满足用户的不同需求，可以灵活应用。此种方法可以用于费用的分配，如工会经费、职工教育经费的分配；用于税金的计提和结转，如增值税结转、附加税和所得税的计提；用于利润的分配，如盈余公积、应付利润的计提，或者利润分配明细科目的结转等。

#### 2. 对应结转

对应结转是指当两个或多个上级科目的下级科目及辅助项有一一对应关系时，可将某科目的余额按一定比例系数（结转系数之和为1）转入其他一个或多个科目中去。显然，对应结转可以一对一结转，也可以一对多结转。对应结转只结转期末余额，若结转发生额，需在自定义转账中设置。

对应结转对科目要求比较严格，转出科目及辅助项必须一致，转入科目及辅助项可不相同；转出科目与转入科目必须有相同的科目结构，但转出辅助项与转入辅助项可不相同。

#### 3. 销售成本结转

销售成本结转是将已销售的商品销售成本从库存商品账户转入主营业务成本账户的过程，即本月库存商品（或产成品）销售数量乘以月末库存商品（或产成品）的平均单价计算各类商品销售成本并进行结转。

销售成本结转设置主要用来辅助没有启用供应链管理系统的企业完成销售成本的计算和结转。一般全月加权平均法和计划价法（售价法）可以采用销售成本结转功能。

结转科目可以是总账科目或明细科目，但是库存商品科目、主营业务收入科目、主营业务成本科目这三个科目及下级科目具有相同的科目结构，主营业务收入和库存商品必须有数量核算，否则，需在自定义转账中设置。销售成本结转的凭证模板如下：

借：主营业务成本　　　　（库存商品余额÷库存商品数量）×销量

　　贷：库存商品　　　　（库存商品余额÷库存商品数量）×销量

#### 4. 汇兑损益结转

汇兑损益结转用于期末自动计算外币账户的汇兑损益，并在转账生成中自动生成汇兑损益转账凭证。汇兑损益处理以下外币账户：外汇存款账户、外币现金账户、外币结算的各项债权债务，不包括所有者权益类账户、成本类账户和损益类账户。

若启用了应收（付）款管理子系统，且在应收（付）款管理子系统的选项参数设置中选择了“详细核算”，应先在应收（付）款管理子系统做汇兑损益，生成凭证并记账，再在总账管理子系统做相应科目的汇兑损益。

### 5.期间损益结转

微课

期间损益结转

期间损益结转用于在一个会计期间终了时，将损益类科目的余额结转到本年利润科目中，从而及时反映企业经营的盈亏情况。使用本功能时，只要输入各损益类科目对应的本年利润科目，系统将自动定义好该凭证模板。

期间损益结转中将列出所有的损益类科目，如果希望某损益类科目参与期间损益结转，则应在该科目所在行的本年利润科目栏填写本年利润科目代码；若为空，系统将不结转此损益类科目的余额。因此，企业新增损益类科目时，需要对新增科目补充定义本年利润科目。

【例3-24】利用自定义转账方法计提短期借款利息。

借：财务费用/利息（660301）　　　　JG（　）

　　贷：应付利息（2231）　　　　QM（2001，月，贷）*0.07/12

微课

自定义转账

操作路径：以“2002肖然”的身份登录企业应用平台，执行［财务会计］—［总账］—［期末］—［转账定义］—［自定义转账］命令，进入［自定义转账设置］窗口。单击［增加］按钮，打开［转账目录］对话框，输入转账序号、转账说明、凭证类别，单击［确定］按钮。单击［增行］按钮，分别输入借贷方分录信息，如图3-39所示。

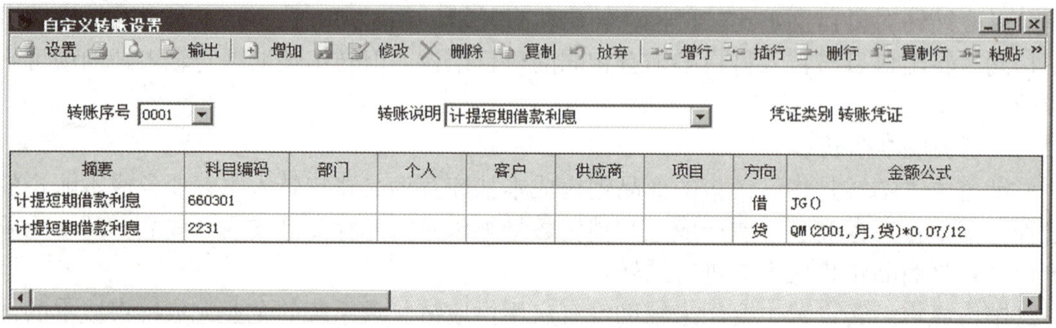


图3-39　自定义转账设置

## （二）转账生成

微课

转账生成

转账定义完成后，系统已保存相关业务的凭证模板，以后每月期末只需执行转账生成即可由计算机快速生成转账凭证，并将此凭证自动追加到未记账凭证中，通过凭证审核、记账，完成结转工作。

由于转账定义中的金额公式基本取自账簿，即按照已记账凭证的数据进行计算，因此，在进行月末转账生成之前，必须将所有未记账凭证全部记账，否则，生成的转账凭证中的数据可能不准确。特别是对于一组相关转账分录，必须按顺序依次进行转账生成、审核、记账，以保证数据结果的正确性。

【动脑筋】为什么转账生成必须按顺序进行？

转账生成时，用户选择转账生成类型、结转月份以及需要结转的转账凭证，系统调用转账定义的凭证模板并显示要生成的凭证，确认无误后，将生成的凭证追加到未记账凭证中。需要注意的是，转账生成一般在月末进行，且每月只结转一次。

【例3-25】沿用【例3-24】的资料，自定义生成计提短期借款利息凭证。

操作路径：执行［总账］—［期末］—［转账生成］命令，打开［转账生成］对话框，依次单击［自定义转账］—［全选］—［确定］，系统自动生成一张转账凭证，单击［保存］按钮，如图3-40所示。

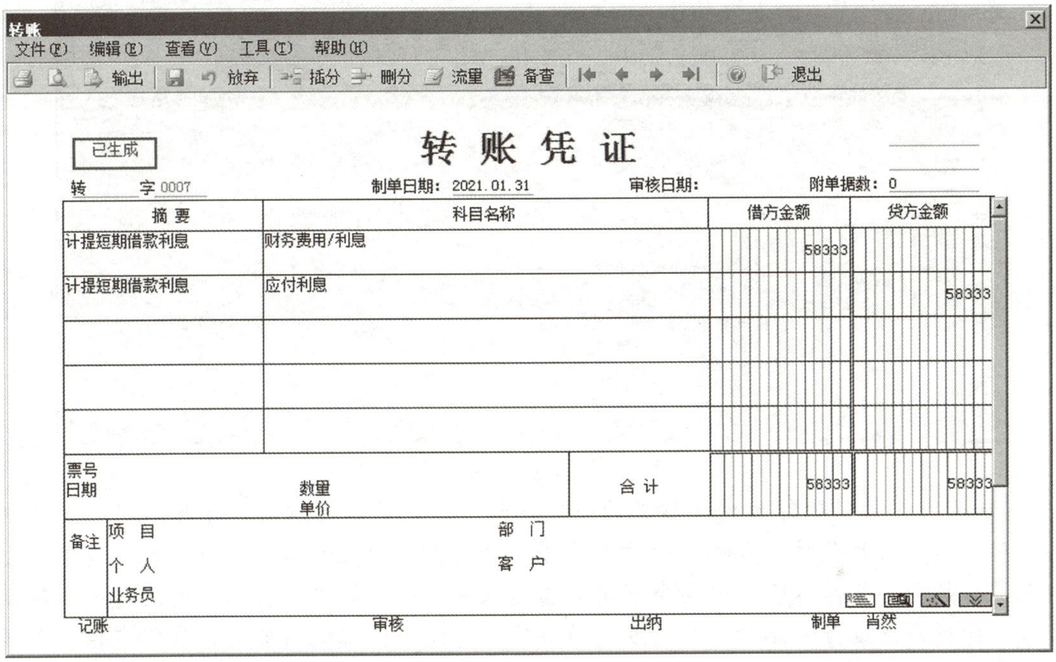


图3-40　转账生成

## 二、对账

对账是对账簿数据进行核对，以检查记账是否正确，以及账账是否平衡。对账主要包括总账和明细账、总账和辅助账、明细账和辅助账的核对，以保证账账相符。

试算平衡是将系统中所有科目的期末余额按会计平衡公式“借方余额=贷方余额”进行平衡检验，并输出科目余额表及试算结果。

一般来说，实行计算机自动记账后，只要记账凭证录入正确，各账簿的数据都应是正确、平衡的，但由于非法操作或计算机病毒或其他原因有时可能会造成某些数据被破坏，因而引起账账不符。为了保证账证相符、账账相符，应经常使用本功能进行对账，至少一个月一次，可在月末结账前进行。一般结账时，系统会自动进行对账及试算平衡。

微课

对账和结账

如果使用了应收款、应付款管理子系统，在总账管理子系统中则不能对客户往来账、供应商往来账进行对账。

【例3-26】进行对账及试算平衡。

操作路径：以账套主管“2001 高文博”的身份登录企业应用平台，执行［财务会计］—［总账］—［期末］—［对账］命令，打开［对账］对话框，依次单击［选择］、［对账］按钮，系统自动对账。单击［试算］按钮，系统弹出［2021.01 试算平衡表］提示框，显示试算结果，如图 3-41 所示。

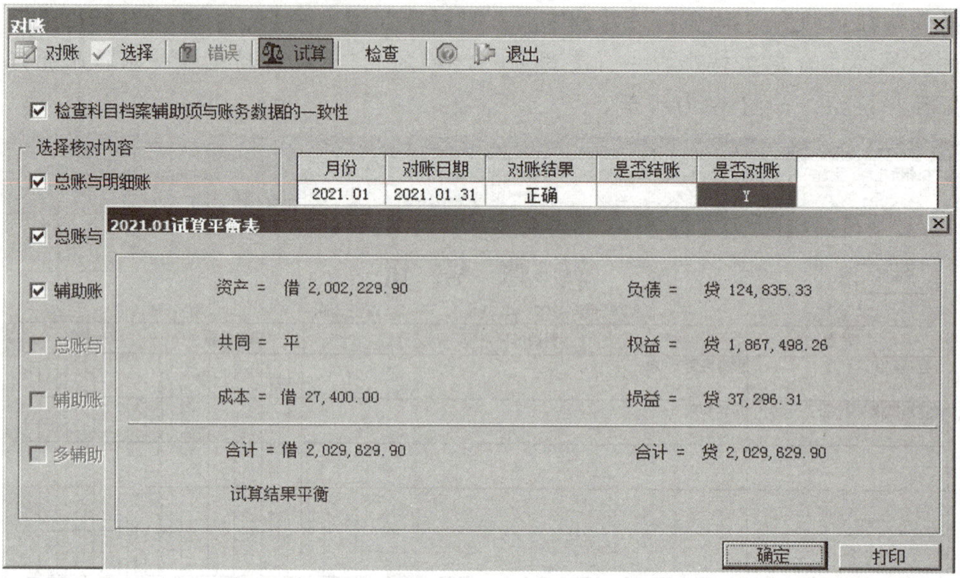


图3-41　对账及试算平衡

【明德善思】对账作为会计核算的关键环节，无论是账证核对、账账核对，还是账实核对，本质上都是对“真相”的执着追寻。面对可能出现的账实不符、数据偏差，会计人员必须摒弃侥幸心理，以实事求是的态度深入核查差异根源，不回避问题、不敷衍了事。通过严谨细致的比对，及时发现财务漏洞与风险，确保财务数据真实可信，彰显会计人“守正求真”的职业品格与社会责任。

## 三、月末结账

微课　月末结账

结账主要包括计算和结转各账簿的本期发生额和期末余额，终止本期的账务处理工作，并将会计科目余额结转为下月月初余额。月末结账每个月只能进行一次，由计算机自动完成。

月末结账一旦完成，将不能再进行本月业务的处理。因此，月末结账必须在本月的核算工作都已完成，并且数据状态正确的情况下才能进行。月末结账时，系统会检查相关工作的完成情况，主要包括：

1. 检查本月记账凭证是否已经全部记账，如有未记账凭证，则不能结账。
2. 检查上月是否已经结账，如上月未结账，则本月不能结账。实际上，上月未结账的话，本月也不能记账，只能填制、复核凭证。
3. 检查总账与明细账、总账与辅助账是否对账正确，如果对账不正确则不能结账。
4. 对会计科目余额进行试算平衡，如试算不平衡将不能结账。
5. 检查损益类账户是否已结转到本年利润，如损益类科目还有余额，则不能结账。

6. 当启用了其他子系统时，总账管理子系统必须在其他各子系统都结账后，才能结账。

结账只能由具有结账权限的人进行。在结账前，最好进行数据备份，一旦结账后发现业务处理有误，可以利用备份数据恢复到结账前的状态。

【请注意】月末结账时，如果系统提示“未通过工作检查，不可以结账”，可以在“月末结账工作报告”中查看未通过工作检查的原因。取消结账功能键为“Ctrl+Shift+F6”。

在会计信息化下，各个子系统之间相互联系，存在数据传递关系。因此，各个子系统月末结账时需要遵循一定的顺序，一般按照“谁接收数据谁后结账”的原则进行月末结账。各个子系统的结账顺序，如图3-42所示。显然，总账管理子系统是所有子系统中最后结账的子系统。

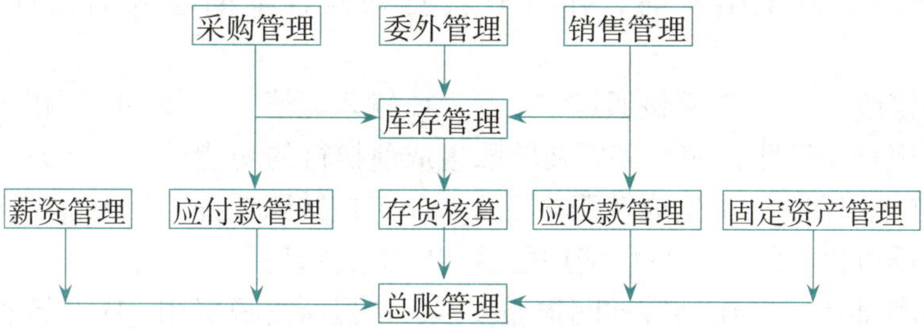


图3-42　各个子系统月末结账顺序

【例3-27】以账套主管的身份进行月末结账。

操作路径：以账套主管“2001高文博”的身份登录企业应用平台，执行［业务工作］—［财务会计］—［总账］—［期末］—［结账］命令，打开［结账］对话框。连续点击［下一步］按钮，系统自动形成“月度工作报告”，不符合结账要求的信息会在该工作报告中显示，如图3-43所示。

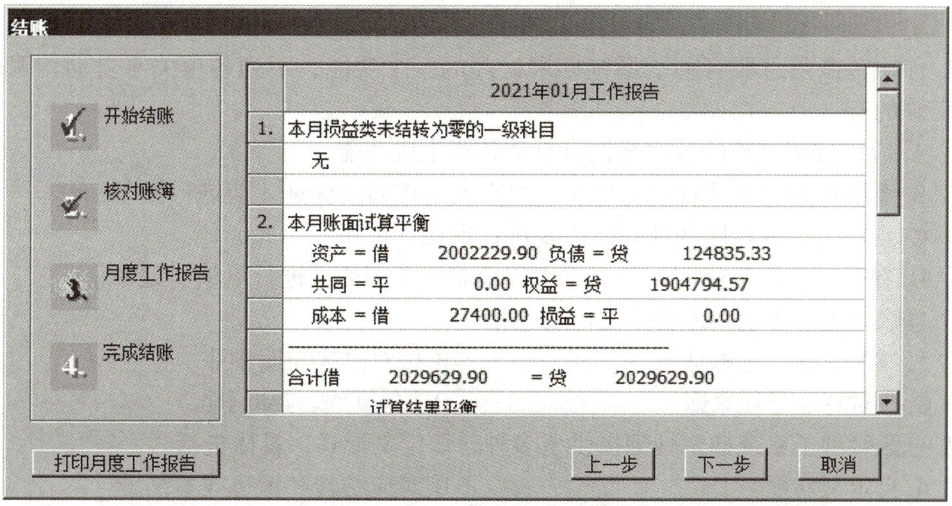


图3-43　月末结账工作报告

## 同步训练

### 一、单项选择题

1.通过转账生成功能生成的转账凭证（　　）。

A.仍需审核，才能记账　　B.不需审核，即可记账

C.已经自动记账　　D.仅供参考，不用记账

2.下列各项关于总账管理子系统结账的说法，不正确的是（　　）。

A.结账后不可以再填制当月凭证　　B.结账后可以再修改凭证

C.每月只能进行一次结账　　D.结账就是终止本期的账务处理工作

3.总账管理子系统结账前，用友软件自动检查本期输入的会计凭证是否全部（　　）。

A.需要修改　　B.审核通过　　C.输入完毕　　D.记账

4.为了实现自动转账，用户需要在转账生成前执行的功能是（　　）。

A.录入转账凭证　　B.生成转账凭证　　C.审核转账凭证　　D.自定义转账

5.下列各项可以在结转所得税费用之后转账生成的是（　　）。

A.计提利息费用　　B.结转期间损益　　C.计提所得税费用　　D.结转利润分配

### 二、多项选择题

1.总账管理子系统结账前要进行的检查包括（　　）。

A. 检查本月业务是否全部记账，有未记账凭证不能结账

B. 月末结转必须全部生成并已记账，否则本月不能结账

C. 检查本月是否已经结账，如果上月末未结账，则本月不能结账

D. 核查总账与明细账、总账与辅助账、总账管理子系统和其他子系统数据是否达到一致

2.自动转账是总账管理子系统期末处理的一个功能，下列各项关于自动转账的说法，正确的有（　　）。

A. 应该按照结转的顺序来执行自动转账生成功能

B. 系统同样会对凭证进行校验，只有通过校验的凭证才能进行保存

C. 自动生成的转账凭证同样需要进行审核、记账

D. 在自动转账生成前，需要将本期填制的全部凭证进行审核、记账

3.总账管理子系统期末对账的内容包括（　　）。

A.核对总账与记账凭证　　B.核对总账与明细账

C.核对总账与往来账　　D.核对总账与部门账

4.总账管理子系统期末处理提供了多种转账定义形式，具体包括（　　）。

A.自定义转账　　B.对应结转和销售成本结转

C.汇兑损益结转　　D.期间损益结转

5.实现自动转账需要的两步有（　　）。

A. 转账定义　　B. 转账生成　　C. 转账审核　　D. 转账记账

三、判断题（正确的打“√”，错误的打“×”）

1. 只有对账正确，才能进行结账。（　）

2. 总账管理子系统期末转账凭证生成没有先后次序问题。（　）

3. 总账管理子系统结账后才能输出已结账期间的正式会计报表、总账和明细账。（　）

4. 总账管理子系统期末转账的特点之一，是要求转账生成前其他业务凭证必须审核、记账。（　）

5. 总账管理子系统结账处理一般设计成一个向导，其操作流程是：开始结账→核对账簿→月度工作报告→执行结账。（　）

## 思考题

1. 简述总账管理子系统的主要功能。
2. 总账管理子系统期初余额录入分哪两种类型？分别如何录入？
3. 简述凭证管理工作的内容。
4. 简述填制凭证的主要内容。
5. 凭证修改的方式有哪两种？每种修改方式的适用范围是什么？
6. 总账管理子系统的账表查询功能可以查询哪些账簿？
7. 什么是自动转账？自动转账分哪两步？其中转账定义包括哪些类型？
8. 总账管理子系统期末结账前需要做哪些检查工作？

## 实践训练

完成与本教材配套的《会计信息系统实训》教材中“实训三、实训四、实训五”的实训内容。

# 项目四

## 报表管理子系统

学习目标

1. 认知报表管理子系统的主要功能
2. 领会报表管理子系统应用流程
3. 区分格式状态与数据状态的不同
4. 学会调用报表模板快速生成报表的操作方法
5. 认知报表格式设计的主要功能并学会操作步骤

知识点

调用报表模板　自定义报表　报表格式设计　组合单元
报表公式设置　关键字设置及录入　报表审核　整表重算
图表处理　表页管理

技能点

1. 绘制会计信息系统功能结构关系图
2. 复述会计信息系统的运行因素

素养目标

1. 财务报表造假给社会带来严重危害，业无信不兴，人无信不立，要秉持公正的态度、坚持诚实守信的社会主义核心价值观
2. 坚持以社会主义核心价值观引领文化建设。完善诚信建设长效机制，健全覆盖全社会的征信体系，加强失信惩戒

## 知识结构

- 报表管理子系统
  - 认知基础
    - 主要功能
    - 与其他子系统之间的关系
    - 应用流程
    - 基本概念
  - 调用报表模板
    - 新建报表
    - 调用报表模板
    - 报表数据处理
    - 报表图形处理
    - 报表管理
  - 自定义报表
    - 自定义报表格式
    - 设置报表公式

## 案例导入

随着2021年1月财务软件用友U8V10.1的使用，山东泰恒建设机械有限公司为快速准确地编制财务报表，启用了报表管理子系统。利用报表管理子系统提供的调用报表模板和自定义报表两大功能，编制会计报表，综合、清晰地反映会计主体的财务状况和经营成果等信息。具体内容如下：

（1）调用报表模板。报表管理子系统内置了资产负债表、利润表、现金流量表三大主要报表及各种附表，可以通过调用报表模板生成报表数据的方法，完成会计报表的处理工作。

（2）自定义会计报表。对于报表管理子系统没有的报表模板，需要利用报表格式设计功能自行设计报表格式，形成自定义报表模板，以便每月结账后随时调用。

思考：

（1）报表应用流程分为哪两条途径？其各自的适用范围是什么？

（2）如何自行设计一张报表？

# 任务一　报表管理子系统认知基础

UFO报表管理子系统是处理报表事务的工具，可以用来编制对内、对外各种报表。其主要任务是依据会计准则或制度、财务会计报告条例等法规和制度，编制并对外提供真实、完整的会计报表；根据经营管理的需要，编制并对内提供灵活多样的管理报表；依据报表数据，分析经济活动与财务收支情况。会计报表按报表反映的内容、性质，可分为财务状况报表、经营成果报表和成本费用报表；按服务对象，可分为外部报表和内部报表。

报表管理子系统通过设计报表格式，利用报表公式自动从总账管理子系统或者其他子系统取得有关会计信息，从而生成报表数据，并对报表进行审核、汇总和生成各种分析图，最后按照预定格式输出各种会计报表。

## 一、UFO报表管理子系统的主要功能

用友UFO报表管理子系统提供的主要功能包括文件管理功能、格式管理功能、数据处理功能、图表处理功能、各行业报表模板功能和二次开发功能。

### （一）文件管理功能

文件管理功能可以完成对报表文件的创建、读取、保存和备份；能够进行不同文件格式的转换，支持多个窗口同时显示和处理；提供了标准财务数据的［导入］和［导出］功能，可以和其他财务软件交换数据。

### （二）格式管理功能

格式管理功能是指系统提供了丰富的报表格式设计功能，如设置表尺寸、定义组合单元、画表格线、调整行高列宽、定义单元属性、设置显示比例等功能，可以制作满足各种要求的报表。

### （三）数据处理功能

数据处理功能是按照设定好的报表格式生成报表数据，并通过关键字在报表文件的每一张表页之间建立关联关系，把大量数据有机地组织起来，并以数据库的方式对各种复杂的报表进行数据处理，如进行数据排序、审核、舍位平衡、汇总等。

### （四）图表处理功能

图表处理功能是指将二维表形式的数据以图表的方式进行直观表示。通过采用图文混排，可以方便地进行图形数据组织，制作直方图、立体图、圆饼图、折线图等多种分析图表，并能编辑图表的位置、大小、标题、字体、颜色等，打印输出图表。

### （五）各行业报表模板功能

UFO报表管理子系统提供了33个行业的200多个标准财务报表模板（包括现金流量表模板），用户可以根据所在行业挑选相应的报表模板以套用其格式及计算公式，轻松生成复杂报表。此外，用户也可以根据本单位的实际需要，自定义报表模板。

### （六）二次开发功能

［二次开发］功能为用户发挥主观能动性提供了平台，丰富了用户的个体需求。该功能提供批命令和自定义菜单，可自动记录命令窗中输入的多个命令，将有规律性的操作过程编制成批命令文件。系统提供了Windows风格的自定义菜单，综合利用批命令，可以在短时间内开发出本企业的报表专用系统。

## 二、UFO报表管理子系统与其他子系统之间的关系

UFO报表管理子系统与总账管理子系统、采购与应付款管理子系统、存货核算子系统、销售与应收款管理子系统、薪资管理子系统、固定资产管理子系统和成本管理子系统之间存在着数据交换关系，利用单元公式从总账管理子系统或其他子系统中取得有关会计信息自动生成各种会计报表数据，对报表进行审核、汇总，生成各种分析图，进而按预定格式输出各种会计报表。

## 三、UFO报表管理子系统的应用流程

UFO报表管理子系统的应用流程分为初始设置和日常业务处理两个阶段。

第一阶段是报表初始设置。在格式状态下，主要对报表的格式、内容和公式进行设置，建立报表的整体样式。如果采用系统内置的报表模板，可以根据企业实际情况直接调用或修改格式后再进行调用；如果采用自定义报表格式，可以结合企业自身需要进行设计，然后保存成模板供以后直接调用。报表初始设置完成后，无须每月重复设置，除非对报表的需求发生变化。

第二阶段是报表日常业务处理。在数据状态下，主要是通过关键字录入，利用报表公式系统自动计算生成报表数据，并通过报表图形处理功能对报表数据进行分析，最终形成可供输出或打印的财务报表。制作一个报表的应用流程如图4-1所示。

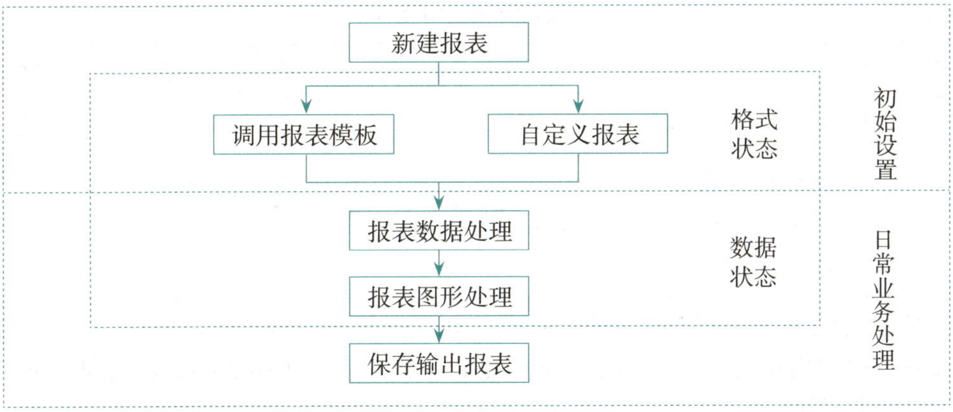


图4-1　UFO报表应用流程

UFO报表管理子系统的处理应严格按照以上步骤进行操作。编制报表有两种方法：一种是通过调用报表模板快速生成报表，另一种是通过自定义报表格式生成报表。两者的日常业务处理流程相同，但是报表初始设置流程不同。本任务将在介绍一些相关基本概念后，分别按上述两种方法讲解报表的应用流程。

## 四、UFO报表管理子系统的基本概念

### （一）格式状态与数据状态

UFO报表管理子系统将报表处理分为报表格式设计与报表数据处理两部分，两部分的处理工作是在不同的状态下进行的，通过报表工作区左下角的［格式/数据］按钮，可以实现格式状态和数据状态之间的切换。

#### 1.格式状态

在格式状态下设计报表格式和报表公式，如设置表尺寸、行高和列宽、单元属性、单元风格、组合单元、关键字、报表公式等内容，但是在格式状态下不能进行数据的录入、计算等操作。

在格式状态下，所做的操作对本报表所有的表页都发生作用，只能看到报表的格式，报表的数据全部是隐藏的。

#### 2.数据状态

在数据状态下进行报表的数据处理，如输入数据、增加或删除表页、执行审核或舍位平衡、制作图形等。在数据状态下，所看到的是报表的全部内容，包括格式和数据，但是不能修改报表的格式。

### （二）单元及单元属性

单元是由行和列交叉确定的方格，专门用于填制各种数据。单元是组成表的最小单位，每个单元都可用一个名字来标注，称为单元名称。单元名称用所在行和列的坐标表示，行标用数字1~9 999表示，列标用字母A~IU表示。例如，C2表示报表中第2行第C列对应的单元。

单元属性包括单元类型、对齐方式、字体颜色、表格边框等。其中对齐方式有左对齐、右对齐、居中等，单元类型有数值单元、字符单元和表样单元三种，见表4-1。

表4-1 三种单元类型比较表

| 类型 | 定义 | 状态 | 作用的表页 |
|---|---|---|---|
| 数值单元 | 存放报表的数值型数据 | 数据 | 当前表页 |
| 字符单元 | 存放报表的字符型数据 | 数据 | 当前表页 |
| 表样单元 | 是指报表的格式，是定义一个没有数据的空表所需的文字、符号或数字 | 格式 | 所有表页 |

数值单元用于存放报表的数值型数据，在数据状态下输入。数值单元必须是数字，可直接输入也可由单元中存放的公式运算生成。在建立一个新表时，所有单元的单元类型均默认为数值型。

字符单元用于存放报表的字符型数据，在数据状态下输入。字符单元的内容可以是汉字、字母、数字及各种键盘可输入的符号组成的一串字符。字符单元的内容可以直接输入也可以由单元公式生成。

表样单元是报表的格式，是在格式状态下定义一个没有数据的空表所输入的文字、

符号、数字。表样单元对所有表页都有效，在格式状态下输入和修改，在数据状态下只能显示而无法修改。

### （三）区域与组合单元

区域由一张表页上的一组单元组成，自起点单元至终点单元是一个完整的矩形块。在描述一个区域时，开始单元（左上角单元）与结束单元（右下角单元）之间用冒号“:”连接。例如，C3到F6的长方形区域表示为“C3：F6”。在UFO报表中，区域是二维的，最小的区域是一个单元，最大的区域是一个二维表的所有单元（整个表页）。

组合单元由相邻的两个或更多的单元合并组成，这些单元必须是同一种单元类型，UFO报表将组合单元视为一个单元。组合单元的名称可以用区域的名称或区域中的任一单元名称来表示。例如，把B2到B3定义为一个组合单元，这个组合单元可以用“B2、B3”或“B2：B3”表示。

### （四）表页

表页是报表管理子系统存储数据的基本单位，是由若干行和若干列组成的一个二维表。一个报表中的所有表页具有相同格式，但其中的数据不同。以“@<表页号>”表示表页，一个UFO报表最多可容纳99 999张表页。

### （五）固定区与可变区

固定区是指组成一个区域的行数和列数的数量是固定的数目。一旦设定好以后，在固定区域内其单元总数是不变的。

可变区是指屏幕显示一个区域的行数或列数是不固定的，可变区的最大行数或最大列数是在格式状态下设定的。在一个报表中只能设置一个可变区，或是行可变区或是列可变区。行可变区是指可变区中的行数是可变的；列可变区是指可变区中的列数是可变的。

设置可变区后，屏幕只显示可变区的第一行或第一列，其他可变行、列隐藏在表体内。在以后的数据操作中，可变行、列数随着需要而增减。有可变区的报表称为可变表；没有可变区的报表称为固定表。

### （六）关键字

UFO报表是一个三维立体的报表系统，要在结构相同的多张表页中准确地确定某张表页，就需要为其设立一个定位标志，这个定位的标志称为关键字。关键字是游离于单元之外的特殊数据单元，其作用在于唯一标志一个表页，以便在大量表页中快速选择一张表页。

关键字的显示位置在格式状态下设置，关键字的值则在数据状态下录入，每个报表可以定义多个关键字。UFO报表共提供了六种关键字：单位名称、单位编号、年、季、月、日。此外，用户还可以根据需要自定义关键字，以用于业务函数中。

【明德善思】财务报表是企业向外界传递自身经营活动情况信息的一种载体，其使用者有投资者、债权人、政府及有关部门和社会公众，财务报表中的各项数据必须真实可靠，不做假账是会计人员的基本要求。企业应以诚信立业，个人应以诚信立身，要秉持公正的态度、严守职业底线、坚持廉洁从业，树立诚实守信的社会主义核心价值观。

## 同步训练

### 一、单项选择题

1. 下列各项可以用来编制对内、对外报表，处理报表事务的子系统是（ ）。
A. 总账管理子系统　B. 报表管理子系统
C. 供应链管理子系统　D. 往来管理子系统

2. 游离于单元之外的特殊数据单元，用于唯一标志一个表页的是（ ）。
A. 区域　B. 二维表　C. 关键字　D. 关键字位置

3. 报表管理子系统中存储数据的基本单位是（ ）。
A. 单元　B. 区域　C. 表页　D. 报表

4. 以文件的形式保存在存储介质中称为报表文件，每个报表文件的后缀是（ ）。
A. “.doc”　B. “.rep”　C. “.ppt”　D. “.xls”

5. 报表管理子系统的两种状态是（ ）。
A. 字符状态和图形状态　B. 常数状态和变数状态
C. 格式状态和数据状态　D. 固定状态和变动状态

### 二、多项选择题

1. 下列各项属于单元类型的有（ ）。
A. 数值单元　B. 字符单元　C. 可变单元　D. 表样单元

2. 下列各项在数据状态下操作的有（ ）。
A. 增减行　B. 增加表页　C. 删除表页　D. 制作图形

3. 下列各项属于关键字的有（ ）。
A. 年　B. 月　C. 日　D. 单位名称

4. 在报表管理子系统中，下列各项操作正确的有（ ）。
A. 在格式状态下向单元格输入的数据是表样类数据
B. 对于字符型单元只能在数据状态下输入数据
C. 需要设置组合的单元必须具有相同的单元类型
D. 各表页同样位置上的表样单元的内容和显示方式都相同

5. 下列各项在数据状态下输入和修改的单元类型有（ ）。
A. 表样单元　B. 数值单元　C. 日期单元　D. 字符单元

### 三、判断题（正确的打“√”，错误的打“×”）

1. 设置关键字是在“数据”状态下进行的。（ ）

2. 表样单元在格式状态下输入和修改，对所有表页都有效。（ ）

3. 报表管理子系统中，最大的区域是一个二维表的所有单元（整个表页），最小的区域是一个单元。（ ）

4. 在格式状态下不仅能修改报表的格式，而且能看到报表的全部，包括格式和数据。（ ）

5. 一个报表中的所有表页具有相同格式，但其中的数据不同。　　　　（　　）

# 任务二　调用报表模板

通过调用报表模板生成报表数据是一种方便、快捷的报表编制方式，该方法编制报表的应用流程是“新建报表—调用报表模板—报表数据处理—报表图形处理—保存并输出报表”。UFO 报表系统内置了大量的财务报表模板，企业只需要调用财务报表模板并根据本企业需要略加修改，就可以快速生成相关报表。

微课

调用报表模板

## 一、新建报表

【例 4–1】新建一张空白报表。

操作路径：双击打开［UFO 报表］，执行［文件］—［新建］命令或单击［新建］按钮，系统自动创建名为“report1”的空白报表文件，默认为“格式”状态，如图 4–2 所示。

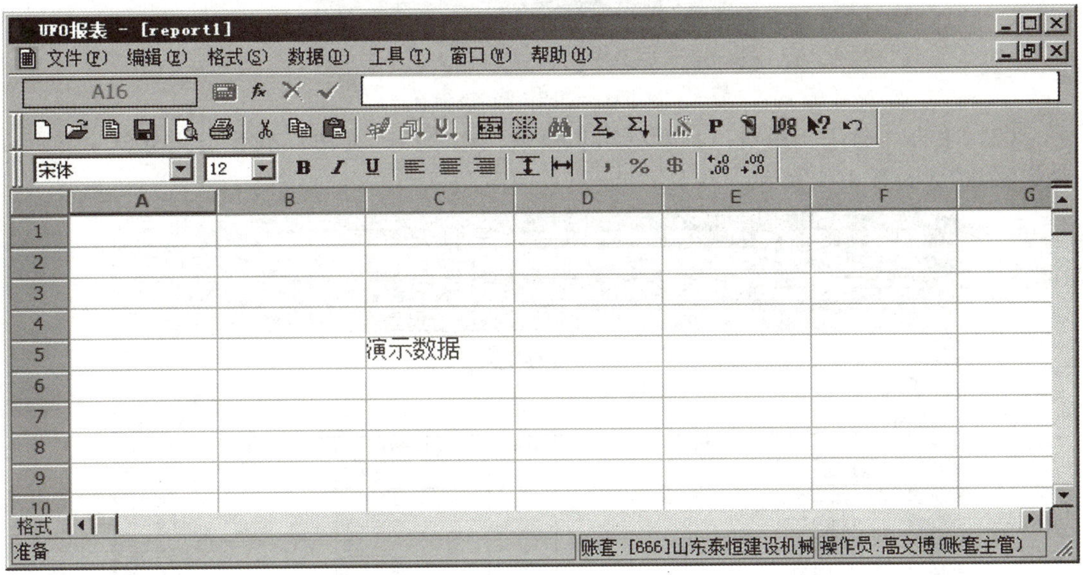


图4–2　新建空白报表

【请注意】空白报表里面没有任何内容，所有单元的类型均默认为数值单元。系统默认的报表名为“report1.rep”，在保存报表时可修改为自定义的文件名。新空白表建立后，左下角默认为“格式”状态，单击该按钮可以进行“格式”与“数据”状态的转换。

## 二、调用报表模板

微课

调用利润表模板

用户自行设计报表是一件比较复杂、麻烦的工作，而且还可能出现输入错误的情况。为此，针对资产负债表、利润表、现金流量表、所有者权益变动表等国家规定统一格式的财务报表，UFO 报表管理子系统一般都预先设置了模板以供用户选择。UFO报表管理子系统提供了包括33个行业的200多张标准财务报表模板，在每个模板中详细设计了该报表的格式与公式。

在格式状态下，用户可以调用系统内置好的报表模板，如果该报表模板与实际需要的报表格式或公式不完全一致，则可以利用报表格式设计功能，对系统已有报表模板加以修改，即可快速得到所需要的报表模板。

此外，用户可以根据本单位的实际需要自行设计内部报表格式，并将自定义好的报表加入系统提供的模板库内，方便以后随时调用。

【例4-2】利用报表模板生成利润表，并在利润表模板中删除行。

操作路径：（1）执行［文件］—［新建］命令，新建一张空白报表，在“格式”状态下，单击［格式］菜单下的［报表模板］功能，打开［报表模板］对话框，所在的行业选择“2007年新会计制度科目”，财务报表选择“利润表”，如图4-3所示。

图4-3　调用利润表模板

（2）单击［确认］按钮，打开利润表模板，删除行“其中：联营企业与合营企业的投资收益”，如图4-4所示。

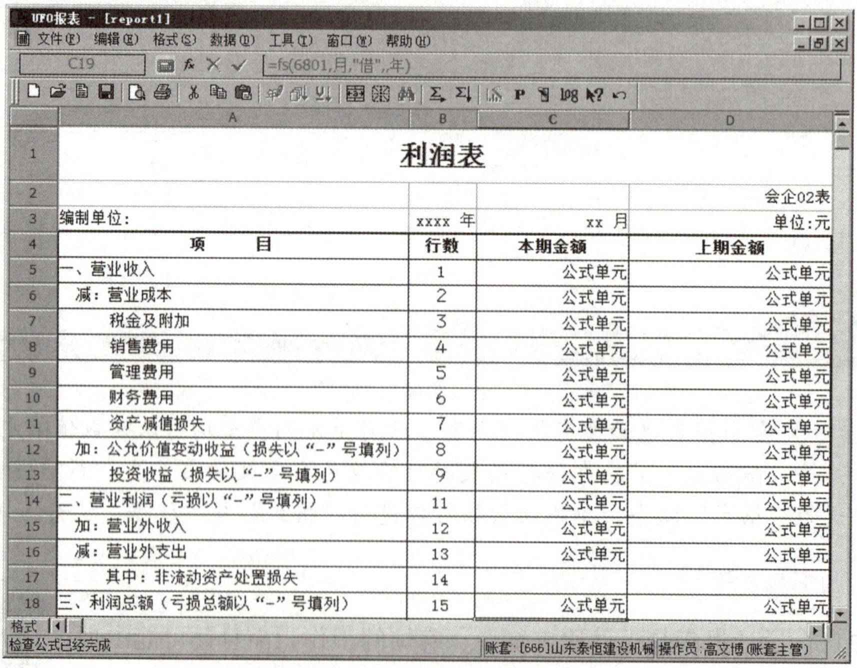


| | A | B | C | D |
|---|---|---|---|---|
| 1 | 利润表 | | | |
| 2 | | | | 会企02表 |
| 3 | 编制单位： | xxxx 年 | xx 月 | 单位：元 |
| 4 | 项　　目 | 行数 | 本期金额 | 上期金额 |
| 5 | 一、营业收入 | 1 | 公式单元 | 公式单元 |
| 6 | 减：营业成本 | 2 | 公式单元 | 公式单元 |
| 7 | 税金及附加 | 3 | 公式单元 | 公式单元 |
| 8 | 销售费用 | 4 | 公式单元 | 公式单元 |
| 9 | 管理费用 | 5 | 公式单元 | 公式单元 |
| 10 | 财务费用 | 6 | 公式单元 | 公式单元 |
| 11 | 资产减值损失 | 7 | 公式单元 | 公式单元 |
| 12 | 加：公允价值变动收益（损失以“-”号填列） | 8 | 公式单元 | 公式单元 |
| 13 | 投资收益（损失以“-”号填列） | 9 | 公式单元 | 公式单元 |
| 14 | 二、营业利润（亏损以“-”号填列） | 11 | 公式单元 | 公式单元 |
| 15 | 加：营业外收入 | 12 | 公式单元 | 公式单元 |
| 16 | 减：营业外支出 | 13 | 公式单元 | 公式单元 |
| 17 | 其中：非流动资产处置损失 | 14 | | |
| 18 | 三、利润总额（亏损总额以“-”号填列） | 15 | 公式单元 | 公式单元 |

图4-4　利润表模板

## 三、报表数据处理

调用的报表模板已经设置好报表格式和报表公式，有了报表样式后，想要得到有数据的报表，还需要进行报表数据处理。

报表数据处理必须在数据状态下进行，主要包括生成报表数据、执行报表审核和舍位平衡操作等工作。在进行报表数据处理时，计算机根据已定义的单元公式、审核公式和舍位平衡公式自动进行数据采集、审核以及舍位平衡处理，从而得到满足需求的会计报表数据。

### （一）打开报表文件

打开已定义好格式的报表文件或调用报表模板后，切换进入数据状态，根据需要增加相应的表页，用于存放不同会计期间的报表数据。

### （二）录入关键字

关键字在格式状态下设置完成后，只有在数据状态下对其实际赋值才能生成真正的数据，为表页间、表间的取数提供依据。因此，要生成有数据的报表必须先录入关键字的值，以判定该表页公式取自哪个编制单位、哪个会计期间的数据。

不同的表页对应不同的关键字，生成的数据也有所不同，但同一报表内不同表页的格式是相同的，以保持同一种报表在不同会计期间样式的一致性，便于对比各个表页之间的数据。

### （三）整表重算

在录入关键字后，系统将自动根据计算公式从账务子系统或其他子系统中采集数据，计算生成报表数据。

当设置的单元公式改变，或者单元公式中引用单元的数据发生变化时，需要利用［整表重算］或［表页重算］功能，根据最新的单元公式和数据重新计算所有表页或当前表页的数据，以保持数据的正确性。整表重算是将该表的所有表页全部重新计算，而表页重算仅是将当前表页的数据重新计算。

### （四）审核报表

在数据处理状态下，当报表数据录入完毕后，应对报表进行审核，以检查报表各项数据钩稽关系的准确性。

在数据处理状态下，执行［数据］—［审核］命令后，系统将按照审核公式逐条审核表内的关系。当报表数据不符合钩稽关系时，系统则提示错误信息。

如果将错误信息修改后，则需要在表页重算或整表重算后重新进行审核，直到不再出现任何错误信息提示，表示该报表各项钩稽关系正确。

### （五）报表舍位平衡

微课

生成利润表数据并保存

报表的舍位操作并不是必需的，一般只是在报表汇总或合并时，由于不同报表的数据单位不同而无法完成汇总或合并，需要将不同报表的数据单位进行统一，在这种情况下才需要进行报表的舍位操作。

在进行舍位操作时，执行［数据］—［舍位平衡］命令，系统按定义的舍位关系对指定区域的数据进行舍位，并按平衡公式对舍位后的数据进行调整使其平衡，然后将经舍位平衡处理后的数据存入指定的新表中，并使舍位后的表页置于当前活动表页。

【例4–3】沿用【例4–2】的资料，生成2021年1月份利润表数据并保存。

操作路径：在“数据”状态下，执行［数据］—［关键字］—［录入］命令，打开［录入关键字］对话框，输入关键字：单位名称“山东泰恒建设机械有限公司”、年“2021”、月“1”，系统会自动计算1月份数据，单击［保存］按钮，将文件名保存为“利润表.rep”，如图4–5所示。

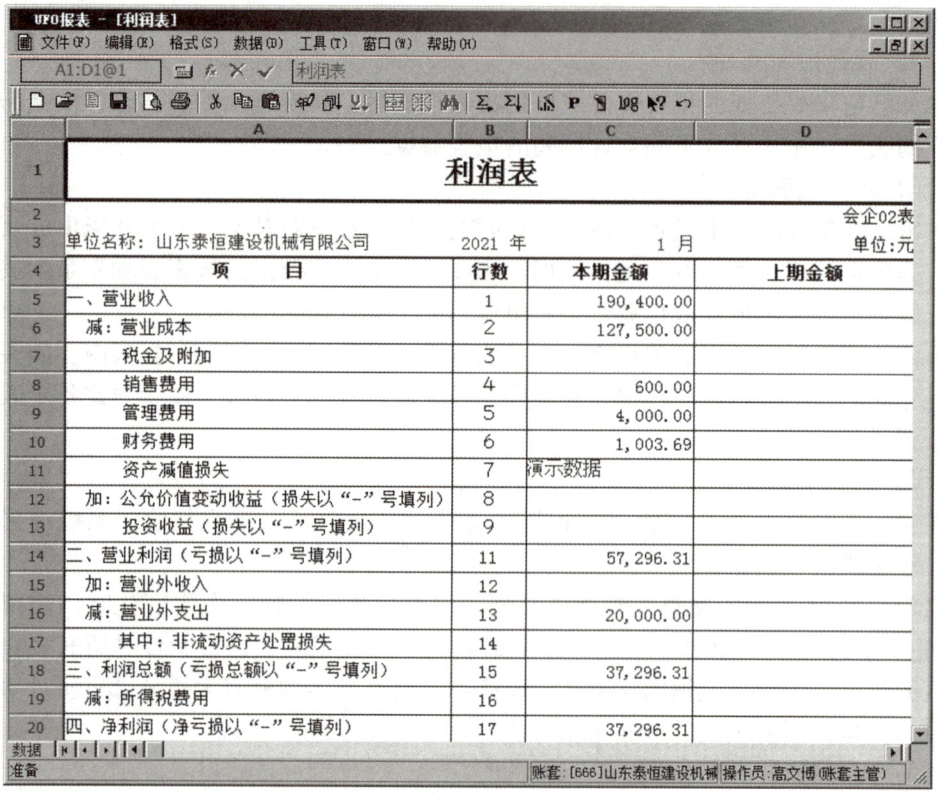


利润表

会企02表

单位名称：山东泰恒建设机械有限公司　　2021 年　　1 月　　单位:元

| 项　　目 | 行数 | 本期金额 | 上期金额 |
|---|---|---|---|
| 一、营业收入 | 1 | 190,400.00 | |
| 减：营业成本 | 2 | 127,500.00 | |
| 税金及附加 | 3 | | |
| 销售费用 | 4 | 600.00 | |
| 管理费用 | 5 | 4,000.00 | |
| 财务费用 | 6 | 1,003.69 | |
| 资产减值损失 | 7 | 演示数据 | |
| 加：公允价值变动收益（损失以“–”号填列） | 8 | | |
| 投资收益（损失以“–”号填列） | 9 | | |
| 二、营业利润（亏损以“–”号填列） | 11 | 57,296.31 | |
| 加：营业外收入 | 12 | | |
| 减：营业外支出 | 13 | 20,000.00 | |
| 其中：非流动资产处置损失 | 14 | | |
| 三、利润总额（亏损总额以“–”号填列） | 15 | 37,296.31 | |
| 减：所得税费用 | 16 | | |
| 四、净利润（净亏损以“–”号填列） | 17 | 37,296.31 | |

图4–5　利润表

## 四、报表图形处理

报表数据生成之后，为了对报表数据进行直观的分析和了解，方便对数据的对比、趋势和结构进行分析，可以利用图形对数据进行直观显示。［UFO图表］功能提供了直方图、圆饼图、折线图、面积图4大类共10种格式的图表。

图表是利用报表文件中的数据生成的，报表与报表数据存在着紧密的联系，报表数据发生变化时，图表也随之变化，报表数据删除以后，图表也随之消失，所以图表通常称为“虚表”。

在进行图表分析管理时，可以通过图表对象来进行管理，也可以在图表窗口将图表专门作为图表文件来管理。如果通过图表对象进行管理，则图表对象和报表数据一样在报表区域中编辑、显示、打印；如果把图表单独作为一个文件来管理，则图表文件的编辑、显示、打印均在图表窗口中进行，但图形的大小会随报表数据变动。

## 五、报表管理

UFO报表管理子系统除了提供格式状态下的［格式设计］功能外，还提供数据状态下的［表页管理］、［数据透视］和［数据汇总］等功能。

### （一）表页管理

报表数据处理一般是针对某一特定表页进行的，因此在数据处理时还涉及表页的操作。表页管理主要包括表页的增加、删除、交换、定位、排序等。

在报表中增加表页有插入表页和追加表页两种方式：插入表页是指在当前表页前面增加新的表页；追加表页是指在最后一张表页的后面增加新的表页。

利用［定位］命令，可以在大量表页中快速找到指定单元，使它成为当前单元，并使定位单元位于报表窗口的左上角。

表页排序是指报表子系统可以按照表页关键字的值或报表中任何一个单元的值重新排列表页，以方便用户进行查询和管理。“第一关键值”指根据什么内容对表页进行排序。“第二关键值”指当有表页的第一关键值相等时，按照此关键值排列。“第三关键值”指当有多张表页用第一关键值和第二关键值还不能排列时，按照第三关键值排列。

### （二）数据透视

在UFO报表中，大量的数据是以表页的形式分布的，正常情况下每次只能看到一张表页。要想对各个表页的数据进行比较，可以利用数据透视功能，把多张表页的多个区域的数据显示在一个平面上。

### （三）数据汇总

数据汇总是报表数据不同形式的叠加，是较为复杂和烦琐的工作，利用UFO报表管理子系统提供的汇总功能可以快速、简捷地完成数据汇总操作。

UFO报表管理子系统提供了表页汇总和可变区汇总两种汇总方式。表页汇总是把整个报表的数据进行立体方向的叠加，汇总数据可以存放在本报表的最后一张表页或生成一个新的汇总报表。可变区汇总是把指定表页中可变区数据进行平面方向的叠加，把汇总数据存放在本页可变区的最后一行或一列。

## 同步训练

### 一、单项选择题

1.空白报表里面没有任何内容，所有单元的类型均默认为（　　）。

A.表样单元　B.数值单元　C.字符单元　D.组合单元

2.在报表管理子系统中，要生成有数据的报表，最重要的一个步骤是（　　）。

A.保存报表格式　B.画表格线　C.组合单元　D.录入关键字

3.UFO报表管理子系统在2007年新会计制度下没有提供报表模板的是（　　）。

A.资产负债表　B.利润表　C.期间费用变动表　D.现金流量表

4.新空白表建立后，左下角默认的状态是（　　）。

A.格式状态　B.数据状态　C.图形处理状态　D.录入关键字状态

## 二、多项选择题

1.下列各项在数据状态下操作的有（　　）。

A.调用报表模板　B.录入关键字　C.报表审核　D.报表图形处理

2.下列各项属于调用报表模板生成报表必经步骤的有（　　）。

A.设计报表格式　B.调用报表模板　C.报表数据处理　D.保存输出报表

3.在报表管理子系统中，增加表页的方式有（　　）。

A.删除表页　B.追加表页　C.插入表页　D.表页排序

4.当单元公式中引用单元的数据发生变化时，需要重新操作的有（　　）。

A.表页重算　B.报表审核　C.调用报表模板　D.报表舍位平衡

## 三、判断题（正确的打“√”，错误的打“×”）

1. 调用报表模板虽然方便、快捷，但是不能修改报表格式。（　　）

2. 追加表页是指在最后一张表页后面增加新的表页。（　　）

3. 整表重算是将该表的所有表页进行计算。（　　）

4. 舍位平衡操作时，系统将经舍位平衡处理后的数据存入指定的新表中。（　　）

# 任务三　自定义报表

系统内置的报表模板有时无法满足用户需求，用户可以根据工作需要自定义报表。通过自定义报表并生成报表数据的方法编制报表，其应用流程为“新建空白报表—设计报表格式—报表数据处理—报表图形处理—保存并输出报表”。因在调用报表模板中讲解了部分功能，下面仅对报表格式设计进行讲解。

报表格式设计是数据录入和数据计算的基础，用户应当对表尺寸、表间项目名称、单元风格与单元属性、报表公式等内容进行设计，以保证设计的报表满足信息使用者需要。

## 一、自定义报表格式

报表格式用来设置报表表样，确定整张报表的外观和结构，需要在格式状态下完成。自定义一张满足企业经营管理需求的报表，需要在了解报表格式构成的基础上，利用［报表格式设计］功能完成报表表样的设置。

### （一）报表格式的构成

当用户想自己建立一个新的报表时，应当首先设计该报表的格式。不同的报表有不同的报表格式，但是一张报表一般由标题、表头、表体、表尾四部分构成。

1. 标题为报表的名称。

2. 表头主要包括报表的编号、编表单位名称、编制日期、计量单位等内容。

3. 表体是报表的主体，列示报表的具体内容。表体由报表的栏目名称、报表的项目名称和存放报表数据的单元组成，其中字符单元的内容不随会计期间的变化而变化，数值单元会随着会计期间的变化获取不同会计期间的数据。

4. 表尾是对正表内容中未能说明的事项或明细项目提供的补充、辅助说明。

【例4–4】以“固定资产账面价值表”为例，说明报表的四部分构成内容，见表4–2。

表4–2　　　　　　　　　　　　固定资产账面价值表

编制单位：泰恒建设机械　　　　　　　年　月　日　　　　　　　　　　单位：元

| 项目 | 行次 | 期初数 | 期末数 |
|---|---|---|---|
| 固定资产原值 | 1 | | |
| 累计折旧 | 2 | | |
| 固定资产减值准备 | 3 | | |
| 固定资产账面价值 | 4 | | |

制表人：

说明：

标题：第1行，为“固定资产账面价值表”。

表头：第2行，为“编制单位、年、月、日（关键字），计量单位”。

表体：第3至第7行，为“报表栏目名称、项目名称、数值单元”。

表尾：第8行，为“制表人”。

微课

设计固定资产账面价值表格式

### （二）报表格式的设计

定义一张报表，首先应该定义报表数据的载体，即进行报表格式设计。不同的报表，设计的格式也会有所不同，但一般情况下报表格式设计的内容包括设置表尺寸、定义行高和列宽、定义组合单元、画表格线、定义单元属性、输入报表项目、设置关键字等。

#### 1. 设置表尺寸

表尺寸是指用于界定报表的行数和列数。设置前可先根据所要定义的报表大小计算该表所需的行数和列数。报表的表尺寸设置完后，如果发现所设计的报表有误，可以通过［插入］、［追加］、［交换］和［删除］功能增加或减少行或列，以调整报表大小。

【例4–5】将表尺寸设置为8行4列。

操作路径：执行［格式］—［表尺寸］命令，弹出［表尺寸］对话框，输入行数“8”、列数“4”，如图4–6所示。单击［确认］按钮，报表只剩下8行4列，其余部分则变成灰色。

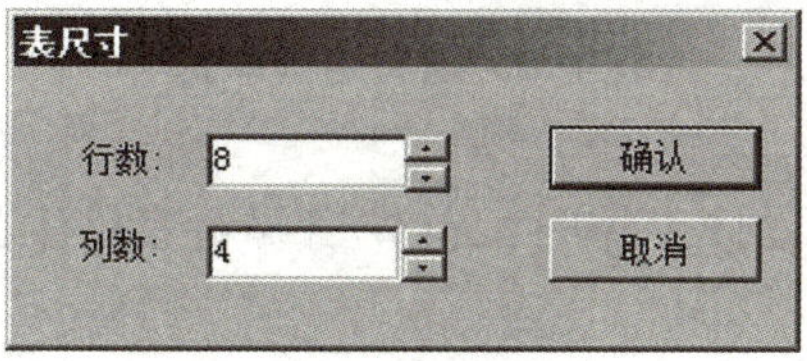


图4–6　设置表尺寸

### 2. 定义行高和列宽

可根据需要调整报表的行高和列宽，行高和列宽的计量单位为毫米。设置列宽应以能够放下本栏最宽数据为原则，否则在生成报表时会产生数据溢出的错误。

行高和列宽的设置方法基本相同，可以通过执行［格式］—［行高］命令，也可以直接利用鼠标拖动行、列来调整行高和列宽，直到符合要求即可。此外，也可用鼠标一次性调整多行的行高，点击多个行标，选中一个多行区域，利用鼠标调整行高，选中区域的所有行则按新高度显示。

【例4-6】设置表中所有行高为9毫米，所有列宽为35毫米。

操作路径：选定需要调整的行，执行［格式］—［行高］命令，进入［行高］对话框，输入行高“9”，单击［确认］按钮。同理，设置列宽“35”，如图4-7所示。

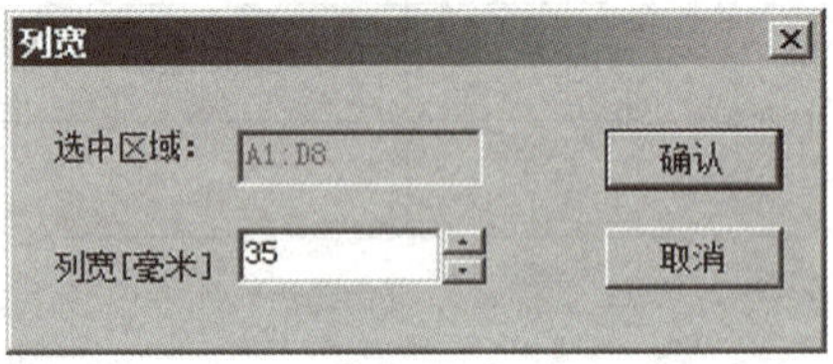


图4-7　设置报表列宽

### 3. 定义组合单元

有些内容如标题、编制单位、日期及货币单位等信息可能在一个单元容纳不下，所以为了实现这些内容的输入和显示，需要把几个单元作为一个单元来使用，即定义组合单元。

组合单元实际上就是一个大的单元，所有针对单元的操作对组合单元均有效。组合单元可以用该区域名或者区域中的任一单元名来加以表示。

若所定义的组合单元取消，可以在［组合单元］对话框中，单击［取消组合］按钮实现。

【例4-7】分别将“A1：D1”“A2：D2”组合为一个单元。

操作路径：选择需合并的区域“A1：D1”，执行［格式］—［组合单元］命令，或单击［组合单元］按钮，打开［组合单元］对话框，单击［按行组合］按钮，如图4-8所示。同理，定义“A2：D2”区域为组合单元。

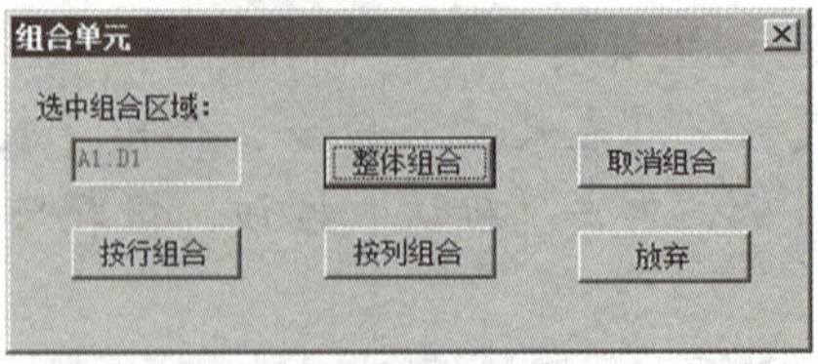


图4-8　定义组合单元

### 4. 画表格线

报表尺寸设置完后，在设计表体时，首先需要对表格中的表体画表格线，以便对表体中的内容进行设计。

【例4-8】对区域“A3：D7”画表格线。

操作路径：选中区域“A3：D7”，执行［格式］—［区域画线］命令或单击［区域画线］按钮，打开［区域画线］对话框，选择画线类型为“网线”，如图4-9所示。

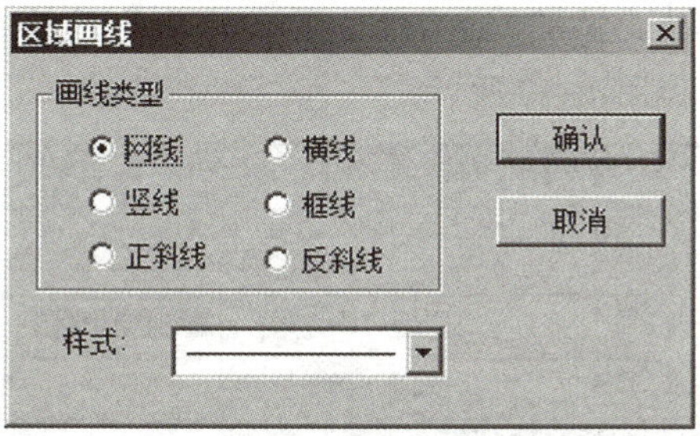


图4-9　画表格线

### 5. 输入报表项目

报表项目指报表的固定文字内容，主要包括标题、表头、表体、表尾等项目。在输入报表项目时，编制单位、日期一般不需要输入，UFO报表一般将其单独设置为关键字。

【例4-9】输入“固定资产账面价值表”的报表项目。

操作路径：选中需要输入的单元或组合单元，输入相关文字内容，如图4-10所示。

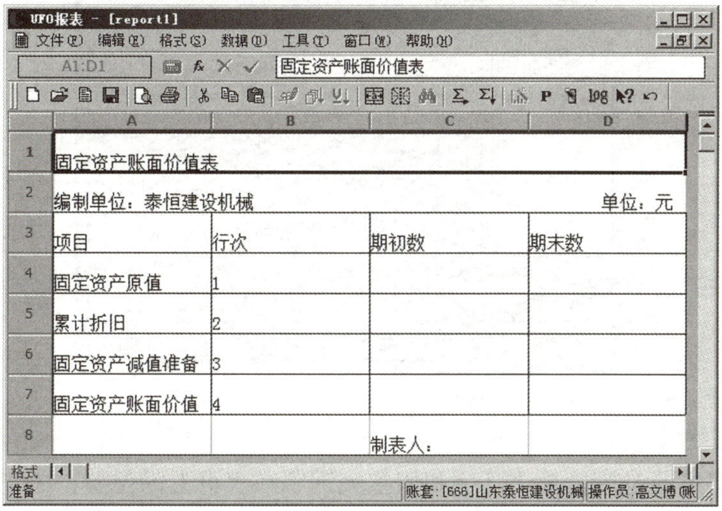


图4-10　输入报表项目

### 6. 定义单元风格和单元属性

单元风格指单元内容的字体、颜色图案、对齐方式和折行显示；单元属性指单元的类型、数据格式和边框线。

对于新建的报表，所有单元的单元类型均默认为数值型；格式状态下输入的内容均默认为表样单元。字符单元和数值单元输入后只对本表页有效，表样单元输入以后对所有的表页有效。

【例4-10】将报表标题“固定资产账面价值表”设置为“黑体，粗体，字号14，居中”；将“A2：D8”设置为“宋体、居中、字号12”；将单元“D8”设置为字符，以便能够输入制表人的姓名。

操作路径：选中组合单元“A1”，执行［格式］—［单元属性］命令，打开［单元格属性］对话框，在［字体图案］选项卡中设置字体、字型和字号；在［对齐］选项卡中设置字体对齐方式。同理设置“A2：D8”区域的单元风格，设置“D8”单元为“字符”单元类型，如图4-11和图4-12所示。

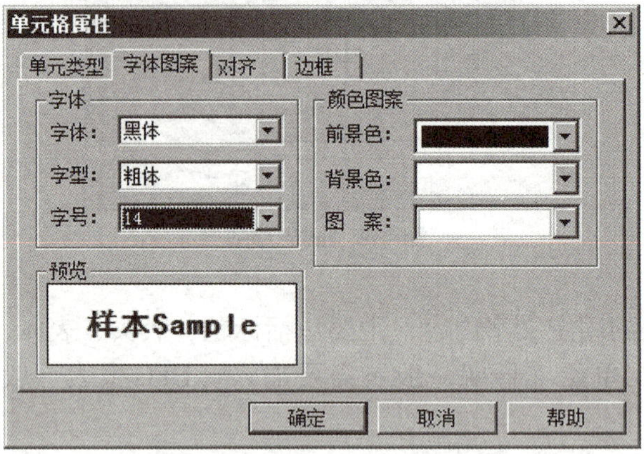


图4-11 设置单元风格

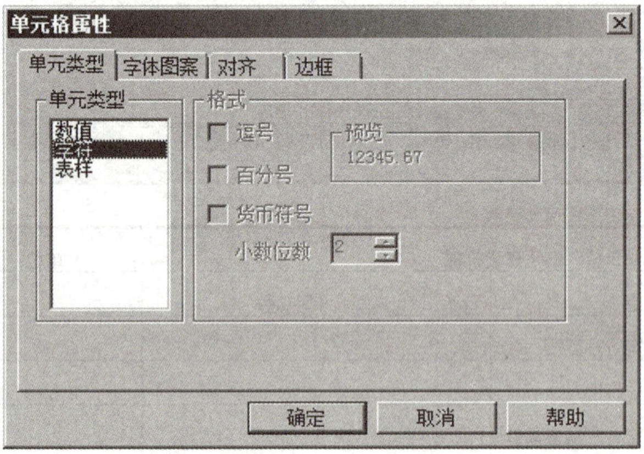


图4-12 定义单元属性

### 7. 设置关键字

定义关键字主要包括设置关键字和调整关键字在表页上的位置，关键字及其位置在格式状态下设置，关键字的值则在数据状态下录入。

关键字主要有六种：单位名称、单位编号、年、季、月、日。此外，可自定义关键字。一个关键字在一张报表中只能定义一次，即同一张报表中不能有重复的关键字。

关键字位置是指关键字在某单元或组合单元中的起始位置。当同一个单元设置多个关键字时，关键字会重叠在一起，此时需要通过定义偏移量对关键字的位置进行调整，偏移量负数值表示向左移，正数值表示向右移。

【例4-11】沿用【例4-10】的资料，将“年、月、日”设置为关键字。

操作路径：(1) 选择组合单元“A2”，执行［数据］—［关键字］—［设置］命令，打开［设置关键字］对话框，依次将“年”“月”“日”设置为关键字，如图4-13所示。

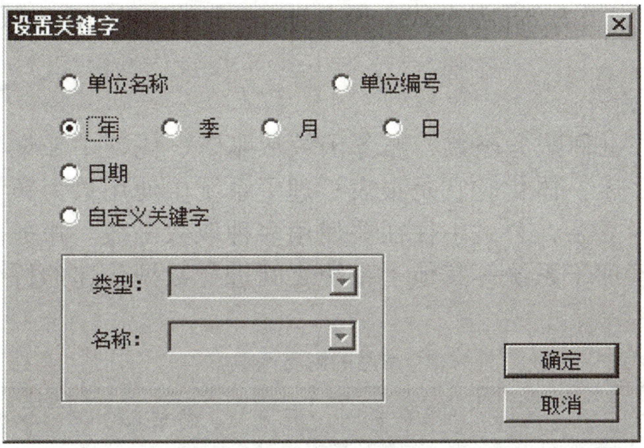


图4-13　设置关键字

(2) 执行［数据］—［关键字］—［偏移］命令，打开［定义关键字偏移］对话框，输入偏移量：年“-180”、月“-140”、日“-100”，如图4-14所示。

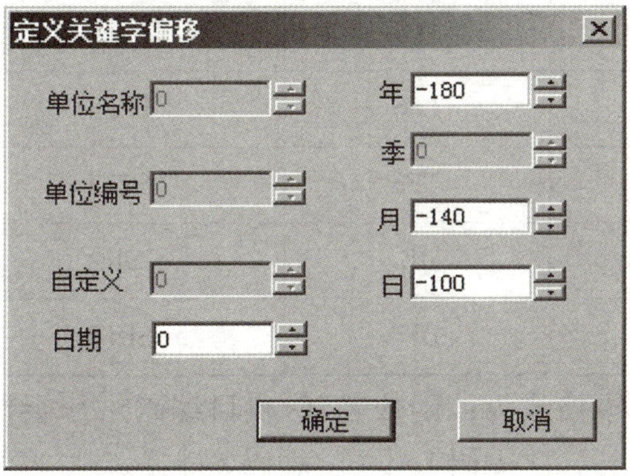


图4-14　定义关键字偏移

## 二、设置报表公式

用户在设计完报表格式后，报表各数据单元需要获取数据，由于其获取数据的来源和计算方法是相对稳定的，报表管理子系统依据这一特点设计报表公式功能，使其能够形成固定的数据生成方式和审核方式，最终实现自动生成报表数据的目的。

报表公式是指报表数据单元的计算规则，主要包括单元公式、审核公式和舍位平衡公式。需要注意的是，设置报表公式必须在格式状态下进行。

### (一) 单元公式

单元公式又称计算公式，是指为报表数据单元进行赋值的公式，用来定义报表数据来源和运算关系。报表系统提供了一整套从各种数据文件（包括机内凭证、账簿和报表，也包括机内其他数据资源）采集数据的函数，企业可根据实际情况，合理地调用相关函数。

常用的报表数据一般是来源于总账系统或报表系统本身，取自于报表的数据又可以分为从本表取数和从其他报表的表页取数。因此，依据数据来源的不同，将计算公式分为账务取数公式、表页内部取数公式、表页与表页间的取数公式和报表与报表间的取数公式四类。

### 1. 账务取数公式

账务取数公式也称账务函数，账务函数从账簿、凭证中采集各种会计数据生成报表数据，实现账表一体化。它是报表管理子系统中使用最为频繁的一类公式，其函数表达式也最为复杂，公式中往往要使用多种取数函数。账务函数架起了报表管理子系统和总账管理子系统等其他子系统之间进行数据传递的桥梁，常用的财务函数见表4–3。

表4–3 常用的财务函数

| 类别 | 金额式 | 数量式 | 外币式 |
|---|---|---|---|
| 发生额 | FS | SFS | WFS |
| 期初额 | QC | SQC | WQC |
| 期末余额 | QM | SQM | WQM |
| 累计发生额 | LFS | SLFS | WLFS |
| 条件发生额 | TFS | STFS | WTFS |
| 发生净额 | JE | SJE | WJE |
| 对方科目发生额 | DFS | SDFS | WDFS |

账务取数函数的基本格式为：函数名（<科目编码>，<会计期间>，[<方向>]，[<账套号>]，[<会计年度>]，[<编码1>]，[<编码2>]）。

为了方便而又准确地编制会计报表，系统提供了手工设置公式和引导设置公式两种方式。采用引导设置公式时，须根据对各目标单元填列数据的要求，通过逐项设置函数及运算符，自动生成所需的单元公式。在对函数和公式的定义十分了解、运用非常自如的情况下，可以直接手工设置公式。

【例4–12】定义“固定资产账面价值表”“C4”的单元公式。

操作路径：选中需要定义公式的单元“C4”，即固定资产原值的期初数。执行[数据]—[编辑公式]—[单元公式]命令，打开[定义公式]对话框，直接输入期初函数公式：C4=QC（"1601"，月），或者通过函数向导输入函数公式，如图4–15所示。

微课

设置单元公式

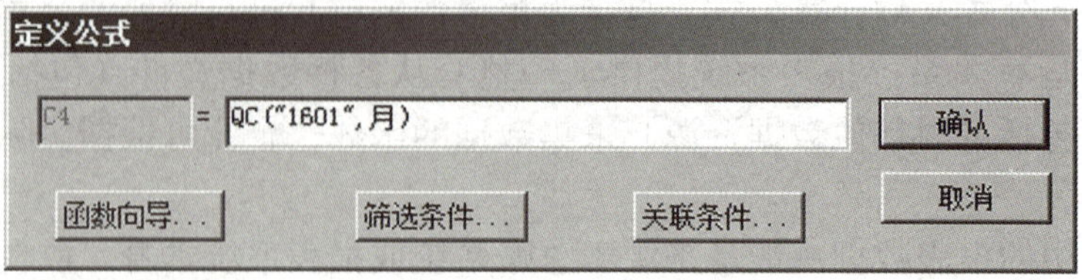


图4–15 定义单元公式

#### 2. 表页内部取数公式

表页内部的取数公式，是指数据存放位置和数据来源位置均在本表页范围内的计算公式，主要用于对本表页内的指定区域做求和、求平均值、计数、求最大值、求最小值和求统计方差等统计结果的运算。表页内部的主要取数函数见表4–4。

表4–4　　表页内部主要取数函数

| 函数名 | 函数 | 函数名 | 函数 |
| --- | --- | --- | --- |
| 合计函数 | PTOTAL（　　） | 最大值函数 | PMAX（　　） |
| 平均值函数 | PAVG（　　） | 方差函数 | PVAR（　　） |
| 计数函数 | PCOUNT（　　） | 偏方差函数 | PSTD（　　） |
| 最小值函数 | PMIN（　　） | | |

#### 3. 表页与表页间的取数公式

报表由多个表页组成，并且表页之间具有极其密切的联系，一个表页中的数据可能取自上一会计期间表页的数据，这时需要用到表页与表页间的取数公式。

表页与表页间的公式取数来源于本表内其他表页的数据，可以利用某个关键字或者表页号作为表页定位的依据，指定取某个表页的数据。使用“SELECT（　　）”函数即可方便地取得本报表中其他表页的数据。

取确定表页号的数据格式：<目标区域>=<数据源区域>@<页号>

按一定关键字取数的格式：<目标区域>=SELECT（<数据源区域>，[<页面筛选条件>]）

例如：C1=C2@2，表示C1单元取自于第2页的C2单元数据；

C1：D2=SELECT（C3：D4，年@=年–1），表示本年表页中“C1：D2”区域的数据等于上年表页的“C3：D4”区域的数据。

#### 4. 报表与报表间的取数公式

报表与报表间的取数公式又称自他表取数公式，用于从另一报表某期间某页中某个或某些单元中采集数据。在进行报表与报表间的取数时，不仅要考虑数据所在的报表和单元，还要考虑数据源所在的表页。

报表间的取数公式与同一报表内各表页间的取数公式很相近，主要区别就是把本表表名换为他表表名。

取已知页号的他表表页数据的格式：<目标区域>="<他表表名>"-><数据源区域>[@<页号>]

当<页号>缺省时为本表各页分别取他表各页数据。

例如：D5="lrb.rep"->D5@4，表示当前表页D5的值等于报表"lrb.rep"第4页D5的值。

### （二）审核公式

报表中各个数据之间一般都有一定的钩稽关系，比如“资产负债表：资产等于负债加所有者权益”“借方期末余额等于贷方期末余额”等，为了确保报表数据的准确性，可以使用审核公式来检查报表之间或报表之内的钩稽关系是否正确。

审核公式是将报表数据之间的钩稽关系用公式表示出来，由验证关系公式和提示信息组成。需要注意的是，审核公式在格式状态下编辑，在数据状态下执行，以进一步检验报表编制的结果是否正确。

### （三）舍位平衡公式

微课

设置舍位平衡公式

在报表汇总时，各个报表的数据计量单位有可能不统一，这时需要将报表的数据进行位数转换，如将报表的数据单位由个位转换为百位、千位或万位，这种操作称为进位操作。进位操作以后，原来的平衡关系可能会因为小数位数的四舍五入而被破坏，因此需要对进位后的数据平衡关系重新调整，使舍位后的数据符合指定的平衡公式。这种用于对报表数据舍位及重新调整报表舍位之后平衡关系的公式称之为舍位平衡公式。

【例4-13】沿用【例4-12】的资料，定义“固定资产账面价值表”的舍位平衡公式。

操作路径：在格式状态下，执行［数据］—［编辑公式］—［舍位公式］命令，打开［舍位平衡公式］对话框，输入舍位平衡公式的相关内容，如图4-16所示。

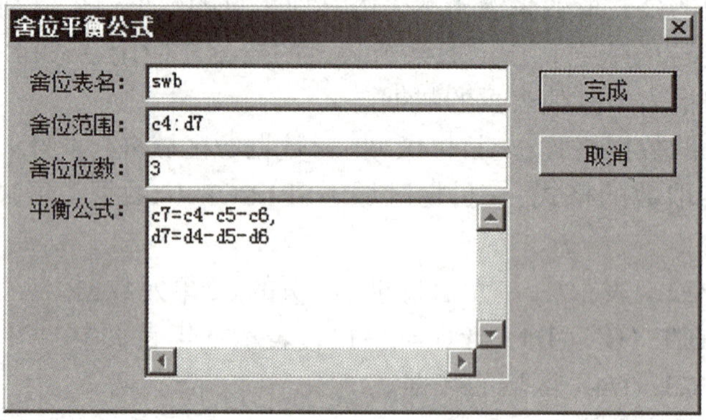


图4-16 定义舍位平衡公式

【请注意】在录入报表公式时，凡是涉及数学符号的均须在英文半角字符状态下录入，不能使用全角符号，否则系统将认为公式录入错误而不能被保存。

【明德善思】财务报表作为经济决策的关键依据，用于管理者制订战略规划、投资者筛选投资目标、债权人评估信贷风险。财务工作与多方利益紧密相连，任何一处数据或分析环节的失误，都可能误导使用者的决策，带来难以估量的损失。因此，必须始终秉持严谨认真的态度，要有敬畏之心，精心对待每个数据和每份报表，提供真实、可靠的财务信息，推动财务工作发挥更大价值。

## 同步训练

### 一、单项选择题

1.下列各项决定了整张报表的外观和结构的是（　　）。

A.建立账套　　B.录入关键字
C.报表格式设计　　D.创建报表文件

2.有时一些内容一个单元容纳不下时，需要把几个单元作为一个单元来使用，称之为（　　）。

A.设置单元风格　　B.画表格线
C.组合单元　　D.录入关键字

3.报表管理子系统中，报表格式设计时处于的状态是（　　）。

A.格式状态　　B.数据状态
C.字符状态　　D.表样状态

4.报表管理子系统中，定义了报表数据之间的运算关系，可以实现报表管理子系统从其他子系统取数的功能，称之为（　　）。

A.计算公式　　B.审核公式
C.舍位平衡公式　　D.结果公式

## 二、多项选择题

1.下列各项属于定义报表格式的有（　　）。

A.设置表尺寸　　B.定义组合单元
C.画表格线　　D.输入报表项目

2.定义关键字主要包括（　　）。

A.设置关键字　　B.设置关键字位置
C.关键字录入　　D.删除关键字

3.用友报表管理子系统中，定义报表公式的种类有（　　）。

A.计算公式　　B.审核公式
C.舍位平衡公式　　D.填列公式

4.用友报表管理子系统中，依据数据来源的不同，计算公式可以分为（　　）。

A.账务取数公式　　B.表页内部取数公式
C.表页与表页间的取数公式　　D.报表与报表间的取数公式

## 三、判断题（正确的打“√”，错误的打“×”）

1.组合单元是一个大的单元，所有针对单元的操作对组合单元均有效。（　　）

2.报表项目主要包括表头、表体项目、表尾项目、关键字等内容。（　　）

3.要想改变报表尺寸，可以在格式状态下通过［插入］、［追加］和［删除］等功能增加或减少行或列，以调整报表大小。（　　）

4.一个报表的不同表页的计算公式可以不同。（　　）

# 思考题

1.报表管理子系统的主要功能有哪些？

2.格式状态和数据状态有什么区别？

3. 调用报表模板生成报表数据的应用流程有哪些?
4. 报表格式设计包括哪些内容?
5. 关键字有哪些?如何定义关键字?

## 实践训练

完成与本教材配套的《会计信息系统实训》教材中“实训六”的实训内容。

# 项目五

## 薪资管理子系统

**学习目标**

1. 认知薪资管理子系统的功能
2. 复述薪资管理子系统与其他子系统的关系
3. 学会薪资管理子系统的具体操作，能根据实际需要进行初始化设置
4. 能运用薪资管理子系统对日常业务及期末业务进行处理

**知识点**

薪资管理子系统功能　工资账套　工资类别　扣零　扣税基数　工资项目　人员档案　工资计算公式　固定数据　变动数据　计算项

**技能点**

建立工资账套　工资项目设置　录入人员档案　扣税设置　设置工资公式　工资变动处理　工资分摊　期末处理　账表查询

**素养目标**

1. 我国实行以按劳分配为主体、多种分配方式并存的分配制度，按劳分配是以劳动者向社会提供的劳动为尺度进行分配，多劳多得，少劳少得
2. 树立正确的物质观、价值观和金钱观，将社会主义核心价值观内化为精神追求、外化为自觉行动

## 知识结构

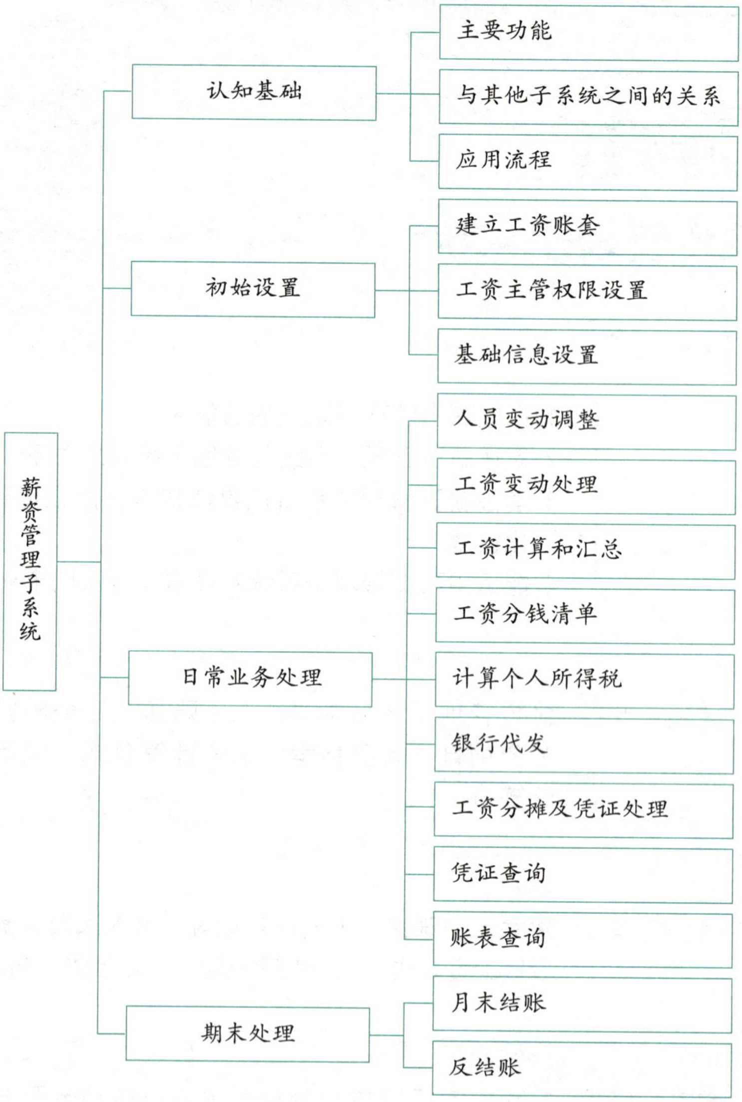


## 案例导入

山东泰恒建设机械有限公司为了更好地进行薪资管理，利用用友U8V10.1完成账套号为“666”的公司账套初始设置后，决定于2021年1月1日启用薪资管理子系统，财务部“2003张岩华”负责薪资管理子系统的初始设置、日常业务处理和期末处理工作。公司有关薪资管理子系统的业务工作如下：

（1）初始设置工作。建立多工资类别、银行档案设置、工资项目设置、人员档案设置、计算公式设置、设计工资分摊方案、个人所得税扣税设置等。

（2）日常业务处理工作。工资变动数据录入、工资分钱清单设置、扣缴所得税、银行代发设置、自动生成薪资分摊凭证、工资账表查询。

（3）期末处理工作。其主要包括月末结账和反结账。

思考：

（1）如何设置工资项目的计算公式？

（2）如何设计工资分摊方案？

# 任务一　薪资管理子系统认知基础

薪资管理子系统是企业会计信息系统中的重要子系统，其主要任务是依据工资制度和职工劳动的数量和质量，正确及时地计算和发放职工工资，反映和监督职工工资的结算情况，进行个人所得税的计算、工资费用的分摊，并实现自动转账处理，提供多种方式的查询、打印各种工资账表。

## 一、薪资管理子系统主要功能

根据薪资业务处理的需要，薪资管理子系统的主要功能包括初始设置、日常业务处理、凭证处理、账表查询和期末处理。

### （一）初始设置

薪资管理子系统初始设置主要是设置薪资管理工作需要的档案资料和初始数据，将通用的薪资管理子系统变成适合本企业核算和管理需要的薪资系统。初始设置的内容主要包括：新建工资账套、工资类别管理、工资项目设置、人员档案设置和工资计算公式等。

### （二）日常业务处理

薪资管理子系统的日常业务处理是每个会计期间都需要进行的薪资管理业务，企业完成初始设置后，形成薪资管理子系统的基础数据库。将工资数据录入系统后，根据设置好的工资项目和计算公式计算职工的应发工资、代扣款项和实发工资等，并根据需要进行扣零处理、银行代发、代扣个人所得税的处理；对工资数据进行汇总、分摊、计提各项费用。日常业务处理主要包括工资变动、工资分钱清单、扣缴所得税、银行代发以及工资分摊等的处理。

### （三）凭证处理

薪资管理子系统的凭证处理功能可以根据用户输入的薪资业务数据生成记账凭证，并自动传递到总账管理子系统。需要自动生成的薪资凭证，应该在工资分摊设置时设置好分摊类型和对应的会计科目，计算并汇总本月薪资数据后，自动生成的凭证可以自动传递到总账管理子系统。薪资管理子系统生成的凭证不能在总账中修改和删除，只能在薪资管理子系统中修改和删除。

### （四）账表查询

薪资管理子系统提供了多层次、多角度的工资数据查询功能，在数据核算工作完成后，可以根据用户需要输出各类薪资统计表格。可以查询的报表包括反映工资基本数据的工资表，以及从部门、项目、月份等角度统计分析的表格。

### （五）期末处理

薪资管理子系统的期末处理主要包括月末结账和反结账，月末结账后，本月数据不能再进行处理。

## 二、薪资管理子系统与其他子系统之间的关系

薪资管理子系统主要与总账管理子系统、成本管理子系统和UFO报表管理子系统存在着数据传递关系。薪资管理子系统将工资分摊的结果生成转账凭证，传递到总账管理子系统中进行审核、记账；将工资费用分配表中的数据传送给成本管理子系统，供成本计算时使用；将薪资数据传输给UFO报表管理子系统，用于生成各类会计报表。薪资管理子系统与其他子系统之间的关系，如图5-1所示。

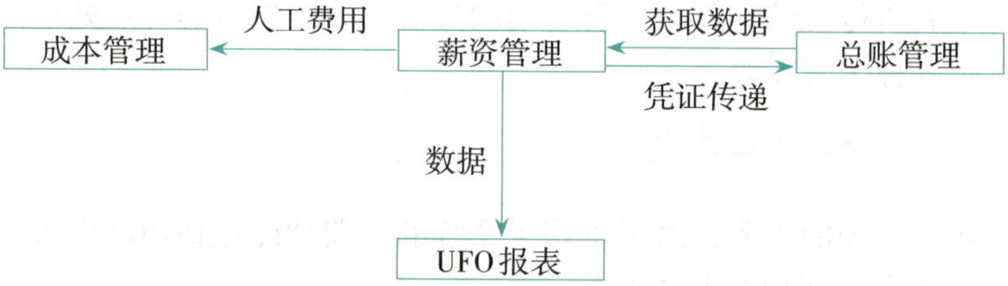


图5-1 薪资管理子系统与其他子系统之间的关系

【动脑筋】薪资管理子系统向总账管理子系统传递什么样的凭证？

## 三、薪资管理子系统应用流程

薪资管理子系统提供两种核算与管理应用方案：单工资类别和多工资类别。如果企业中所有员工的工资统一发放，且工资项目、工资计算公式全部相同，则可以使用单工资类别核算。如果企业按周或者在一个月内多次发放工资，或者有多种不同类别的人员，且工资发放项目不相同、计算公式也不相同，或者在不同地区设有分支机构，工资核算由总部统一管理，则需要采用多工资类别进行核算。

企业采用的核算与管理应用方案不同，薪资管理子系统的应用流程也有所区别，具体应用流程如图5-2所示。

新用户：如果是单工资类别核算的企业，设置工资项目后，不需要“建立和打开工资类别”和“选择工资项目”的操作，其他操作可按照上述流程进行。若为多工资类别核算的企业，从“工资变动”到“期末处理”可以按照工资类别重复处理。

老用户：从“工资变动”到“期末处理”每个月循环进行处理，其中“工资分摊设置”只需在第一个月设置，以后每个月无须再设置。

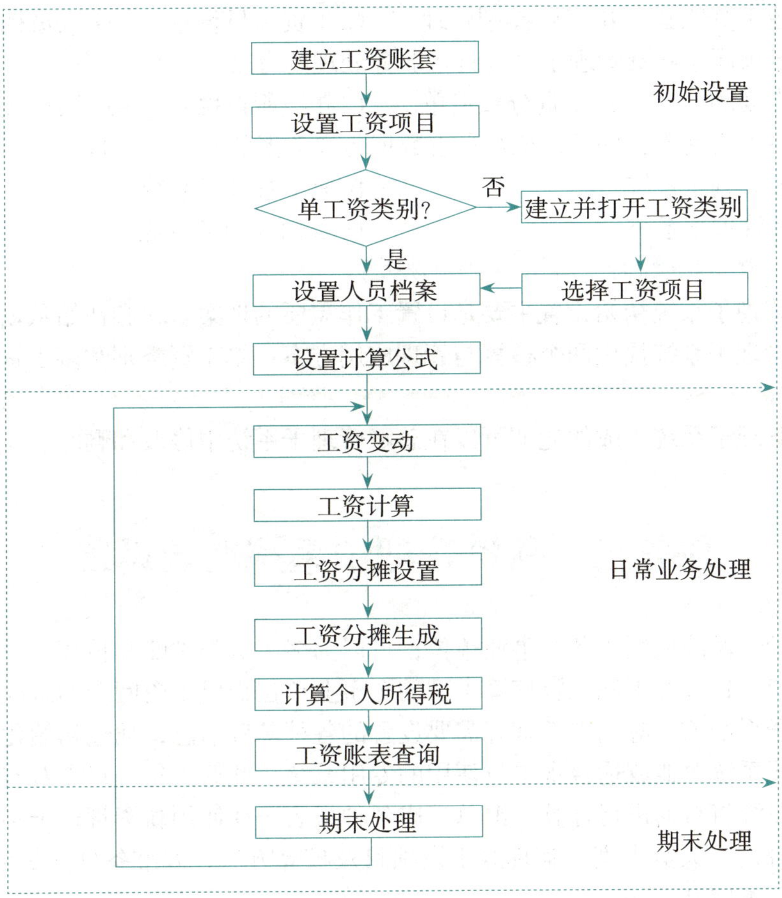


图5-2　薪资管理子系统应用流程

## 同步训练

### 一、单项选择题

1. 依据工资制度和职工劳动的数量和质量，正确及时地计算和发放职工工资的子系统是（　　）。

A. 总账管理子系统　　B. 薪资管理子系统

C. 固定资产管理子系统　　D. 供应链管理子系统

2. 在薪资管理子系统中，一般较为稳定，数据变动较少，在日常工作中只有发生变化时才重新调整，平时无须反复输入的数据是（　　）。

A. 固定数据　　B. 变动数据　　C. 计算项　　D. 替换数据

3. 下列各项属于变动数据的是（　　）。

A. 基本工资　　B. 岗位工资　　C. 缺勤工资　　D. 交通补贴

### 二、多项选择题

1. 下列各项属于薪资管理子系统初始设置的有（　　）。

A.新建工资账套　B.工资类别管理　C.工资项目设置　D.人员档案设置

2.下列各项属于薪资管理子系统日常业务处理的有（　　）。

A.工资变动　B.工资分钱清单　C.扣缴所得税　D.银行代发

3.下列各项与薪资管理子系统存在着数据传递关系的有（　　）。

A.总账管理子系统　B.成本管理子系统

C.报表管理子系统　D.采购管理子系统

### 三、判断题（正确的打“√”，错误的打“×”）

1.薪资管理子系统初始设置主要是设置工作需要的档案资料和初始数据。（　　）

2.薪资管理子系统提供两个核算与管理应用方案：单工资类别和多工资类别。（　　）

3.薪资管理子系统生成的凭证可以在总账管理子系统中修改和删除。（　　）

# 任务二　薪资管理子系统初始设置

薪资管理子系统适用于各企事业单位，可以为多工资类别账套核算、每月多次发放工资、月末统一核算等不同工资核算类型的企事业单位提供工资问题的解决方案。在使用薪资管理子系统前，应当先整理好需要设置的各种基础信息，通过初始化设置将通用的薪资管理子系统改造成适合本单位使用的专用系统。此后，每月只需对有变动的数据进行修改，系统将自动进行计算、汇总生成各种报表。在使用薪资管理子系统前，应当规划设置好部门、人员类别，整理好工资项目及核算方法，并准备好人员的档案数据、工资数据等基本信息。

薪资管理子系统的初始设置包括新建工资账套、工资项目设置、人员档案设置、工资类别管理、定义工资项目计算公式等内容。

## 一、建立工资账套

微课

建立工资账套

初次使用薪资管理子系统时，需建立工资账套。建立工资账套是整个薪资管理子系统正确运行的基础，它将影响着工资项目的设置和工资业务的具体处理方式。可以通过系统提供的建账向导，逐步完成工资的建账工作。

建立工资账套的前提条件是启用薪资管理子系统。建立工资账套主要包括控制参数设置和工资类别设置两个部分。

### （一）控制参数设置

业务控制参数设置主要包括参数设置、扣税设置、扣零设置和人员编码设置。建立工资账套时，应根据企业实际业务需求，进行相关控制参数的设置。

#### 1.参数设置

由于企业存在不同类别人员，工资发放项目、计算公式不尽相同，每月发放工资次数也不同，建立工资账套时，应根据企业需求，确定本账套所需处理的工资类别个数是单工资类别还是多工资类别，以及核算工资的币种，在建账时加以选择。

### 2. 扣税设置

如需计算个人所得税，建立工资账套时应选择从工资中代扣所得税，这样工资项目中系统自动添加“代扣税”项目，同时系统默认扣税基数为“实发合计”。由于实发合计中已扣减代扣税，在定义工资项目时，需要单独为应税所得设置一个“计税工资”项目，同时定义其计算公式，并在“扣税设置”选项卡中将“实发合计”调整为“计税工资”。打开“税率设置”页面，调整扣税基数，以保证代扣个人所得税的正确性。

### 3. 扣零设置

该设置在企业需要用现金发放工资时使用。发工资时将零头扣除，积累取整，达到整数时当月发放，如果是银行代发工资则无须用该功能。用户如果选用了“扣零处理”，系统将自动在工资项目中增加“本月扣零”和“上月扣零”两个项目，但不必设置有关扣零的公式。

### 4. 人员编码设置

人员编码设置时，系统要求对员工进行统一编号，人员编码同公共平台的人员编码应保持一致。所以，在增加人员档案时，通常采用“批量增加”的方式从“基础档案”中批量引入。

【例 5–1】为山东泰恒建设机械有限公司启用薪资管理子系统，新建工资账套，使用多工资类别核算；工资核算本位币为人民币；代扣个人所得税；不进行扣零设置；人员编码长度同基础档案的人员编码保持一致。

操作路径：

（1）以账套主管“2001 高文博”的身份登录企业应用平台，执行［基础设置］—［基本信息］—［系统启用］命令，打开［系统启用］对话框。选中“WA-薪资管理”，选择启用日期，启用薪资管理子系统，如图 5–3 所示。

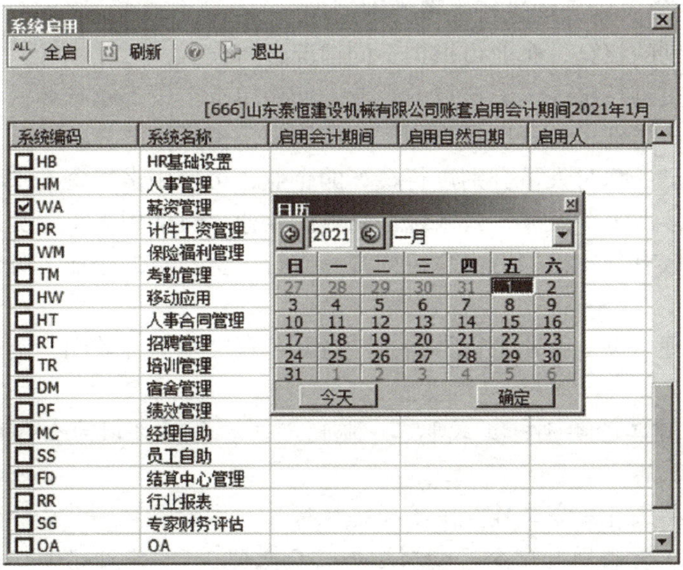


图5–3　启用薪资管理子系统

(2) 单击［业务工作］菜单项，执行［人力资源］—［薪资管理］命令，打开［建立工资套］对话框，依次完成参数设置、扣税设置、扣零设置和人员编码设置，如图5-4所示。

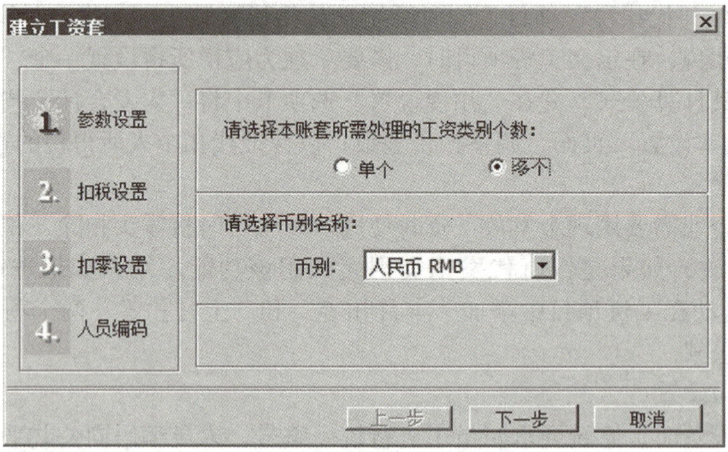


图5-4 建立工资套—参数设置

【请注意】建立一个完整的工资账套，是系统正常运行的根本保证。工资账套和系统管理中的账套是两个不同的概念，系统管理中的账套是针对整个系统的，而工资账套是针对薪资管理子系统的。

如果企业选择单工资类别核算，建立工资账套时，选择本账套的工资类别个数为"单个"，其他建立工资账套步骤相同。

### （二）工资类别设置

企业为了适应不同类别人员薪资的核算管理，可根据实际情况进行单一或多个工资类别的核算。企业如果选择"多工资类别"核算，则需要进行工资类别管理；如果选择"单工资类别"核算，则无须进行工资类别管理。

对于工资类别的核算，企业可根据不同情况进行设置：

1. 对所有人员进行统一工资核算的企业，使用单一工资类别核算；
2. 不同的人员类别，工资项目不同，可使用多工资类别核算；
3. 对正式人员、临时人员分别进行核算的企业，可使用多工资类别核算；
4. 每月进行多次工资发放，月末统一核算的企业，可使用多工资类别核算；
5. 在不同地区有分支机构，由总机构统一进行工资核算的企业，可使用多工资类别核算。

工资类别管理下设［新建工资类别］、［打开工资类别］、［关闭工资类别］、［删除工资类别］功能。

【例5-2】新建工资类别：正式职工、临时职工，所属部门为全部部门。启用时间为2021年1月1日。

操作路径：单击［业务工作］菜单项，执行［人力资源］—［薪资管理］—［工资类别］—［新建工资类别］命令，分别增加"正式职工""临时职工"工资类别，如图5-5所示。

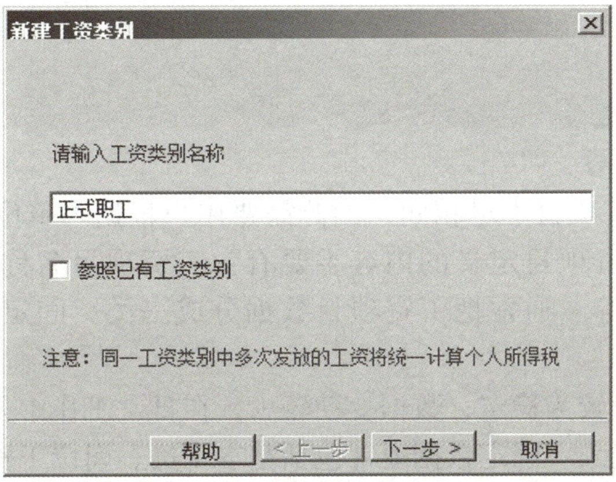


图5-5　新建工资类别

微课

新建工资类别

【请注意】多工资类别核算方式下，可以按照上述方法分别设置多个工资类别，并使用［打开工资类别］、［删除工资类别］、［关闭工资类别］功能对各工资类别进行分别处理。单工资类别核算，没有工资类别管理的菜单。

## 二、工资主管权限设置

首次使用薪资管理子系统，在工资账套建立的过程中，是由账套主管完成的业务控制参数设置、工资类别的建立。为了让负责薪资管理子系统的会计人员完成后续的初始设置、日常业务处理和期末处理工作，账套主管需要为其设置“工资类别主管”的操作权限。

微课

设置工资类别主管

【例5-3】设置“2003张岩华”为“正式职工”工资类别主管。

操作路径：单击［系统服务］菜单项，执行［权限］—［数据权限分配］命令，选择用户“张岩华”点击［授权］功能，在［记录权限设置］窗口，将业务对象设置为“工资权限”，为“正式职工”选择“工资类别主管”权限，如图5-6所示。

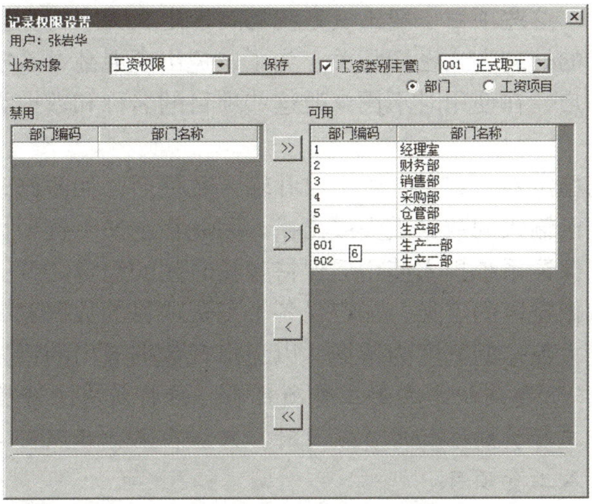


图5-6　工资类别主管设置

## 三、基础信息设置

### （一）工资项目设置

#### 1. 工资项目设置内容

由于各个单位工资项目不尽相同，因此需要用户根据本单位的实际情况定义工资表中的工资项目。工资项目定义的内容主要有：工资项目名称、数据类型、数据长度、小数位和增减项等。通常把工资项目数据分成三类：固定数据、变动数据和计算项。

（1）固定数据一般较为稳定，数据变动较少，在日常工作中只有发生变化时才重新调整，平时无须反复输入。固定数据通常包括基本工资、岗位工资、交通补贴和副食补助等。

（2）变动数据在每个月发放工资时都要根据实际情况进行变动调整。变动数据包括奖金、缺勤天数等，通常需要每月手工逐项录入完成。

（3）计算项是由系统根据设定的公式自动计算生成的变动数据。计算项通常包括：应付工资、扣款合计、实发工资、缺勤扣款和代扣税等。其中，系统自带的应付工资、扣款合计、实发工资不能删除和修改，其他项目可以参考企业实际情况增加。

对于多工资类别的核算，工资项目设置的操作需两个步骤完成：

第一步：在关闭工资类别的状态下，增加所有工资类别所需的工资项目。

第二步：打开某一工资类别，如“正式职工”，从［名称参照］里添加本工资类别下的工资项目。

#### 2. 定义工资项目需要注意的问题

（1）工资项目顺序设置。工资项目定义的基本作用是定义存放工资数据的数据库文件的库结构，由于工资项目定义的先后将决定该项目在数据库、工资表和工资单中的位置，因此定义时应考虑各工资项目的先后顺序。

（2）工资项目的修改。工资项目中有些项目是所有单位必需的，如部门编码、职工编码、姓名、签名等。这些项目一般工资系统均要求定义为字符型。由于工资项目的数据类型与程序中设计的处理方式密切相关，为了避免出现混乱，系统一般事先已将这些项目定义好提供给用户，在使用时不用修改这些项目的名称和数据类型，只在必要时修改数据长度即可。

（3）工资项目的稳定性。定义工资项目并输入数据后，如要修改、增加或删除这些工资项时，一般会使已输入的数据丢失或出错。因此在定义工资项目时应适当考虑一段时期的发展需要，以保证系统投入使用后保持较长时间的稳定。

（4）工资项目数据宽度的定义。在定义各个工资项目的数据宽度时，应以能容纳该项目下可能出现的最大数据的宽度为依据，以免出现数据溢出的错误。

【请注意】关闭工资类别状态添加工资项目时，应将所有工资类别的工资项目全部设置好。在打开某个工资类别添加工资项目时，只能在名称参照里选择已经设置好的工资项目，不能手工录入工资项目。

(5) 计算项数据类型的定义。部分工资项目（如应发工资、实发工资、个人所得税等）的数据是由其他工资项目数据经过计算得出的，因此凡参与计算的工资项目的数据类型必须设置成数字型。

微课

设置工资项目

【例 5-4】设置工资项目，并将所有工资项目添加到工资类别“正式职工”中，同时按表5-1的顺序进行相应调整。

表5-1　工资项目

| 工资项目 | 类型 | 长度 | 小数 | 增减项 |
| --- | --- | --- | --- | --- |
| 基本工资 | 数字 | 8 | 2 | 增项 |
| 岗位工资 | 数字 | 8 | 2 | 增项 |
| 工龄工资 | 数字 | 8 | 2 | 增项 |
| 交通补贴 | 数字 | 8 | 2 | 增项 |
| 奖金 | 数字 | 8 | 2 | 增项 |
| 应发合计 | 数字 | 10 | 2 | 增项 |
| 缺勤扣款 | 数字 | 8 | 2 | 减项 |
| 代扣养老保险 | 数字 | 8 | 2 | 减项 |
| 代扣税 | 数字 | 10 | 2 | 减项 |
| 扣款合计 | 数字 | 10 | 2 | 减项 |
| 实发合计 | 数字 | 10 | 2 | 增项 |
| 缺勤天数 | 数字 | 8 | 2 | 其他 |
| 养老保险计提基数 | 数字 | 8 | 2 | 其他 |
| 计税工资 | 数字 | 8 | 2 | 其他 |
| 计提工资基数 | 数字 | 8 | 2 | 其他 |

操作路径：

(1) 以“2003张岩华”的身份登录企业应用平台，单击［业务工作］菜单项，在关闭工资类别状态下，执行［人力资源］—［薪资管理］—［设置］—［工资项目设置］命令，增加需要的工资项目，对于名称参照里没有的工资项目，可以直接输入，如图5-7所示。

(2) 在打开“正式职工”工资类别状态下，执行［薪资管理］—［设置］—［工资项目设置］命令，根据表5-1，在［名称参照］里选择添加已经设置好的工资项目，并进行排序，如图5-8所示。

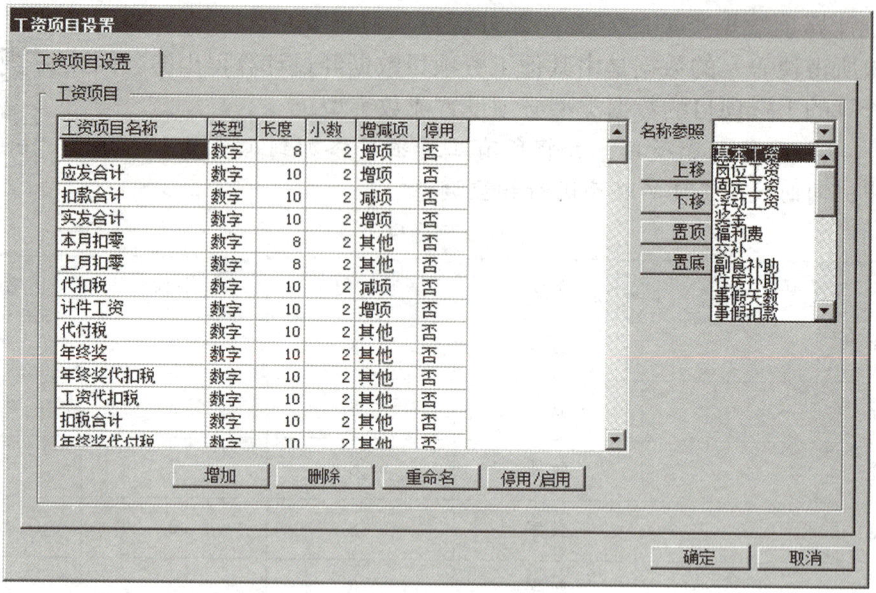


图5-7 工资项目设置

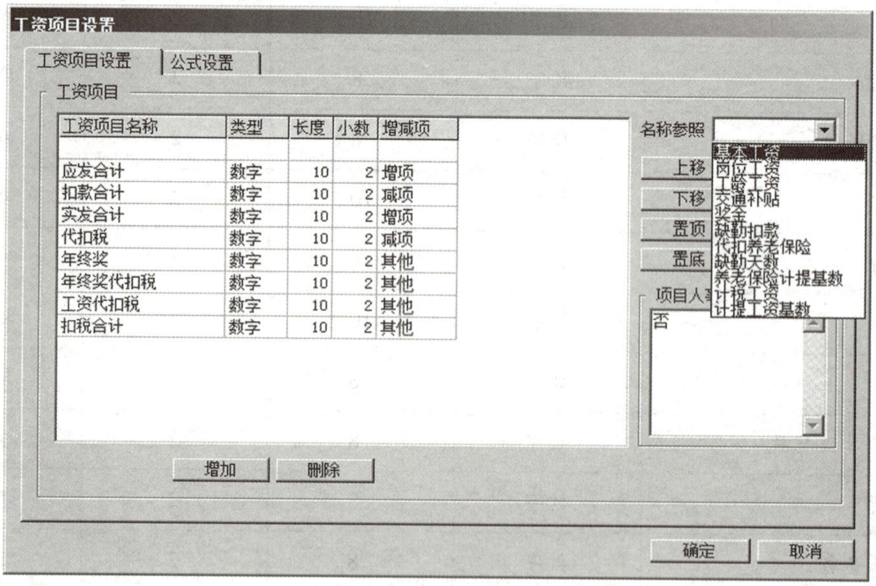


图5-8 正式职工—工资项目设置

### （二）公式设置

公式设置是定义工资项目之间的运算关系，即对属于计算项的工资项目设置计算公式，可以直观表达工资项目的运算过程，灵活地进行工资计算处理。公式设置得正确与否，关系到工资核算的正确与否，定义公式可以通过选择工资项目、运算符、关系符以及函数等组合完成。公式设置有两种情况：

1. 系统已有的计算项，如“应发合计”“扣款合计”“实发合计”等工资项目的计算公式，是系统根据工资项目设置的“增减项”自动给出的。“应发合计”是所有增项合计，“扣款合计”是所有减项合计，“实发合计”等于“应发合计”减去“扣款合计”。

2. 新增的计算项，需要根据规定口径进行设置，如缺勤扣款、代扣养老保险、计税工资等。

【请注意】在没有增加人员档案时，［公式设置］页签呈灰色状态，不能使用。当人员档案增加完毕，［公式设置］页签便可以正常打开使用了。

微课

设置工资计算公式

在进行多工资类别核算时，应打开某个工资类别，单独设置本工资类别的工资项目计算公式；在进行单工资类别核算时，不需要打开某个工资类别，可以直接设置计算公式。

【例5-5】设置工资项目的计算公式，见表5-2。

表5-2　计算公式

| 工资项目 | 公式定义 |
| --- | --- |
| 交通补贴 | iff（人员类别=“采购人员” or 人员类别=“销售人员”，300，100） |
| 缺勤扣款 | 基本工资/22*缺勤天数 |
| 养老保险计提基数 | 基本工资+岗位工资 |
| 代扣养老保险 | 养老保险计提基数*0.08 |
| 计税工资 | 基本工资+岗位工资+工龄工资+交通补贴+奖金−代扣养老保险 |
| 计提工资基数 | 基本工资+岗位工资+工龄工资+交通补贴+奖金−缺勤扣款 |

操作路径：在打开“正式职工”工资类别状态下，执行［薪资管理］—［设置］—［工资项目设置］命令，单击［公式设置］选项卡，依次设置交通补贴、缺勤扣款、养老保险计提基数、代扣养老保险、计税工资和计提工资基数的计算公式，如图5-9所示。

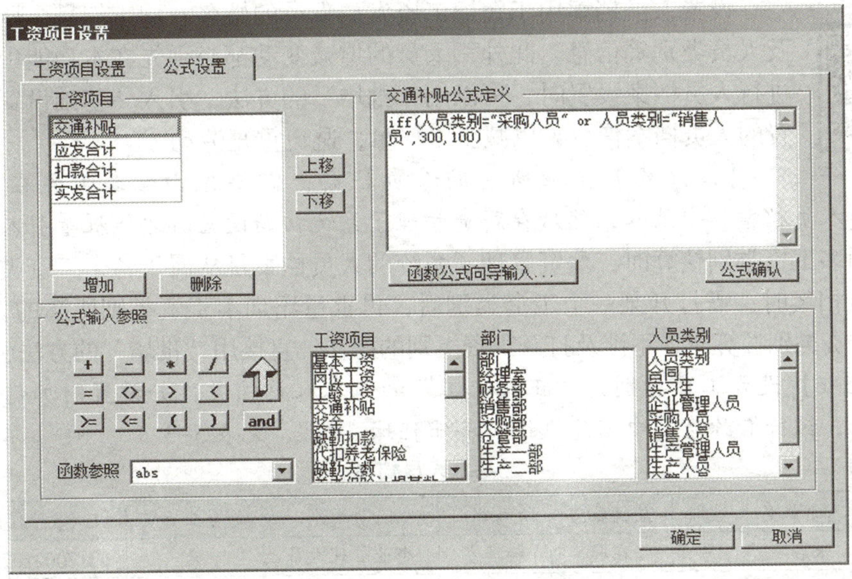


图5-9　正式职工—公式设置

【请注意】（1）定义工资项目计算公式应符合逻辑，系统将对公式进行合法性检查；

(2) 函数公式向导只支持系统提供的函数；(3) 定义公式时应注意先后顺序，应发合计、扣款合计和实发合计公式不用设置，系统自动给出。

【明德善思】在社会经济高速发展、物质财富日益丰裕的当下，工资作为个人劳动价值的货币体现，不仅是生活所需的物质基础，更是映照职业价值观的“试金石”。党的二十大报告明确提出：“解决好世界观、人生观、价值观这个总开关问题，自觉做共产主义远大理想和中国特色社会主义共同理想的坚定信仰者和忠实实践者。”同学们要树立正确的物质观、价值观和金钱观，将社会主义核心价值观内化为精神追求、外化为自觉行动。

### （三）银行档案设置

当企业采用银行代发形式发放工资时，需要确定银行的名称及账号的长度。企业可以根据需要设置多个发放工资的银行。例如，同一工资类别中的人员由于工作地点不同，需要在不同的银行代发工资，或者不同的工资类别由不同的银行代发。

银行名称设置在［基础设置］—［基础档案］—［收付结算］—［银行档案］中编辑，可以设置银行的名称和账号长度。

### （四）人员档案设置

人员档案设置是登记在本企业的领取工资人员的相关信息，主要包括设置人员类别和设置人员档案两方面。

#### 1. 设置人员类别

人员类别是指按某种特定的分类方式将企业职工分为若干类，不同类别的人员工资水平可能不同，归属的科目不同，关系到工资费用的分配、分摊，因此，合理设置人员类别有助于企业进行工资的汇总计算，为企业提供不同人员类别的工资信息。此项设置已在［基础设置］—［基础档案］中完成。

#### 2. 设置人员档案

微课

设置人员档案

设置人员档案用于登记工资发放人员的姓名、职工编号、所在部门以及人员类别等信息。此外，人员的增减变动都必须先在本功能中处理。在进行人员档案设置时，可以用“批增”的方法，引入“基础设置”中已设置的人员档案信息，以减少工作量，避免重复劳动。

【请注意】企业所有的人员档案，需要先由账套主管在［机构人员］—［人员档案］中录入，然后在薪资管理子系统初始设置时才能批量引入。

采用多工资类别核算时，薪资管理子系统的人员档案是从属于各个工资类别的，在设置人员档案时，需打开某一个工资类别后，再批量添加本工资类别所属的人员档案。采用单工资类别核算时，不涉及打开工资类别的操作，直接用“批增”的方法引入即可。

【例5-6】设置工资类别为“正式职工”的基本人员档案，并设置附加信息和银行代发账号，银行名称为“中国建设银行济宁任城支行”，见表5-3。

表5-3 基本人员档案

| 人员编号 | 人员姓名 | 性别 | 雇佣状态 | 所属部门 | 人员类别 | 是否业务员 | 银行代发账号 |
|---|---|---|---|---|---|---|---|
| 1001 | 张启鸿 | 男 | 在职 | 经理室 | 企业管理人员 | 是 | 6217002207599889001 |
| 2001 | 高文博 | 男 | 在职 | 财务部 | 企业管理人员 | 是 | 6217002207599889002 |
| 2002 | 肖　然 | 女 | 在职 | 财务部 | 企业管理人员 | 是 | 6217002207599889003 |

操作路径：

（1）单击［业务工作］菜单项，在打开“正式职工”状态下，执行［人力资源］—［薪资管理］—［设置］—［人员档案］命令，打开［人员批量增加］对话框，分别选中所有部门，点击［查询］，弹出“人员档案列表”，如图5-10所示。

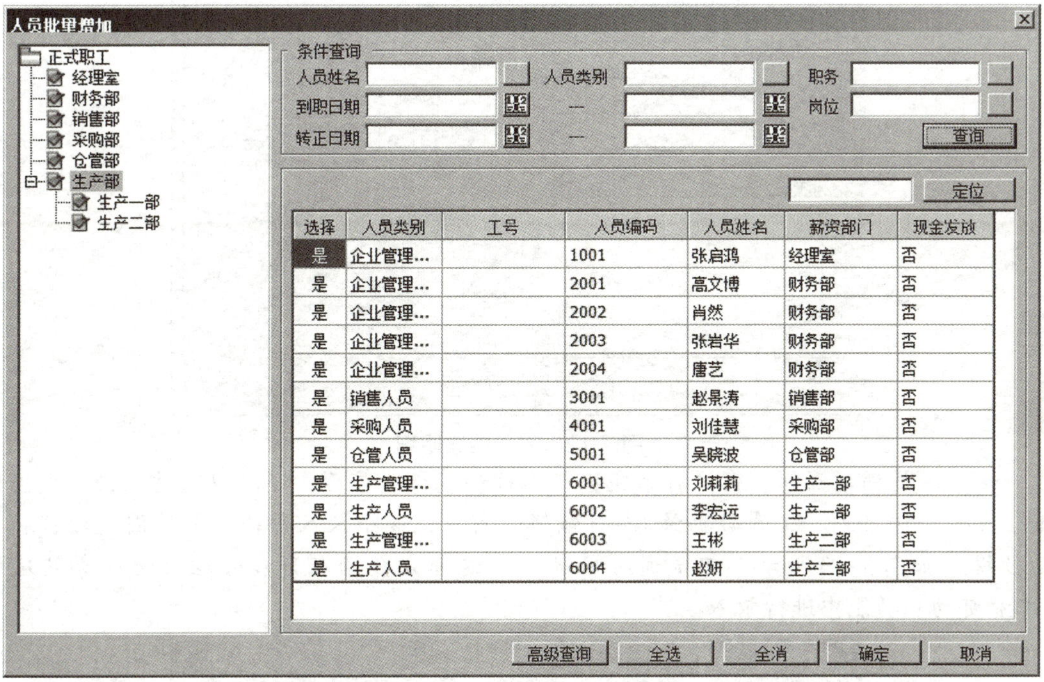


| 选择 | 人员类别 | 工号 | 人员编码 | 人员姓名 | 薪资部门 | 现金发放 |
|---|---|---|---|---|---|---|
| 是 | 企业管理… | | 1001 | 张启鸿 | 经理室 | 否 |
| 是 | 企业管理… | | 2001 | 高文博 | 财务部 | 否 |
| 是 | 企业管理… | | 2002 | 肖然 | 财务部 | 否 |
| 是 | 企业管理… | | 2003 | 张岩华 | 财务部 | 否 |
| 是 | 企业管理… | | 2004 | 唐艺 | 财务部 | 否 |
| 是 | 销售人员 | | 3001 | 赵景涛 | 销售部 | 否 |
| 是 | 采购人员 | | 4001 | 刘佳慧 | 采购部 | 否 |
| 是 | 仓管人员 | | 5001 | 吴晓波 | 仓管部 | 否 |
| 是 | 生产管理… | | 6001 | 刘莉莉 | 生产一部 | 否 |
| 是 | 生产人员 | | 6002 | 李宏远 | 生产一部 | 否 |
| 是 | 生产管理… | | 6003 | 王彬 | 生产二部 | 否 |
| 是 | 生产人员 | | 6004 | 赵妍 | 生产二部 | 否 |

图5-10　人员批量增加

（2）单击［确定］按钮，返回“人员档案”窗口，如图5-11所示。

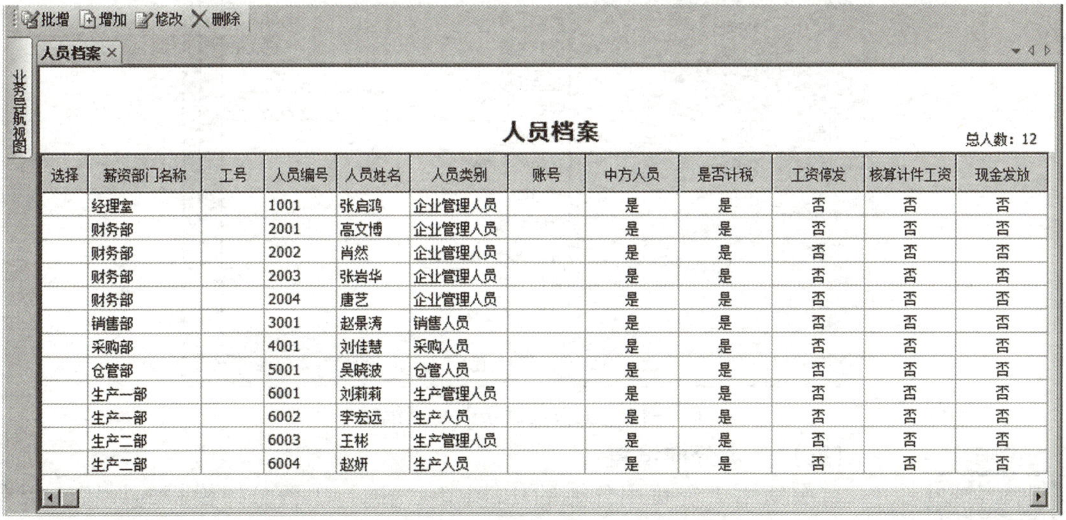


| 选择 | 薪资部门名称 | 工号 | 人员编号 | 人员姓名 | 人员类别 | 账号 | 中方人员 | 是否计税 | 工资停发 | 核算计件工资 | 现金发放 |
|---|---|---|---|---|---|---|---|---|---|---|---|
| | 经理室 | | 1001 | 张启鸿 | 企业管理人员 | | 是 | 是 | 否 | 否 | 否 |
| | 财务部 | | 2001 | 高文博 | 企业管理人员 | | 是 | 是 | 否 | 否 | 否 |
| | 财务部 | | 2002 | 肖然 | 企业管理人员 | | 是 | 是 | 否 | 否 | 否 |
| | 财务部 | | 2003 | 张岩华 | 企业管理人员 | | 是 | 是 | 否 | 否 | 否 |
| | 财务部 | | 2004 | 唐艺 | 企业管理人员 | | 是 | 是 | 否 | 否 | 否 |
| | 销售部 | | 3001 | 赵景涛 | 销售人员 | | 是 | 是 | 否 | 否 | 否 |
| | 采购部 | | 4001 | 刘佳慧 | 采购人员 | | 是 | 是 | 否 | 否 | 否 |
| | 仓管部 | | 5001 | 吴晓波 | 仓管人员 | | 是 | 是 | 否 | 否 | 否 |
| | 生产一部 | | 6001 | 刘莉莉 | 生产管理人员 | | 是 | 是 | 否 | 否 | 否 |
| | 生产一部 | | 6002 | 李宏远 | 生产人员 | | 是 | 是 | 否 | 否 | 否 |
| | 生产二部 | | 6003 | 王彬 | 生产管理人员 | | 是 | 是 | 否 | 否 | 否 |
| | 生产二部 | | 6004 | 赵妍 | 生产人员 | | 是 | 是 | 否 | 否 | 否 |

图5-11　人员档案

（3）双击人员档案第一条记录，打开［人员档案明细］窗口，在［基本信息］选项卡中，补充录入银行名称和银行账号，如图5-12所示。

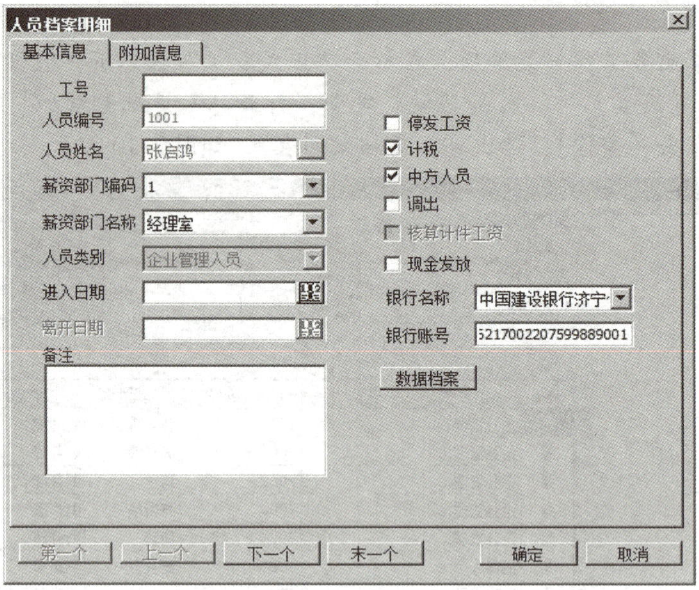


图5-12 人员档案明细

在［人员档案明细］窗口补录完银行名称和银行账号后，还可以通过点击“数据档案”按钮，进入到［工资数据录入-页编辑］窗口，逐个录入每个职员的固定数据和变动数据，如图5-13所示。但是通常情况下，这部分数据在薪资管理日常业务处理的［工资变动］功能中进行录入。

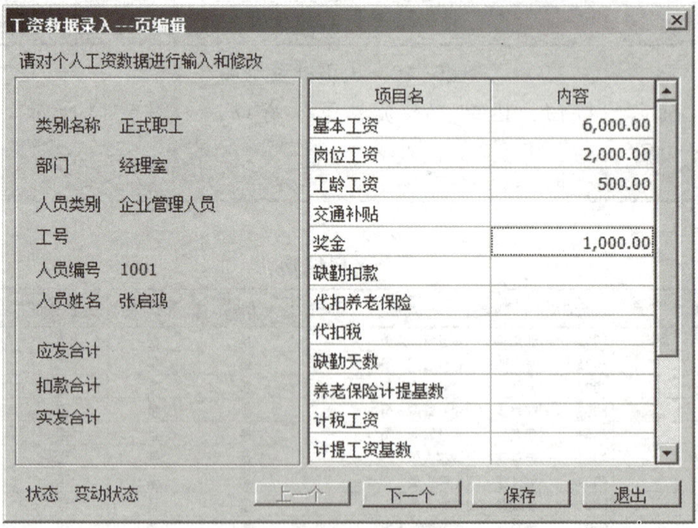


图5-13 工资数据录入—页编辑

微课

工资分摊

### （五）工资分摊设置

首次使用工资费用分摊的功能，应先进行工资分摊模板的设置，所有与工资相关的费用和各种经费，均需建立相应的工资分摊类型。在设置工资分摊类型时，按照不同的人员类别和所属的部门记入不同的费用科目中。工资分摊设置工作完成后，每月便可以自动生成各种工资转账凭证，并自动传递到总账管理子系统中。

【例5-7】设置工资类别为“正式职工”的“工资费用”分摊类型，工资费用分配见表5-4。

表5-4　　工资费用分配

| 分摊构成设置（计提比例100%） | | | | |
|---|---|---|---|---|
| 部门名称 | 人员类别 | 工资项目 | 借方科目 | 贷方科目 |
| 经理室、财务部 | 企业管理人员 | 计提工资基数 | 660201 | 221101 |
| 销售部 | 销售人员 | 计提工资基数 | 6601 | 221101 |
| 采购部 | 采购人员 | 计提工资基数 | 660201 | 221101 |
| 仓管部 | 仓管人员 | 计提工资基数 | 660201 | 221101 |
| 生产一部、生产二部 | 生产管理人员 | 计提工资基数 | 5101 | 221101 |
| 生产一部 | 生产人员 | 计提工资基数 | 500102（涨紧油缸） | 221101 |
| 生产二部 | 生产人员 | 计提工资基数 | 500102（导向轮） | 221101 |

操作路径：单击［业务工作］菜单项，在打开“正式职工”状态下，执行［人力资源］—［薪资管理］—［业务处理］—［工资分摊］命令，点击［工资分摊设置］按钮，进入［分摊构成设置］对话框，进行工资分摊类型的设置，如图5-14所示。

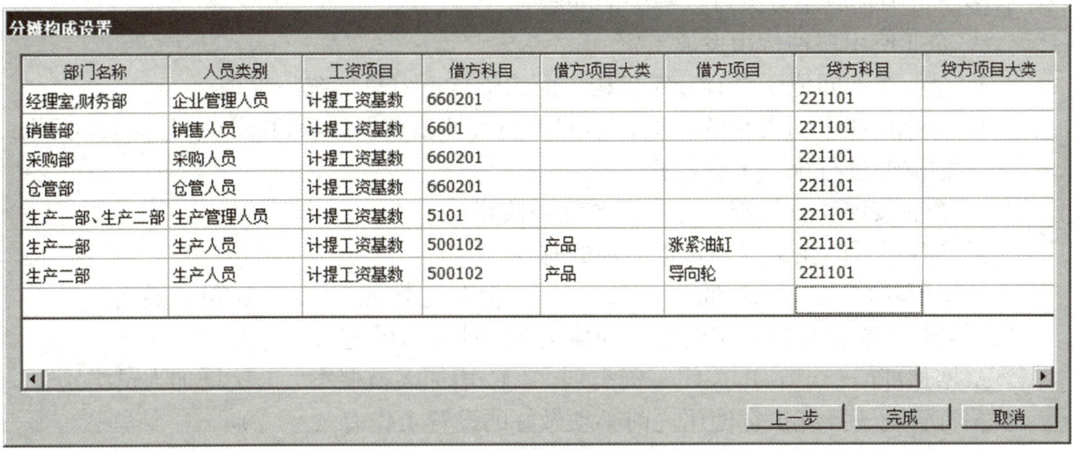
分摊构成设置

| 部门名称 | 人员类别 | 工资项目 | 借方科目 | 借方项目大类 | 借方项目 | 贷方科目 | 贷方项目大类 |
|---|---|---|---|---|---|---|---|
| 经理室,财务部 | 企业管理人员 | 计提工资基数 | 660201 | | | 221101 | |
| 销售部 | 销售人员 | 计提工资基数 | 6601 | | | 221101 | |
| 采购部 | 采购人员 | 计提工资基数 | 660201 | | | 221101 | |
| 仓管部 | 仓管人员 | 计提工资基数 | 660201 | | | 221101 | |
| 生产一部、生产二部 | 生产管理人员 | 计提工资基数 | 5101 | | | 221101 | |
| 生产一部 | 生产人员 | 计提工资基数 | 500102 | 产品 | 涨紧油缸 | 221101 | |
| 生产二部 | 生产人员 | 计提工资基数 | 500102 | 产品 | 导向轮 | 221101 | |

上一步　完成　取消

图5-14　工资费用分配

【请注意】工资分摊之前，首先要在［工资变动］中进行工资汇总，汇总后才能打开［工资分摊］对话框。

## 同步训练

### 一、单项选择题

1. 下列各项不属于薪资管理子系统初始设置范畴的是（　　）。

A. 工资变动　　B. 工资项目设置

C. 工资账套参数设置　　　　　　　　D. 人员档案设置

2. 增加工资项目时，如果在“增减项”一栏选择“其他”，则该工资项目的数据是（　　）。

A. 计入应发合计的数据

B. 自动计入应发合计的数据

C. 既不计入应发合计也不计入扣款合计

D. 自动计入实发合计的数据

3. 在薪资管理子系统中，人员的增减变动处理时使用的功能是（　　）。

A. 数据上报　　B. 人员档案　　C. 工资变动　　D. 人员类别

4. 增加工资类别下的工资项目时，可以采用的方法是（　　）。

A. 自动带入工资账套中已经建立的全部工资项目不允许修改和删除

B. 只能从名称参照中选择工资项目

C. 可以新增工资项目

D. 既可以从名称参照中选择工资项目也可以自己新增工资项目

5. 下列各项属于系统预置公式，且不能修改的是（　　）。

A. 基本工资　　B. 缺勤扣款　　C. 应发合计　　D. 养老保险

## 二、多项选择题

1. 多工资类别应用方案可以解决的问题有（　　）。

A. 企业使用多种货币发放工资

B. 企业在不同地区设有分支机构，而工资核算由总部统一管理

C. 企业存在不同类别的人员，不同类别人员工资发放项目不同，计算公式不同，但需要进行统一工资核算管理

D. 企业按周发放工资，月末需要统一核算

2. 下列各项可以在工资公式中出现的有（　　）。

A. 工资项目　　B. 部门　　C. 人员类别　　D. 员工姓名

3. 下列各项操作在打开工资类别的情况下才能进行的有（　　）。

A. 增加部门　　B. 关闭工资类别　　C. 增加人员档案　　D. 增加人员类别

4. 薪资管理子系统正常使用之前必须做好的设置工作有（　　）。

A. 项目大类设置　　B. 收发类别设置　　C. 部门设置　　D. 人员类别设置

5. 薪资管理子系统的基本操作内容包括（　　）。

A. 系统初始化设置　　　　　　B. 日常业务处理

C. 工资月末处理　　　　　　　D. 工资账表查询

## 三、判断题（正确的打“√”，错误的打“×”）

1. 在薪资管理子系统中，不同部门的人员编码可以重复。（　　）

2. 系统提供的固定工资项目不能进行修改删除。（　　）

3. 薪资管理子系统中的扣税基数只能是实发合计。（　　）

4. 定义工资计算公式时，要注意公式设置的顺序，先得到的数先设置公式。（　　）

5. 在定义各个工资项目的数据宽度时，应以能容纳该项目下可能出现的最大数据的宽度为依据，以免出现数据溢出的错误。（　）

# 任务三　薪资管理子系统日常业务处理

在基础信息设置完毕后，可以对本企业职工的工资发放进行计算与管理，同时可以根据人员调动的情况，随时调整人员工资发放的金额。薪资管理子系统的日常业务处理主要包括人员变动调整、工资变动处理、工资计算和汇总、工资分钱清单、计算个人所得税、银行代发、工资分摊及凭证处理、凭证查询、账表查询等。

## 一、人员变动调整

### （一）人员调动处理

职工调入、调出本单位，其基本工资数据只能输入或删除。一般来说，职工调出如果不涉及人事管理，该职工工资数据不必保留备查。如果是在单位内部各部门间调动，有两种处理方法：一种是先在工资数据表原部门删掉该职工，在新部门里增加；另一种是通过修改职工部门编码，直接实现调动。采用第二种方法简单方便，同时可以保证该员工的基础资料数据不会丢失，通常建议采用第二种方法。

### （二）工资类别间调动处理

当工资账套为多工资类别时，可利用人员调动功能，实现人员在不同工资类别之间的转换。该功能必须在打开工资类别时才可以使用。人员调动必须在同一账套的多工资类别间进行。具体操作步骤如下：

第一步，在企业应用平台的［业务工作］中，执行［人力资源］—［薪资管理］—［维护］—［人员调动］命令，显示［人员调动］窗口。

第二步，从当前工资类别中选出要调出的人员，选择调入的工资类别和调入的部门，单击［确定］按钮即可。

【请注意】（1）已做调出标志的人员，所有档案信息不可修改，当月做月末结算前，可以取消调出标志，做完月（年）结算处理后，调出标志不可取消；（2）调出人员调出当月即不再参与工资发放计算；（3）为保证数据的完整性和一致性，调出人员当年不可删除，如要删除，可在进行年末处理后，在新的一年开始时，将此人删除。

## 二、工资变动处理

### （一）工资数据的处理

初次使用薪资管理子系统时，需要先将所有人员中没有计算公式的工资项目基本数据录入系统，在以后的正常使用过程中，对个别变动性的工资项目进行调整，生成当月工资数据。工资数据分为固定数据、变动数据和计算项。工资项目不同，处理方式不一样。

1. 固定数据：工资项目中每月相对固定不变的部分，如基本工资、职务工资、岗位工资、固定补贴等，在初次使用时一次输入；长期使用，只有在提薪、升职、晋级等时候进行修改。

2. 变动数据：每个月变动的工资数据，如缺勤扣款、代扣税等，需要在每个月处理工资数据前进行修改。

3. 计算项：工资项目中定义了计算公式，由系统自动计算的项目，不需要录入。

### （二）工资数据的录入

除了可以在列表中修改数据，也可以通过以下方式快速录入工资数据：

1. 过滤。如果只输入或修改工资项目中的某一项或几项，可以通过［过滤器］实现。

2. 定位器查询。如果需要定向查询，可以使用［定位器］功能来实现。

3. 数据筛选。数据筛选是指按照某个项目的某个数据（可等于、大于、小于）的值进行数据处理。

4. 数据替换。数据替换是指将符合条件的人员的某个工资项目的数据，统一替换成某个数据。

微课

录入工资基本数据

【例 5-8】录入2021年1月“正式职工”工资基本数据。

操作路径：单击［业务工作］菜单项，在打开“正式职工”状态下，执行［业务工作］—［人力资源］—［薪资管理］—［业务处理］—［工资变动］命令，进入［工资变动］窗口，输入工资基本数据，如图5-15所示。

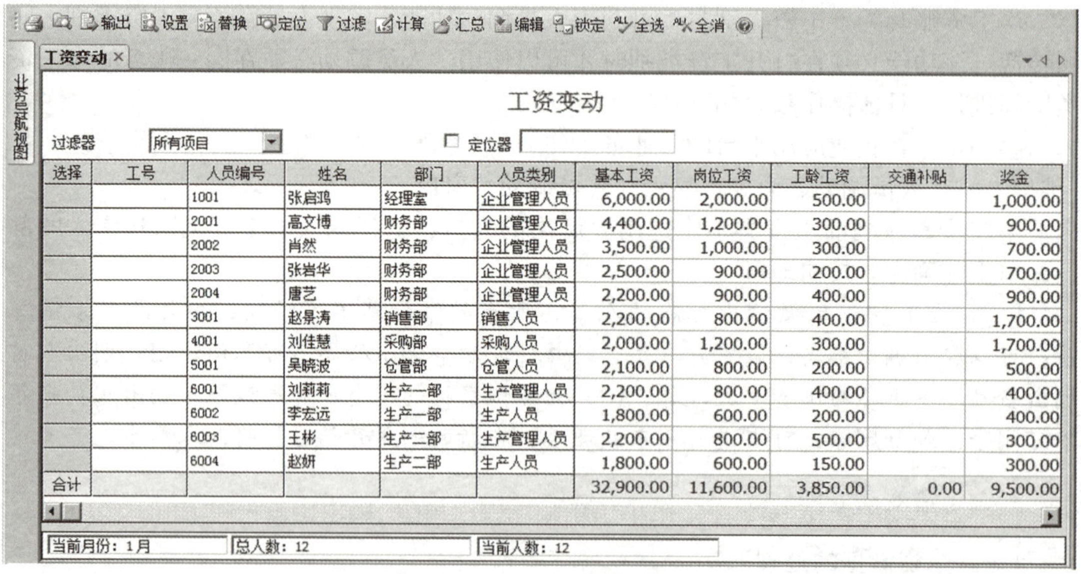


| 选择 | 工号 | 人员编号 | 姓名 | 部门 | 人员类别 | 基本工资 | 岗位工资 | 工龄工资 | 交通补贴 | 奖金 |
|---|---|---|---|---|---|---|---|---|---|---|
| | | 1001 | 张启鸿 | 经理室 | 企业管理人员 | 6,000.00 | 2,000.00 | 500.00 | | 1,000.00 |
| | | 2001 | 高文博 | 财务部 | 企业管理人员 | 4,400.00 | 1,200.00 | 300.00 | | 900.00 |
| | | 2002 | 肖然 | 财务部 | 企业管理人员 | 3,500.00 | 1,000.00 | 300.00 | | 700.00 |
| | | 2003 | 张岩华 | 财务部 | 企业管理人员 | 2,500.00 | 900.00 | 200.00 | | 700.00 |
| | | 2004 | 唐艺 | 财务部 | 企业管理人员 | 2,200.00 | 900.00 | 400.00 | | 900.00 |
| | | 3001 | 赵景涛 | 销售部 | 销售人员 | 2,200.00 | 800.00 | 400.00 | | 1,700.00 |
| | | 4001 | 刘佳慧 | 采购部 | 采购人员 | 2,000.00 | 1,200.00 | 300.00 | | 1,700.00 |
| | | 5001 | 吴晓波 | 仓管部 | 仓管人员 | 2,100.00 | 800.00 | 200.00 | | 500.00 |
| | | 6001 | 刘莉莉 | 生产一部 | 生产管理人员 | 2,200.00 | 800.00 | 400.00 | | 400.00 |
| | | 6002 | 李宏远 | 生产一部 | 生产人员 | 1,800.00 | 600.00 | 200.00 | | 400.00 |
| | | 6003 | 王彬 | 生产二部 | 生产管理人员 | 2,200.00 | 800.00 | 500.00 | | 300.00 |
| | | 6004 | 赵妍 | 生产二部 | 生产人员 | 1,800.00 | 600.00 | 150.00 | | 300.00 |
| 合计 | | | | | | 32,900.00 | 11,600.00 | 3,850.00 | 0.00 | 9,500.00 |

图5-15 录入工资基本数据

【动脑筋】当替换某一人员的工资数据时，应采用哪种快速录入的方式？

## 三、工资计算和汇总

在完成工资基本数据录入后，需要对工资变动表进行计算和汇总，系统根据所属部门、人员类别等条件对工资数据进行计算更新，以便生成各种新的工资数据表。如果对某一工资项目的数据进行修改变动，需对工资变动表重新计算、汇总。

【请注意】如果修改了工资数据，要重新执行［计算］和［汇总］，否则工资数据计算不正确。

工资计算和汇总的前提是在初始设置中已经完成该工资类别的工资项目设置、公式设置、计税工资依据设置等工作。

## 四、工资分钱清单

工资分钱清单是按单位计算的工资发放分钱票面额清单，为方便会计人员从银行提取适合分发的不同面值的货币张数，而生成的一览表。此功能用于现金发放工资。此功能必须在个人工资数据输入调整完毕后执行，以保证数据正确。工资分钱清单主要包括部门分钱清单、人员分钱清单、工资发放取款单三部分。

## 五、计算个人所得税

个人所得税是以个人（自然人）取得的各项应税所得为对象征收的一种税，是调整征税机关与自然人之间在个人所得税的征纳与管理过程中所发生的社会关系的法律规范的总称。薪资管理子系统提供了对个人所得税自动计算的功能，系统将自动计算应代扣代缴的个人所得税并进行相应的账务处理，这样既减轻了用户的工作负担，又提高了工作效率。

### （一）设置扣税基数

在薪资管理子系统中，系统已预设了最新七级超额累进税率表，税率为3%~45%，级数为七级，扣税基数为5 000元，附加减除费用标准为1 300元，若以后有变动，需要更改软件中的税率及基数。

### （二）设置计税依据

在计算扣缴个人所得税之前，首先需要确定计税依据是否正确。系统默认的计税依据为“实发合计”，考虑到扣税标准的严密性，计税依据需要进行重新设置。由于［扣税设置］中没有合适的工资项目，在定义工资项目的同时，需要单独为应税所得设置一个“计税工资”项目，并定义其计算公式。

微课

修改计税依据

### （三）生成个人所得税申报表

确定计税基数、纳税税率和计税依据之后，可以通过个人所得税申报模板，选择生成个人所得税申报表。如果修改了税率表中的某一项目，退出所得税功能后，必须到工资变动表中重新计算和汇总，否则系统保留的数据仍为修改前的个人所得税数据。

【例5-9】将个人所得税计税依据修改为“计税工资”。

操作路径：单击［业务工作］菜单项，在打开“正式职工”状态下，执行［业务工作］—［人力资源］—［薪资管理］—［设置］—［选项］命令，打开［选项］对话框，选择［扣税设置］选项卡，点击［编辑］按钮，把计税依据默认的“实发工资”修改为“计税工资”，如图5-16所示。

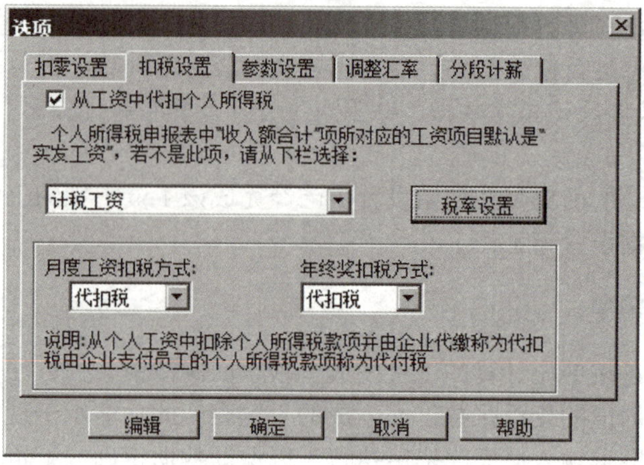


图5-16 扣税设置

【明德善思】个人所得税是国家调节收入分配的重要工具，它践行“多得多征、少得少征”的准则，高收入群体承担更多税负，低收入群体享受优惠，调节收入分配，防止贫富两极分化，维护社会公平正义。依法纳税是公民的基本义务，缴纳个人所得税是对国家发展的有力支持，税款用于教育、医疗、基础设施建设等民生领域。通过纳税公民可以增强社会责任感与家国情怀，凝聚国家发展的强大合力。

## 六、银行代发

银行代发工资就是将职工的工资发放数据按银行要求的文件格式设置后，通过磁盘输出，提交给用户的开户银行，由银行将工资发放给企业职工。目前，大多数企业的工资都由银行代发。

银行代发工资业务一般需要完成三个方面的设置：银行文件格式、银行代发输出格式和磁盘输出。

### （一）银行文件格式设置

银行文件格式设置就是根据银行的要求，对应提供的数据中所包含的项目及其数据类型、长度和取值范围进行设置。操作步骤如下：

第一步：在企业应用平台的［业务工作］中，执行［人力资源］—［薪资管理］—［业务处理］—［银行代发］命令，弹出［请选择部门范围］对话框。

第二步：选择部门范围并设置［过滤掉实发合计不大于零的员工］复选框之后，单击［确定］按钮。第一次进入银行代发功能时，将自动打开［银行文件格式设置］对话框。以后再进入此功能，可以单击工具栏中的［格式］按钮，或者按鼠标右键选择［格式］即可。

第三步：设置完毕，单击［确定］按钮，生成“银行代发一览表”。

### （二）银行代发输出格式设置

银行代发输出格式设置是根据银行的要求，设置须向银行提供的工资数据的文件格式。操作步骤如下：

第一步：单击［银行代发］窗口工具栏上的［方式］按钮，或在页面中按鼠标右键选择［方式］，打开［文件方式设置］对话框。

第二步：在［常规］选项卡中，选择文件的类型，切换到［高级］选项卡，可进入高级设置状态。

［银行账号补位方向］有“左补位”和“右补位”两种选择。所谓“左补位”表示当银行账号位数不足设置的输出长度时，系统输出的自动补位方向在银行账号的左侧。“右补位”的补位方向在右侧。

第三步：设置完成后，单击［确定］按钮，点击［是］按钮，返回［银行代发］界面。

### （三）磁盘输出设置

磁盘输出就是按照用户已经设置好的文件输出格式和文件名称，将指定的数据输出到指定的磁盘。操作步骤如下：

第一步：单击［银行代发］窗口工具栏上的［传输］按钮，或在页面中按鼠标右键选择［传输］，设置输出文件的名称与保存路径。

第二步：设置完毕后，单击［保存］按钮，即可将银行代发文件输出到磁盘上。

## 七、工资分摊及凭证处理

微课

生成转账凭证

工资分摊是指对当月发生的工资费用进行工资总额的计算、分配及各种费用的计提，并生成自动转账凭证，传递到总账管理子系统供登账使用。其具体内容包括工资费用的计提与分配、福利费的计提、五险一金的计提、工会经费和职工教育经费的计提等。在薪资管理子系统的初始设置中，已经讲过工资费用的分摊问题，月末系统将根据用户预先定义的工资分摊模板自动生成转账凭证并传递到总账管理子系统中，实现薪资管理子系统与总账管理子系统之间的数据传递。

【例5-10】根据设置好的工资分摊类型，生成自动转账凭证。

操作路径：

（1）单击［业务工作］菜单项，在打开“正式职工”状态下，执行［业务工作］—［人力资源］—［薪资管理］—［业务处理］—［工资分摊］命令，进入［工资分摊］对话框中。计提费用类型选择“工资费用分配”，勾选“全选”选择所有部门，计提分配方式选择“分配到部门”，勾选“明细到工资项目”“按项目核算”，如图5-17所示。

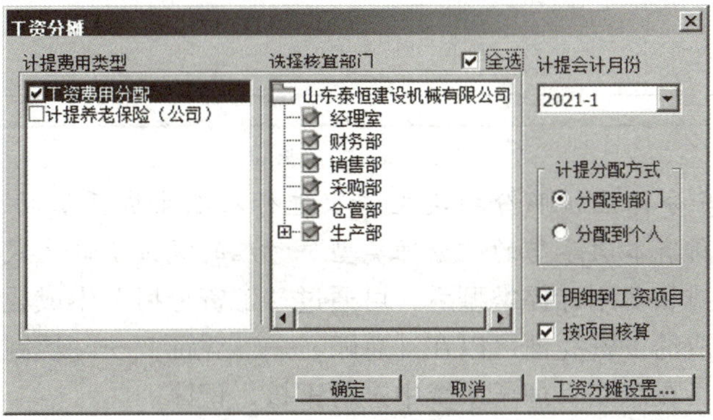


图5-17　工资分摊

（2）单击［确定］按钮，进入［工资费用分配一览表］窗口，勾选“合并科目相同、辅助项相同的分录”，如图5-18所示。

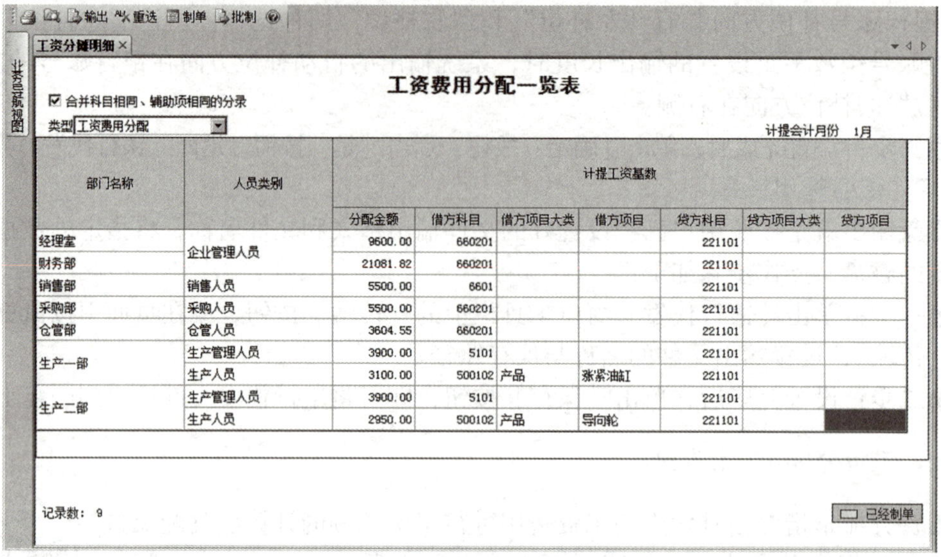


图5-18 工资费用分配一览表

（3）单击工具栏内［制单］按钮，进入［填制凭证］窗口，选择凭证类型为“转账凭证”，点击［保存］按钮，如图5-19所示。

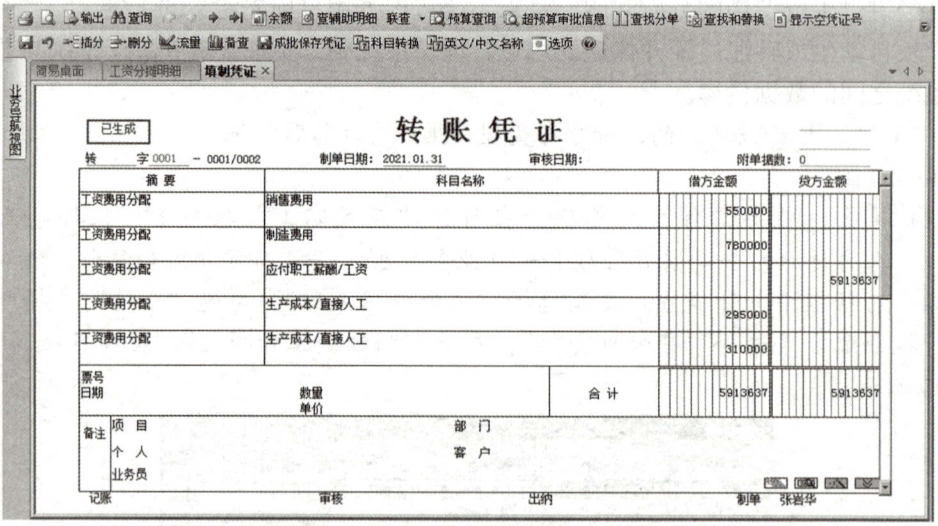


图5-19 生成凭证

【请注意】工资分摊应按照分摊类型依次进行。在生成凭证时，单击［批制］按钮，可以一次性将所有本次参与的“分摊类型”对应的凭证全部生成，逐张保存即可。

在设置工资分摊和费用计提类型后，可通过“工资分摊”生成凭证，并传递到总账管理子系统中。生成的工资凭证可以在［总账］—［凭证］—［填制凭证］中查询，然后由审核和记账人员在总账管理子系统中进行审核、记账。

## 八、凭证查询

为了方便管理，在薪资管理子系统中生成的所有凭证，均可进行凭证查询。工资凭证传递到总账管理子系统后，相关会计人员还要进行审核和记账等操作，但是不能进行修改，如需进行修改、删除和冲销，只能在薪资管理子系统的［凭证查询］功能中进行相应操作。

微课

查询记账凭证

【例5–11】查询当月工资凭证。

操作路径：执行［薪资管理］—［统计分析］—［凭证查询］命令，弹出［凭证查询］对话框，选中要查询的凭证，点击［凭证］按钮即可查看对应凭证，如图5–20所示。

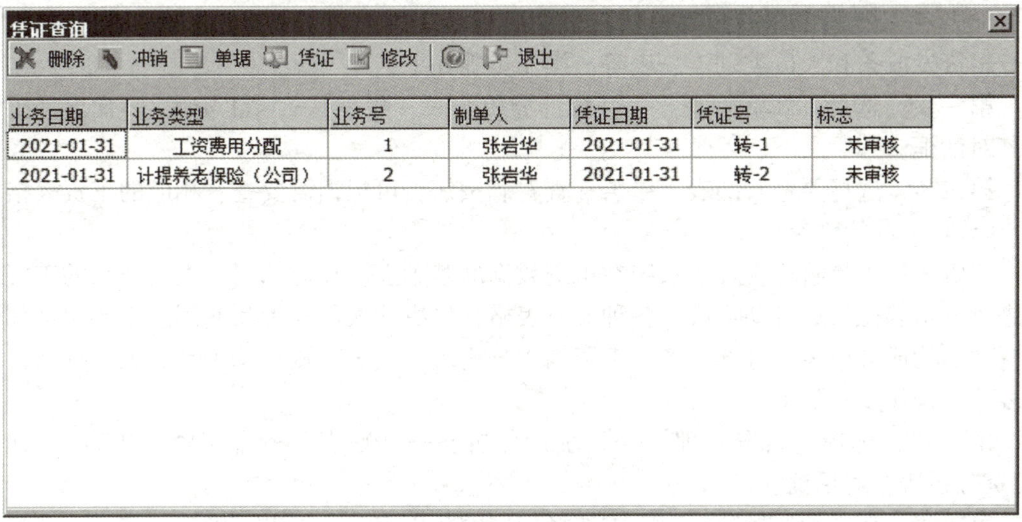


| 业务日期 | 业务类型 | 业务号 | 制单人 | 凭证日期 | 凭证号 | 标志 |
|---|---|---|---|---|---|---|
| 2021-01-31 | 工资费用分配 | 1 | 张岩华 | 2021-01-31 | 转-1 | 未审核 |
| 2021-01-31 | 计提养老保险（公司） | 2 | 张岩华 | 2021-01-31 | 转-2 | 未审核 |

图5–20　凭证查询

## 九、账表查询

工资账表是薪资管理子系统根据用户录入和计算的工资数据，自动编制的、反映工资核算结果的表格。用友U8V10.1系统为用户提供了多种形式的报表来反映工资核算的结果。

系统对工资报表管理提供统一管理和分类管理两种方式。一种是利用［账表］下的［我的账表］账夹，集中管理系统中所有工资类别的工资表和工资分析表，对不区分类别的、全部工资数据的查询和统计，通过此功能实现；另一种是利用［工资表］和［工资分析表］两个报表功能，分别管理不同工资类别的工资表和工资分析表。

### （一）我的账表

该功能主要用于对薪资管理子系统中所有的工资报表进行管理，包括工资表和工资分析表两种报表类型。操作步骤如下：

第一步：选择［薪资管理］—［统计分析］—［账表］—［我的账表］命令，弹出［我的账表］窗口。

第二步：选中需要修改的账表，单击工具栏中的［修改表］按钮，打开［新建表］

窗口，可以进行修改。

第三步：单击工具栏中的［重建表］按钮，打开［重新生成工资表］对话框，选择需要重新生成的系统原始表之后，单击［确定］按钮，可重新生成系统原始表。

第四步：在［我的账表］窗口中，右键单击［账簿］—［工资表］，在快捷菜单中选择［新建专用账夹］选项或［新建公用账夹］选项，可以新增专用或公用账夹；选择［删除账夹］，可以对账夹进行删除；选择［设置账夹口令］，可以为账夹设置密码，限定某些报表使用者的权限。

### （二）工资表

工资表包括一些由系统提供的原始表，主要用于本月工资的发放和统计，完成查询和打印各种工资表工作。主要包括工资发放签名表、部门工资汇总表、工资变动汇总表、工资发放条和人员类别汇总表等。操作步骤如下：

第一步：选择［薪资管理］—［统计分析］—［账表］—［工资表］，弹出［工资表］对话框。

第二步：选择要查看的表，单击［查看］按钮，可根据需要查看相应的工资表格。

### （三）工资分析表

工资分析表是薪资管理子系统在工资数据的基础上，在对部门、人员类别的工资数据进行分析和比较后自动生成的各种分析表格，供决策人员参考和使用。主要包括部门工资项目构成分析表、分部门各月工资构成分析表、员工工资汇总表和员工工资项目统计表等。操作步骤如下：

第一步：选择［薪资管理］—［统计分析］—［账表］—［工资分析表］，弹出［工资分析表］对话框。

第二步：在［请选择分析表］中选择相应的分析表后，单击［确定］按钮，在弹出的对话框中输入查询条件，即可得到相应的查询结果。如选择［员工工资汇总表］后，单击［确定］按钮，打开［员工工资汇总表选项］对话框。

第三步：选择相应的查询条件后，单击［确定］按钮，即可显示查询结果。

## 同步训练

### 一、单项选择题

1.在薪资管理子系统中进行数据替换时，如果未输入替换条件，则系统默认为（　　）。

A.本工资类别的全部人员　　B.不做任何替换

C.本工资账套的全部人员　　D.提示输入替换条件

2.如果本月给所有企业管理人员多发100元奖金，最佳方法是利用（　　）的功能。

A.替换　　B.筛选　　C.过滤器　　D.页编辑

3.如果不希望在工资发放条中显示某个工资项目，则可以使用的功能是（　　）。

A.删除表　　B.重建表　　C.修改表　　D.新建表

4. 如果只想对某个部门或某个人员的工资数据进行修改，利用系统提供的最佳功能是（　　）。

A. 替换　　B. 过滤器　　C. 页编辑　　D. 筛选

5. 如果希望查询某个员工全年的工资数据应该查询的是（　　）。

A. 工资条　　B. 工资卡

C. 工资发放签名表　　D. 人员类别工资汇总表

## 二、多项选择题

1. 如果企业采用银行代发工资的方式，需要设置的有（　　）。

A. 银行名称　　B. 职工账号　　C. 账号长度　　D. 银行地址

2. 下列各项属于工资表的有（　　）。

A. 工资发放签名表　　B. 部门工资汇总表

C. 工资变动汇总表　　D. 工资发放条

3. 在工资分摊构成设置中需要设置的内容有（　　）。

A. 科目　　B. 工资项目　　C. 人员类别　　D. 部门

4. 为便于用户录入和查询工资数据，系统提供的便利功能有（　　）。

A. 定位　　B. 替换　　C. 排序　　D. 筛选

5. 进行工资分摊时，需要选择的内容包括（　　）。

A. 计提费用类型　　B. 计提会计月份　　C. 选择核算部门　　D. 计提分配方式

## 三、判断题（正确的打“√”，错误的打“×”）

1. 薪资系统提供对扣税基数的修改功能。（　　）

2. 人员调动功能可以在不同账套的多工资类别间进行。（　　）

3. 人员调动功能可以随时进行。（　　）

4. 银行代发输出方式设置时，系统可以提供TXT的输出格式。（　　）

5. 工资分摊时，不同部门、相同人员类别在设置时，可以一次选择多个部门。（　　）

# 任务四　薪资管理子系统期末处理

企业完成薪资管理子系统本期日常业务处理后，就要进行期末处理工作。期末处理主要包括月末结账和反结账等内容。

## 一、月末结账

微课

薪资管理子系统期末处理

月末结账就是将当月工资数据经过处理后结转至下月，并自动生成下月新的工资明细表，每月工资数据处理完毕后均可进行。由于工资项目中变动项目的数据每月均不相同，因此每月工资数据处理完毕后，均需将下月变动工资项目清为零，再录入下期的数据，此类项目成为清零项目。

【例 5-12】2021 年 1 月末进行月结处理，将下月变动的工资项目“奖金”“缺勤天数”进行清零处理。

操作路径：执行［薪资管理］—［业务处理］—［月末处理］命令，弹出［月末处理］对话框，单击［确定］按钮，系统提示是否继续月末处理，单击［是］按钮，弹出“是否选择清零项?”提示框，单击［是］按钮，在［选择清零项目］的窗口，将下月变动的工资项目“奖金”“缺勤天数”设为清零项目，则月末处理完毕，如图5-21所示。

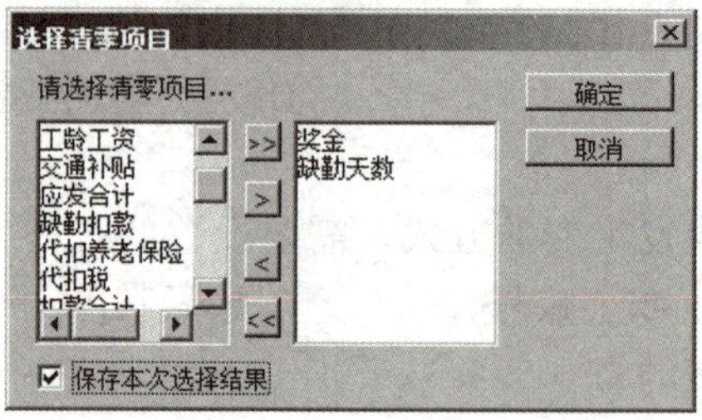


图5-21　选择清零项目

## 二、反结账

在薪资管理子系统结账处理后，如发现还有一些业务或其他事项需要在结账月进行账务处理，则需要使用反结账功能，取消已结账标志。在做反结账处理时，要在关闭工资类别的前提下进行，执行［反结账］命令时，系统提示选择要做反结账的工资类别，选择确认后即可完成反结账的操作。

# 同步训练

## 一、单项选择题

1. 在薪资管理子系统中，一般较为稳定，数据变动较少，在日常工作中只有发生变化时才重新调整，平时无须反复输入的数据是（　　）。

A. 变动数据　　B. 固定数据　　C. 计算项　　D. 替换数据

2. 在薪资管理子系统中进行数据替换时，如果未输入替换条件，则系统默认为（　　）。

A. 本工资类别的全部人员　　B. 不做任何替换

C. 本工资账套的全部人员　　D. 提示输入替换条件

## 二、多项选择题

1. 薪资管理子系统的期末处理包括（　　）。

A. 月末结账　　B. 反结账　　C. 工资变动　　D. 建立账套

2. 下列各项属于变动工资项目的有（　　）。

A. 基本工资　　B. 缺勤天数　　C. 奖金　　D. 绩效工资

## 三、判断题（正确的打“√”，错误的打“×”）

1. 在做反结账处理时，不需要关闭工资类别。（　　）

2. 薪资管理子系统的月末结账前需将变动项目的工资数据清零。（　　）

## 思考题

1. 薪资管理子系统的主要功能有哪些?
2. 薪资管理子系统与其他子系统的关系是什么?
3. 薪资管理子系统初始设置包括哪些内容?
4. 工资项目设置中应注意哪些问题?
5. 薪资管理子系统日常业务处理包括哪些功能?
6. 薪资管理子系统可以提供哪些统计分析表格?

## 实践训练

完成与本教材配套的《会计信息系统实训》教材中“实训七”的实训内容。

# 项目六
## 固定资产管理子系统

学习目标

1. 认知固定资产管理子系统的主要功能
2. 复述固定资产管理子系统与其他子系统的关系和操作流程
3. 学会固定资产管理子系统的操作流程，能够根据实际需要进行初始设置
4. 能运用固定资产管理子系统对日常业务及期末业务进行处理

知识点

部门对应折旧　资产类别　原始卡片　固定资产增加
固定资产减少　资产变动　资产盘点　工作量

技能点

建立固定资产账套　资产类别设置　折旧科目设置　增减方式
卡片管理　资产增减处理　资产变动处理　计提折旧　账表查询
结账

素养目标

1. 伪造、变造会计资料是违法行为，会计人员必须遵守会计法律法规，依法办事，遵纪守法，加强职业道德建设
2. 企业应坚持诚信原则，不得多计资产，要提供真实的会计信息，如实反映生产经营活动和企业的财务状况，共同维护良好的市场经济秩序

## 知识结构

- 固定资产管理子系统
  - 认知基础
    - 主要功能
    - 与其他子系统之间的关系
    - 应用流程
  - 初始设置
    - 固定资产账套的建立
    - 基础信息设置
    - 录入原始卡片
  - 日常业务处理
    - 卡片管理
    - 增加处理
    - 变动处理
    - 折旧处理
    - 资产减少
    - 资产盘点处理
    - 凭证处理
    - 账表查询
  - 期末处理
    - 对账
    - 月末结账
    - 恢复到月末结账前状态

## 案例导入

山东泰恒建设机械有限公司为了加强固定资产数据与其他子系统之间的共享，决定于2021年1月1日启用用友U8V10.1的固定资产管理子系统，实现固定资产日常管理和核算，并自动生成凭证。财务部“2003张岩华”负责固定资产管理子系统的操作。企业固定资产业务基本情况如下：

（1）初始设置工作。建立固定资产账套、部门对应折旧科目、资产类别、增减方式、录入原始卡片。

（2）日常业务处理工作。固定资产增加、固定资产减少、固定资产变动、固定资产盘点处理、计提固定资产折旧、自动生成固定资产相关凭证。

（3）期末业务处理工作。期末对账和结账。

思考：

（1）固定资产管理子系统和总账管理子系统为什么需要对账？

（2）固定资产增加和减少的方式有哪些？入账科目分别是什么？

# 任务一　固定资产管理子系统认知基础

固定资产是企业的劳动手段，也是企业赖以生产经营的主要资产。固定资产管理是企业管理的重要部分，但由于固定资产具有价值高、数量大、种类多、保管和使用地点分散等特点，所以在手工条件下，对固定资产的核算与管理工作难度大。使用固定资产管理子系统对固定资产进行核算和管理，可以提高内部管理水平，降低企业成本，提高企业经济效益。

## 一、固定资产管理子系统主要功能

根据固定资产业务处理的需要，固定资产管理工作包括固定资产初始设置、固定资产增减及变动核算、固定资产减值准备计提、固定资产评估处理、折旧的计提及分配核算、固定资产期末处理等。因此，固定资产管理子系统主要功能包括初始设置、日常业务处理、凭证处理、账表查询和期末处理。

### （一）初始设置

固定资产管理子系统初始化需要将固定资产核算和管理所必需的规则和基本信息录入系统中，并录入固定资产原始数据，为固定资产日常业务处理做好基础工作。初始设置的内容主要包括：参数设置、折旧科目、资产类别、增减方式、折旧方法、录入原始卡片等。

### （二）日常业务处理

固定资产管理子系统日常业务处理是固定资产日常管理中经常处理的业务。在资产增加、资产减少、资产原值变动、资产评估、资产减值等业务发生时，需更新固定资产卡片，并依据设定的固定资产折旧方法计提折旧，同时进行账表查询。

### （三）凭证处理

根据初始化设置的增减方式、折旧科目、使用状况等信息，业务发生后，固定资产管理子系统可以自动生成记账凭证，有时也需要人工补足凭证数据。生成的凭证保存后，自动传递到总账管理子系统或成本管理子系统做进一步处理。

### （四）账表查询

在固定资产管理过程中，需要及时掌握资产的统计、汇总和其他各方面的信息，固定资产管理子系统可以账表的形式将各项固定资产信息提供给财务人员和资产管理人员。系统提供了五类账表：分析表、减值准备表、统计表、账簿、折旧表。

### （五）期末处理

固定资产管理子系统期末处理主要包括对账和月末结账两部分，月末结账后，本月数据不能再进行处理。

## 二、固定资产管理子系统与其他子系统之间的关系

固定资产管理子系统与总账管理子系统、成本管理子系统、采购管理子系统和报表管理子系统都有数据传递关系。

与总账管理子系统集成应用时，固定资产管理子系统中资产的增加、减少，以及原值和累计折旧的调整、折旧计提等业务可自动生成记账凭证，并将有关数据传输到总账管理子系统，同时通过对账保持固定资产账目与总账管理子系统之间数据的一致性。

与成本管理子系统集成应用时，固定资产管理子系统的折旧费用数据可以直接引入成本管理子系统，形成成本对象的折旧要素费用。

与采购管理子系统集成应用时，固定资产的采购还可以通过采购管理子系统的采购入库单传递到固定资产管理子系统后，结转生成采购资产卡片。采购资产卡片可以联查入库单列表、结算单列表。

与报表管理子系统集成应用时，报表管理子系统通过相应的取数函数从固定资产管理子系统中提取分析数据。

固定资产管理子系统和其他子系统的关系如图6-1所示。

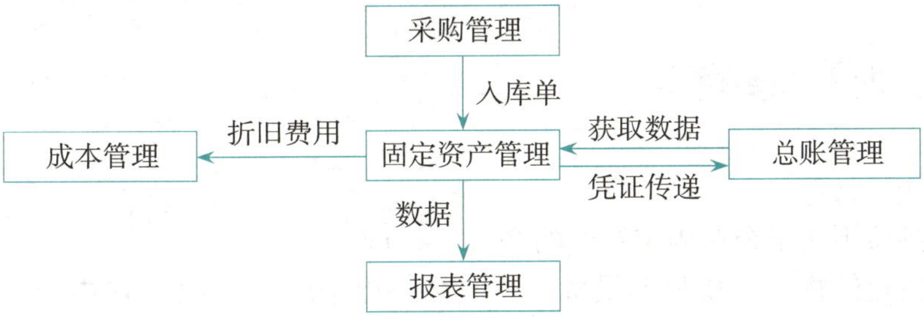


图6-1　固定资产管理子系统和其他子系统的关系

【动脑筋】固定资产管理子系统向总账管理子系统传递什么样的凭证？

## 三、固定资产管理子系统应用流程

固定资产管理子系统应用流程如图6-2所示。

新用户：对于新用户，初次使用固定资产管理子系统，一个完整的应用流程需要经过初始设置、日常业务处理和期末处理三阶段的操作。

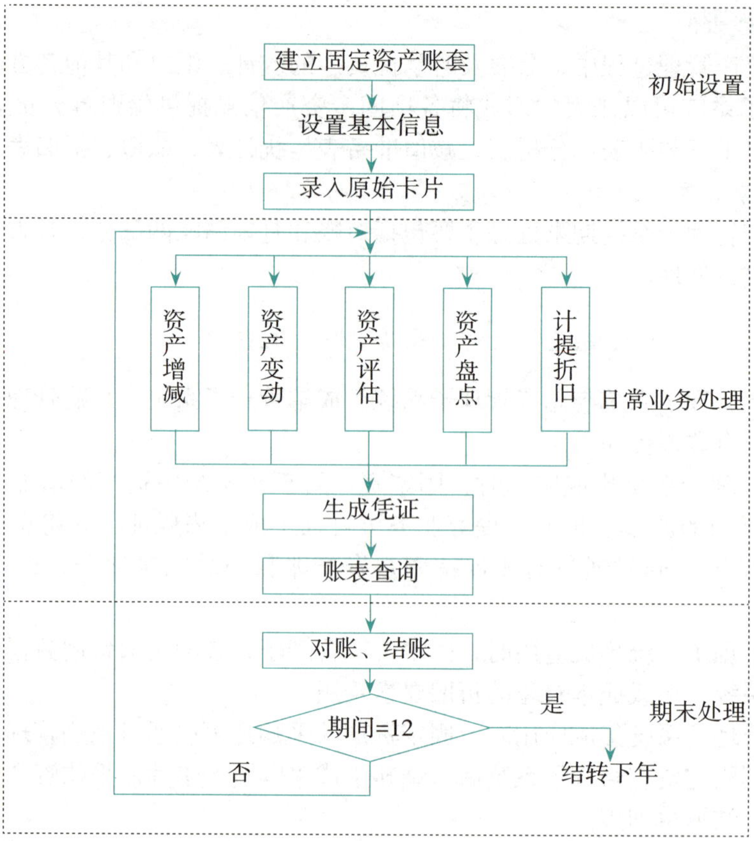


图6-2 固定资产管理子系统应用流程

老用户：对于老用户，一般不需要再进行初始设置，只需循环进行日常业务处理和期末处理。若到年末，需要进行结转下年处理。

## 同步训练

### 一、单项选择题

1. 下列各项不属于企业固定资产的是（　　）。

A. 房屋建筑物　　B. 机器设备　　C. 包装物　　D. 电脑

2. 下列各项与固定资产管理子系统有数据传递关系的是（　　）。

A. 成本管理　　B. 销售管理　　C. 库存管理　　D. 存货核算

3. 下列各项属于固定资产管理子系统初始设置的是（　　）。

A. 计提折旧　　B. 计提减值准备　　C. 录入原始卡片　　D. 资产变动

### 二、多项选择题

1. 下列各项属于固定资产管理子系统主要功能的有（　　）。

A. 初始设置　　B. 日常业务处理　　C. 凭证处理　　D. 期末处理

2. 下列各项属于固定资产管理子系统初始设置内容的有（　　）。

A.资产类别　　B.折旧科目　　C.增减方式　　D.录入原始卡片

3.固定资产管理子系统可以提供的账表有（　　）。

A.分析表　　B.减值准备表　　C.统计表　　D.折旧表

三、判断题（正确的打“√”，错误的打“×”）

1.固定资产管理子系统初始设置主要是将固定资产核算和管理所必需的规则和基本信息录入系统中，为固定资产日常业务处理做好基础工作。（　　）

2.固定资产管理子系统可以自动生成记账凭证，有时也需要人工补足凭证数据。（　　）

3.固定资产管理子系统可以以账表的形式将各项信息提供给财务人员和资产管理人员。（　　）

# 任务二　固定资产管理子系统初始设置

在进行固定资产日常业务处理前，根据企业需要进行固定资产初始设置工作，初始设置一般包括固定资产账套的建立、基础信息设置和录入原始卡片等内容。

## 一、固定资产账套的建立

微课

建立固定资产账套

首次使用固定资产管理子系统时，系统会要求根据用户的具体情况，建立一个适合企业自身需要的固定资产账套。该系统能够帮助企业财务部门进行固定资产总值、累计折旧数据的动态管理，为总账管理子系统提供相关凭证，为成本管理子系统归集折旧费用，为报表管理子系统传输数据，同时为设备管理部门提供各项固定资产的管理指标。

建立固定资产账套的前提条件是启用固定资产管理子系统，建立固定资产账套主要包括参数设置和与账务系统接口设置两个部分。

### （一）参数设置

在建立固定资产账套时，需要对约定及说明、账套启用月份、折旧信息、资产类别编码方式等控制参数进行设置。

#### 1.账套启用月份

查看本账套固定资产开始使用的年份和会计期间，启用日期只能查看不能修改，要录入系统的期初资料一般是指截至该期间期初的资料。启用日期不可以超过系统账套的启用日期，否则系统将不能正确进行各项固定资产的管理及核算工作。

#### 2.折旧信息

选择本账套是否计提折旧。如果选择了本账套不计提折旧，则账套内与折旧有关的功能不能操作，且在初始化操作后不能修改。如果本企业需要计提折旧，则必须选择本账套计提折旧。系统提供了六种常用的折旧方法：平均年限法（一）、平均年限法（二）、工作量法、年数总和法、双倍余额递减法（一）、双倍余额递减法（二）。

### 3. 资产类别编码方式

资产类别是根据用户管理和核算的需要给固定资产所做的分类。可以按照国家标准《固定资产分类与代码》或用户需要建立分类体系，推荐使用国家规定的4级6位方式对固定资产分类进行编码。固定资产编码是唯一区分每一项固定资产的标识，可以手工编号，也可以自动编号，一般采用群码方式进行编号，由类别编号、部门编号、序号等多组基本码组成，便于固定资产的查询和汇总数据。

【例6-1】为山东泰恒建设机械有限公司启用固定资产管理子系统，建立固定资产账套。

操作路径：

（1）以账套主管“2001高文博”的身份登录企业应用平台，执行［基础设置］—［基本信息］—［系统启用］命令，打开［系统启用］对话框。选中“FA-固定资产”，选择启用日期，启用固定资产管理子系统，如图6-3所示。

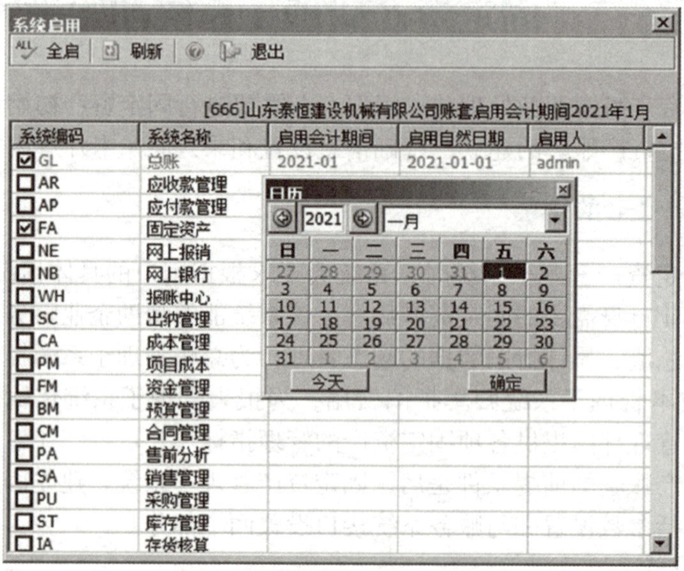


图6-3 启用固定资产管理子系统

（2）以“2003张岩华”的身份登录企业应用平台，执行［业务工作］—［财务会计］—［固定资产］命令，弹出“这是第一次打开此账套，还未进行过初始化，是否进行初始化?”提示框，如图6-4所示。

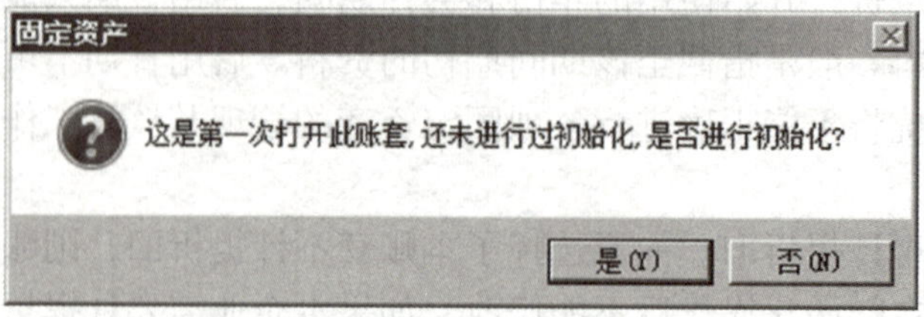


图6-4 固定资产管理初始化提示框

（3）单击［是］按钮，打开［初始化账套向导］对话框，在［1.约定及说明］对话框中，选择“我同意”，如图6-5所示。

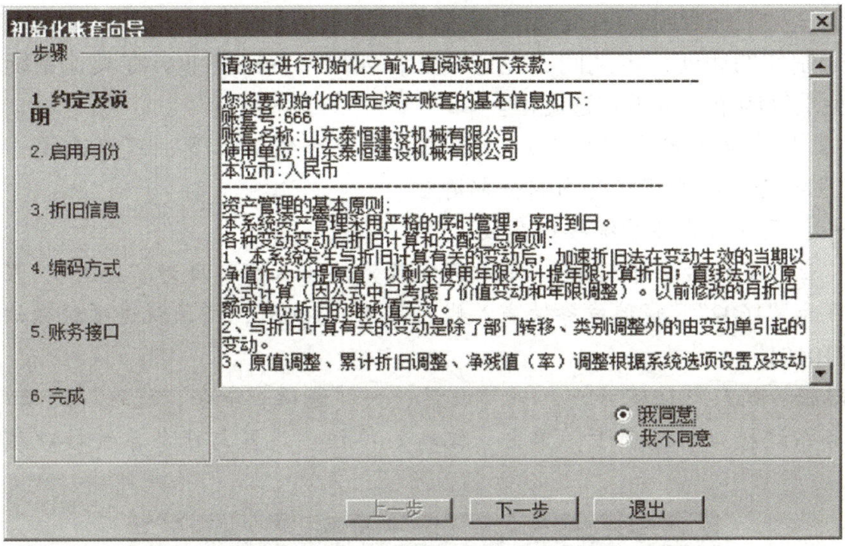


图6-5　初始化账套向导—约定及说明

(4) 依次完成启用月份、折旧信息、编码方式、账务接口设置，在［6.完成］对话框中确认设置信息后，单击［完成］，如图6-6所示。

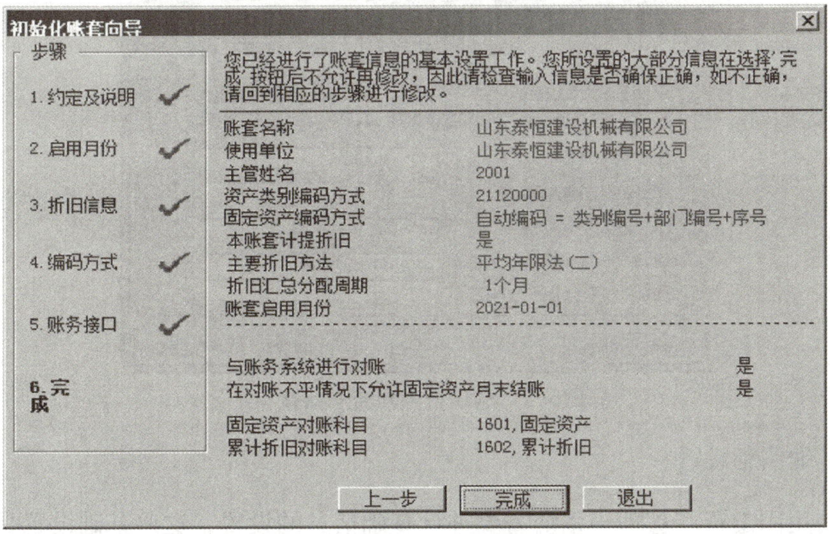


图6-6　初始化账套向导—完成

## （二）与账务系统接口设置

当固定资产管理子系统与账务系统集成应用时，需要与账务系统进行对账。由于固定资产管理子系统通过记账凭证的形式向账务系统传递数据，需要定义固定资产和累计折旧的默认入账科目。对账功能可以随时进行，如果对账不平，可以选择是否影响月末结账。对账不平不一定是错误造成的，有可能是因为操作的时间差异，因此，可以选择“在对账不平情况下允许固定资产月末结账”。

如果勾选“业务发生后立即制单”，在处理日常业务后立即自动生成凭证；若不勾选，可最后运用批量制单统一完成。

如果勾选“月末结账前一定要完成制单登账业务”，表示一定要完成应制作的凭证，如有未制作的凭证，本期间不允许结账；如果一些经济业务在其他系统可制作凭证，为避免重复制单，可不勾选此框。

【请注意】建立固定资产账套后，如果发现账套错误很多，可以选择［维护］—［重新初始化账套］功能将账套内容全部清空。

【例6-2】设置与账务系统接口参数。

勾选“业务发生后立即制单”，录入固定资产缺省入账科目为“1601”，累计折旧缺省入账科目为“1602”，减值准备缺省入账科目为“1603”，增值税进项税额缺省入账科目为“22210101”。

操作路径：执行［固定资产］—［设置］—［选项］命令，进入［选项］对话框，在［与账务系统接口］选项卡，单击［编辑］按钮，设置与账务系统接口参数，如图6-7所示。

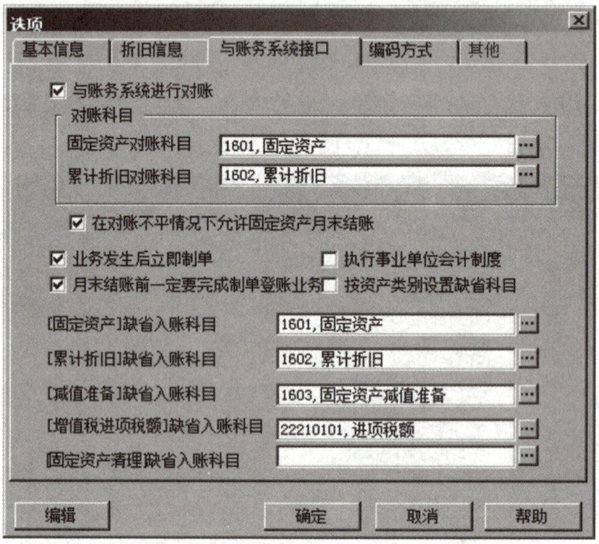


图6-7　选项—与账务系统接口

## 二、基础信息设置

首次使用固定资产管理子系统需要进行基础信息的设置，这些基础设置是使用固定资产系统进行资产管理和核算的基础，主要包括部门对应折旧科目、资产类别、增减方式、使用状况、折旧方法、卡片项目和卡片样式等内容的设置。

### （一）部门对应折旧科目设置

微课

设置部门对应折旧科目

固定资产计提折旧后，必须把折旧数据记入成本或费用项目，根据企业的具体情况，可以按照部门或者资产类别进行汇总。按部门归集折旧费用时，每个部门的固定资产折旧费用，要求归集到相应的科目中，部门对应折旧科目就是设置部门折旧记入的科目。计提折旧时，每个部门的折旧额会自动按照设置的折旧科目进行汇总，生成部门折旧分配表，从而方便生成记账凭证。

【例6-3】设置部门对应折旧科目，见表6-1。

表6-1 部门对应折旧科目

| 部门 | 部门对应折旧科目 |
| --- | --- |
| 经理室、财务部、采购部、仓管部 | 管理费用/折旧费（660203） |
| 销售部 | 销售费用（6601） |
| 生产部 | 制造费用（5101） |

操作路径：以“2003张岩华”的身份登录企业应用平台，执行［业务工作］—［财务会计］—［固定资产］—［设置］—［部门对应折旧科目］命令，选择左边列表框中相应部门，单击［修改］按钮，自动切换到［单张视图］选项卡，依次进行各部门相应的折旧科目设置，如图6-8所示。

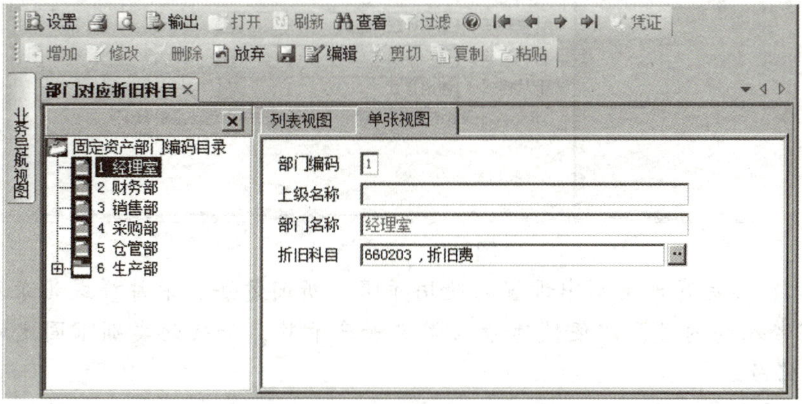


图6-8 部门对应折旧科目

【明德善思】固定资产的折旧政策一经确定，不得随意变更。企业在进行会计核算时，应当遵循谨慎性原则，不得多计资产，更不能通过虚构资产来达到虚增利润的目的。会计数据造假直接损害国家和有关方的利益，扰乱社会经济秩序，是一种严重的违法、违纪行为。企业应坚持诚信原则，提供真实的会计信息，如实反映生产经营活动和企业的财务状况，共同维护良好的市场经济秩序。

### （二）资产类别设置

微课

设置固定资产类别

固定资产的种类繁多，规格不一，要强化固定资产管理，及时准确地做好固定资产核算，必须建立科学的固定资产分类体系，为核算和统一管理提供依据。企业可根据自身的特点和管理要求，确定一个较为合理的资产分类方法。

【例6-4】设置固定资产类别，见表6-2。

表6-2 固定资产类别

| 类别编码 | 类别名称 | 使用年限（年） | 净残值率（%） | 折旧方法 | 卡片样式 |
| --- | --- | --- | --- | --- | --- |
| 01 | 房屋及建筑物 | 20 | 5 | 平均年限法（二） | 通用样式 |
| 02 | 机器设备 | 10 | 5 | 平均年限法（二） | 含税卡片样式 |
| 03 | 电子设备 | 3 | 5 | 平均年限法（二） | 含税卡片样式 |
| 04 | 交通运输设备 | 4 | 5 | 平均年限法（二） | 含税卡片样式 |

操作路径：执行［业务工作］—［财务会计］—［固定资产］—［设置］—［资产类别］命令，单击［增加］按钮，依次增加表中各项固定资产类别，如图6-9所示。

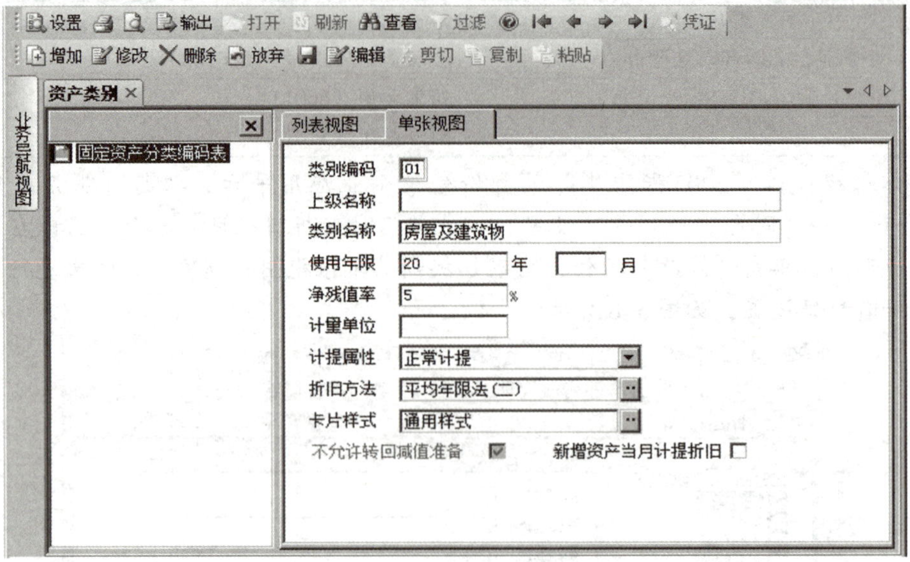


图6-9　资产类别

【请注意】固定资产类别中设置的使用年限、折旧方法、卡片样式为录入固定资产卡片时缺省带入的内容，以便快速录入固定资产卡片，如果此类别下固定资产属性不同，可随时修改。

### （三）增减方式设置

微课

设置增减方式对应入账科目

增减方式包括两种类型：一种是增加的方式，一种是减少的方式。增加的方式主要有直接购入、投资者投入、捐赠、盘盈、在建工程转入、融资租入等。减少的方式主要包括出售、盘亏、投资转出、捐赠转出、报废、毁损、融资租出等。对于一般的增减方式已经在系统中设置好，用户也可以根据需要增加和修改。为简化操作，还可以设置对应入账科目，后续在填制凭证时，系统会自动带入对应的入账科目。

【例6-5】设置固定资产增减方式对应入账科目，见表6-3。

表6-3　增减方式对应入账科目

| 增加方式 | 对应入账科目 | 减少方式 | 对应入账科目 |
|---|---|---|---|
| 直接购入 | 100201　建设银行 | 出售 | 1606　固定资产清理 |
| 投资者投入 | 4001　实收资本 | 盘亏 | 1901 待处理财产损溢 |
| 捐赠 | 6301　营业外收入 | 捐赠转出 | 6711　营业外支出 |
| 盘盈 | 6901　以前年度损益调整 | 报废 | 1606　固定资产清理 |
| 在建工程转入 | 1604　在建工程 | 毁损 | 1606　固定资产清理 |

操作路径：执行［业务工作］—［财务会计］—［固定资产］—［设置］—［增减

方式］命令，选择要设置的增减方式名称，单击［修改］按钮，输入对应入账科目，如图6-10所示。

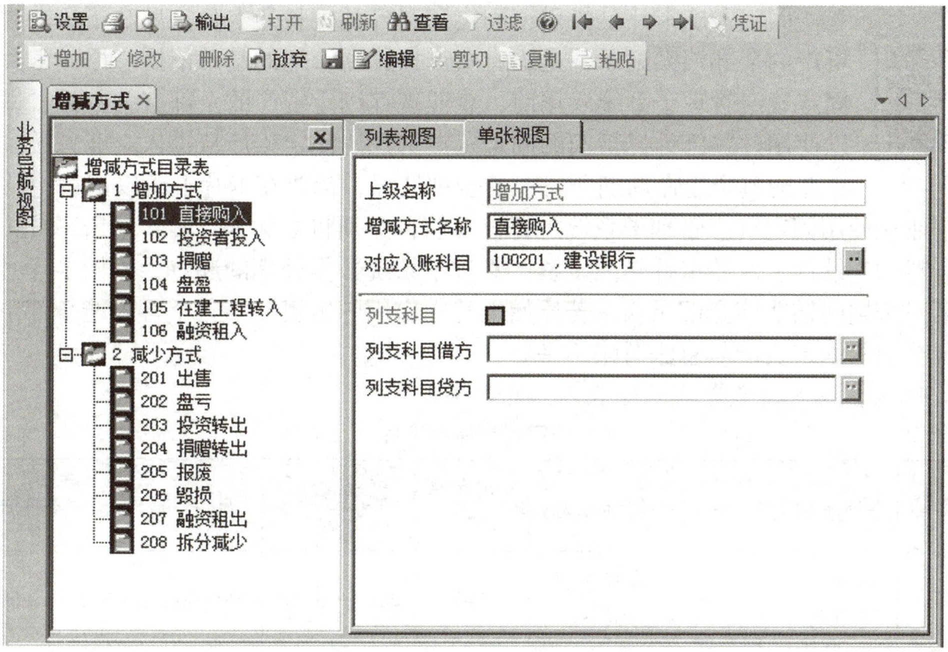


图6-10　增减方式—对应入账科目

### （四）使用状况设置

从固定资产核算和管理的角度，需要明确资产的使用状况，便于提高资产的利用效率。固定资产的使用状况影响着固定资产是否提取折旧及进行会计处理，由于在固定资产卡片中要选择使用状况，因此需要对此进行编码及设置，编码可分为二级。系统中使用状况分为使用中、未使用和不需用。

### （五）折旧方法设置

固定资产管理子系统可以根据设置的折旧方法自动计算折旧。根据企业会计准则的规定，系统给出了常用的折旧方法：不提折旧、平均年限法、工作量法、年数总和法、双倍余额递减法，企业可以根据需要选用适合的折旧方法。如果这几种方法不能满足企业的使用需要，还可以自定义新的折旧方法和计算公式。

### （六）卡片项目和卡片样式设置

卡片项目是固定资产卡片上显示记录资产资料的栏目，原值、资产名称、使用年限、折旧方法等是卡片最基本的项目。固定资产管理子系统提供了常用卡片必需的项目，称为系统项目，如果这些项目不能满足企业对资产特殊管理的需要，可以通过卡片自定义项目功能来定义企业需要的项目，这两部分构成了卡片项目目录。

卡片样式指卡片的显示格式，包括格式、包含的项目和项目的位置等。不同的企业或同一企业内部不同的资产会由于管理内容和侧重点的不同，而使用不同样式的卡片。系统提供了通用样式和含税卡片样式供用户选择，企业也可根据需要对预置的卡片样式略做调整，形成新的卡片样式。

## 三、录入原始卡片

微课

录入原始卡片

固定资产卡片是指登记固定资产各种资料的卡片，反映了每一项固定资产的全部档案记录，是固定资产核算和管理的基础依据。原始卡片是指固定资产管理子系统启用前，企业现存固定资产的全部有关数据，即企业已使用过并已计提折旧的固定资产卡片。固定资产从进入企业开始到退出企业的整个生命周期所发生的全部情况，都要在卡片上予以记载。

企业在使用固定资产管理子系统进行核算前，必须将原始卡片资料录入系统，保持历史资料的连续性。原始卡片是固定资产管理子系统数据处理的起点，原始卡片必须限制在第一个期间结账前全部录入，若原始卡片在启用固定资产第一个月未能全部录入系统，则会引起固定资产与总账对账不平。

【例6-6】录入固定资产原始卡片，见表6-4。

表6-4　固定资产原始卡片　单位：元

| 资产名称 | 类别名称 | 使用部门 | 增加方式 | 使用年限（月） | 开始使用日期 | 原值 | 累计折旧 | 折旧科目 |
|---|---|---|---|---|---|---|---|---|
| 办公区 | 房屋及建筑物 | 经理室 | 在建工程转入 | 240 | 2019-06-18 | 300 000 | 21 375 | 660203 |

操作路径：执行［业务工作］—［财务会计］—［固定资产］—［卡片］—［录入原始卡片］命令，选择“房屋及建筑物”类别，录入原始卡片信息，如图6-11所示。

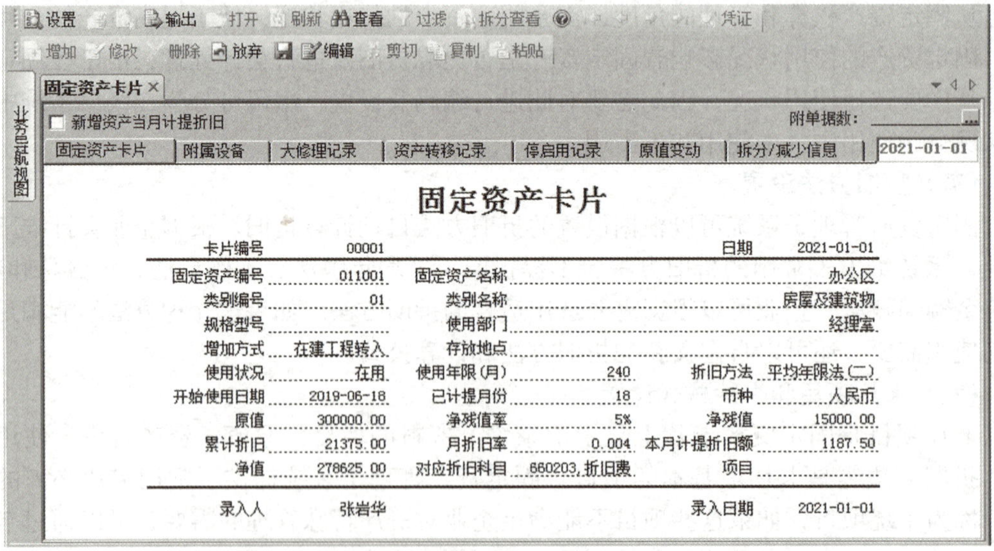


图6-11　固定资产原始卡片

【请注意】一个固定资产由多个部门使用、分摊时，要为一个资产选择多个“使用部门”，并设置使用比例，累计折旧可以在多部门间按设置的比例分摊。

## 同步训练

### 一、单项选择题

1.在固定资产卡片录入过程中，系统自动给出不能更改的项目是（　　）。

A.对应折旧科目　B.录入人　C.存放地点　D.固定资产名称

2.打开［选项］对话框后选择某一页签，可修改项目参数的按钮是（　　）。

A.确定　B.取消　C.编辑　D.帮助

3.查看本账套固定资产开始使用的年份和会计期间，只能查看不能修改的是（　　）。

A.启用日期　B.折旧方法

C.资产类别编码方式　D.序号长度

4.在固定资产管理子系统初始化过程中，使用单位可以根据自己的需要在折旧信息中确定资产的折旧分配周期，系统缺省的折旧分配周期为（　　）。

A.一个月　B.一年　C.半年　D.一个季度

5.关于卡片项目的设置，下列各项说法错误的是（　　）。

A.系统项目不能删除　B.所有系统项目可以修改名称

C.卡片上的所有项目均可修改　D.已使用的自定义项目不能删除

### 二、多项选择题

1.下列固定资产中能通过［原始卡片录入］功能录入系统的有（　　）。

A. 开始使用日期为2019-01-10，录入时间为2020-02-10

B. 开始使用日期为2020-01-10，录入时间为2019-02-10

C. 开始使用日期为2020-01-10，录入时间为2020-02-10

D. 开始使用日期为2020-01-10，录入时间为2020-01-22

2.下列各项能在初始化过程中设置的参数有（　　）。

A.主要折旧方法　B.使用年限

C.固定资产编码方式　D.折旧汇总分配周期

3.在固定资产卡片录入过程中，下列各项可以更改的有（　　）。

A.录入人　B.固定资产名称　C.存放地点　D.对应折旧科目

4.在固定资产管理子系统初始化时，发现主要折旧方法选择有误，可采取的更改方法有（　　）。

A. 以后在定义固定资产类别时再选择修改

B. 初始化完成前，使用［上一步］到折旧信息中修改

C. 初始化完成后，使用［上一步］到折旧信息中修改

D. 初始化完成后，在“设置-选项”中进行重新设置

5.固定资产管理子系统的作用有（　　）。

A. 完成企业固定资产日常业务的核算和管理

B. 反映固定资产的增加、减少、原值变化及其他变动

C. 生成固定资产卡片

D. 自动计提折旧

### 三、判断题（正确的打“√”，错误的打“×”）

1. 固定资产结账前必须与总账对账一致。（ ）

2. 固定资产系统正常运行后，如果发现账套错误很多或太乱，可以选择［维护］—［重新初始化账套］功能将账套内容全部清空。（ ）

3. 首次使用固定资产管理子系统时，应先选择对账套进行初始化。（ ）

4. 在固定资产初始化过程中，账套启用日期既能查看，也能修改。（ ）

5. 企业在使用固定资产管理子系统进行核算前，必须将原始卡片资料录入系统，保持历史资料的连续性。（ ）

# 任务三　固定资产管理子系统日常业务处理

在固定资产管理子系统基础信息设置完毕后，即可进行日常业务的核算和管理。固定资产的日常业务处理包括卡片管理、增加处理、变动处理、折旧处理、资产减少、资产盘点处理、凭证处理、账表查询等。

## 一、卡片管理

卡片管理是对固定资产系统中所有卡片进行综合管理的功能操作。通过卡片管理可以完成卡片查询、卡片修改、卡片删除、卡片打印、卡片拆分、撤销减少等功能操作。

### （一）卡片查询

卡片管理提供了固定资产卡片的查询功能，输入查询条件后，即可查询单张卡片，也可以查询卡片汇总信息，如图6-12所示。每一张卡片在固定资产列表中显示为一条记录行，通过这条记录行可以查看该项固定资产的简要信息，如果想要查看详细情况，从卡片管理列表中双击要查看的卡片，即显示单张卡片的详细内容。

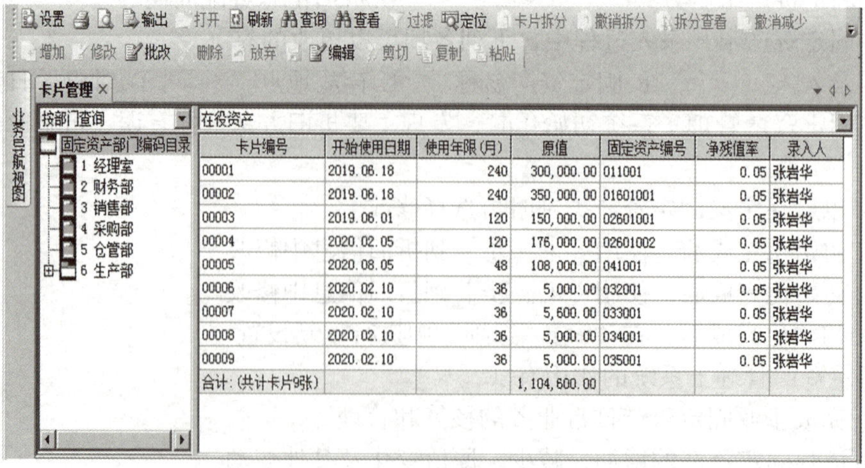


图6-12　固定资产卡片查询

### （二）卡片修改

当用户在使用过程中发现卡片录入有错误，或需要修改卡片内容时，可通过卡片［修改］功能实现，这种修改为无痕迹修改。

### （三）卡片删除

卡片删除是指把卡片资料从系统内彻底清除，而不是资产清理或者资产减少。卡片删除应注意以下情况：

1. 卡片录入当月若发现录入有错误，在没有制作凭证、变动单、评估单的情况下，若删除该卡片，可通过卡片［删除］功能实现，删除后如果该卡片不是最后一张，卡片编号保留空号。

2. 如果已制作了变动单、评估单，需要删除变动单、评估单后才能修改。

3. 如果已制作凭证，要修改原值和累计折旧，则必须删除凭证后才能修改。

【请注意】非本月录入的固定资产原始卡片，不能删除；固定资产卡片做过一次月末结账后，不能删除。

### （四）撤销减少

查询卡片时，默认显示在役资产，如果已经做了资产减少的卡片，可以在“已减少资产”中查询，如果需要撤销资产减少操作，可以选择需要撤销的卡片，利用［撤销减少］功能完成。

## 二、增加处理

### （一）资产增加

在企业日常工作中，会通过购进、投资者投入、捐赠或其他方式增加固定资产，该部分固定资产信息则通过［资产增加］功能录入固定资产管理子系统。其录入方法与原始卡片录入相同，所不同的是原始卡片的开始使用日期应在输入月份之前，而新增卡片的开始使用日期应与输入月份相同；原始卡片中可以自动显示月折旧额和月折旧率，但新增卡片由于尚未计提折旧，无法显示月折旧额和月折旧率。

【例6-7】1月5日，为经理室购入大众轿车一辆，收到增值税专用发票一张，价款为210 000元，增值税为27 300元，价税合计237 300元，以建设银行转账支票（票号：82345604）支付。净残值率为5%，预计使用年限为4年。

微课

固定资产增加处理

操作路径：(1) 执行［业务工作］—［财务会计］—［固定资产］—［卡片］—［资产增加］命令，在弹出的［固定资产类别档案］窗口中，选择［交通运输设备］，进入［固定资产卡片］界面，录入卡片，如图6-13所示。

(2) 卡片录入完毕，点击［保存］，系统提示“数据成功保存!”，点击［确定］，弹出生成的凭证，选择凭证类型为“付款凭证”，录入结算方式、票号和流量，点击［保存］按钮，凭证保存成功，如图6-14所示。

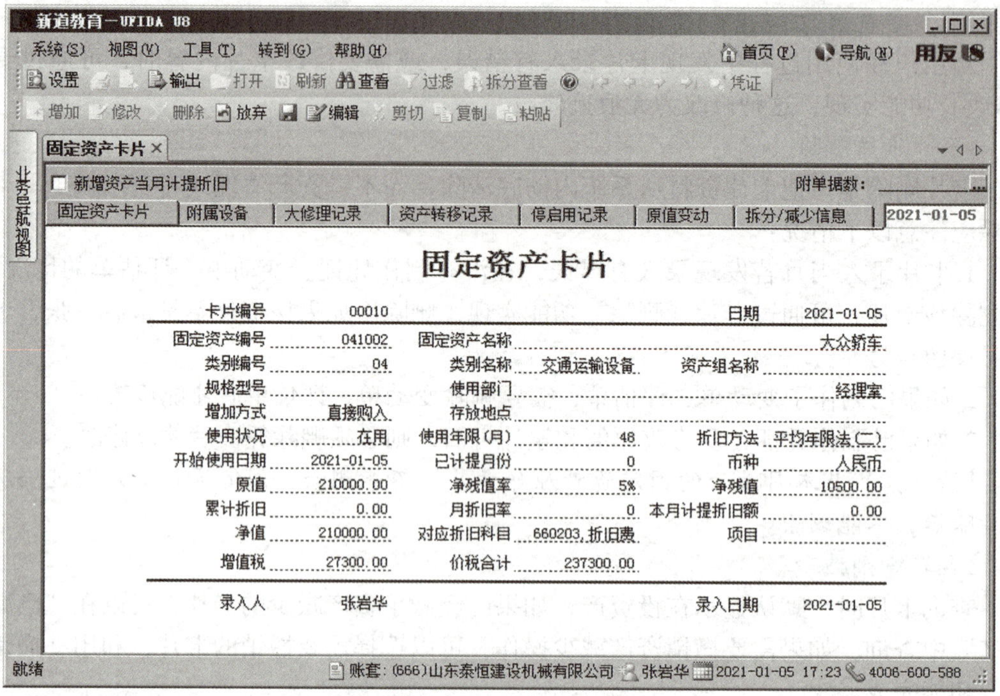


图6-13 新增固定资产卡片

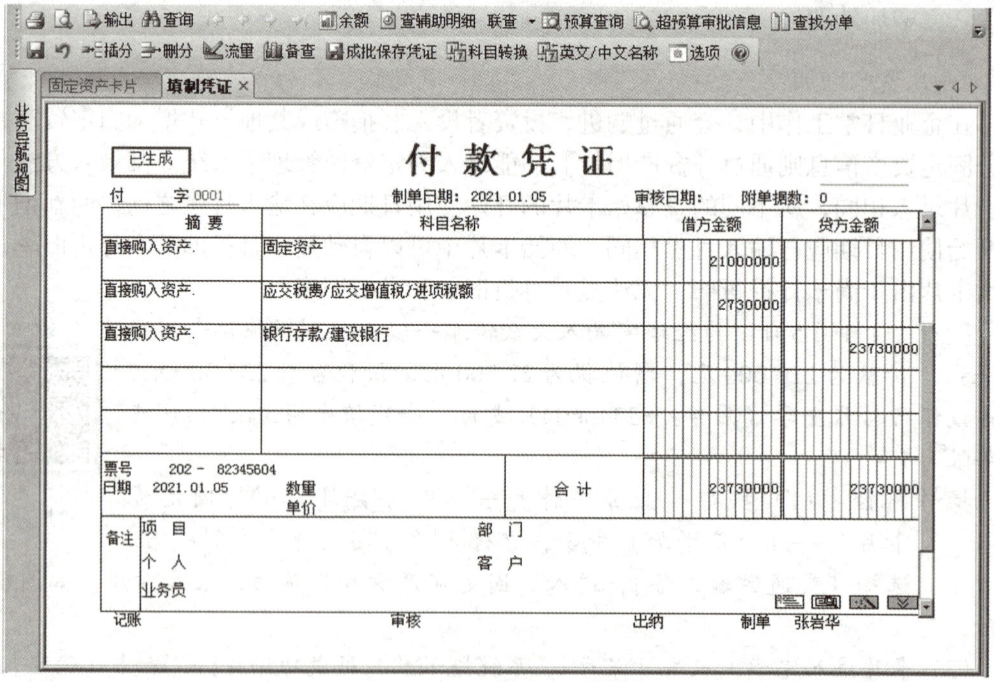


图6-14 新增固定资产凭证

## （二）采购资产

固定资产管理子系统与采购管理子系统集成应用时，对于新购入的固定资产，在采购管理子系统中录入业务类型为固定资产的采购入库单，与采购发票结算后传递到本子系统，利用［采购资产］功能结转生成固定资产卡片。该部分内容，在采购管理与应付款管理子系统项目中进一步详细讲解。

## 三、变动处理

固定资产在日常使用过程中，出现原值变动、部门转移、使用状况调整、使用年限调整、折旧方法调整、累计折旧调整等情况时，需要通过变动单来处理，及时反映固定资产的变动情况，正确进行固定资产核算和管理。

### （一）原值变动

固定资产在使用过程中，可能会发生原值变动的情况有：根据国家规定对固定资产重新估价；增加补充设备或改良设备；将固定资产的一部分拆除；根据实际价值调整原来的暂估价值；发现原记固定资产价值有误。原值发生变动通过添加“原值变动”变动单实现。原值变动包括原值增加和原值减少两种情况。

【例6-8】15日，经理室为长城轿车添置新配件，价款为6 000元，以建设银行转账支票支付，票号：82345605。

操作路径：

（1）执行［业务工作］—［财务会计］—［固定资产］—［卡片］—［变动单］—［原值增加］命令，进入［固定资产变动单］窗口。

（2）选择卡片编号“00005 长城轿车”，输入增加金额“6000”，变动原因为“添置新配件”，如图6-15所示。

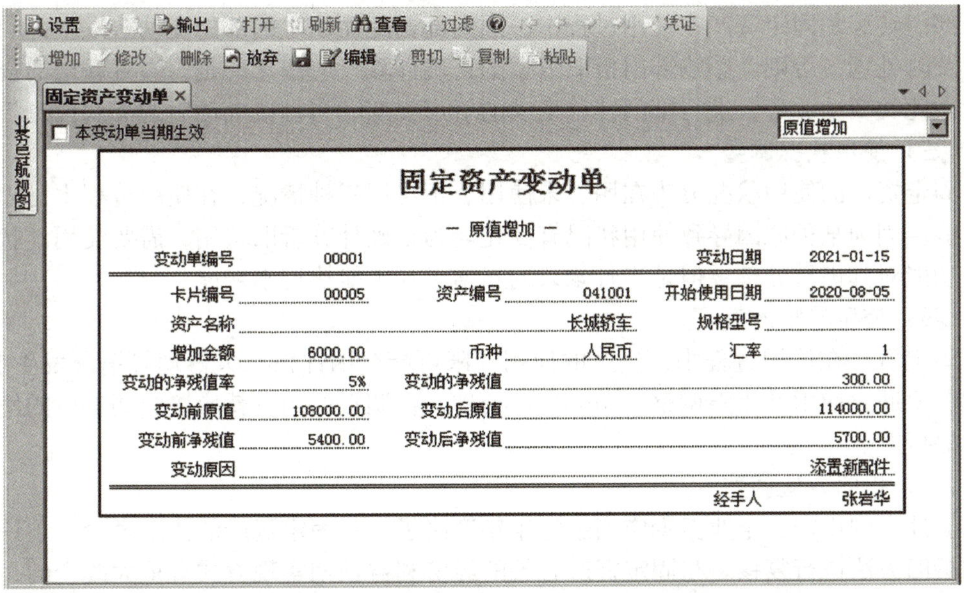


图6-15　固定资产原值增加变动单

（3）单击［保存］按钮，弹出［填制凭证］窗口，选择凭证类型为“付款凭证”，输入贷方科目“100201 银行存款/建设银行”，录入辅助项及现金流量项目，单击［保存］按钮，如图6-16所示。

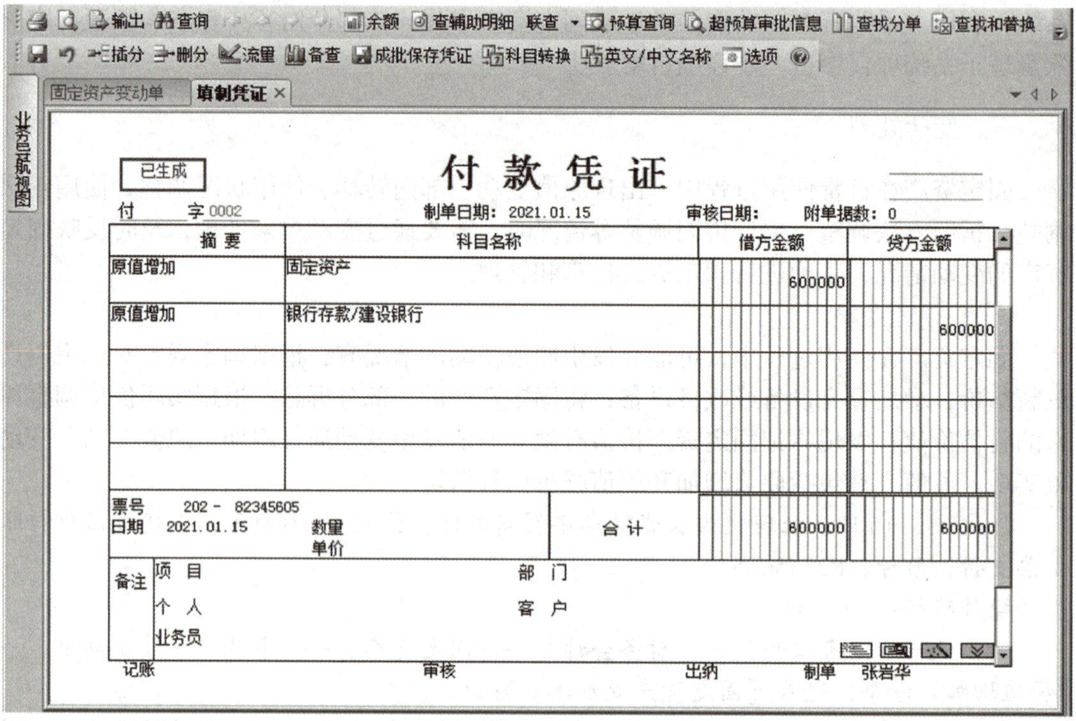


图6-16 固定资产原值增加凭证

### （二）部门转移

部门转移是固定资产在使用过程中，因内部调配而发生的部门变动。发生部门转移时应及时处理，否则会影响部门折旧数据的正确计算。应注意的是，当月新增的资产不允许做此类变动业务，进行部门转移变动的资产在变动当月按变动后的部门计提折旧。

### （三）使用状况调整

固定资产的使用状况分为在用、未使用、不需用三种情况，在使用过程中，固定资产可能会因为某种原因导致使用状况有变化。为正确计算折旧费用，需要使用［状况变动］功能对其进行处理。但是当月录入的新增卡片不能执行本功能。

### （四）使用年限调整

固定资产在使用过程中，资产的使用年限可能会因评估、大修理等情况发生变化，因此需要通过使用［年限调整］功能进行处理，在调整的当月就应按照调整后的使用年限计提折旧。

### （五）折旧方法调整

会计准则规定，企业至少应当于每年年度终了，对固定资产的使用寿命、预计净残值和折旧方法进行复核。与固定资产有关的经济利益预期实现方式有重大改变的，应当改变固定资产折旧方法。折旧方法的调整通过［折旧方法调整］功能来实现。调整折旧方法后，当月就应按照调整后的方法计提折旧。

### （六）累计折旧调整

固定资产在使用过程中，由于补提折旧或多提折旧需要调整已经计提的累计折旧，可以通过［累计折旧调整］功能实现。本月录入累计折旧调整变动单后，固定资产管理子系统会清空该资产本月已计提的折旧，需要重新计提折旧。若选项中的“累计折旧调整当期生效”选项被选中，则该变动单在本月计提折旧时生效；反之，则该变动单在下月计提折旧时生效。

### （七）期初减值准备

在系统启用之前，原始卡片通常都已经计提了固定资产减值准备，而且这些减值准备均已记账，因此需要在系统中录入固定资产减值准备的期初金额，以便进行正确的统计查询。由于这些减值准备已经登记账簿，所以不需要再记账。在计算折旧时，应当纳入当期的期初减值准备。应当注意的是，只有原始卡片才能录入期初减值准备，且只能录入一次。

### （八）计提减值准备

微课

计提减值准备

企业应当在期末，至少在每年年度终了，对固定资产进行逐项检查，如果由于市价持续下跌，或技术陈旧等原因导致其可回收金额低于账面价值，应当将可回收金额低于账面价值的差额作为固定资产减值准备。固定资产减值准备按单项资产计提。

【例6-9】31日，因数控加工车床的市场实际价值下降，计提减值准备15 000元。

操作路径：(1) 执行［业务工作］—［财务会计］—［固定资产］—［卡片］—［变动单］—［计提减值准备］命令，进入［固定资产变动单］窗口。选择卡片编号“00003”，输入减值准备金额“15 000”、变动原因“市场实际价值下降”，如图6-17所示。

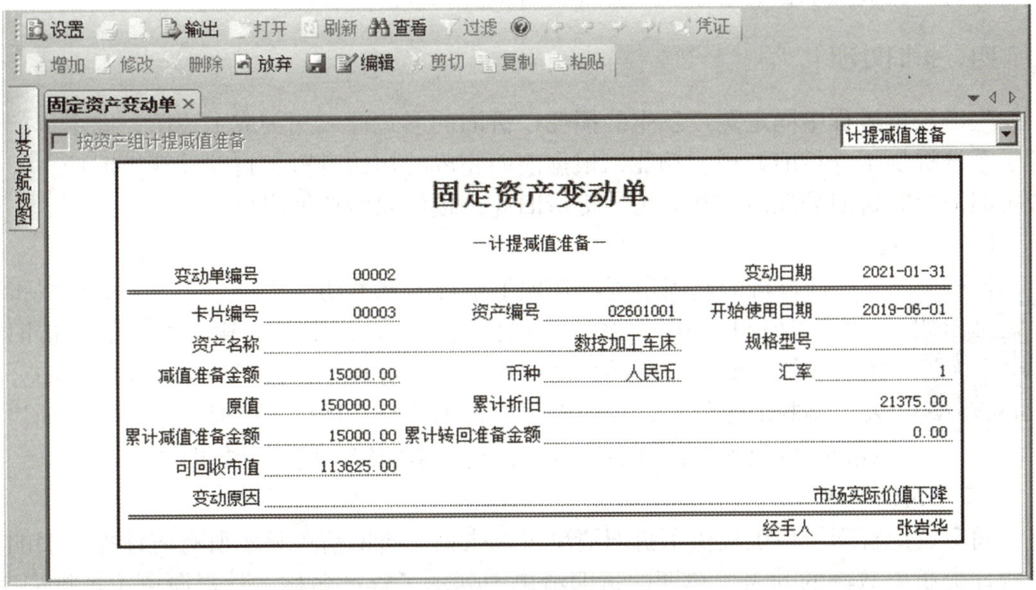


图6-17　固定资产计提减值准备变动单

(2) 单击［保存］按钮，弹出［填制凭证］窗口，选择凭证类型为“转账凭证”，输入借方科目“资产减值损失（6701）”，单击［保存］按钮，如图6-18所示。

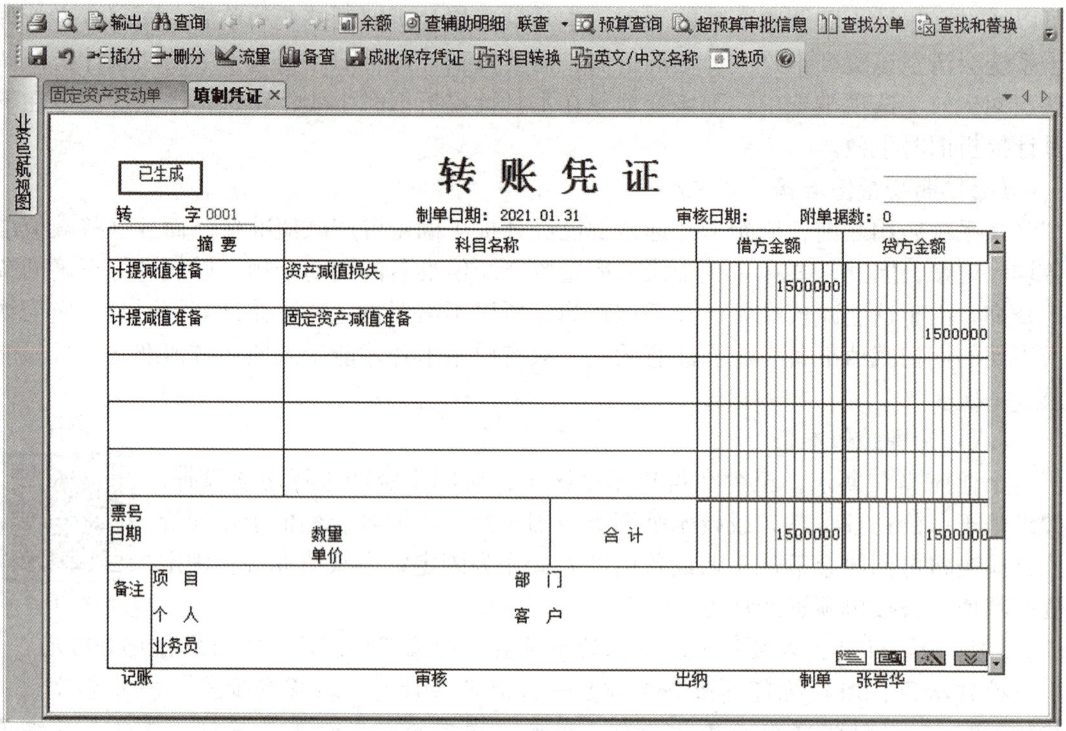


图6-18　固定资产计提减值准备凭证

【请注意】变动单不能修改，只能当月删除重做，因此，要仔细检查后再保存。本月录入的计提减值准备变动单在下月计提折旧时生效。

## 四、折旧处理

生产经营过程中固定资产发生的损耗以折旧的形式计入相关成本费用，固定资产管理子系统提供了［折旧处理］功能，根据前面完成的初始设置，自动计算折旧额，并生成折旧清单和折旧分配表，从而为计提折旧凭证提供原始单据附件。

### （一）计提折旧

微课

计提折旧

计提折旧是固定资产管理子系统的基本功能之一，系统每期计提折旧一次。计提折旧时，系统会根据用户在资产卡片上输入的原值、折旧方法、残值、期限等资料自动计算每项固定资产的折旧额，并生成折旧分配表，编制记账凭证，将本期折旧费用记账。计提折旧时，系统会自动将本期折旧累积到累计折旧项目中，更新本期资产的累计折旧。

### （二）折旧清单

固定资产管理子系统提供了折旧清单可供查询。折旧清单显示所有应计提折旧的资产所计提折旧数额的列表，单期的折旧清单中列示了资产名称、计提原值、月折旧率、单位折旧、月工作量、本月计提折旧额等信息。全年的折旧清单中同时列出了各资产在12个计提期间中的月折旧额、本年累计折旧等信息。

### （三）折旧分配表

每项固定资产折旧费用的分配去向，是根据使用部门的不同而确定的。系统根据设置的部门对应折旧科目将固定资产折旧额自动分配，形成折旧分配表。折旧分配表是编制记账凭证、将计提折旧额分配到成本和费用的依据。生成折旧分配表的时间是根据用户在初始设置中的选择确定的，如果选定折旧汇总分配周期为一个月，则每期计提折旧后自动生成折旧分配表。折旧分配表有两种类型：部门折旧分配表和类别折旧分配表，只能选择一个制作记账凭证。

### （四）计提折旧注意的问题

1. 在一个期间内多次计提折旧，以最后一次计提的为准，不会重复累计。若计提折旧后又进行了影响折旧的操作，需要重新计提折旧，以保证折旧计算的准确性。上一次计提的折旧已经制单但尚未记账，应该删除凭证后重新计提折旧；如果已经记账，必须冲销该凭证后，重新计提折旧。

2. 如果有固定资产采用工作量法计提折旧，计提折旧前需要输入该固定资产的当期工作量。

【例6-10】计提1月份固定资产折旧。

操作路径：(1) 执行［业务工作］—［财务会计］—［固定资产］—［处理］—［计提本月折旧］命令，弹出“是否要查看折旧清单?”提示框，点击［是］按钮，弹出“本操作将计提本月折旧，并花费一定时间，是否要继续?”提示框，点击［是］按钮，进入［折旧清单］窗口，如图6-19所示。

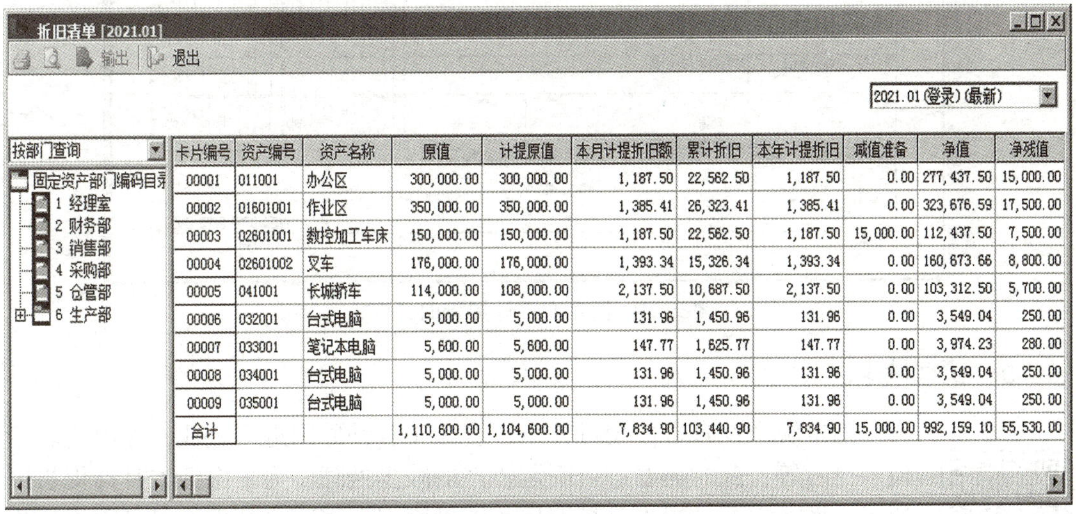


| 卡片编号 | 资产编号 | 资产名称 | 原值 | 计提原值 | 本月计提折旧额 | 累计折旧 | 本年计提折旧 | 减值准备 | 净值 | 净残值 |
|---|---|---|---|---|---|---|---|---|---|---|
| 00001 | 011001 | 办公区 | 300,000.00 | 300,000.00 | 1,187.50 | 22,562.50 | 1,187.50 | 0.00 | 277,437.50 | 15,000.00 |
| 00002 | 01601001 | 作业区 | 350,000.00 | 350,000.00 | 1,385.41 | 26,323.41 | 1,385.41 | 0.00 | 323,676.59 | 17,500.00 |
| 00003 | 02601001 | 数控加工车床 | 150,000.00 | 150,000.00 | 1,187.50 | 22,562.50 | 1,187.50 | 15,000.00 | 112,437.50 | 7,500.00 |
| 00004 | 02601002 | 叉车 | 176,000.00 | 176,000.00 | 1,393.34 | 15,326.34 | 1,393.34 | 0.00 | 160,673.66 | 8,800.00 |
| 00005 | 041001 | 长城轿车 | 114,000.00 | 108,000.00 | 2,137.50 | 10,687.50 | 2,137.50 | 0.00 | 103,312.50 | 5,700.00 |
| 00006 | 032001 | 台式电脑 | 5,000.00 | 5,000.00 | 131.96 | 1,450.96 | 131.96 | 0.00 | 3,549.04 | 250.00 |
| 00007 | 033001 | 笔记本电脑 | 5,600.00 | 5,600.00 | 147.77 | 1,625.77 | 147.77 | 0.00 | 3,974.23 | 280.00 |
| 00008 | 034001 | 台式电脑 | 5,000.00 | 5,000.00 | 131.96 | 1,450.96 | 131.96 | 0.00 | 3,549.04 | 250.00 |
| 00009 | 035001 | 台式电脑 | 5,000.00 | 5,000.00 | 131.96 | 1,450.96 | 131.96 | 0.00 | 3,549.04 | 250.00 |
| 合计 | | | 1,110,600.00 | 1,104,600.00 | 7,834.90 | 103,440.90 | 7,834.90 | 15,000.00 | 992,159.10 | 55,530.00 |

图6-19　固定资产折旧清单

(2) 点击［退出］按钮，提示“计提折旧完成!”，点击［确定］，显示［折旧分配表］窗口，如图6-20所示。

(3) 点击工具栏［凭证］按钮，进入［填制凭证］窗口，选择凭证类型为“转账凭证”，单击［保存］按钮，如图6-21所示。

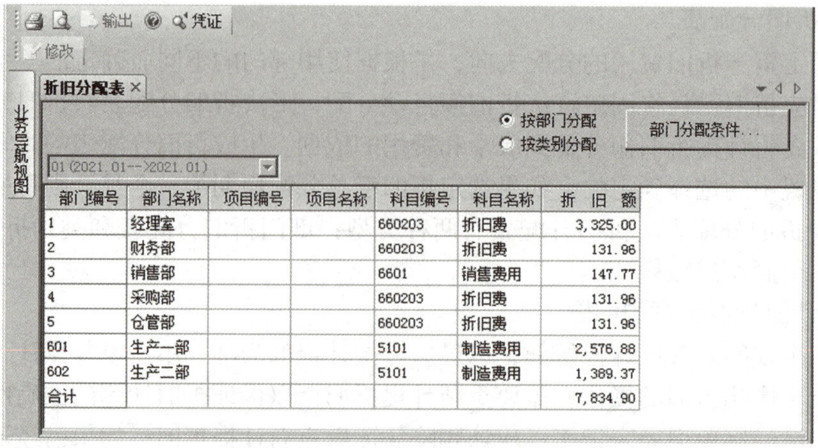


| 部门编号 | 部门名称 | 项目编号 | 项目名称 | 科目编号 | 科目名称 | 折 旧 额 |
|---|---|---|---|---|---|---|
| 1 | 经理室 | | | 660203 | 折旧费 | 3,325.00 |
| 2 | 财务部 | | | 660203 | 折旧费 | 131.96 |
| 3 | 销售部 | | | 6601 | 销售费用 | 147.77 |
| 4 | 采购部 | | | 660203 | 折旧费 | 131.96 |
| 5 | 仓管部 | | | 660203 | 折旧费 | 131.96 |
| 601 | 生产一部 | | | 5101 | 制造费用 | 2,576.88 |
| 602 | 生产二部 | | | 5101 | 制造费用 | 1,389.37 |
| 合计 | | | | | | 7,834.90 |

图6-20 折旧分配表

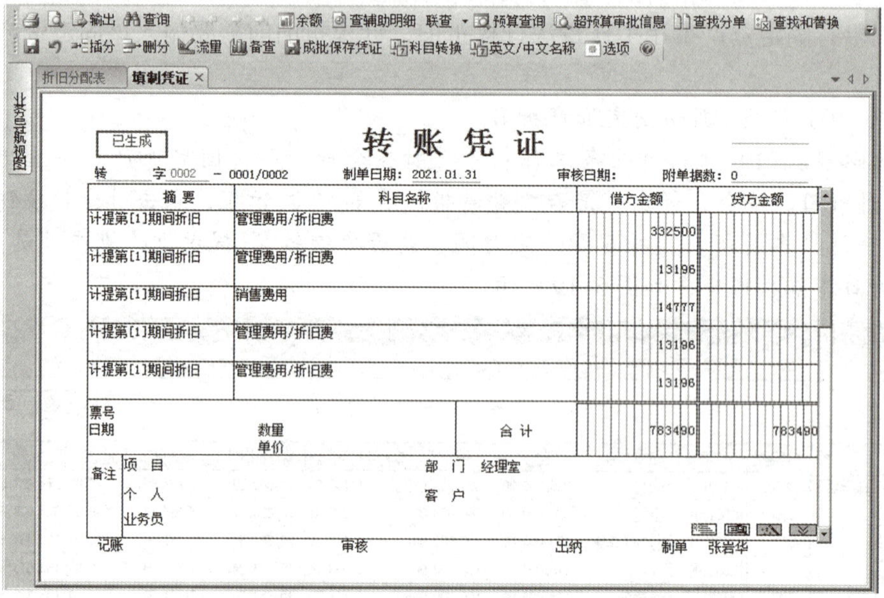


图6-21 固定资产计提折旧凭证

## 五、资产减少

微课

固定资产报废

固定资产在日常使用过程中，会由于各种原因退出企业，如出售、毁损、盘亏等，此时需要进行固定资产的减少处理。为了保证本月计提折旧的正确性，需要计提本月折旧后才能做固定资产减少处理。对于因误操作减少的资产，可以使用系统提供的纠错功能来恢复。只有当月减少的资产才可以恢复。如果资产减少已生成凭证，必须删除凭证后才能恢复。同时，固定资产管理子系统也可以进行资产减少的批量操作，为同时清理一批资产提供方便。

【例6-11】31日，仓管部台式电脑提前报废，进行资产清理。

操作路径：

(1) 执行［业务工作］—［财务会计］—［固定资产］—［卡片］—［资产减少］

命令，单击卡片编码栏选择按钮，卡片编号选择“00009”，减少方式选择“报废”，录入清理原因“提前报废”，如图6-22所示。

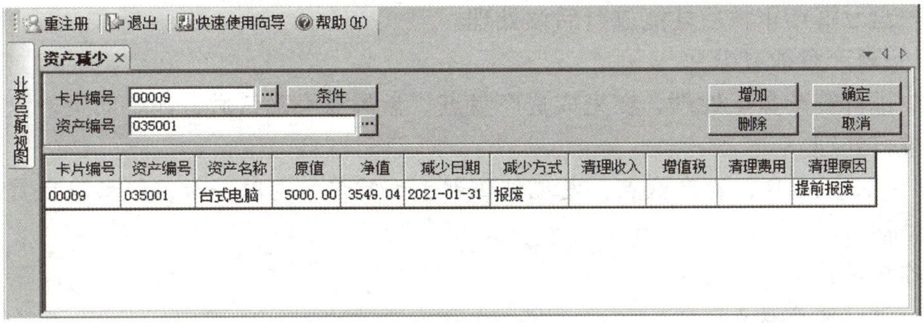


图6-22　固定资产减少

（2）点击［确定］按钮，弹出“所选卡片已减少成功！”提示框，点击［确定］，进入［填制凭证］窗口，选择凭证类型为“转账凭证”，单击［保存］按钮，如图6-23所示。

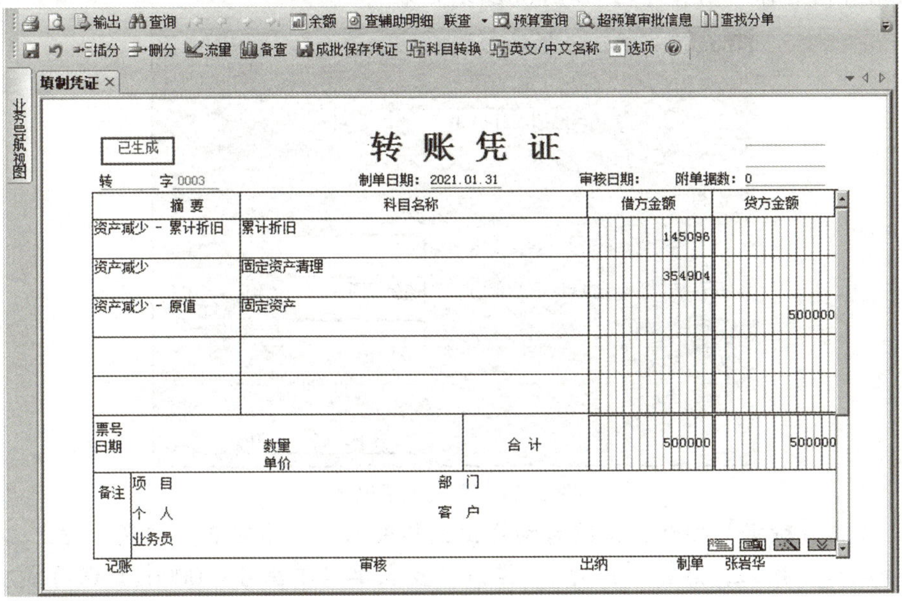


图6-23　固定资产报废凭证

## 六、资产盘点处理

为了对固定资产进行管理，企业要定期对固定资产进行清查，至少每年清查一次，清查通过盘点实现。系统提供三种盘点方式：按资产类别盘点、按使用部门盘点、按使用状态盘点。可以同时选择按资产类别盘点及按使用部门盘点，按使用状态盘点不能与其他盘点方式同时选择。资产盘点的处理步骤分为资产盘点、盘盈盘亏确认、资产盘盈或盘亏。

### （一）资产盘点

资产盘点是在对固定资产进行实地清查后，将清查的实物数据录入固定资产系统与账面数据进行比对，并由系统自动生成盘点结果清单的过程。

### （二）盘盈盘亏确认

企业完成资产盘点生成盘点单后，要对盘盈盘亏的结果进行审核，同时录入处理意见，盘盈盘亏资产审核后才能进行后续处理。

### （三）资产盘盈或盘亏

企业进行资产盘点处理，在完成资产盘点、盘盈盘亏确认后，还要对资产盘盈或盘亏结果进行处理。

【例6–12】31日，资产盘点，发现销售部丢失笔记本电脑一台，经批准由员工赵景涛个人赔偿。

操作路径：

第一步：资产盘点。

（1）执行［业务工作］—［财务会计］—［固定资产］—［卡片］—［资产盘点］命令，进入［资产盘点］对话框。点击工具栏［增加］按钮，进入［新增盘点单–数据录入］窗口，点击工具栏［范围］，弹出［盘点范围设置］窗口，勾选“按使用部门盘点”，使用部门选择“销售部”，如图6–24所示。

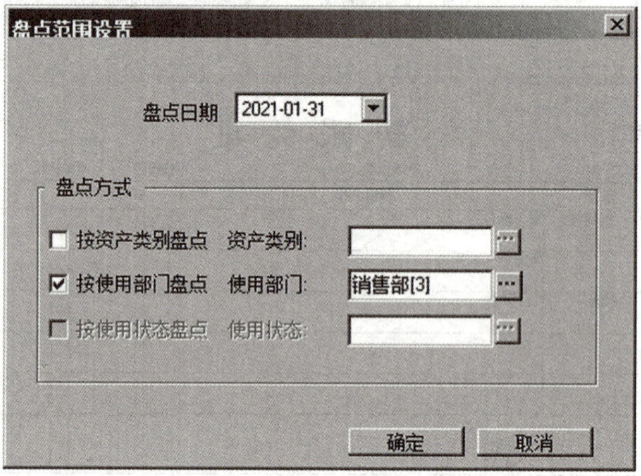


图6–24　盘点范围设置

（2）点击［确定］按钮，系统自动弹出销售部的一行固定资产信息，打上选择标记后点击［删行］按钮，点击［保存］，弹出“盘点单（单据号：00001）保存成功！”提示框。点击［确定］按钮，再点击［退出］按钮。形成一张盘点单，如图6–25所示。

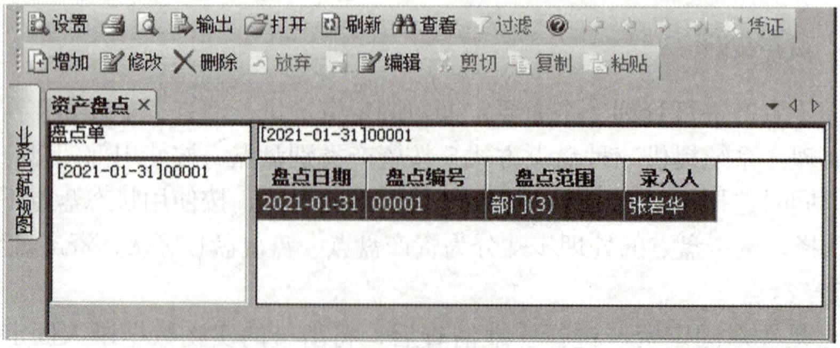


图6–25　盘点单

第二步：盘盈盘亏确认。

执行［业务工作］-［财务会计］-［固定资产］-［卡片］-［盘点盈亏确认］命令，进入［盘盈盘亏确认］窗口，审核选择“同意”，处理意见输入“员工赵景涛个人赔偿”，点击［保存］。提示“保存成功！”，返回界面如图6-26所示。

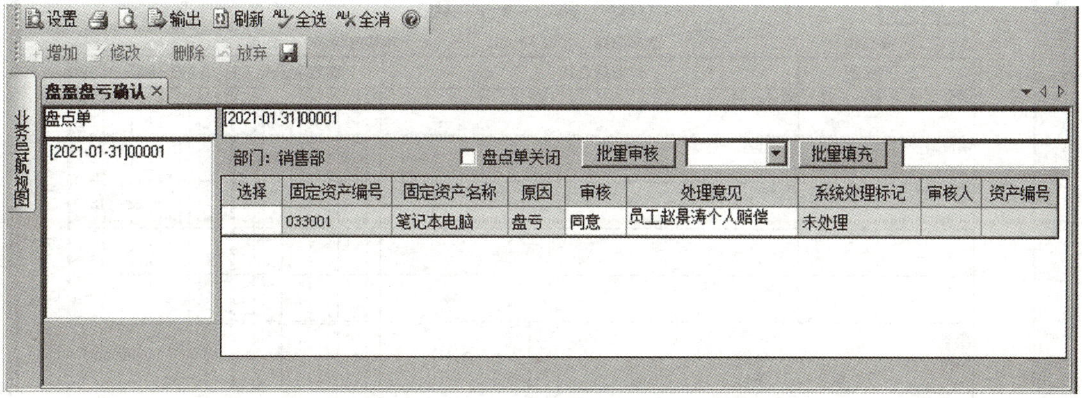


图6-26　盘盈盘亏确认

【请注意】如存在多张需要审核的盘点单，对审核结果和处理意见一致的，可采用“批量审核”和“批量填充”进行处理。

第三步：资产盘盈或盘亏处理。

(1) 执行［业务工作］—［财务会计］—［固定资产］—［卡片］—［资产盘亏］命令，进入［资产盘亏］窗口，在选择处加上标记后，点击［盘亏处理］，进入［资产减少］窗口，输入清理原因“资产盘亏”，如图6-27所示。

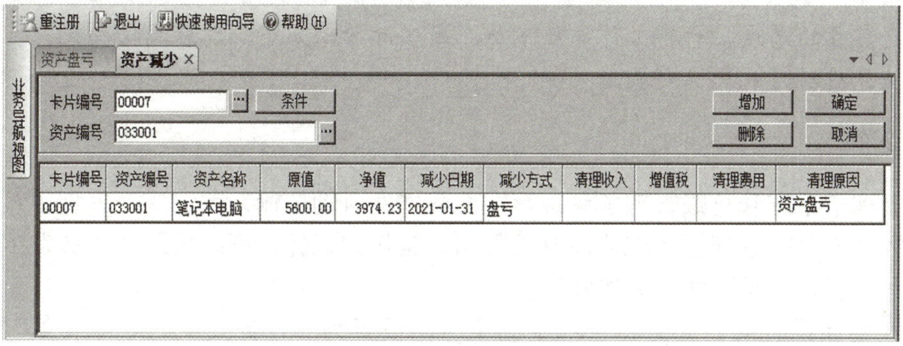


微课

固定资产盘亏

图6-27　盘亏处理

(2) 点击［确定］，弹出“所选卡片已经减少成功！”提示框，点击［确定］按钮，进入［填制凭证］窗口，选择凭证类型为“转账凭证”，单击［保存］按钮，如图6-28所示。

【请注意】①所有审核同意记录都进行了盘盈或盘亏处理后，该盘点单自动关闭；②不需要再进行盘盈或盘亏资产操作的盘点单，可以手工关闭；③已关闭的盘点单不能进行后续盘盈或盘亏操作；④已进行盘盈或盘亏资产操作的记录，系统自动标记为已处理。

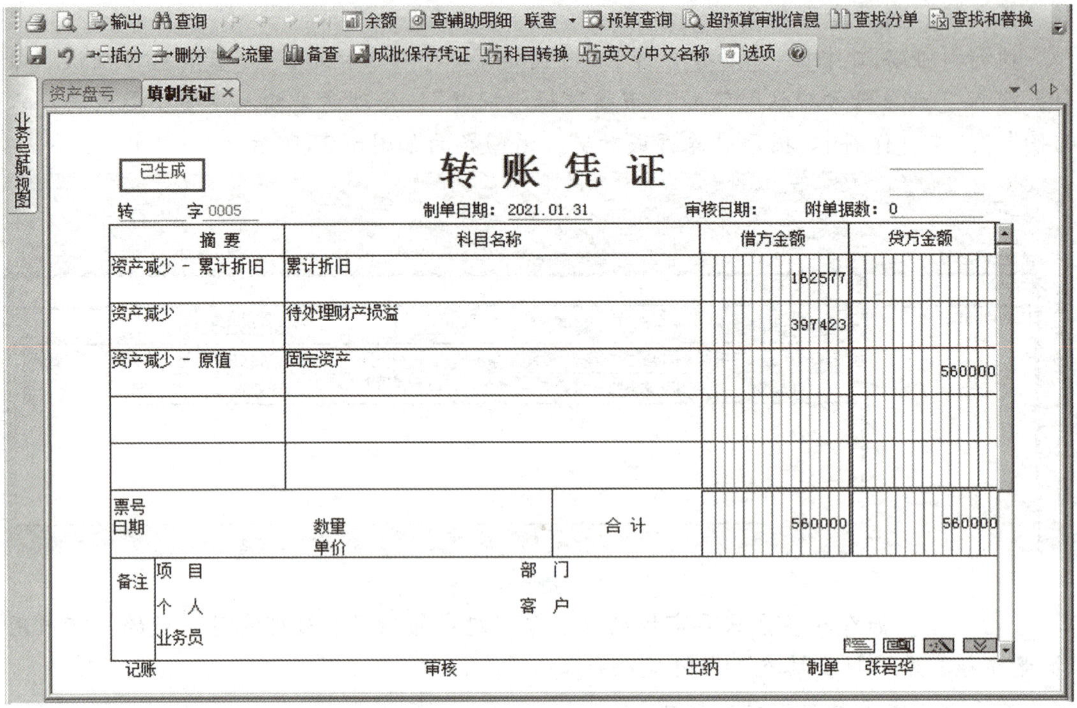


图6-28 盘亏凭证

【明德善思】固定资产盘点是企业把控资产状况、维系运营的关键，直接影响资源配置、财务健康与战略决策。在盘点工作中，责任意识不可或缺。盘点人员需如实记录资产情况，稍有敷衍就会账实不符。未来步入职场，同学们应将责任意识融入每个环节，要秉持高度负责的态度，对待工作一丝不苟，用实际行动为企业发展添砖加瓦，实现个人职业价值，推动行业良性发展。

## 七、凭证处理

固定资产管理子系统和总账管理子系统存在着数据的自动传输，固定资产管理子系统会通过记账凭证向总账管理子系统传递有关数据。制作记账凭证可以采取“业务发生后立即制单”和“批量制单”两种方法实现。

在固定资产初始设置时，如果将选项中制单时间设置为“业务发生后立即制单”，在进行固定资产增减、变动处理、资产评估、资产盘点相关业务处理时，系统直接进入填制凭证窗口完成制单。

在固定资产初始设置时，如果在选项中未设置“业务发生后立即制单”，则所有记账凭证均要到［批量制单］窗口中完成制单。［批量制单］功能可同时将一批需制单业务连续制作凭证，并传递到总账管理子系统，避免了多次制单的烦琐。

## 八、账表查询

固定资产管理过程中，需要及时掌握资产的统计、汇总和其他各方面的信息。系统根据企业的日常操作，自动以报表的形式将这些信息提供给财务人员和资产管理人员。

固定资产管理子系统提供的报表包括账簿、分析表、统计表、折旧表、减值准备表五类。另外，如果所提供的报表不能满足要求，系统提供自定义报表功能，企业可以根据需要自定义要求的报表。

### （一）固定资产账簿

#### 1. 固定资产总账

固定资产总账是按部门和类别反映在一个年度内的固定资产价值变化的账页。

#### 2. 单个固定资产明细账

单个固定资产明细账可查询单个资产在查询期间发生的所有业务，包括在该期间内的资产增加或资产减少情况。

#### 3. 固定资产登记簿

固定资产登记簿可按资产所属类别或所属部门查询一定期间范围内发生的所有业务，包括资产增加、资产减少、原值变动、部门转移等。

#### 4. 部门类别明细账

部门类别明细账可查询某一类别或部门的固定资产在查询期间内发生的所有业务，包括资产增加、资产减少、原值变动、使用状况变化、部门转移、计提折旧等。

### （二）固定资产分析表

#### 1. 部门构成分析表

固定资产部门构成分析表是企业内资产在各使用部门之间的分布情况的分析统计。

#### 2. 使用状况分析表

固定资产使用状况分析表是对企业内所有资产的使用状况所做的分析汇总，使管理者了解资产的总体使用情况，尽快将未使用的资产投入使用，及时处理不需用的资产，提高资产的利用率和发挥应有的效能。

#### 3. 价值结构分析表

固定资产价值结构分析表是对企业内各类资产的期末原值和净值、累计折旧净值率等数据的分析汇总，使管理者了解资产计提折旧的程度和剩余价值的大小。

#### 4. 类别构成分析表

固定资产类别构成分析表是对企业资产的类别分别进行分析的报表。

### （三）固定资产统计表

#### 1. 评估汇总表

评估汇总表统计结果为在查询日期某使用部门内各类资产评估后价值的变动情况汇总。

#### 2. 资产评估变动表

资产评估变动表是列示所有资产评估变动数据的统计表。

#### 3. 固定资产统计表

固定资产统计表是按部门或类别统计该部门或类别的资产的价值、数量、折旧、新旧程度等指标的统计表。

#### 4. 逾龄资产统计表

逾龄资产统计表是统计指定会计期间内已经超过折旧年限的逾龄资产状况的统

计表。

#### 5. 盘盈盘亏报告表

固定资产盘盈盘亏报告表反映企业以盘盈方式增加的资产和以盘亏、毁损方式减少的资产情况。因盘盈、盘亏、毁损属于非正常方式，所以通过该统计表，可以看出企业对资产的管理情况。

#### 6. 役龄资产统计表

役龄资产统计表是统计指定会计期间内在折旧年限内正常使用的资产状况的统计表。

#### 7. 固定资产原值一览表

固定资产原值一览表是按使用部门和类别交叉汇总显示资产的原值、累计折旧、净值的统计表，便于管理者掌握资产的分布情况。该表中汇总的部门是用户自己选择的部门级次，类别是类别定义中定义的第一级类别。

#### 8. 固定资产变动情况表

固定资产变动情况表反映固定资产在当年各期间增加、减少以及变动的情况。

#### 9. 采购资产统计表

采购资产统计表反映查询期间内某使用部门或资产类别由入库单生成卡片的情况。

#### 10. 固定资产到期提示表

固定资产到期提示表主要用于显示使用年限恰好到期及即将到期的资产信息，以丰富查询分析功能，提高产品的管理性能。

### （四）固定资产折旧表

#### 1. 部门折旧计提汇总表

部门折旧计提汇总表反映该账套内固定资产各级使用部门计提折旧的情况，包括计提原值和计算的折旧额信息。

#### 2. 固定资产折旧清单表

固定资产折旧清单表用于查询按资产明细列示的折旧数据及累计折旧数据信息，以完善系统报表查询功能。该报表可以按部门、资产类别查询固定资产的明细折旧数据信息。

#### 3. 固定资产折旧计算明细表

折旧计算明细表是按类别设立的，反映资产按类别计算折旧的情况，包括上月计提情况、上月原值变动和本月计提情况。

#### 4. 固定资产及累计折旧表一

固定资产及累计折旧表一是按期编制的，反映各类固定资产的原值、累计折旧（包括年初数和期末数）和本年折旧的明细情况。

#### 5. 固定资产及累计折旧表二

固定资产及累计折旧表二是固定资产及累计折旧表一的续表，反映本年截止查询期间固定资产的增减情况。

### （五）减值准备表

#### 1.减值准备总账

减值准备总账反映固定资产在当年各期间减值准备的发生情况。

#### 2.减值准备余额表

减值准备余额表反映固定资产在当年各期间减值准备的余额发生情况。

#### 3.减值准备明细账

减值准备明细账反映在某一期间各固定资产减值准备的明细发生情况。

## 同步训练

### 一、单项选择题

1.在固定资产管理子系统中，实施资产评估包括3个步骤，其正确顺序是（ ）。

A.选择要评估的资产—选择评估项目—录入评估数据

B.选择要评估的资产—录入评估数据—选择评估项目

C.选择评估项目—录入评估数据—选择要评估的资产

D.选择评估项目—选择要评估的资产—录入评估数据

2.下列各项可对固定资产做无痕迹修改的是（ ）。

A.没有做变动单或评估单的原始卡片的原值项目，在录入当月

B.没有做变动单或评估单的原始卡片的原值项目，做过一次月末结账后

C.做过变动单或评估单的原始卡片的使用部门项目，删除变动单或评估单后，并做过一次月末结账后

D.做过变动单或评估单的原始卡片的使用部门项目，在录入当月

3.要从总体上了解企业所拥有固定资产的折旧计提程度，可选择的系统提供的报表是（ ）。

A.类别构成分析表　　B.部门构成分析表

C.价值结构分析表　　D.使用状况分析表

4.反映企业内资产在各使用部门之间的分布情况的分析统计表是（ ）。

A.固定资产总账　　B.部门构成分析表

C.部门折旧计提汇总表　　D.部门类别明细账

5.某企业固定资产管理子系统初始化完成后，发现误将本账套计提折旧参数设为“否”，则应采用的修改方法是（ ）。

A.重新初始化账套

B.以后再在录入固定资产卡片时修改该项

C.在［设置］—［选项］中进行重新设置

D.点击［上一步］到折旧信息中修改

### 二、多项选择题

1.对固定资产做资产评估，下列各项说法正确的有（ ）。

A. 可评估项目包括原值、累计折旧和净值三项内容
B. 生成评估单又做过变动单，必须先删除变动单才能删除评估单
C. 评估后的数据必须满足：原值 - 净值 = 累计折旧 ≥ 0
D. 评估后的数据必须满足：净值 ≥ 净残值率 * 原值

2. 要查看本月所有固定资产的增减及其他变动情况，正确的操作有（　　）。
A. 单击［卡片］—［卡片管理］，查看固定资产卡片上相关信息
B. 单击［账表］—［我的账表］—［固定资产总账］，将所有的查询条件设为空，再在总账上双击本期发生额记录行
C. 单击［账表］—［我的账表］—［（部门、类别）明细账］，将所有的查询条件设为空
D. 单击［账表］—［我的账表］—［（单个）固定资产明细账］，将所有的查询条件设为空

3. 在凭证查询窗口，能够进入单张凭证查看状态的操作有（　　）。
A. 单击［查询］按钮，并输入相关条件
B. 选中某项业务，单击［查看］按钮
C. 选中某项业务，单击［编辑］按钮
D. 选中某项业务，单击［凭证］按钮

4. 下列各项属于固定资产减少的情况的有（　　）。
A. 净值减小　　B. 到期报废　　C. 投资转出　　D. 盘亏

5. 在固定资产管理子系统中，能通过［处理］—［凭证查询］完成的任务有（　　）。
A. 查询凭证　　B. 制作凭证　　C. 修改凭证　　D. 删除凭证

### 三、判断题（正确的打“√”，错误的打“×”）

1. 当固定资产减少时，相应的固定资产卡片将被系统删除。（　　）

2. 通过［资产增加］功能录入新增固定资产卡片时，卡片中“开始使用日期”栏的年份和月份不能修改。（　　）

3. 对于固定资产系统传递到总账中的凭证，若发现该凭证制作错误，在总账中可通过［凭证修改］功能进行修改。（　　）

4. 在固定资产管理子系统中，已记账的凭证，不能通过［处理］—［凭证查询］功能删除。（　　）

5. 在固定资产管理子系统中，如果选择“在业务发生时立即制单”，凭证的摘要会根据业务情况自动填入。（　　）

## 任务四　固定资产管理子系统期末处理

固定资产管理子系统期末处理主要包括对账、月末结账和恢复到月末结账前状态等内容。

## 一、对账

固定资产管理子系统在运行时，应该保证本子系统固定资产和累计折旧的数据与总账管理子系统的数据相等，检查是否相等通过执行对账功能来实现。对账功能操作不限时间，任何时候都可以对账。在固定资产管理子系统结账前，系统自动对账一次，给出对账结果，并根据初始化时的选项判断在对账不平的情况下是否允许固定资产结账。

## 二、月末结账

固定资产管理子系统完成所有业务并制单后，可以进行月末结账。月末结账每月进行一次，结账后当期的数据不能更改。

【例6–13】2021年1月末进行月结处理。

操作路径：执行［业务工作］—［财务会计］—［固定资产］—［处理］—［月末结账］命令，单击［开始结账］—［确定］，弹出“月末结账成功完成！”提示框，如图6–29所示。单击［确定］按钮，完成固定资产月末结账工作。

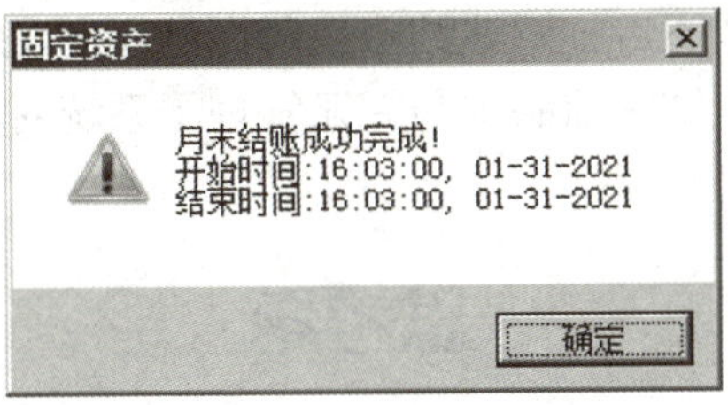


图6–29　固定资产月末结账

微课

固定资产期末处理

## 三、恢复到月末结账前状态

月末结账后，若发现结账前的操作有误，由于结账后不能修改结账前的数据，为了保证数据的正确性，固定资产管理子系统提供了一个纠错功能，即恢复到月末结账前状态，也称反结账，用户可以使用此功能恢复到结账前的状态去修改错误。

【请注意】（1）不能跨年度恢复数据，即本系统年末结转后，不能利用该功能恢复年末结转前状态；（2）因为成本管理系统每月从本系统提取折旧费用数据，因此一旦成本管理系统提取了某期的数据，该期不能反结账；（3）恢复到月末结账前状态后，对该结账后所做的所有工作都无痕迹删除。

# 同步训练

## 一、单项选择题

1. 下列各项关于固定资产结账前的表述，正确的是（　　）。

A. 必须与总账对账一致　　B. 只能计提一次折旧

C. 必须将批量制单中业务全部制单　　D. 以上都不对

2. 关于固定资产管理子系统的月末结账功能，下列各项说法正确的是（　　）。

A. 本月不结账，可以以下月日期登录系统，处理下期数据
B. 结账后发现有未处理的业务，只能在下月处理
C. 结账后，不能再以本月日期登录系统
D. 为保证数据的安全性，结账前一定要进行数据备份

### 二、多项选择题

1. 系统不允许结账，可能的原因有（　　）。
   A. 本月未提折旧
   B. 提取本月折旧后，又改变了某项固定资产的折旧方法
   C. 有固定资产增加未制单
   D. 对账不平
2. 固定资产管理子系统期末处理包括（　　）。
   A. 对账　　B. 月末结账
   C. 恢复到月末结账前状态　　D. 记账

### 三、判断题（正确的打“√”，错误的打“×”）

1. 恢复到月末结账前状态后，对该结账后所做的所有工作都无痕迹删除。（　　）
2. 固定资产管理子系统结账前必须与总账管理子系统对账一致。（　　）

## 思考题

1. 固定资产管理子系统的主要功能有哪些？
2. 固定资产管理子系统与其他子系统的关系是什么？
3. 固定资产管理子系统初始化设置包括哪些内容？
4. 固定资产管理子系统日常业务处理包括哪些功能？
5. 折旧应该注意的问题有哪些？
6. 固定资产管理子系统可以提供哪些统计分析表格？

## 实践训练

完成与本教材配套的《会计信息系统实训》教材中“实训八”的内容。

# 项目七

## 供应链管理系统初始设置

学习目标

1. 认知供应链管理系统的主要功能
2. 领会供应链管理系统的各个子系统之间的关系
3. 掌握供应链管理系统初始设置的内容
4. 具备与供应链管理相关的系统级初始设置能力
5. 能根据业务需要，完成与供应链管理相关的科目设置、参数设置和期初数据录入

知识点

计量单位　存货档案　仓库档案　采购类型　付款条件　单据格式控制参数　基本科目　结算方式科目　存货科目　存货对方科目　期初采购入库单　期初采购发票

技能点

计量单位设置　存货档案设置　仓库档案设置　基本科目设置　结算方式科目设置　存货科目设置　期初采购入库单录入　采购期初记账　取数　期初数据录入　期初对账

素养目标

1. 企业生产经营各个环节的业务单据环环相扣，供应链管理系统可以实现部门间的协作，员工应树立合作精神和团队协作意识，增强集体荣誉感
2. 社会发展对会计专业技能的要求不断提高，会计人员应牢固树立终身学习思想，勇于财务改革创新，与时俱进，实现自我完善、自我发展

## 知识结构

- 供应链管理系统初始设置
  - 认知基础
    - 功能模块
    - 各子系统之间的关系
  - 各子系统初始设置
    - 相关的系统级初始设置
    - 各子系统模块级初始设置

## 案例导入

随着山东泰恒建设机械有限公司业务量的增大，企业的销售订单和采购订单也迅速增多。为便于对供销业务进行管理，公司对用友U8V10.1供应链管理系统的运行特点和流程要求进行深入分析后，决定启用采购管理、应付款管理、销售管理、应收款管理、库存管理和存货核算六个子系统，对购销存业务进行全面管理，开展了供应链管理系统初始设置工作，具体内容如下：

（1）供应链管理系统级初始设置工作。主要设置与购销存业务处理相关的基础信息，包括存货信息、业务信息、收付结算信息、单据设置等方面的内容，为供应链管理各子系统实现信息共享。

（2）供应链管理各子系统模块级初始设置工作。主要包括采购管理、应付款管理、销售管理、应收款管理、库存管理和存货核算子系统的参数设置与期初数据处理，以及应付款管理、应收款管理和存货核算子系统的科目设置。

思考：

（1）供应链管理系统如何实现财务业务一体化？

（2）供应链管理系统初始设置包括哪些内容？

# 任务一　供应链管理系统认知基础

供应链管理系统是会计信息系统的重要组成部分，它通常以企业采购、销售、库存和存货核算业务环节中的各项经营活动为对象，记录并跟踪各项业务的发生过程，为财务核算、业务分析、管理决策提供依据，突破了会计核算软件单一财务管理局限，实现了物流、资金流、信息流管理的统一，完成了企业从财务管理到财务业务一体化的全面管理，是适用于工商业使用的一套管理系统。

## 一、供应链管理系统的功能模块

供应链管理系统主要包括合同管理、采购管理、委外管理、销售管理、库存管理、存货核算、售前分析、质量管理等子系统。一方面，它涵盖了和客户接触的销售、出口业务，将客户端需要的信息通过客户关系管理、电商整合到ERP系统中，并在供应链管理系统中传递客户订货信息和跟踪执行状况；另一方面，它通过采购、库存、质量管理实现了对物料的订、进、收、验、存、管、记的全流程管控，并与制造集成，保证按时、按质、按量进行交付。供应链管理系统的功能模块如图7-1所示。

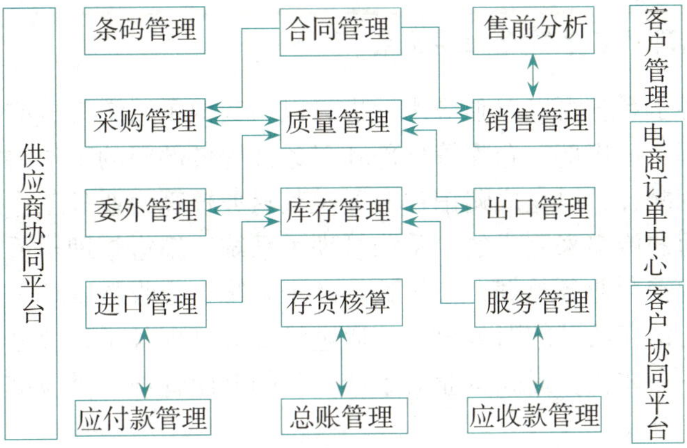


图7-1　供应链管理系统的功能模块

供应链管理系统由众多子系统构成，功能强大，应用复杂，但从实际应用的角度考虑，本书主要介绍采购管理、销售管理、库存管理和存货核算四个主要子系统。

### （一）采购管理子系统

采购管理子系统帮助企业对采购业务的全部流程进行管理，提供请购、订货、到货、检验、入库、开票、采购结算的完整采购流程，支持普通采购、受托代销、直运等多种类型的采购业务，支持按询价比价方式选择供应商，支持以订单为核心的业务模式。企业还可以根据实际情况进行采购流程的定制，既可按规范的标准流程操作，又可按最简约的流程来处理实际业务，方便企业构建自己的采购业务管理平台。

### （二）销售管理子系统

销售管理子系统帮助企业对销售业务的全部流程进行管理，提供报价、订货、发货、开票的完整销售流程，支持普通销售、委托代销、分期收款、直运、零售、销售调拨等多种类型的销售业务，支持以订单为核心的业务模式，并可对销售价格和信用进行实时监控。企业可以根据实际情况进行销售流程的定制，构建自己的销售业务管理平台。

### （三）库存管理子系统

库存管理子系统主要是从数量的角度管理存货的出入库业务，能够满足采购入库、销售出库、产成品入库、材料出库、其他出入库、盘点管理等业务需要，提供多计量单位使用、仓库货位管理、批次管理、保质期管理、出库跟踪、入库管理、可用量管理等全面的业务应用。通过对存货的收发存业务处理，及时、动态地掌握各种库存信息，对库存的安全性进行控制，提供各种储备分析，避免库存积压占用资金或因材料短缺影响生产。

### （四）存货核算子系统

存货核算子系统是从资金的角度管理存货的出入库业务，掌握存货耗用情况，及时、准确地把各类存货成本归集到各成本项目和成本对象上。存货核算主要用于核算企业的入库成本、出库成本、结余成本，反映和监督存货的收发、领退和保管情况，反映和监督存货的资金占用情况，动态反映存货资金的增减变动，提供存货资金周转和占用分析，以降低库存、减少资金积压。

## 二、供应链管理各子系统之间的关系

供应链管理各子系统可以单独应用，也可以与其他子系统集成应用。在企业日常经营活动中，采购部、销售部、仓库管理部和财务部等各部门的工作内容不同，在业务处理时需要相互协调配合，以完成购销存业务及其财务核算，业务工作的延续性是通过单据在不同部门之间的传递来完成的。采购管理子系统、销售管理子系统和库存管理子系统主要处理企业购销存业务单据，应付款管理子系统、应收款管理子系统和存货核算子系统侧重于进行购销存活动的财务核算，通过供应链管理各子系统之间单据和数据的传递，实现财务业务一体化，提高企业对生产经营的全面管理。供应链管理各子系统之间的关系，如图7-2所示。

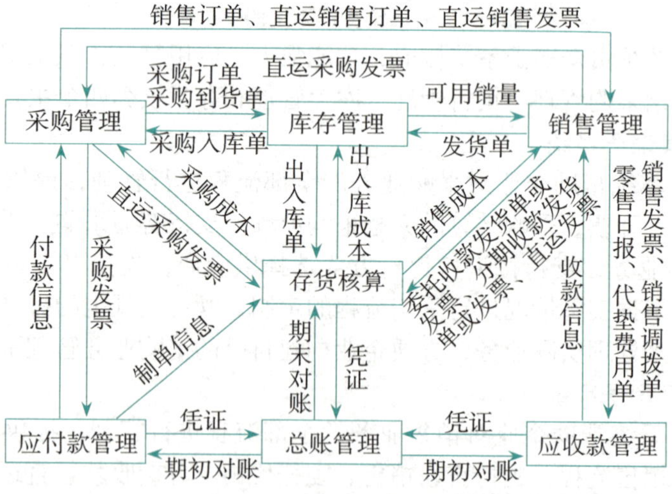


图7-2　供应链管理各子系统之间的关系

【明德善思】供应链管理系统的有效运转，需要每一名操作员树立爱岗敬业精神，及时、正确地录入和审核单据，避免扯皮和推诿现象发生，勇于担当、敢于负责，保证单据在各部门、各成员之间的高效流转，实现业财信息共享和数据挖掘分析，充分体现信息决策价值。通过供应链管理系统案例实操，可以强化沟通协调能力和团队合作能力，培养岗位适应能力和职业素养，深层次体会全局观念、系统化思维。

## 同步训练

### 一、单项选择题

1. 下列各项中不属于供应链管理系统的是（　　）。

A. 采购管理子系统　　B. 销售管理子系统

C. 薪资管理子系统　　D. 库存管理子系统

2. 下列各项中与存货核算子系统没有直接关系的是（　　）。

A. 采购管理子系统　　B. 销售管理子系统

C. 总账管理子系统　　D. 应收款管理子系统

### 二、判断题（正确的打“√”，错误的打“×”）

1. 供应链管理系统是适合工业企业使用的一套完整的管理系统，不适合商业企业使用。（　　）

2. 供应链管理系统突破了会计核算软件单一财务管理的局限，实现了物流、资金流、信息流管理的统一。（　　）

# 任务二　供应链管理各子系统初始设置

供应链管理系统的初始设置主要包括采购管理子系统、销售管理子系统、库存管理子系统和存货核算子系统的初始设置，由于企业在处理采购和销售业务时会涉及收付款业务，在此把应付款管理子系统和应收款管理子系统的初始设置一并讲述。

在应用供应链管理系统处理日常业务前，需要进行与购销存业务相关的系统级初始设置，以便为供应链管理各子系统共享使用。同时，在完成供应链管理相关的系统级初始设置的基础上，再进行供应链管理各子系统的模块级初始设置，以满足企业对各个子系统的经营管理需要。

## 一、与供应链管理相关的系统级初始设置

与供应链管理相关的系统级初始设置包括账套建立与修改，以及“用户权限”“机构人员”“客商信息”“财务信息”“存货信息”“业务信息”“收付结算信息”“单据设置”等方面的设置。在前面项目中，已讲述了“用户权限”“机构人员”“客商信息”“财务信息”等基础信息设置，在启用供应链管理相关的子系统后，还需要增设与业务处理相关的基础信息设置，即“存货信息”“业务信息”“收付结算信息”“单据设置”等，从而实现对物流、资金流的统一管理。

### （一）存货信息设置

存货信息设置包括存货分类、计量单位和存货档案的设置。

### 1. 存货分类

微课

设置存货分类

每个企业的存货构成和对存货的管理要求各不相同，一般而言，如果企业的存货构成简单、品种规格较少，可以不进行存货分类；但是如果企业的存货构成复杂，并对存货管理要求严格，需要按照一定的标准进行存货分类管理。因此，企业可以根据自身的存货特点和对存货管理的严格程度，决定是否进行存货分类。

存货分类是指按照存货固有的特征或属性将存货划分为不同的类别。企业可以通过存货分类管理，实现存货数据的统计和分析。工业企业可以将存货分为原材料、产成品、应税劳务等，商业企业可以将存货分为商品和应税劳务等。

存货分类最多可分8级，编码总长不能超过30位，每级级长用户可自由定义。存货分类用于设置存货分类编码、分类名称及所属经济分类。其中分类编码必须唯一，必须按其级次的先后次序建立；分类名称必须输入，不得为空。

【例7-1】设置存货分类，见表7-1。

表7-1 存货分类

| 存货分类编码 | 存货分类名称 |
| --- | --- |
| 01 | 原材料 |
| 02 | 周转材料 |
| 03 | 库存商品 |
| 09 | 其他 |

操作路径：以“2001高文博”的身份登录企业应用平台，执行［基础设置］—［基础档案］—［存货］—［存货分类］命令，进入［存货分类］窗口，完成存货分类的［增加］、［修改］、［删除］等操作，如图7-3所示。

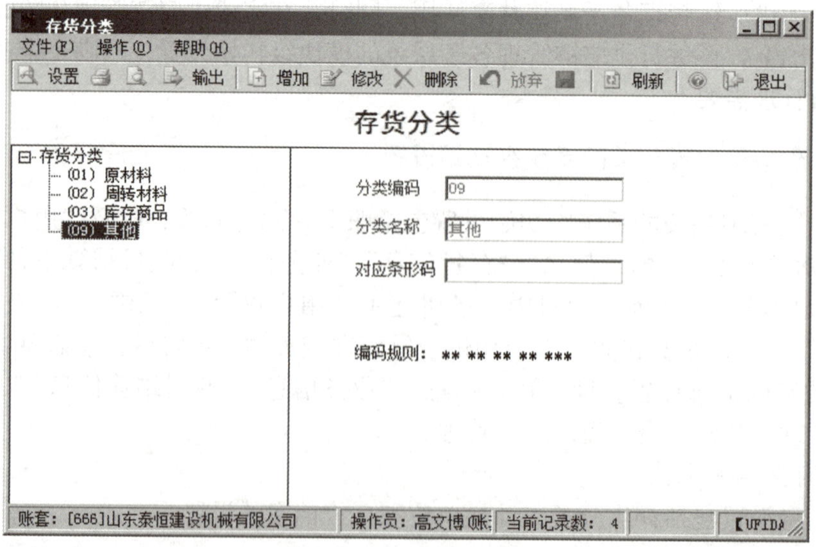


图7-3 设置存货分类

### 2. 计量单位

微课

设置计量单位

企业不同的存货可以采用不同的计量单位，有时同一种存货有多种计量单位，并可在多个计量单位之间进行换算。例如，企业在采购材料时按吨计量，而在使用时由于分批领用需按千克计量。因此，企业需要根据存货计量属性的不同来设置多种计量单位。在设置计量单位时，需要根据存货计量单位的个数及计量单位之间的换算关系，先设置计量单位组，再在计量单位组下增加具体计量单位的内容。

计量单位组分无换算、浮动换算、固定换算三种类别，每个计量单位组中有一个主计量单位、多个辅助计量单位，可以设置主辅计量单位之间的换算率；还可以设置采购、销售、库存和成本系统所默认的计量单位。

【例7-2】设置计量单位组及计量单位，见表7-2。

表7-2 计量单位组及计量单位

| 计量单位组编码 | 计量单位组名称 | 计量单位组类别 |
|---|---|---|
| 01 | 数量 | 无换算率 |
| 02 | 重量 | 固定换算率 |
| 计量单位编号 | 计量单位名称 | 所属计量单位组编码 |
| 01 | 件 | 01 |
| 02 | 个 | 01 |
| 03 | 台 | 01 |
| 04 | 千米 | 01 |
| 05 | 次 | 01 |

操作路径：执行［基础设置］—［基础档案］—［存货］—［计量单位］命令，进入［计量单位］窗口，完成计量单位组和计量单位的［增加］、［修改］、［删除］等操作，如图7-4所示。

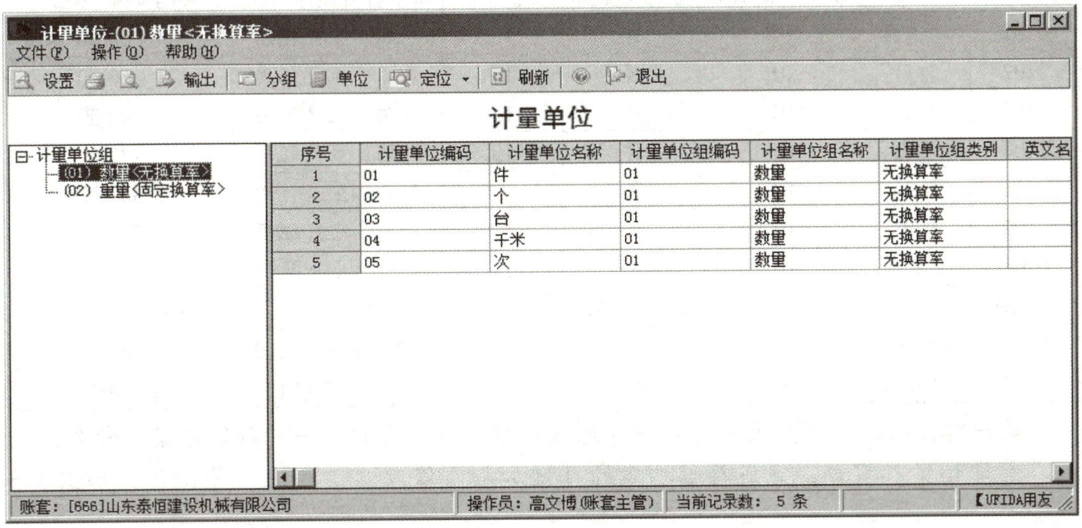


图7-4 设置计量单位

### 3. 存货档案

存货档案主要用于设置企业在生产经营中使用到的各种存货信息，以便对这些存货进行资料管理、实物管理和业务数据的统计分析。在存货档案窗口有8个选项卡：[基本]、[成本]、[控制]、[其他]、[计划]、[MPS/MRP]、[图片] 和 [附件]。

在 [基本] 选项卡中，有24个复选框用于设置存货属性。设置存货属性的目的是在填制单据参照存货时缩小参照范围，如果存货属性选择错误，则可能导致在填制相应的业务单据时，无法参照到该存货资料。

（1）内销、外销：具有该属性的存货可用于销售。发货单、发票、销售出库单等与销售有关的单据参照存货时，参照的都是具有销售属性的存货。

（2）外购：具有该属性的存货可用于采购。到货单、采购发票、采购入库单等与采购有关的单据参照存货时，参照的都是具有外购属性的存货。

（3）生产耗用：具有该属性的存货可用于生产耗用。材料出库单参照存货时，参照的都是具有生产耗用属性的存货。

（4）自制：具有该属性的存货可用于产成品或半成品的入库，产成品入库单参照存货时，参照的都是具有自制属性的存货。

（5）应税劳务：指开具在采购发票上的运费等采购费用，或开具在销售发票或发货单上的应税劳务。应税劳务属性应与“自制”“在制”“生产耗用”属性互斥。

微课

设置存货档案

（6）资产：“资产”与“受托代销”属性互斥。资产存货，默认仓库只能录入和参照仓库档案中的资产仓。非“资产”存货，默认仓库只能录入和参照仓库档案中的非资产仓。

【例7-3】设置存货档案，见表7-3。

表7-3 存货档案

| 存货编码 | 存货名称 | 存货分类编码 | 主计量单位 | 税率（%） | 存货属性 | 参考成本（元） |
|---|---|---|---|---|---|---|
| 0101 | 法兰盘 | 01 | 件 | 13 | 外购、生产耗用 | 50.00 |
| 0102 | 缸筒 | 01 | 件 | 13 | 外购、生产耗用 | 160.00 |
| 0103 | 拉杆 | 01 | 件 | 13 | 外购、生产耗用 | 90.00 |
| 0104 | 轮壳 | 01 | 件 | 13 | 外购、生产耗用 | 720.00 |
| 0105 | 轮毂 | 01 | 件 | 13 | 外购、生产耗用 | 300.00 |
| 0106 | 辐板 | 01 | 件 | 13 | 外购、生产耗用 | 420.00 |
| 0107 | 包装箱 | 01 | 个 | 13 | 外购、生产耗用 | 3.00 |
| 存货编码 | 存货名称 | 存货分类编码 | 主计量单位 | 税率（%） | 存货属性 | 参考售价（元） |
| 0301 | 涨紧油缸 | 03 | 件 | 13 | 外购、内销、自制 | 760.00 |
| 0302 | 导向轮 | 03 | 件 | 13 | 内销、自制 | 3 200.00 |

操作路径：执行 [基础设置] — [基础档案] — [存货] — [存货档案] 命令，进入 [存货档案] 窗口，完成存货档案的 [增加]、[修改]、[删除] 等操作，如图7-5所示。

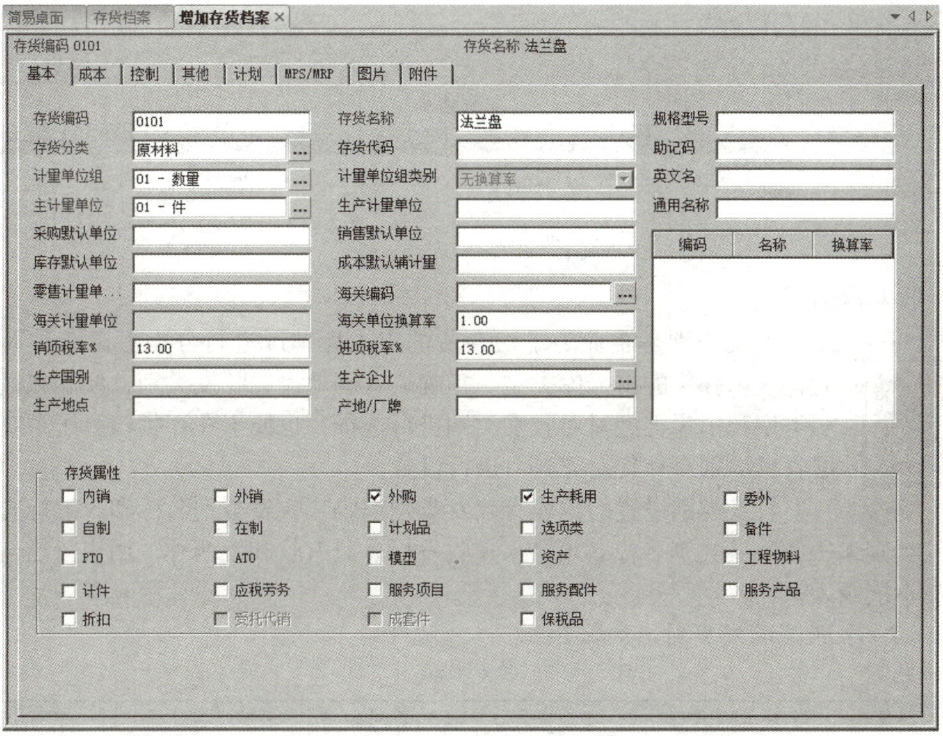


图7-5　设置存货档案

## （二）业务信息设置

业务信息的设置主要包括仓库档案、收发类别、采购类型与销售类型、费用项目、非合理损耗类型及其他设置等内容。

### 1. 仓库档案

存货一般存放于仓库进行保管。对存货进行核算管理时，首先应对仓库进行管理。第一次使用本系统时，企业应根据实际使用的仓库，将其信息预先录入系统。

微课

设置仓库档案

仓库档案设置包括仓库编码、仓库名称、所属部门、仓库地址及电话、计价方式、是否货位管理和仓库属性等栏目，其中仓库编码和仓库名称必须录入。系统为工业企业和商业企业分别提供了6种计价方式，每个仓库必须选择一种计价方式。

【例7-4】设置仓库档案，见表7-4。

表7-4　仓库档案

| 仓库编码 | 仓库名称 | 计价方式 |
|---|---|---|
| 01 | 原材料库 | 先进先出法 |
| 02 | 周转材料库 | 先进先出法 |
| 03 | 产成品库 | 移动平均法 |

操作路径：执行［基础设置］—［基础档案］—［业务］—［仓库档案］命令，进入［仓库档案］窗口，完成仓库档案的［增加］、［修改］、［删除］等操作，如图7-6所示。

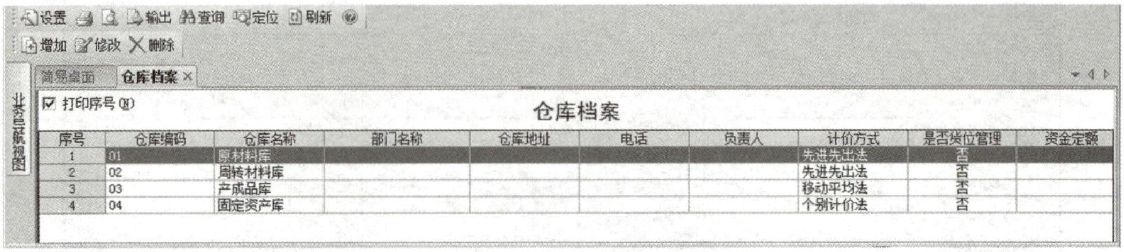


图7-6　设置仓库档案

## 2. 收发类别

微课

设置收发类别

收发类别是企业为了对存货的出入库情况进行分类汇总统计而设置的，表示存货的出入库类型。正确、合理地设置收发类别，便于在设置采购类型和销售类型时对收发类别进行选择，也便于在存货核算子系统中根据收发类别对存货对方科目进行设置。

收发类别设置的内容有收发类别编码、收发类别名称和收发标志。其中收发类别编码和收发类别名称必须录入；收发标志只有收和发两种，用户只能选择一种，而不能录入。

【例 7-5】设置收发类别，见表7-5。

表7-5　　收发类别

| 收发类别编码 | 收发类别名称 | 收发标志 | 收发类别编码 | 收发类别名称 | 收发标志 |
|---|---|---|---|---|---|
| 1 | 入库类别 | 收 | 2 | 出库类别 | 发 |
| 11 | 采购入库 | 收 | 21 | 销售出库 | 发 |
| 12 | 产成品入库 | 收 | 22 | 领用出库 | 发 |
| 13 | 盘盈入库 | 收 | 23 | 盘亏出库 | 发 |
| 14 | 其他入库 | 收 | 24 | 其他出库 | 发 |

操作路径：执行［基础设置］—［基础档案］—［业务］—［收发类别］命令，进入［收发类别］窗口，在此界面上，可以进行收发类别的［增加］、［修改］、［删除］等操作，如图7-7所示。

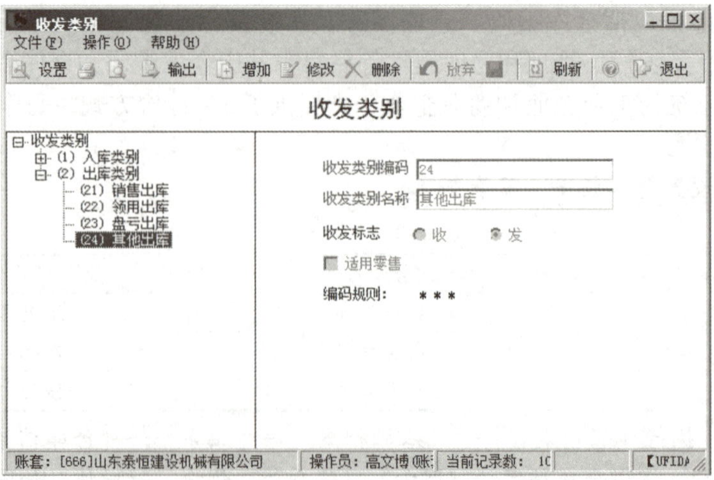


图7-7　设置收发类别

### 3. 采购类型与销售类型

采购类型是由用户根据企业采购业务需要自行定义的项目。在处理采购业务、填制采购发票等采购相关单据时，会涉及采购类型的选择，因此，应正确设置采购类型，以便按采购类型对采购业务数据进行统计和分析。采购类型设置包括采购类型编码、采购类型名称、入库类别、是否默认值等栏目。其中设置为默认入库类别的采购类型，在填制采购类型后，系统自动带入默认的入库类别，以加快录入速度。

销售类型是用户根据企业销售业务需要自行定义的项目。在处理销售业务、填制销售发票等销售相关单据时，会涉及销售类型的选择，因此，应正确设置销售类型，以便按销售类型对销售业务数据进行统计和分析。销售类型设置包括销售类型编码、销售类型名称、出库类别和是否默认值等栏目。其中出库类别是指输入销售类型所对应的出库类别，以便销售业务数据传递到库存管理子系统和存货核算子系统时进行出库统计和财务制单处理。

微课

设置采购类型

【例7-6】设置采购类型，见表7-6。

表7-6　采购类型

| 采购类型编码 | 采购类型名称 | 入库类别 | 是否默认值 |
| --- | --- | --- | --- |
| 01 | 普通采购 | 采购入库 | 是 |
| 02 | 其他采购 | 采购入库 | 否 |

操作路径：执行［基础设置］—［基础档案］—［业务］—［采购类型］命令，进入［采购类型］窗口，完成采购类型的［增加］、［修改］、［删除］等操作，如图7-8所示。

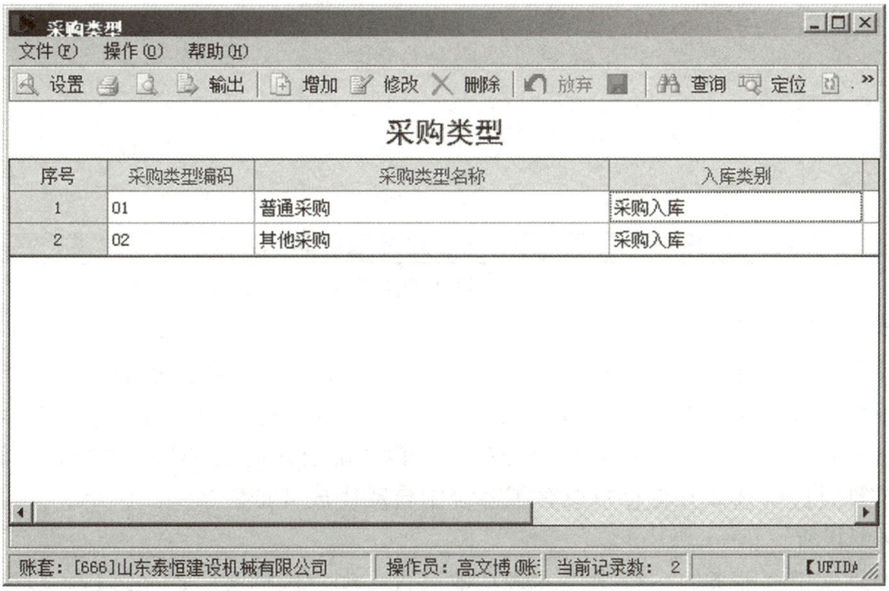


图7-8　设置采购类型

#### 4. 费用项目

微课

设置费用项目

费用项目分类是将同一类属性的费用归集成一类，以便对它们进行统计和分析。用户根据费用项目分类编码方案设置费用项目分类后，才可以设置费用项目。

费用项目设置包括费用项目编码、费用项目名称、费用项目分类和费用项目分类名称等栏目。企业在销售业务中发生代垫费用、销售支出费用时，应在本功能中设置费用项目分类和费用项目，以方便统计和分析。

【例 7–7】设置费用项目，见表 7–7。

表7–7　设置费用项目

| 费用项目编码 | 费用项目名称 | 费用项目分类 | 费用项目分类名称 |
|---|---|---|---|
| 11 | 运输费 | 1 | 无分类 |
| 12 | 代销手续费 | 1 | 无分类 |

操作路径：执行［基础设置］—［基础档案］—［业务］—［费用项目］命令，进入［费用项目档案］窗口，完成费用项目的［增加］、［修改］、［删除］等操作，如图 7–9 所示。

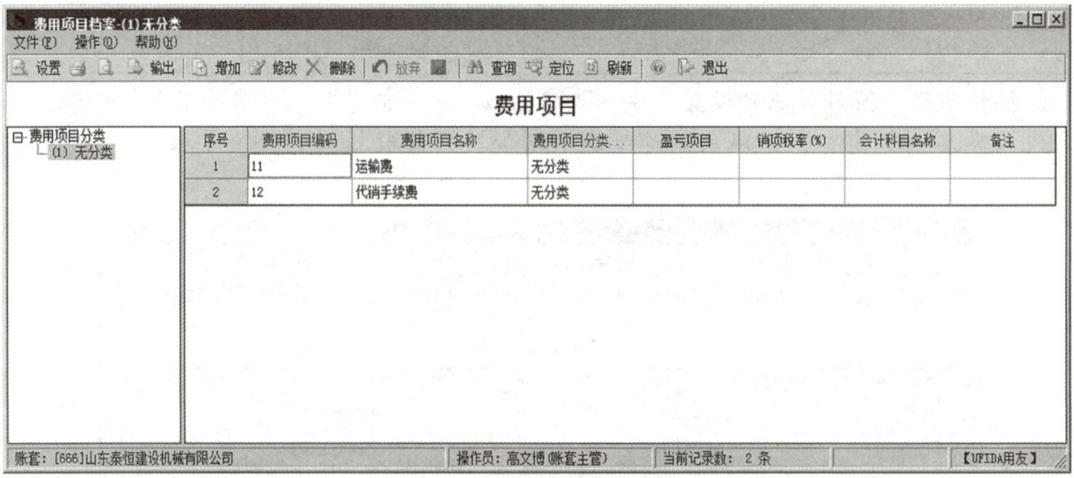


图7–9　设置费用项目

#### 5. 非合理损耗类型

企业在采购业务中，由于运输、装卸等原因，通常会出现合理损耗和非合理损耗，应根据不同情况分别进行账务处理。对于合理损耗，应视同提高入库货物的单位成本，不另作账处理；对于非合理损耗，企业应事先设置非合理损耗类型及对应的入账科目，供采购结算时进行选择并在存货核算子系统中自动生成凭证。

#### 6. 其他设置

在处理购销存业务时，会出现一些其他设置，如货位档案、产品结构、成套件发运方式、批号规则、批号档案等，在此不再阐述。

### （三）收付结算信息设置

收付结算信息设置包括结算方式、付款条件、银行档案、本单位开户银行等信息的设置。

结算方式是企业在经营活动中完成款项收付结算的程序和方法，如现金结算、支票结算等。设置结算方式用于在填制凭证或录入收款单、付款单等单据时进行引用。

付款条件又称为现金折扣，是指企业为了鼓励客户提前还款而允诺在一定期限内给予规定的折扣优惠，通常可表示为“2/10，1/20，*n*/30”。付款条件是在录入采购订单、销售订单、采购发票、销售发票、销售发货单的付款条件时进行引用，以便供收付款核销时计算现金折扣额。付款条件一旦被引用，便不能进行修改和删除。

银行档案用于设置企业所用的各银行的名称和编码，供工资、网上报销、网上银行等系统使用。用户可以根据业务需要增加、修改、删除、查询、打印银行档案。

本单位开户银行的设置用于维护及查询使用单位的开户银行信息，也用于填制销售发票时自动带入开户银行信息，否则将无法保存销售发票。开户银行一旦被引用，便不能进行修改和删除的操作，系统支持多个开户行及账号的设置。

微课

设置付款条件

【例7-8】设置付款条件，见表7-8。

表7-8　付款条件

| 付款条件编码 | 付款条件名称 | 信用天数 | 优惠天数1 | 优惠率1 | 优惠天数2 | 优惠率2 |
|---|---|---|---|---|---|---|
| 01 | 2/10，1/20，*n*/30 | 30 | 10 | 2 | 20 | 1 |

操作路径：执行［基础设置］—［基础档案］—［收付结算］—［付款条件］命令，进入［付款条件］窗口，完成付款条件的［增加］、［修改］、［删除］等操作，如图7-10所示。

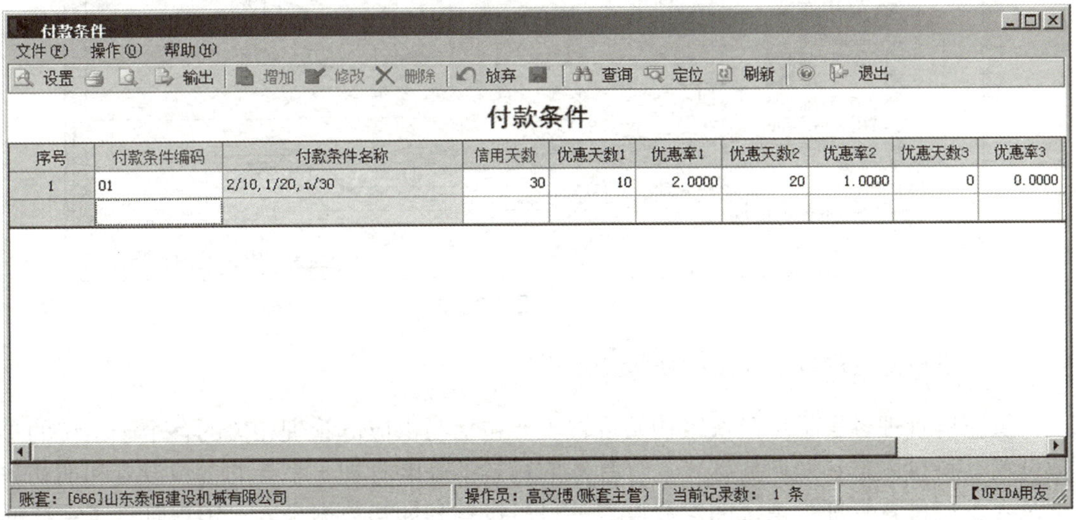


图7-10　设置付款条件

### （四）单据设置

企业在经营中会涉及采购订单、采购发票、采购入库单、销售发票、付款单等各种业务或财务单据，用户可以根据自身业务需要设计相关单据。单据设置包括单据格式设置和单据编号设置。

1. 单据格式设置，主要是根据系统预置的单据模板，将其定义成符合本企业需要的单据格式。用友U8V10.1提供了采购管理、销售管理、库存管理、存货核算、应收应付款管理等子系统的各种单据的格式设计。每一种单据格式设置分为显示单据格式设置和打印单据格式设置。

微课

设置单据编号

2. 单据编号设置，是指根据企业业务中各种单据的不同需求，由用户设置各种单据编码生成原则。单据编号设置有［编号设置］、［对照表］、［查看流水号］三个功能，其中［编号设置］分为“完全手工编号”“手工改动，重号时自动重取”“按收发标志流水”三种编号方式。

【例7-9】将采购专用发票和销售专用发票编号设置修改为“完全手工编号”。

操作路径：执行［基础设置］—［基础档案］—［单据设置］—［单据编号］命令，进入［单据编号设置］窗口，在左边菜单栏选择需要设置的各种单据，在右边进行单据编号设置，如图7-11所示。

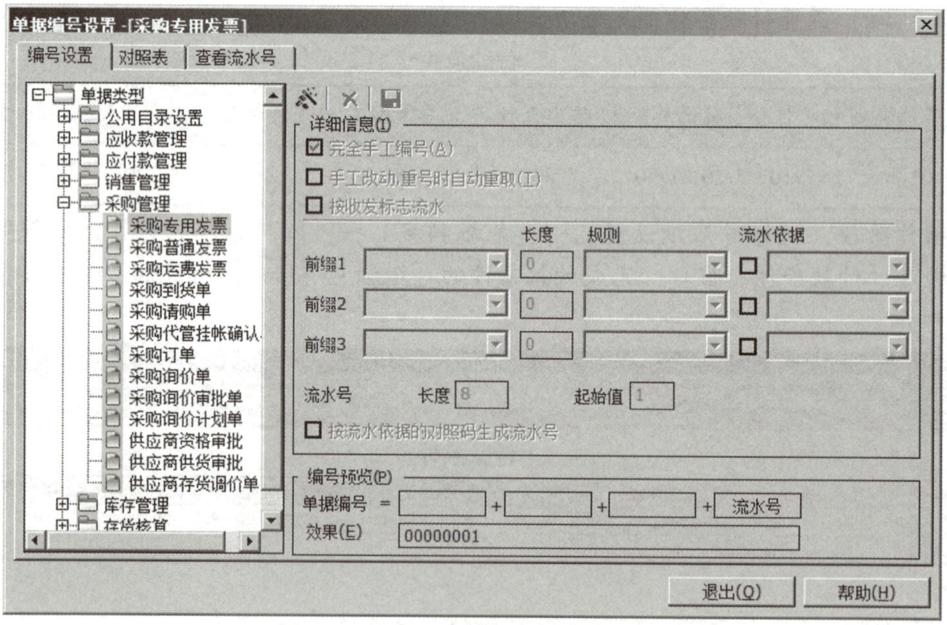


图7-11　设置单据编号

## 二、供应链管理各子系统模块级初始设置

供应链管理各子系统模块级初始设置主要包括与供应链管理相关的各个子系统的参数设置、科目设置和期初数据录入。具体内容包括采购管理子系统的参数设置和期初数据录入；应付款管理子系统的参数设置、科目设置和期初数据录入；销售管理子系统的参数设置和期初数据录入；应收款管理子系统的参数设置、科目设置和期初数据录入；

库存管理子系统的参数设置和期初数据录入；存货核算子系统的参数设置、存货科目设置和期初数据录入。

### （一）供应链管理各子系统参数设置

系统参数是指在企业业务处理过程中所使用的各种控制参数，系统参数的设置将决定用户使用本系统的业务模式、业务流程和数据流向。用户在进行各子系统参数设置之前，一定要详细了解各个选项对后续业务处理流程的影响，并结合企业的实际业务需要进行设置。

微课

设置各子系统参数

供应链管理各子系统的参数设置主要包括采购管理子系统、应付款管理子系统、销售管理子系统、应收款管理子系统、库存管理子系统、存货核算子系统的参数设置。

#### 1. 采购管理子系统的参数设置

采购管理子系统的参数设置包括［业务及权限控制］、［公共及参照控制］、［其他业务控制］和［预算控制］四个选项卡，如图7-12所示。

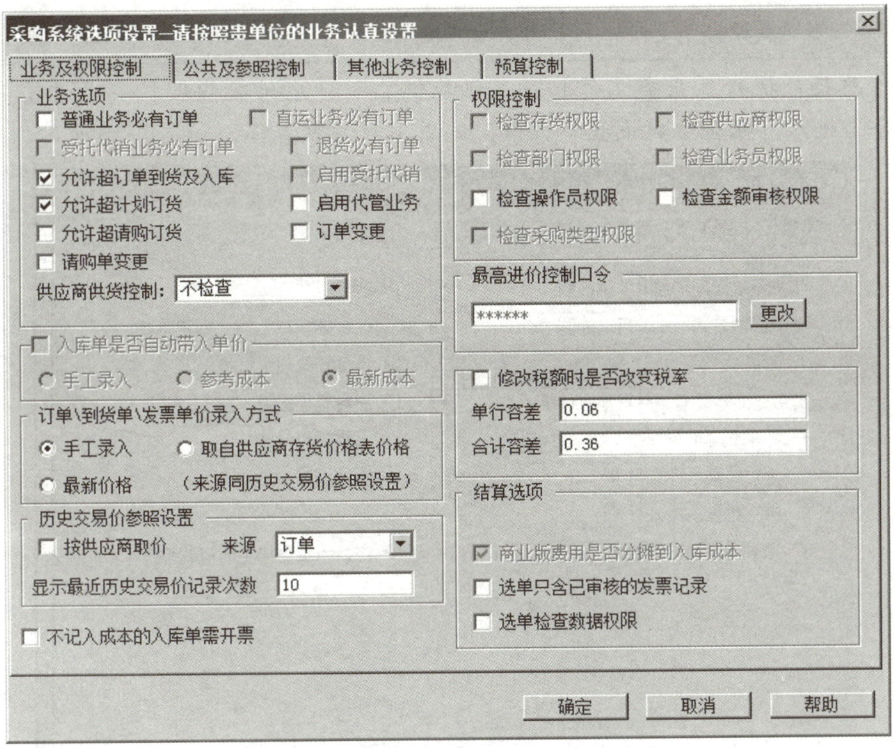


图7-12　采购管理子系统的参数设置

由于有些选项在日常业务开始后不能随意更改，用户最好在业务开始前进行全盘考虑，尤其是一些对其他系统有影响的选项设置。所做的参数设置将对采购管理的所有操作员和客户端的操作生效，故应慎重设定或修改。

#### 2. 应付款管理子系统的参数设置

在运行应付款管理子系统前，应设置运行所需要的账套参数，以便系统根据所设定的选项进行相应处理。应付款管理子系统参数设置分为［常规］、［凭证］、［权限与预警]、[核销设置] 和 [收付款控制] 五个选项卡。

【例 7-10】设置应付款管理子系统的控制参数，见表7-9。

表7-9　参数设置

| 选项卡 | 参数设置 |
|---|---|
| 常规 | 单据审核日依据为“单据日期”<br>勾选“自动计算现金折扣”<br>其他参数为系统默认 |
| 凭证 | 受控科目制单方式为“明细到单据”<br>其他参数为系统默认 |
| 权限与预警 | 取消“控制操作员权限”<br>其他参数为系统默认 |
| 核销设置 | 参数为系统默认 |
| 收付款控制 | 参数为系统默认 |

操作路径：执行 [业务工作] — [供应链] — [应付款管理] — [设置] — [选项] 命令，进入 [账套参数设置] 窗口，完成参数设置工作，如图7-13所示。

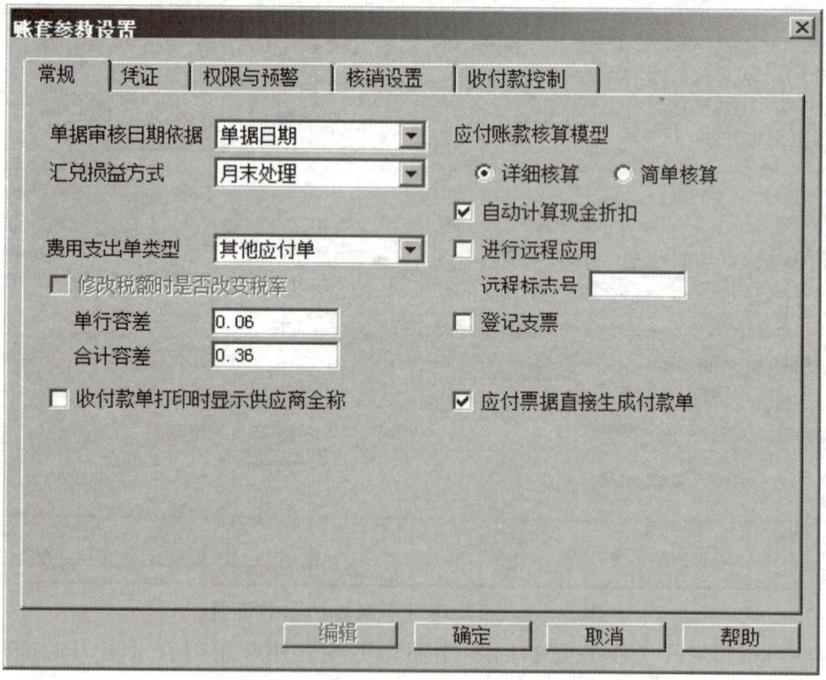


图7-13　应付款管理子系统的参数设置

## 3. 销售管理子系统的参数设置

销售管理子系统的参数设置包括 [业务控制]、[其他控制]、[信用控制]、[可用量控制] 和 [价格管理] 五个选项卡，在 [业务控制] 选项卡中，用户可以根据企业发生的业务类型决定是否勾选“有零售日报业务”“有销售调拨业务”“有委托代销业务”

“有分期收款业务”“有直运销售业务”。同时，用户可以选择普通销售业务、分期收款业务、委托代销业务、直运销售业务、退货业务等业务是否采用必有订单业务模式，如图7–14所示。

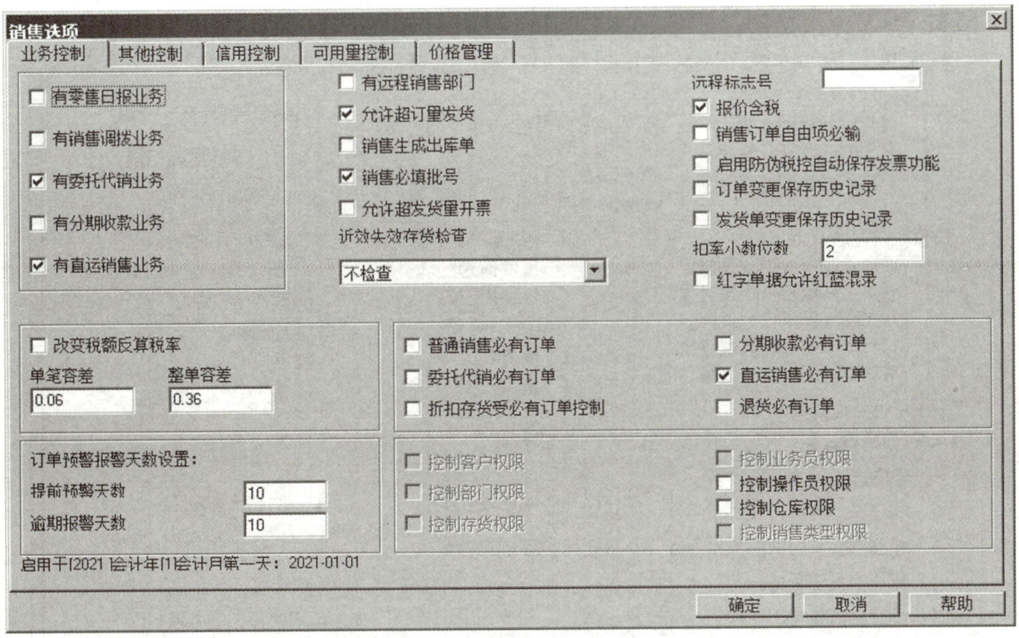


图7–14 销售管理子系统的参数设置

## 4. 应收款管理子系统的参数设置

应收款管理子系统的参数设置包括［常规］、［凭证］、［权限与预警］和［核销设置］四个选项卡，如图7–15所示。

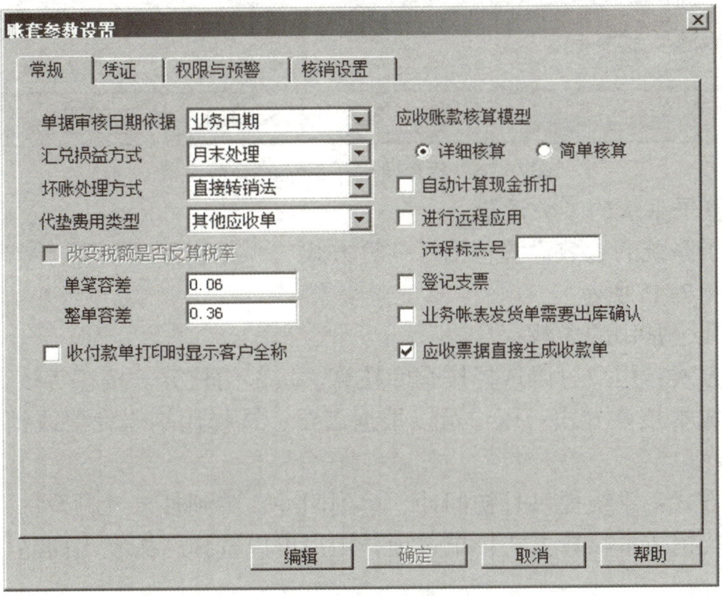


图7–15 应收款管理子系统的控制参数设置

### 5. 库存管理子系统的参数设置

库存管理子系统的参数设置包括［通用设置］、［专用设置］、［预计可用量控制］、［预计可用量设置］和［其他设置］五个选项卡，如图7-16所示。

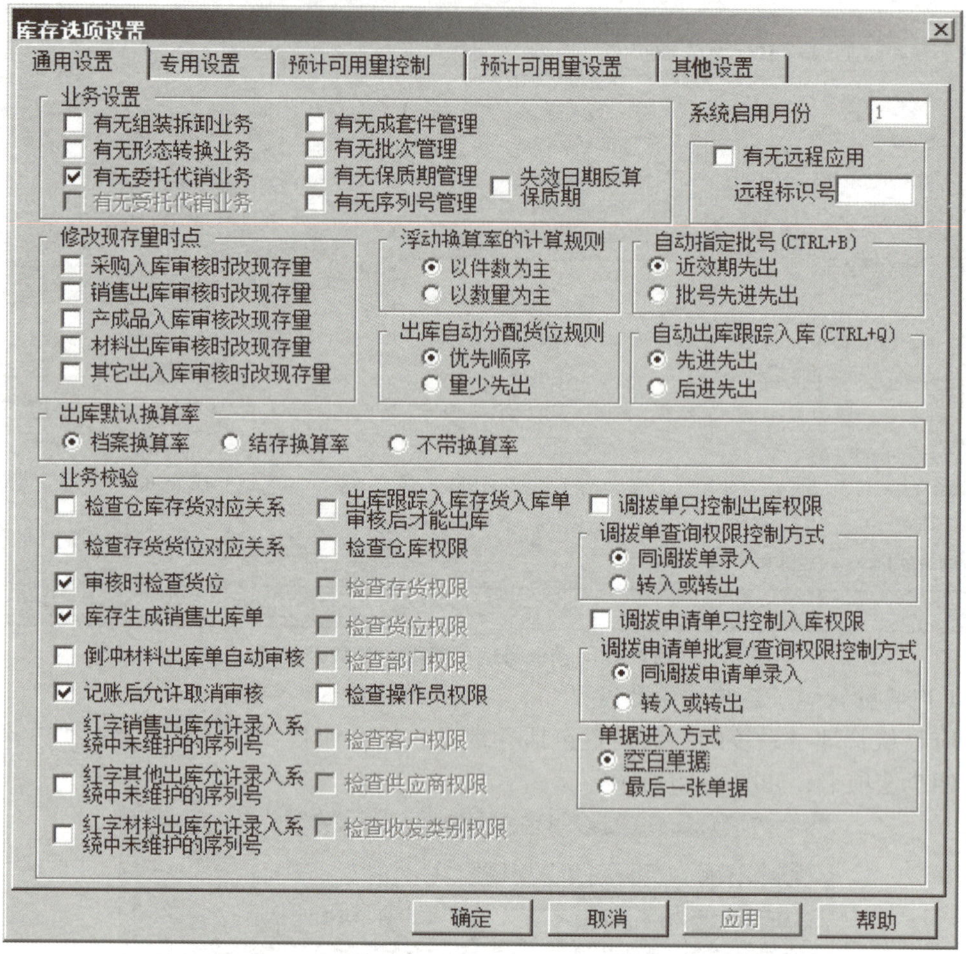


图7-16 库存管理子系统的参数设置

### 6. 存货核算子系统的参数设置

存货核算子系统的参数设置包括［核算方式］、［控制方式］和［最高最低控制］三个选项卡，如图7-17所示。

下面介绍几个常用的参数：

（1）核算方式：用户可以选择按仓库核算、按部门核算、按存货核算。

（2）销售成本核算方式：用户可以根据需要，选择用销售发票或销售出库单记账，默认为销售出库单。

（3）暂估方式：系统提供月初回冲、单到回冲、单到补差三种暂估回冲方式。

（4）委托代销成本核算方式：单选项，用户可以选择“按发出商品核算”或“按普通销售核算”。

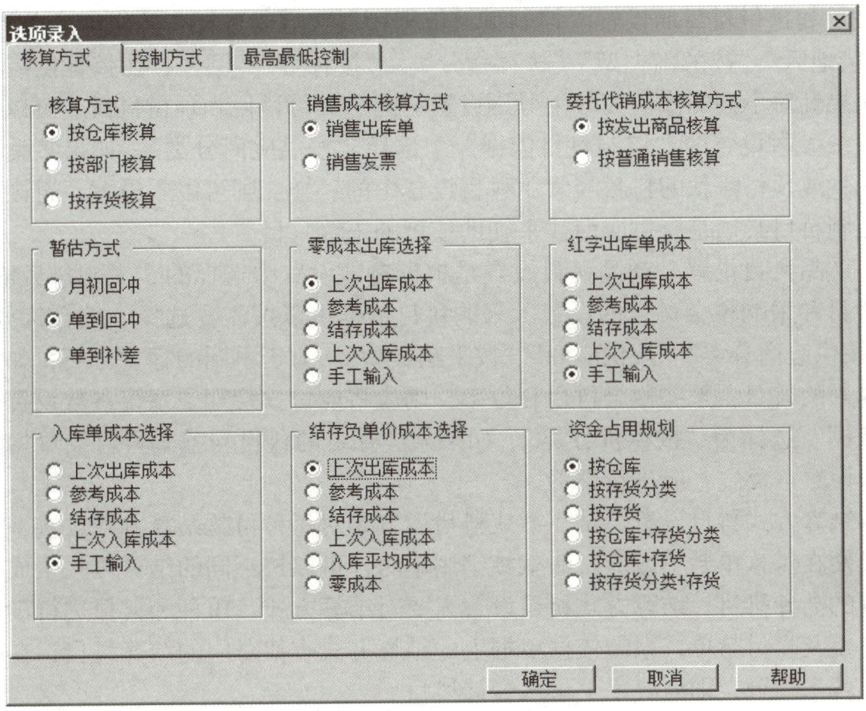


图7-17　存货核算子系统的参数设置

## (二）供应链管理各子系统科目设置

采购管理子系统、销售管理子系统和库存管理子系统主要通过各种单据来反映企业的购销存业务活动，并通过单据在各个子系统间的传递实现部门间的协调配合，主要体现的是企业业务流程，不涉及会计凭证，无须进行科目设置。

应付款管理子系统、应收款管理子系统和存货核算子系统是供应链管理系统与财务系统联系的桥梁，各种存货的购进、销售及其他出入库业务，分别在应付款管理子系统、应收款管理子系统和存货核算子系统中生成凭证，并传递到总账管理子系统。为了快速、准确地完成制单操作，应事先设置凭证上的相关科目。科目设置必须正确、完整，否则系统无法生成科目完整的凭证。

### 1. 应付款管理子系统的科目设置

应付款管理子系统的科目设置包括基本科目设置、控制科目设置、产品科目设置和结算方式科目设置。所设置的科目必须是末级科目，应付和预付科目需要在科目设置中指定为应付系统的受控科目。

微课

设置应付款管理子系统科目

（1）基本科目设置。基本科目是指核算应付款项时经常用到的科目。基本科目设置就是定义应付系统凭证制单时所需要的基本科目，包括应付科目、预付科目、采购科目、税金科目等。若用户未在单据中指定科目，且在控制科目与产品科目设置中也未进行设置，则系统制单依据制单规则取基本科目设置中的科目。如果用户未设置基本科目，也未设置控制科目和产品科目，则在系统生成凭证时，需由操作员手工输入相关的会计科目。

（2）控制科目设置。控制科目设置是根据参数设置中选择的“控制科目依据”，进行应付科目和预付科目的设置。控制科目依据可以按需要选择“按供应商分类”“按供应商”“按地区”“按采购类型”“按存货分类”“按存货”。例如，在核算供应商的赊购款时，如果针对不同的供应商分类分别设置不同的应付科目和预付科目，可以在应付款管理子系统参数设置的“控制科目依据”中选择“按供应商分类”。如果某类供应商核算应付账款或预付账款的科目与常用科目设置中的一样，则可以不设置；否则，应进行设置。控制科目必须是有供应商往来辅助核算的末级科目。

（3）产品科目设置。产品科目设置是根据参数设置中选择的“采购科目依据”，进行采购科目和采购税金科目的设置。采购科目依据可以按需要选择“按存货分类”“按存货”“按供应商分类”“按供应商”“按采购类型”。对于不同的存货分类，如果分别设置不同的采购科目、采购税金科目和税率，则应将应付款管理子系统参数设置中的“采购科目依据”选择为“按存货分类”。如果某类存货的科目与基本科目设置相同，则可以不进行设置；反之，应进行设置。

（4）结算方式科目设置。结算方式科目设置是对每种付款结算方式设置一个默认的科目，以便在付款单制单或应付账款核销制单时，可以按不同的结算方式生成账务处理中所对应的会计科目。结算方式科目设置需要对结算方式、币种和科目进行设置。对于现结的发票及收付款单，系统依据单据上的结算方式查找对应的结算科目，在制单时自动带出；若未设置，则需要手工录入会计科目。

【例7-11】应付款管理子系统科目设置，见表7-10。

表7-10 应付款管理子系统科目设置

| 设置项目名称 | 科目设置 |
|---|---|
| 基本科目设置 | 应付科目为220201，预付科目为1123，采购科目为1402，税金科目为22210101，现金折扣科目为660301，银行承兑科目为2201，票据利息科目为660301，固定资产采购科目为1601 |
| 结算方式科目设置 | 现金结算方式对应科目为1001，其余结算方式对应科目为100201 |

操作路径：执行［业务工作］—［供应链］—［应付款管理］—［设置］—［初始设置］命令，进入［初始设置］窗口，完成基本科目设置、结算方式科目设置的［增加］、［修改］、［删除］等操作，如图7-18、图7-19所示。

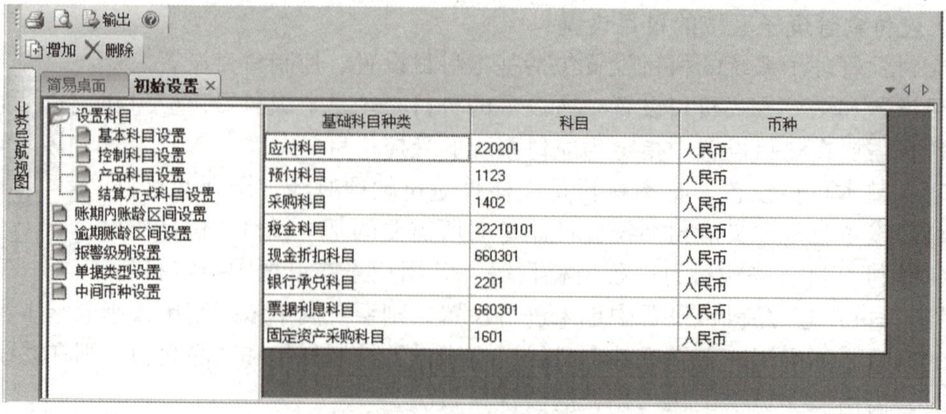


图7-18 基本科目设置

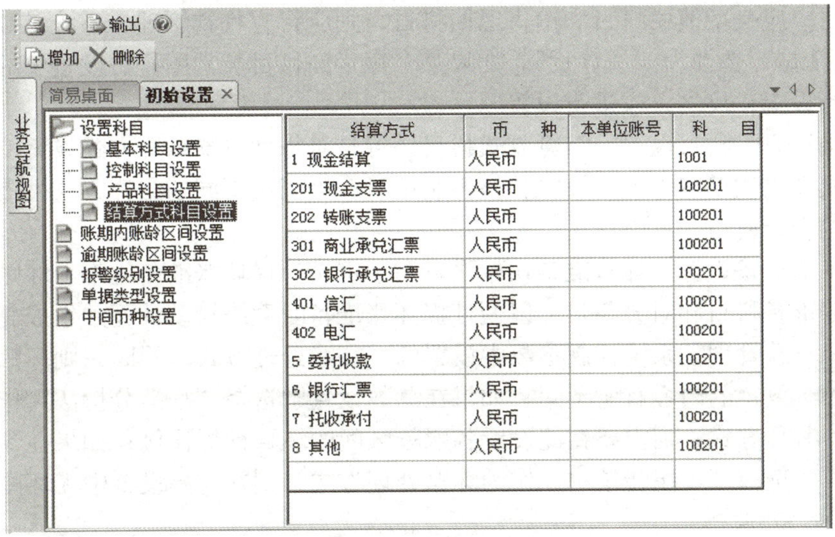


图7-19　结算方式科目设置

### 2.应收款管理子系统的科目设置

销售管理子系统主要进行销售活动的业务单据操作，不涉及凭证，无须进行科目设置。应收款管理子系统是连接销售业务与财务的桥梁，需要进行科目设置，以提高制单效率。如果不提前进行科目设置，生成凭证时需要手工输入会计科目，影响工作效率。应收款管理子系统的科目设置主要有基本科目设置、控制科目设置、产品科目设置、结算方式科目设置和坏账准备设置。

（1）基本科目设置。基本科目是核算应收款项时常用到的科目，即定义应收系统凭证制单时所需要的基本科目，包括应收和预收科目、销售收入科目、税金科目、现金折扣科目等。如果操作时未在单据中指定科目，且在控制科目与产品科目设置中也未进行设置，则系统制单时取基本科目。

【请注意】如果用户设置了基本科目，则在生成凭证时系统自动填制相关的会计科目；如果用户未设置基本科目、控制科目和产品科目，则在系统生成凭证时，需由操作员手工输入相关的会计科目。

（2）控制科目设置。控制科目设置是根据参数设置中选择的“控制科目依据”，进行应收科目和预收科目的设置。控制科目依据可以按需要选择“按客户分类”“按客户”“按地区”“按销售类型”“按存货分类”“按存货”。在核算客户的赊销欠款时，如果针对不同的客户分别设置不同的应收科目和预收科目，在应收款管理子系统参数设置中，控制科目依据应选择“按客户”。如果某个客户核算应收或预收的科目与基本科目设置一致，则可以不进行设置；反之，应进行设置。

【请注意】应收和预收科目必须是有客户往来辅助核算的科目，并且已经在科目设置中指定为应收系统的受控科目。

（3）产品科目设置。产品科目设置是根据参数设置中选择的“销售科目依据”，进行销售科目和销售税金科目的设置。销售科目依据可以按需要选择“按存货分类”“按存货”“按客户分类”“按客户”“按销售类型”。如果针对不同的存货分别设置不同的销售收入科目、应交增值税科目和销售退回科目，则应将应收款管理子系统参数设置中的“销售科目依据”选择为“按存货”。如果某个存货的科目与常用科目设置中的一样，则可以不进行设置；反之，应进行设置。

（4）结算方式科目设置。结算方式科目设置是对每种收款结算方式设置一个默认的科目，以便在收款单制单或应收账款核销制单时，可以按不同的结算方式生成账务处理中所对应的会计科目。

（5）坏账准备设置。坏账准备初始设置用于定义计提坏账准备比率、坏账准备期初余额、坏账准备科目和对方科目，以便计提坏账准备时系统自动计算并生成凭证。应收款管理子系统控制参数中设置的“坏账处理方式”不同，则坏账准备初始设置的内容有所不同。如果在参数设置中选择“账龄分析法”作为坏账处理方式，则需要在此设置各账龄区间的坏账计提比例；如果在参数设置中选择“直接转销法”作为坏账处理方式，则在初始设置中无坏账准备设置功能。

微课
设置坏账准备

【例7-12】进行应收款管理子系统坏账准备设置：坏账准备提取比率为0.5%，期初余额为223.74元，坏账准备科目为1231，对方科目为6702。

操作路径：在［初始设置］窗口，单击“坏账准备设置”，依据所给资料进行坏账准备设置，如图7-20所示。

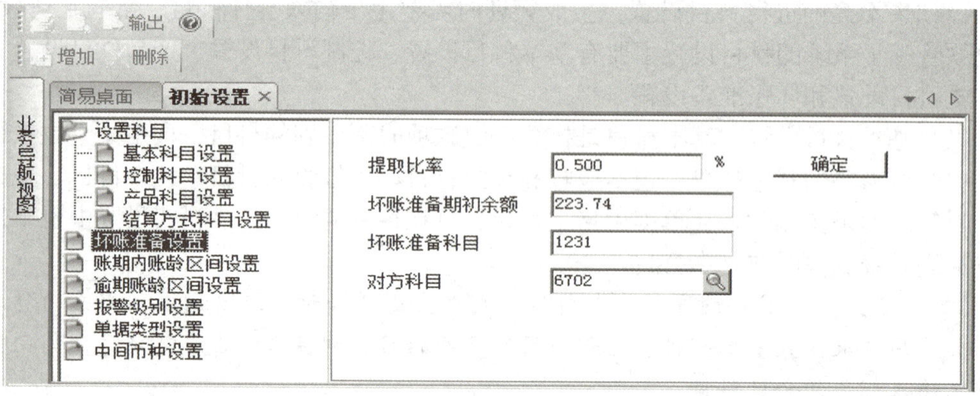


图7-20　坏账准备设置

【明德善思】会计科目设置是否正确，直接关系到财务数据的质量，会计人员应坚守准则、求真务实，精准设置与应收有关的会计科目。同时，依据谨慎性原则规范处理坏账准备，充分预判各种风险和损失。杜绝高估资产或者收益，是管理者应对不确定性的审慎反应，有助于培养从业者谨慎务实的职业品格，强化未雨绸缪的风险意识，提升财务领域的风险预警与化解能力。

微课
设置存货科目

### 3. 存货核算子系统的科目设置

存货核算子系统的科目设置主要包括存货科目、对方科目、税金科目、运费科目、结算科目、应付科目、非合理损耗科目等。

【例7-13】存货核算子系统存货科目设置，见表7-11。

表7-11　　存货科目设置

| 仓库编码 | 仓库名称 | 存货编码 | 存货名称 | 存货科目编码 | 存货科目名称 | 委托代销发出商品科目编码 | 委托代销发出商品科目名称 |
|---|---|---|---|---|---|---|---|
| 01 | 原材料库 | | | 1403 | 原材料 | | |
| 03 | 产成品库 | 0301 | 涨紧油缸 | 140501 | 涨紧油缸 | 1406 | 发出商品 |
| 03 | 产成品库 | 0302 | 导向轮 | 140502 | 导向轮 | 1406 | 发出商品 |

操作路径：执行［业务工作］—［供应链］—［存货核算］—［初始设置］—［存货科目］命令，进入［存货科目］窗口，完成存货科目的［增加］、［插行］、［删除］等操作，如图7-21所示。

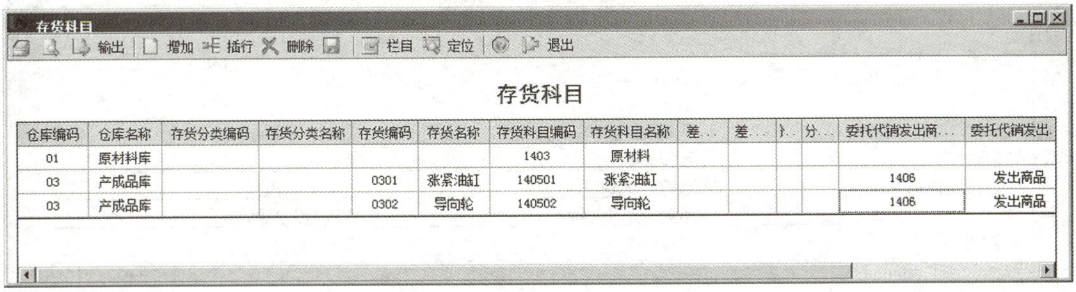


图7-21　存货科目设置

## （三）供应链管理各子系统期初数据录入

初次使用采购管理、应付款管理、销售管理、应收款管理、库存管理和存货核算子系统时，应先录入期初数据。在供应链管理系统中，期初数据是后续数据的基础，录入正确的期初数据非常关键。由于购销存各个子系统反映的经济活动不同，体现的单据不同，所以录入的期初数据也有所不同。

### 1. 采购管理子系统的期初数据

采购管理子系统的期初数据处理包括期初数据录入和期初数据记账。

（1）期初数据录入。采购管理子系统的期初数据包括期初暂估入库、期初在途物资和期初受托代销商品。①期初暂估入库是指启用采购管理子系统时，采购货物已验收入库，但是没有取得供货单位的采购发票，而不能进行采购结算的入库业务，以期初入库单的形式录入采购管理子系统，以便日后取得采购发票后与该期初采购入库单进行采购结算。②期初在途存货是指启用采购管理子系统时，已取得供货单位的采购发票，但货物没有入库，而不能进行采购结算的业务，以期初发票的形式录入采购管理子系统，以便货物入库后采购入库单与采购发票进行采购结算。③期初受托代销商品是指启用采购管理子系统时，没有与供货单位结算完的受托代销入库记录录入系统，以便在受托代销商品销售后，能够进行受托代销结算。注意，受托代销入库业务一般是商品流通企业的业务。

（2）期初数据记账。采购管理子系统的期初数据录入完成后，必须进行采购期初记账。期初记账后，期初数据便不能再增加、修改和删除。需要注意的是，即使采购管理子系统没有期初数据也要进行期初记账，否则无法开展后续的日常采购业务处理。

【例7-14】根据下列资料完成采购管理子系统的期初数据录入和期初数据记账。

微课

录入期初采购入库单

2020年12月27日，采购部刘佳慧从山东鑫源采购法兰盘一批，数量120件，无税单价为50元/件，已验收入原材料库。月末采购专用发票尚未收到，企业已做暂估入库。

操作路径：(1) 录入期初采购入库单。执行［业务工作］—［供应链］—［采购管理］—［采购入库］—［采购入库单］命令，进入［期初采购入库单］窗口，输入相关内容后保存即可，如图7-22所示。

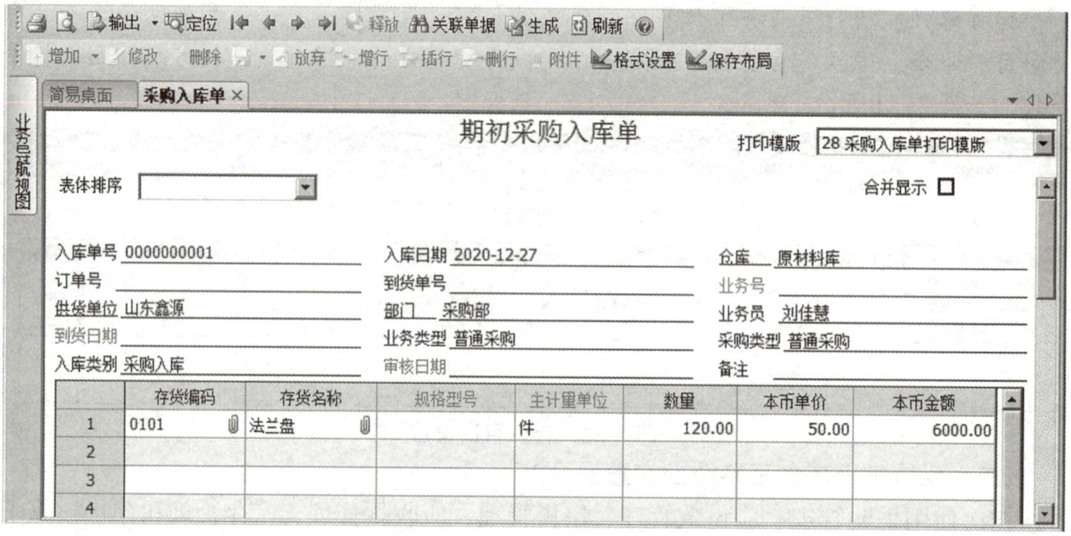

图7-22 录入期初采购入库单

(2) 期初采购记账。执行［供应链］—［采购管理］—［设置］—［采购期初记账］命令，弹出［期初记账］对话框，点击［记账］按钮，系统提示“期初记账完毕”。

### 2. 应付款管理子系统的期初数据

初次使用应付款管理子系统时，企业需要将上期未完全处理的单据录入本系统，以进行后续的核销、转账处理。因此，为了保证数据的连续性和完整性，系统提供了［期初余额］功能，用于将应付款管理子系统启用前的所有应付业务数据录入到本系统中，作为期初数据进行管理。

应付款管理子系统的期初数据处理包括期初余额录入和期初余额对账。应付款管理子系统录入的期初数据包括未结算完的采购发票、应付单、预付款单、应付票据以及未结算完的合同金额。期初余额以单据的形式录入本系统后，便于对期初发票、应付单、预付款、应付票据进行后续的核销、转账处理。期初余额录入完毕后，需要与总账管理子系统相应的供应商往来账户余额对账。

【例7-15】在应付款管理子系统中录入期初数据，见表7-12。

表7-12 预付账款期初余额

单位：元

| 日期 | 供应商名称 | 摘要 | 方向 | 余额 |
|---|---|---|---|---|
| 2020-12-22 | 济宁盛达 | 采购部刘佳慧采购辐板100件，无税单价420元/件，转账支票号：65437889 | 借 | 10 000 |

操作路径：执行［业务工作］—［财务会计］—［应付款管理］—［设置］—［期初余额］命令，打开［期初余额-查询］对话框，选择单据名称为“预付款”、单据类型为“付款单”，点击［确定］按钮，进入［期初余额明细表］窗口，点击［增加］按钮，打开［付款单］窗口进行期初单据录入，如图7-23所示。

微课
录入期初预付账款

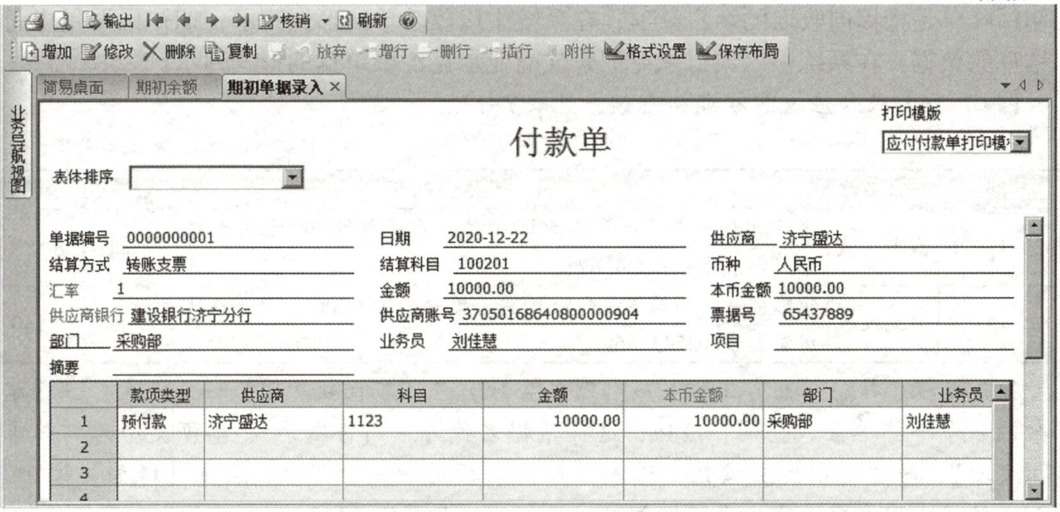


图7-23　录入期初预付账款

### 3. 销售管理子系统的期初数据

销售管理子系统的期初数据处理包括期初数据录入和期初数据审核，主要是对期初发货单、期初委托代销发货单进行录入和审核。录入的期初单据，须经审核后，在月末结账时记入有关销售账中。

（1）期初发货单。期初发货单是指在销售管理子系统启用之前已经发货、出库，但尚未开具发票的业务，包括普通销售发货单和分期收款发货单，以期初发货单的形式录入销售管理子系统，以便日后开具销售发票时可以参照发货单生成销售发票。

【请注意】期初发货单按照正常发货单录入时，发货日期小于销售管理子系统启用日期；期初发货单不影响现存量、可用量、待出库数等数据；期初发货单的后期开票处理视同正常发货单；期初分期收款发货单一旦被存货核算子系统取数，则不允许再弃审。

（2）期初委托代销发货单。期初委托代销发货单是指在销售管理子系统启用日之前已经发货但未完全结算的委托代销发货单，以期初委托代销发货单的形式录入销售管理子系统，以便日后收到委托代销清单时，可以参照委托代销发货单生成委托代销结算单。期初委托代销发货单一旦被存货核算子系统取数，则不允许再弃审。

### 4. 应收款管理子系统的期初数据

应收款管理子系统的期初数据处理包括期初余额录入和期初余额对账。

应收款管理子系统的期初余额是应收款管理子系统启用前的应收业务数据，主要包括未结算的销售发票、应收单、预收款单、应收票据及未结

微课
录入期初应收账款

算的合同金额。期初余额以单据的形式录入本系统，方可对期初销售发票、应收单、预收款、应收票据进行后续的核销、转账处理。期初余额录入后，须与总账管理子系统相应的客户往来账户余额对账。

期初发票是指未核销的应收账款，在系统中以销售专用发票或销售普通发票单据的形式列示；期初应收单是指未结算的其他应收单，在系统中以其他应收单的形式列示；期初预收单是指提前收取的客户款项，在系统中以收款单的形式列示；期初票据是指尚未结算的票据，在系统中以银行承兑汇票或商业承兑汇票单据的形式列示。

【例7-16】录入应收账款期初余额，见表7-13。

表7-13　应收账款期初余额　单位：元

| 日期 | 客户名称 | 摘要 | 方向 | 余额 |
|---|---|---|---|---|
| 2020-12-26 | 嘉丰机械 | 销售部赵景涛销售涨紧油缸10件，无税单价760元/件，销售专用发票号：35434567 | 借 | 8 588 |
| 2020-12-28 | 天悦机械 | 销售部赵景涛销售导向轮10件，无税单价3 200元/件，销售专用发票号：35434569 | 借 | 36 160 |

操作路径：执行［业务工作］—［财务会计］—［应收款管理］—［设置］—［期初余额］命令，单击［查询］按钮，选择单据名称为“销售发票”、单据类型为“销售专用发票”，单击［确定］按钮，进入［期初余额明细表］窗口，点击［增加］按钮，打开［销售专用发票］窗口进行期初单据的录入，如图7-24所示。

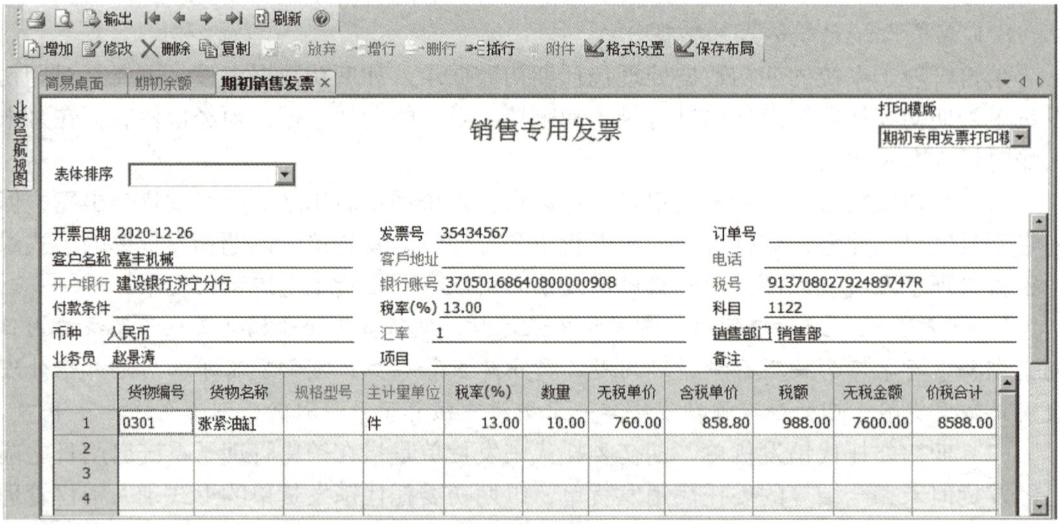


图7-24　录入期初销售专用发票

微课

库存管理和存货核算子系统的期初数据

## 5. 库存管理子系统的期初数据

库存管理子系统的期初数据处理包括期初数据录入和期初数据审核。其中期初数据录入的内容包括期初结存和期初不合格品。

（1）期初结存用于录入启用库存管理子系统之前各仓库各存货的期初结存情况。不进行批次、保质期管理的存货，只需录入各存货期初结存的数量；进行批次管理、保质期管理、出库跟踪入库管理的存货，需录入各存货期初结存的详细数据，如批号、生产日期、失效日期、入库单号等；进行货位管理的存货，还需录入货位。

（2）期初不合格品用于录入启用库存管理子系统之前发生的未处理的不合格品结存量，以不合格品记录单的形式录入。期初不合格品记录单经审核后增加不合格品数量，可进行不合格品处理。

【例 7–17】完成库存管理子系统期初数据处理。

操作路径：执行［业务工作］—［供应链］—［库存管理］—［初始设置］—［期初结存］命令，进入［库存期初数据录入］窗口，单击［修改］按钮，分仓库录入库存期初数据后保存并审核，如图 7–25 所示。

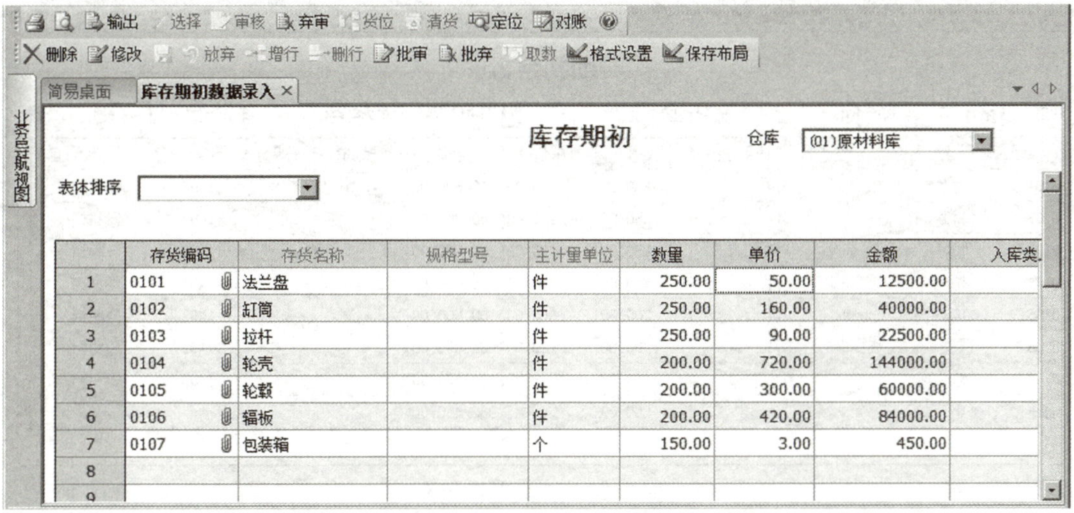


| | 存货编码 | 存货名称 | 规格型号 | 主计量单位 | 数量 | 单价 | 金额 | 入库类... |
|---|---|---|---|---|---|---|---|---|
| 1 | 0101 | 法兰盘 | | 件 | 250.00 | 50.00 | 12500.00 | |
| 2 | 0102 | 缸筒 | | 件 | 250.00 | 160.00 | 40000.00 | |
| 3 | 0103 | 拉杆 | | 件 | 250.00 | 90.00 | 22500.00 | |
| 4 | 0104 | 轮壳 | | 件 | 200.00 | 720.00 | 144000.00 | |
| 5 | 0105 | 轮毂 | | 件 | 200.00 | 300.00 | 60000.00 | |
| 6 | 0106 | 辐板 | | 件 | 200.00 | 420.00 | 84000.00 | |
| 7 | 0107 | 包装箱 | | 个 | 150.00 | 3.00 | 450.00 | |
| 8 | | | | | | | | |
| 9 | | | | | | | | |

图7–25 录入库存期初数据

【请注意】各个仓库的存货期初数据，既可以在库存管理子系统中录入，也可以在存货核算子系统中录入，只要在其中一个子系统录入期初余额，另外一个子系统就可以通过［取数］功能自动获取期初余额。

### 6. 存货核算子系统的期初数据

存货核算子系统系统的期初数据处理包括期初数据录入和期初数据记账。

（1）期初数据录入。为保证数据的连贯性，初次使用存货核算子系统时，应先录入末级存货的期初余额。如果不需要录入期初差异，可直接录入期初余额、分期收款发出商品余额、委托代销商品余额，进行期初记账；如果需要录入期初差异，则在录入期初余额、期初差异后，再进行期初记账。系统提供了存货核算子系统和库存管理子系统相互取数和对账的功能，如果一方已经录完期初数据，另一方可通过取数功能获取期初数据。如果双方同时录入期初数据，可通过系统对账功能核对双方期初数据的一致性。

微课

录入存货期初数据

（2）期初数据记账。录入期初数据并进行期初记账后，系统把期初差异分配到期初单据。只有期初记账后，用户才能进行日常业务处理、账簿查询等操作。如没有期初数据，可以不录入，但仍需执行期初记账。期初记账后，期初数据便不能再增加、修改和删除。因此用户在进行期初数据记账前，必须确认所有期初数据全部录入完毕并且正确无误后，再进行期初记账。

【例 7–18】完成存货核算子系统的期初数据处理工作。

操作路径：执行［业务工作］—［供应链］—［存货核算］—［初始设置］—［期初数据］—［期初余额］命令，进入［期初余额］窗口，单击［取数］按钮，系统自动从库存管理子系统提取出该仓库的全部存货期初余额，单击［记账］按钮进行记账，如图 7–26 所示。

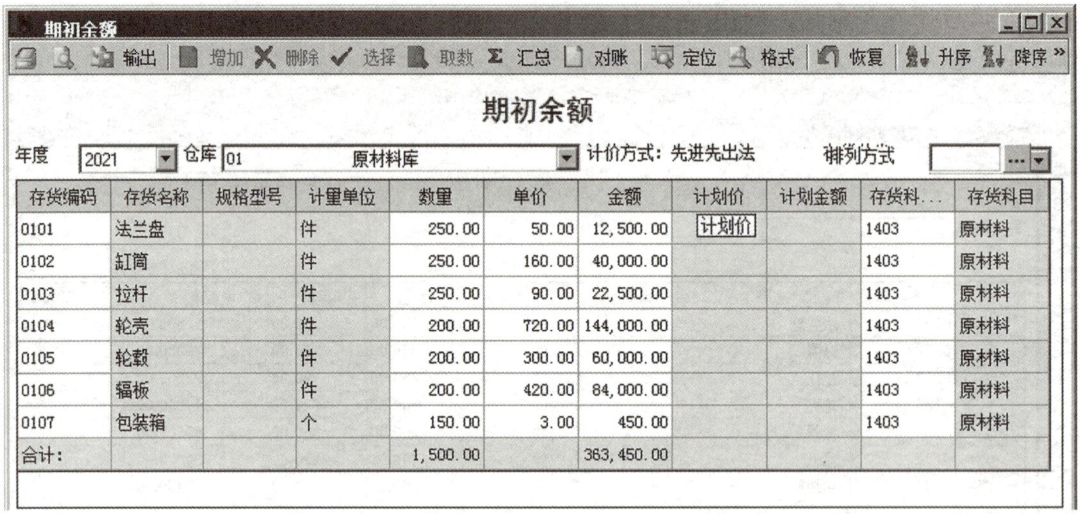


| 存货编码 | 存货名称 | 规格型号 | 计量单位 | 数量 | 单价 | 金额 | 计划价 | 计划金额 | 存货科... | 存货科目 |
|---|---|---|---|---|---|---|---|---|---|---|
| 0101 | 法兰盘 | | 件 | 250.00 | 50.00 | 12,500.00 | 计划价 | | 1403 | 原材料 |
| 0102 | 缸筒 | | 件 | 250.00 | 160.00 | 40,000.00 | | | 1403 | 原材料 |
| 0103 | 拉杆 | | 件 | 250.00 | 90.00 | 22,500.00 | | | 1403 | 原材料 |
| 0104 | 轮壳 | | 件 | 200.00 | 720.00 | 144,000.00 | | | 1403 | 原材料 |
| 0105 | 轮毂 | | 件 | 200.00 | 300.00 | 60,000.00 | | | 1403 | 原材料 |
| 0106 | 辐板 | | 件 | 200.00 | 420.00 | 84,000.00 | | | 1403 | 原材料 |
| 0107 | 包装箱 | | 个 | 150.00 | 3.00 | 450.00 | | | 1403 | 原材料 |
| 合计: | | | | 1,500.00 | | 363,450.00 | | | | |

图7–26 存货期初数据

【请注意】期初记账是针对所有仓库的期初数据进行记账操作。期初记账后，如果发现期初数据错误，可以通过［恢复］按钮取消记账。

## 同步训练

### 一、单项选择题

1. 在产成品入库单上，录入的存货必须具备的属性是（　　）。
A. 自制　　B. 在制　　C. 采购　　D. 生产耗用

2. 下列各项关于采购管理子系统的期初数据录入，表述错误的是（　　）。
A. 期初暂估入库是指货到票未到　　B. 期初在途物资是指票到货未到
C. 没有期初数据也要执行期初记账　　D. 期初单据只需审核，无须期初记账

3. 在应付款管理子系统中，当期初余额录入完成后应与之进行对账的是（　　）。
A. 采购管理子系统　　B. 销售管理子系统
C. 总账管理子系统　　D. UFO 报表管理子系统

4. 在应付款管理子系统中，如果期初余额为预付款则应填付款单，付款单的款项类型是（　　）。

A.预收款　　B.预付款　　C.应收款　　D.应付票据

## 二、多项选择题

1.在应付款管理中，需要准备的基础数据资料有（　　）。

A.客户档案　　B.供应商档案　　C.存货档案　　D.部门档案

2.在应付款管理中，下列各项属于账套参数设置内容的有（　　）。

A.月末结账前是否制单　　B.应收款核销方式

C.方向相反的分录是否合并　　D.红票对冲是否生成凭证

3.在应付款管理中，基本科目设置的内容有（　　）。

A.应收科目　　B.应付科目　　C.预收科目　　D.预付科目

4.应收款管理模块初始化必须录入期初数据，这些数据往往要按单据种类分别录入，其中主要单据有（　　）。

A.销售发票　　B.应收单　　C.应付票据　　D.应收票据

## 三、判断题（正确的打“√”，错误的打“×”）

1. 录入采购入库单时，只能选择具有“采购”属性的存货。（　　）

2. 系统参数是指在企业业务处理过程中所使用的各种控制参数，系统参数的设置将决定用户使用系统的业务模式、业务流程、数据流向。（　　）

3. 如果在选项中坏账处理方式选择了直接转销法，则在初始设置中看不到坏账准备初始设置功能。（　　）

4. 存货核算子系统的期初数据处理包括期初数据录入和期初数据审核。（　　）

# 思考题

1. 简述供应链管理系统的主要功能。

2. 简述供应链管理相关的系统级初始设置的内容。

3. 简述供应链管理相关的模块级初始设置的内容。

# 实践训练

完成与本教材配套的《会计信息系统实训》教材中“实训九”的实训内容。

# 项目八

## 采购管理与应付款管理子系统

**学习目标**

1. 认知采购管理与应付款管理子系统的主要功能
2. 领会采购管理与应付款管理子系统同其他子系统之间的关系
3. 能根据实际采购业务选用适合的单据，并完成该单据在相应子系统中的操作
4. 能快速查询采购管理与应付款管理子系统的相应单据或账表
5. 掌握期末处理的内容，完成汇兑损益处理和期末结账操作

**知识点**

采购订单　采购入库单　采购专用发票　采购结算单　暂估回冲方式　现金折扣　应付单据　付款单据　预付冲应付　应付冲应收　红票对冲　汇兑损益

**技能点**

采购订单处理　采购发票处理　采购结算　现付处理
参照生单　应付单据处理　付款单据处理　票据管理
核销处理　转账处理　账表查询　汇兑损益处理　月末结账

**素养目标**

1. 树立正确的内部控制意识和全新的风险管理理念，加强企业内部控制的制度建设，使各项业务活动互相制约，提高企业经营管理水平
2. 会计人员应熟悉财经法律、法规和国家统一的会计制度，增强法治观念，坚持依法办事，敢于同一切违法乱纪行为做斗争，树立良好的会计职业形象

## 知识结构

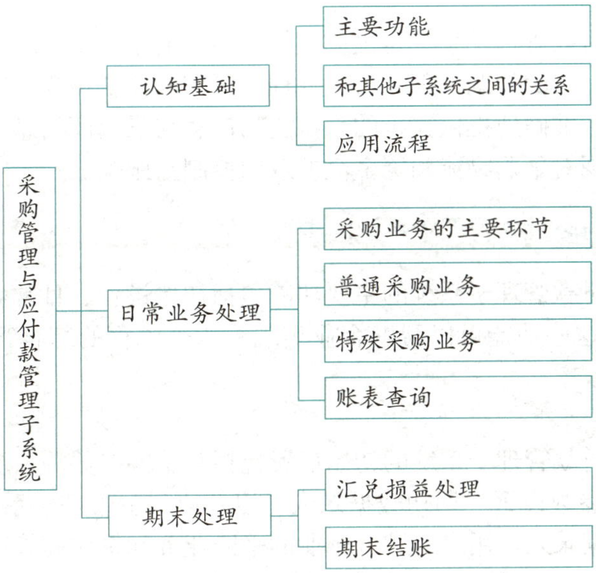


## 案例导入

山东泰恒建设机械有限公司的“666”账套，在2021年1月1日完成供应链管理系统初始设置后，可以进行采购业务处理。采购部“4001 刘佳慧”负责采购管理子系统的日常业务处理和期末处理工作；财务部“2002 肖然”负责应付款管理子系统的日常业务处理和期末处理工作，具体工作内容如下：

（1）日常业务处理工作。包括采购订单、采购到货单的录入与审核；采购发票的填制与结算；各种应付单据和付款单据的录入和审核；商业汇票的取得、计息和结算等票据管理；应付冲应付、预付冲应付、应付冲应收和红票对冲等转账业务处理；采购退货和采购中非合理损耗的跟踪处理；随时查询掌握采购货物的现存量信息。

（2）期末业务处理工作。包括采购管理子系统的期末结账；应付款管理子系统的汇兑损益处理和期末结账。

思考：

（1）采购订单在采购业务处理中起到的作用是什么？

（2）为何要进行采购结算？

# 任务一 采购管理与应付款管理子系统认知基础

采购管理与应付款管理子系统是供应链管理系统的重要子系统，主要通过对采购订货、货物验收入库、采购发票处理、付款处理、供应商往来核算、供货价格管控等环节的综合处理，及时、准确地提供完善的采购货物信息与供应商信息，以供企业进行采购决策，帮助企业实现对采购物流和资金流的双向控制与跟踪。

## 一、采购管理与应付款管理子系统的主要功能

采购管理与应付款管理子系统的主要功能包括初始设置、日常业务处理、信息查询和期末处理。通过这些功能可以帮助企业实现采购全流程的综合管理，以降低采购成本，提高资金使用效率。

### （一）初始设置

采购管理与应付款管理子系统的初始设置包括与采购有关的系统级初始设置，采购管理子系统的控制参数设置、期初数据录入，以及应付款管理子系统的控制参数设置、科目设置和期初数据录入。用户应结合企业的采购业务和供应商管理需要，做好初始设置工作，为开展后续日常采购业务处理做好准备工作。

### （二）日常业务处理

采购管理与应付款管理子系统的日常业务处理主要是对企业采购过程中采购订单、采购到货单、采购发票、付款单、商业汇票等单据进行处理，跟踪采购全过程，随时掌握采购动态及付款情况，对采购中发现的产品质量问题、损耗情况等现象，及时采取采购退货、追究责任等处理措施，合理安排付款，提高资金使用效率。

### （三）信息查询

采购管理与应付款管理子系统提供了丰富的信息查询功能，可以随时查询各种原始单据、采购统计表、采购分析表、应付款账龄分析及科目账等信息，帮助采购部门进行采购分析、财务部合理安排资金的支出。

### （四）期末处理

采购管理与应付款管理子系统的期末处理主要包括汇兑损益处理、月末结账及取消结账等。

## 二、采购管理与应付款管理子系统和其他子系统之间的关系

采购管理与应付款管理子系统可以单独应用，也可以与销售管理子系统、库存管理子系统、存货核算子系统、应收款管理子系统集成应用。采购管理与应付款管理子系统和其他子系统集成应用时，各子系统之间相互传递单据和数据信息，实现各子系统的无缝衔接，保持资料的一致性和信息传递的高效性。采购管理与应付款管理子系统和其他子系统之间的关系，如图8-1所示。

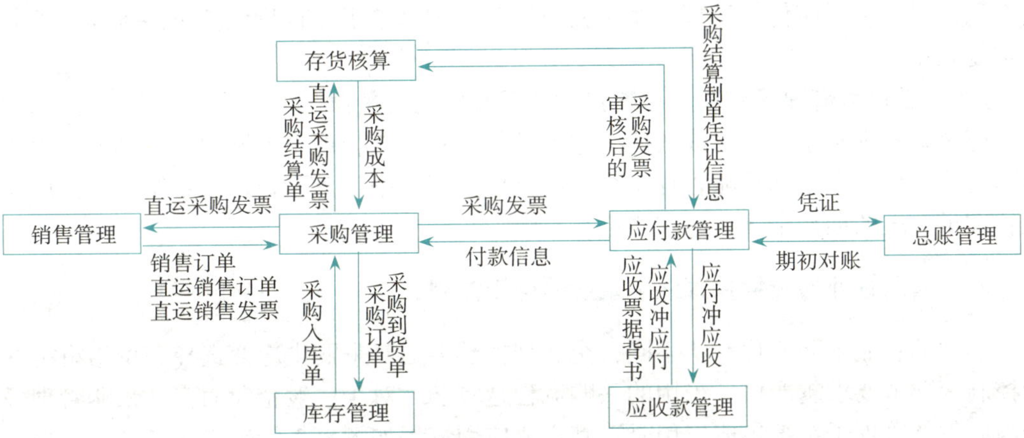

图8-1　采购管理与应付款管理子系统和其他子系统之间的关系

### （一）采购管理子系统与销售管理子系统之间的关系

在采购管理子系统中，采购订单可以参照销售管理子系统的销售订单生成，直运采购订单可以参照销售管理子系统的直运销售订单生成；在直运业务订单非必有模式下，没有直运销售订单时，采购管理子系统的直运采购发票与销售管理子系统的直运销售发票可以互相参照。

### （二）采购管理子系统与库存管理子系统之间的关系

库存管理子系统的采购入库单可以参照采购管理子系统的采购订单、采购到货单生成，并将入库情况反馈到采购管理子系统。采购管理子系统的采购发票可以参照库存管理子系统的采购入库单生成，并对采购入库单和采购发票进行采购结算。

### （三）采购管理子系统与存货核算子系统之间的关系

采购管理子系统中的直运采购发票在存货核算子系统记账、登记存货明细账、制单生成凭证；采购结算单可以在存货核算子系统进行制单生成凭证。在不启用库存管理子系统时，采购管理子系统中已经结算的采购入库单在存货核算子系统进行记账和制单；没有结算的采购入库单在存货核算子系统进行暂估处理。存货核算子系统可以为采购管理子系统提供相关的采购成本信息。

### （四）采购管理子系统与应付款管理子系统之间的关系

应付款管理子系统对采购管理子系统中的采购发票进行审核并登记应付明细账，以及制单生成凭证；对已审核的采购发票与付款单进行付款核销，并回写采购发票的相关付款核销信息。

### （五）应付款管理子系统与应收款管理子系统之间的关系

应收款管理子系统中的应收款与应付款管理子系统中的应付款之间可以相互对冲，做应收冲应付或应付冲应收处理；应收款管理子系统的应收票据背书时可以冲销应付款管理子系统的应付账款。

### （六）应付款管理子系统与存货核算子系统之间的关系

存货核算子系统对采购结算单制单时，系统自动将已制单信息反馈到应付款管理子系统，应付款管理子系统将自动识别，不会再对涉及的采购发票和付款单重复制单，但能查询科目账；若应付款管理子系统先对这些单据制单了，存货核算子系统同样不能进行重复制单。

### （七）应付款管理子系统与总账管理子系统之间的关系

应付款管理子系统中生成的所有凭证都传递到总账管理子系统中；结算方式为票据管理的付款单可登记到总账管理子系统的支票登记簿中；总账管理子系统可以引用应付款管理子系统的期初余额，并与之进行对账。

## 三、采购管理与应付款管理子系统的应用流程

不同的企业采购流程有所不同，企业规模越大，对采购供应商选择、价格审批、质量控制等环节要求越严格，采用的采购流程越复杂。对于一般企业而言，采购管理子系统与应付款管理子系统集成应用时，其主要应用流程如图8-2所示。

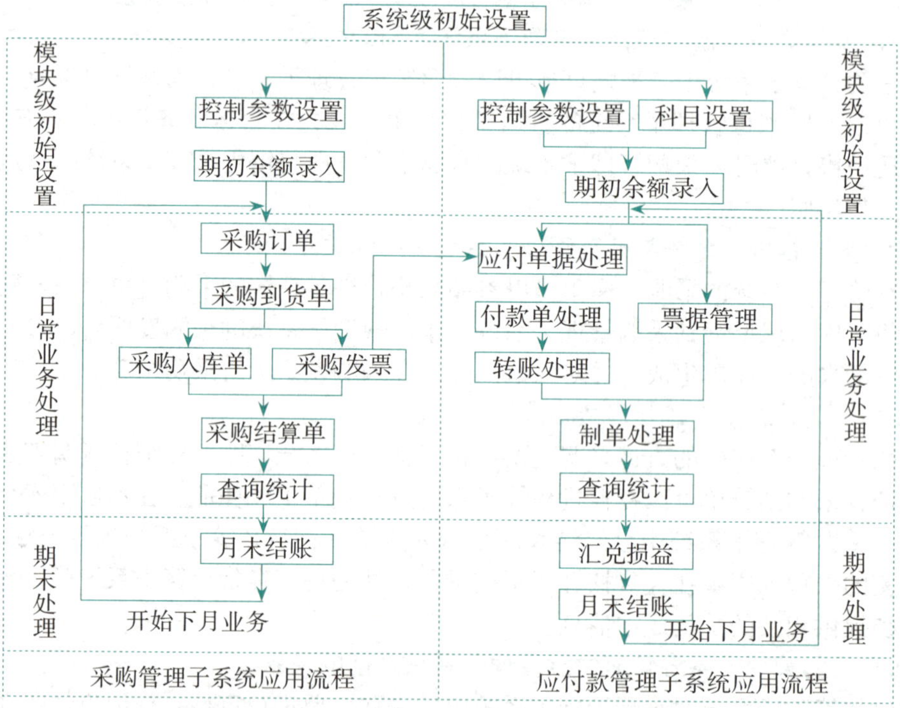


图8-2　采购管理与付款管理子系统的应用流程

企业的采购业务采用非必有订单模式时，采购请购单、采购订单和采购到货单是可选单据，用户可以根据企业需要选择是否使用；采用必有订单模式时，采购订单是必要单据，是整个采购业务的核心，整个业务的执行情况都反馈到采购订单，通过采购订单可以跟踪采购的整个业务流程。

采购管理子系统与应付款管理子系统集成应用时，采购发票在采购管理子系统中录入后，传递到应付款管理子系统进行审核、制单；如果应付款管理子系统单独使用，采购发票在应付款管理子系统中的应付单据录入中增加。采购管理子系统与库存管理子系统集成应用时，采购入库单在库存管理子系统中录入并审核；不启用库存管理子系统时，采购入库单在采购管理子系统中录入并审核。

## 同步训练

### 一、单项选择题

1. 下列各项可以为采购管理子系统提供采购成本信息的子系统是（　　）。

A. 总账管理　　B. 存货核算　　C. 采购管理　　D. 库存管理

2. 接收应付款管理子系统凭证的子系统是（　　）。

A. 总账管理　　B. 存货核算　　C. 采购管理　　D. 库存管理

3. 采购管理子系统与应付款管理子系统集成应用时，下列各项描述错误的是（　　）。

A. 采购发票可以在应付款管理子系统中制单，也可以在采购管理子系统中制单

B. 采购管理和应付款管理两个子系统中有采购发票的接口

C. 采购发票在应付款管理子系统中审核、制单

D. 采购发票在采购管理子系统中录入后传递到应付款管理子系统

### 二、多项选择题

1. 采购管理子系统的主要功能有（　　）。

A. 系统的初始化设置　　B. 供应商管理

C. 采购日常业务处理　　D. 期末处理

2. 下列系统中与采购管理子系统有直接关系的有（　　）。

A. 应付款管理　　B. 应收款管理　　C. 库存管理　　D. 存货核算

3. 在非必有订单模式下，下列各项属于可选单据的有（　　）。

A. 采购请购单　　B. 采购订单　　C. 采购到货单　　D. 采购发票

### 三、判断题（正确的打“√”，错误的打“×”）

1. 采购管理与应付款管理子系统可以帮助企业实现对采购物流和资金流的双向控制与跟踪。（　　）

2. 采购管理子系统与库存管理子系统集成应用时，采购入库单可以在采购管理子系统中录入，也可以在库存管理子系统中录入。（　　）

3. 企业的采购业务采用必有订单模式时，采购订单是整个采购业务的核心，整个业务的执行情况都反馈到采购订单，通过采购订单可以跟踪采购的整个业务流程。（　　）

# 任务二　采购管理与应付款管理子系统日常业务处理

每个企业的经营范围不同，所涉及的日常采购业务类型也有所不同。用友U8V10.1对各种采购类型定义了相应的流程及相关的控制参数，用于规范企业采购业务的执行。采购管理子系统将采购业务分为五种业务类型：普通采购业务、代管采购业务、固定资产采购业务、受托代销业务和直运采购业务。下面从采购业务涉及的主要环节和各种类型的采购业务处理流程两个方面进行讲解。

## 一、采购业务的主要环节

针对不同的采购业务类型，进行采购业务核算时，系统提供了不同的单据操作流程。但是大多数企业的日常采购业务，主要由采购请购、采购订单、采购到货、采购入库、采购发票、采购结算、形成应付单、采购付款（如果用商业汇票支付需要进行票据管理）等交易环节组成，采购管理子系统针对上述交易环节提供了相应的单据处理功能，以实现采购业务的全流程管理，用户也可根据实际情况进行采购流程的定制。

【明德善思】企业应建立全流程采购内部控制体系，有效设计采购业务各环节，从制度层面筑牢诚信防线，遏制采购领域失信行为。员工应强化合规意识，自觉遵守各项财经法规，增强法治观念，坚守道德底线，将规则、约束、自我控制贯穿到职业行动中，以“良心采购、诚信经营”为行动标尺，营造守法光荣、违法可耻的社会诚信环境，促进企业的健康发展和社会的和谐稳定。

### （一）采购请购

采购请购是指企业内部其他部门向采购部门提出采购申请，或者采购部门依据企业内部采购需求汇总形成采购清单。请购是采购业务处理的起点，一般手工增加，用于描述和生成采购需求，包括采购货物名称、采购数量、到货时间、使用部门等内容。

采购请购单是可选单据，用户可以根据业务需要选用。

### （二）采购订单

采购订单是企业与供应商之间签订的采购合同、购销协议等，主要包括采购货物名称、采购数量、供应商名称、到货时间、到货地点、运输方式、价格、运费等内容。采购订单可以手工录入，也可以参照审核后的请购单生成。

微课

采购订单处理

采购订单是可选单据，但采用必有订单业务模式时，采购订单必有。是否必有采购订单，可以根据业务需要在采购管理子系统的控制参数中设置。在必有订单业务模式中，采购订单是整个采购业务的核心，整个采购业务的执行情况都写入采购订单，通过采购订单可以跟踪采购的整个业务流程。

需要注意的是，采用必有订单业务模式时，除请购单、采购订单外，到货单、采购入库单、采购发票不可手工填制，只能参照生成。参照单据生单时，必有订单业务模式不允许增行，非必有订单业务模式允许增行。

【例8-1】完成采购订单的录入与审核工作。1月1日，采购部刘佳慧向正锋机械订购一批缸筒，数量为50件，无税单价为160元/件，预计到货日期为2021年1月3日。

操作路径：以采购部“4001 刘佳慧”的身份登录企业应用平台，执行［业务工作］—［供应链］—［采购管理］—［采购订货］—［采购订单］命令，进入［采购订单］窗口。单击［增加］按钮，输入采购订单相关内容后，保存并审核，如图8-3所示。

### （三）采购到货

采购到货是采购订货和采购入库的中间环节，一般由采购业务员根据供货方通知或送货单填写，确认对方所送货物、数量、价格等信息，以入库通知单的形式传递到仓库作为保管员收货的依据。

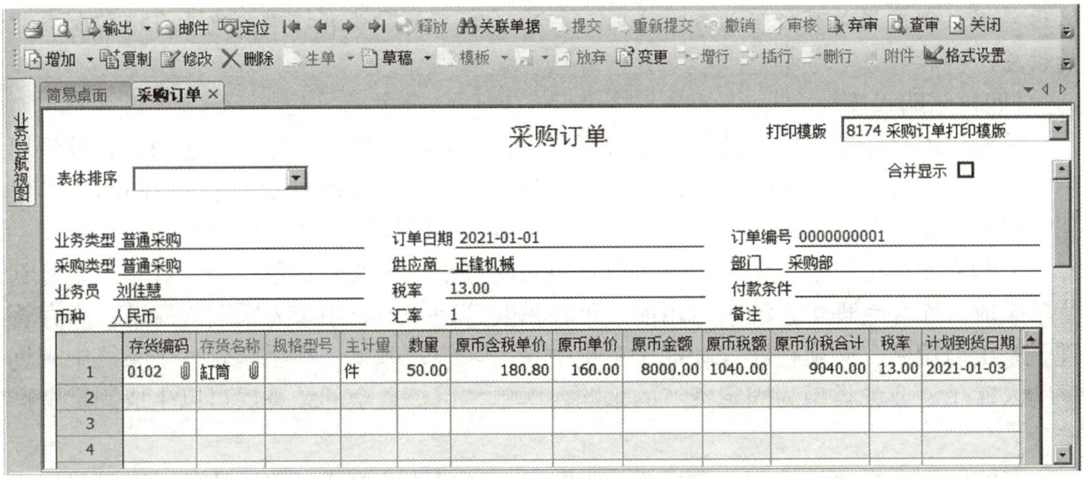


图8-3　录入采购订单

采购到货单可以手工新增，也可以参照采购订单生成；但采用必有订单业务模式时，采购到货单不可手工新增。审核通过的采购到货单可以参照生成采购退货单、到货拒收单，也可以参照生成采购入库单。

采购到货单是可选单据，用户可以根据业务需要选用。

【例 8–2】完成采购到货单的录入与审核工作。

1月3日，采购部刘佳慧收到正锋机械发来的缸筒，已验收入原材料库。

操作路径：以采购部“4001 刘佳慧”的身份登录企业应用平台，执行[业务工作]—[供应链]—[采购管理]—[采购到货]—[到货单]命令，进入[到货单]窗口，单击[增加]按钮，生成到货单后，保存并审核，如图8–4所示。

微课

录入采购到货单

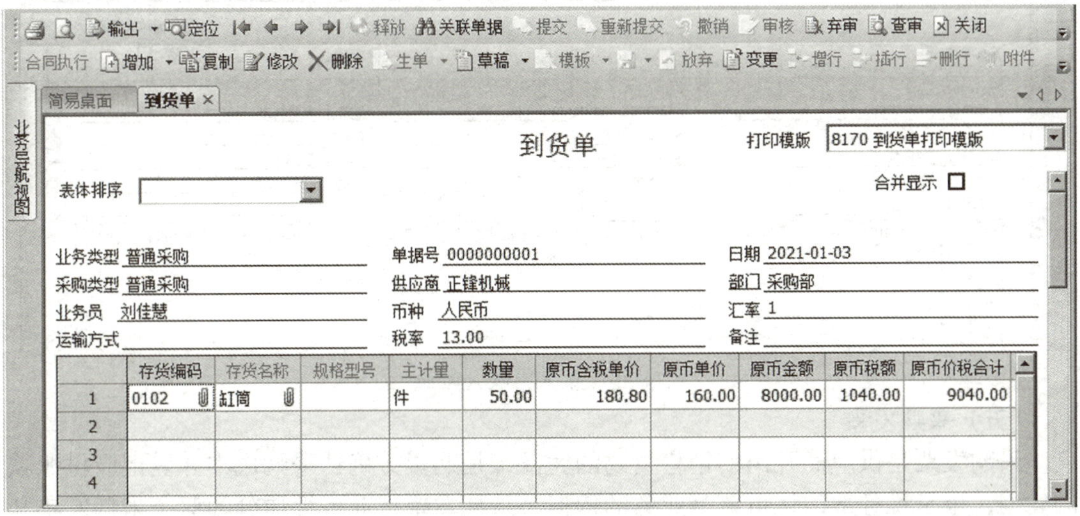


图8–4　录入采购到货单

【请注意】请购单、采购订单、采购到货单是可选单据，采购发票和采购入库单是必选单据。但采用必有订单业务模式时，订单必有，是否必有订单取决于系统控制参数的设置。

### （四）采购入库

采购入库是指对采购到货的货物进行质量检验合格后验收入库，并按照实收数量填制入库单。对于工业企业，采购入库单一般指采购原材料验收入库时所填制的入库单据；对于商业企业，采购入库单一般指商品到货入库时所填制的入库单据。

采购入库单可以手工增加，也可以参照采购订单、采购到货单、委外订单、委外到货单生成。库存管理子系统未启用前，可在采购管理子系统中录入采购入库单；库存管理子系统启用后，必须在库存管理子系统中录入采购入库单，在采购管理子系统中查询采购入库单。业务类型为固定资产的采购入库单，审核且全部结算后可以生成固定资产卡片。

采购管理子系统的控制参数设置为采购必有订单业务模式（普通业务必有订单、受托代销业务必有订单）时，相应业务类型的采购入库单不可手工新增，只能参照生成。

如果发现已审核的入库单数据有错误，可以填制红字入库单冲抵原蓝字入库单数据。

微课

录入采购入库单

【例8-3】沿用【例8-2】的资料，完成采购入库单的录入与审核工作。

操作路径：1月3日，以仓管部“5001吴晓波”的身份登录企业应用平台，执行［业务工作］—［供应链］—［库存管理］—［入库业务］—［采购入库单］命令，进入［采购入库单］窗口。单击［生单］按钮下拉列表中的“采购到货单（蓝字）”，参照采购到货单生成采购入库单后，保存并审核，如图8-5所示。

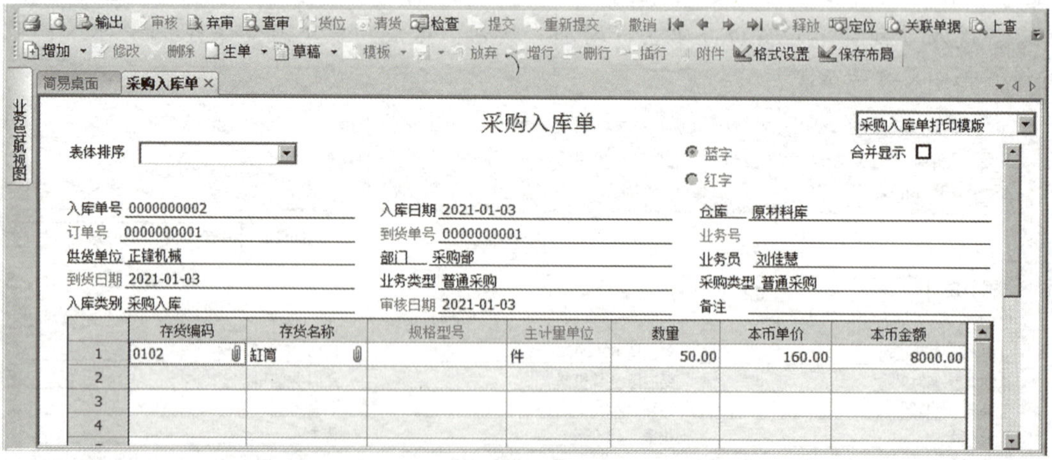


图8-5　录入采购入库单

### （五）采购发票

采购发票是供应商开出的销售货物的凭证，是购货方确认采购成本并登记应付账款的凭据，也是税务部门认可该笔业务的依据。采购发票按业务性质分为蓝字采购发票和红字采购发票。

采购发票是必要单据，可以手工新增；可以参照采购订单、采购入库单生成；也可以拷贝其他采购发票填制。直运业务的采购发票可以参照直运销售发票生成。采用必有订单模式时，采购发票不可手工新增，只能参照生成。采购发票可以修改、删除，也可以现付、结算。

需要注意的是，采购发票录入保存后无须审核，财务部门通过应付款管理子系统对采购发票审核并登记应付明细账后，系统自动回填采购发票审核人。此外，全面实施营改增后，不再有营业税发票，取而代之的是增值税发票，增值税发票分为增值税专用发票和增值税普通发票，分别通过［专用采购发票］和［普通采购发票］功能录入。

微课

录入采购专用发票

【例 8-4】完成采购专用发票的录入工作。1月3日，收到增值税专用发票一张，票号：23434685。

操作路径：以采购部“4001 刘佳慧”的身份登录企业应用平台，执行［业务工作］—［供应链］—［采购管理］—［采购发票］—［专用采购发票］命令，进入［专用发票］窗口。单击［增加］按钮，参照采购入库单生成采购发票后保存，如图8-6所示。

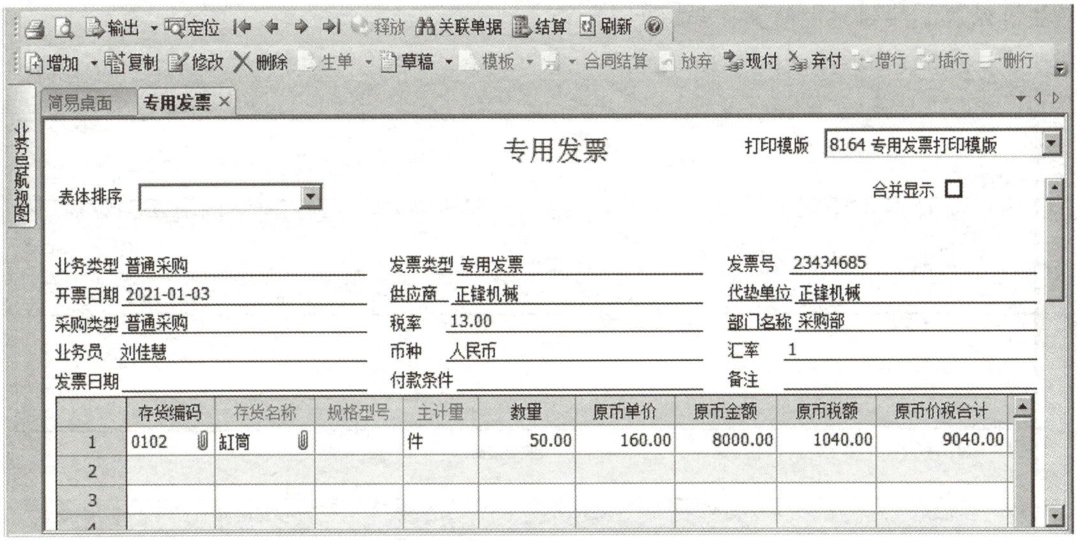


图8-6　录入采购专用发票

## （六）采购结算

采购结算也称采购报账，是指采购核算人员根据采购发票和采购入库单核算采购入库成本；采购结算的结果是生成采购结算单，它是记载采购入库单与采购发票对应关系的结算对照表。

微课

采购结算

如果采购结算时，采购入库单未在存货核算子系统中记账，则采购结算后，采购入库单上的单价被自动修改为发票上的存货单价，即发票金额作为入库单的实际成本。如果采购结算时，采购入库单已经在存货核算子系统中记账，则采购结算后，采购入库单中原来记账的单价作为暂估单价，发票单价作为结算单价。

采购结算分为自动结算、手工结算两种方式。自动结算是由系统自动将符合结算条件的采购入库单和采购发票、红蓝入库单、红蓝采购发票进行结算，生成结算单。手工结算需要手工选择待结算的采购发票和采购入库单，应用比较灵活。手工结算的具体内容包括：①采购入库单与采购发票结算；②蓝字采购入库单与红字采购入库单结算；③蓝字采购发票与红字采购发票结算；④溢余短缺处理；⑤费用折扣分摊。

采购运费发票和采购发票可以同时与采购入库单结算，也可以单独进行费用折扣结算。手工结算时，可以同时选择采购货物发票和采购运费发票与采购入库单进行采购结算，将采购运费发票的费用按数量或金额分摊到采购入库单中，此时系统自动将采购发票和采购运费分摊的费用写入采购入库单的成本中。如果运费发票开具时，对应的采购入库单已经与采购发票结算，运费发票可以通过费用折扣结算将运费分摊到采购入库单中，此时运费发票分摊的费用不再记入采购入库单中，需要到存货核算子系统中进行结算成本的暂估处理，系统再将运费金额分摊到成本中。

【例8-5】沿用【例8-4】的资料，完成采购发票与采购入库单的结算工作。

操作路径：1月3日，以采购部“4001刘佳慧”的身份登录企业应用平台，执行［业务工作］—［供应链］—［采购管理］—［采购结算］—［手工结算］命令，进入［手工结算］窗口，单击［选单］按钮，选中待采购结算的采购发票和采购入库单后，单击［结算］按钮完成结算，如图8-7所示。

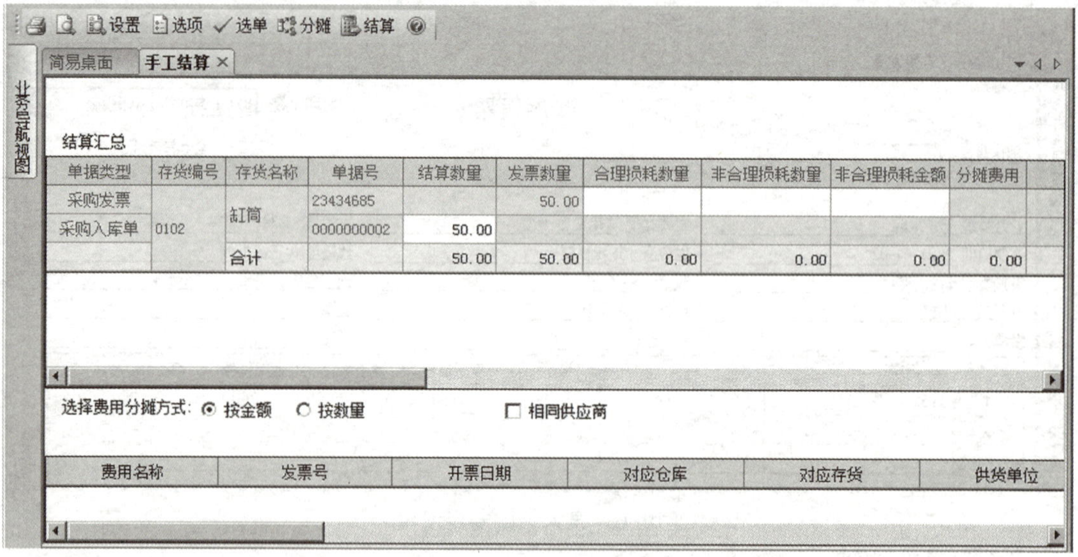


图8-7 采购结算

【请注意】执行采购结算后的采购发票、采购入库单不能再进行修改、删除等操作，除非将结算单删除。结算单不允许修改，如有误只能删除后重新处理。

## （七）应付单据处理

微课

审核应付单据

应付单据处理是指用户对应付单据进行录入、修改、删除、审核等操作。企业的应付单据主要来源于采购发票和其他应付单。应付单据处理包括应付单据录入和应付单据审核。

1. 应付单据录入是对采购业务中的各类发票以及采购业务之外的应付单进行录入。确定单据名称、单据类型和方向后，才可以根据业务内容录入应付单据的表头和表体信息。应付单的表头信息相当于凭证的一条分录信息，表体信息可不输入，保存单据后系统自动生成，也相当于凭证的一条分录信息，表头、表体中的金额合计应借贷相等。

2.应付单据审核是在应付单据录入完成保存后，对单据的正确性进一步审核确认。通过应付单据审核功能，可以进行应付单据的审核、弃审等操作。应付单据的审核可以单张审核，也可以自动批审或手工批审。

【例8-6】沿用【例8-5】的资料，完成采购发票的审核工作。

操作路径：1月3日，以“2002肖然”的身份登录企业应用平台，执行［业务工作］—［财务会计］—［应付款管理］—［应付单据处理］—［应付单据审核］命令，打开［应付单据查询条件］对话框，单击［确定］按钮，弹出［应付单据列表］窗口，选择待审核单据后进行审核，如图8-8所示。

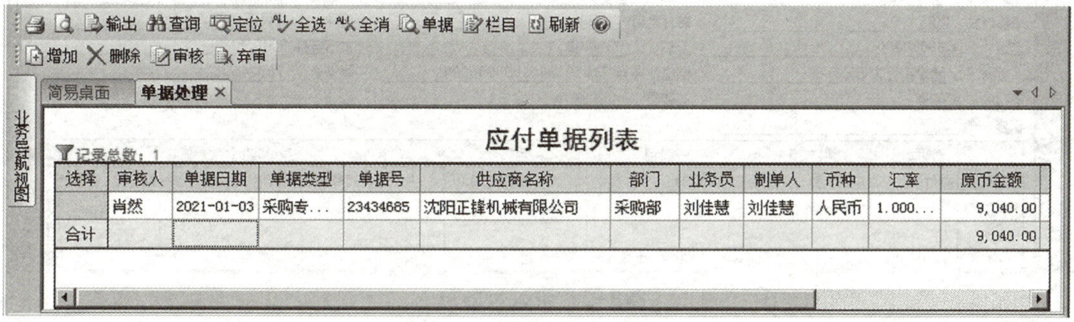


图8-8 审核应付单据

【请注意】(1)若启用采购管理子系统，则采购发票在采购管理子系统中录入，在应付款管理子系统中进行审核、记账、核销、制单、弃审或查询等操作，但不能修改、删除，如需修改或删除采购发票只能到采购管理子系统中进行操作；(2)若没有启用采购管理子系统，则采购发票在应付款管理子系统中录入，该单据的修改、删除在应付款管理子系统中进行。

### (八) 付款单据处理

付款单据处理是指对付款单和收款单（即红字付款单）的录入、审核、修改和删除等操作。付款单用来记录企业所支付的供应商款项；收款单用来记录发生采购退货时，企业所收到的供应商退款。付款单据处理分为付款单据录入和付款单据审核。

1.付款单据录入是将支付供应商的款项或供应商退回的款项，录入到应付款管理子系统，包括付款单与收款单（即红字付款单）的录入。在录入付款单时，系统提供了应付款、预付款和其他费用3种款项类型，用于区分该款项的不同用途。如果同一张付款单包含不同用途的款项，则应在表体记录中分行显示。

2.付款单据审核主要完成收付款单的自动审核、批量审核。在［付款单据审核］界面中显示的单据包括全部已审核、未审核的付款单据，余额为零的单据不再显示，并可以进行付款单、红字收款单的增加、修改、删除等操作。

【例8-7】完成付款单的录入与审核工作。1月4日，财务部以电汇方式（票号：78624596）向正锋机械支付购买的缸筒货款，金额为9 040元。

操作路径：

（1）出纳录入付款单。以财务部“2004 唐艺”的身份登录企业应用平台，执行［业务工作］—［财务会计］—［应付款管理］—［付款单据处理］—［付款单据录入］命令，进入［收付款单录入］窗口，单击［增加］按钮，录入付款单信息后保存，如图 8-9 所示。

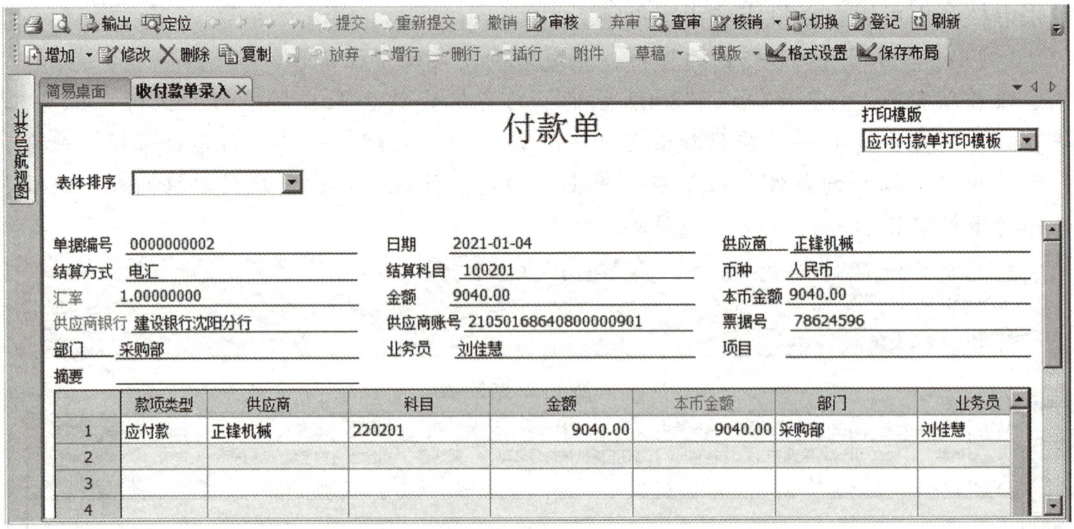


图8-9 录入付款单

微课

录入付款单

（2）会计审核付款单。以财务部“2002 肖然”的身份登录企业应用平台，执行［业务工作］—［财务会计］—［应付款管理］—［付款单据处理］—［付款单据审核］命令，打开［付款单查询条件］对话框，单击［确定］按钮，弹出［收付款单列表］窗口，选择待审核单据后进行审核。

### （九）票据管理

票据管理是指对企业采购货物、接受劳务过程中支付的银行承兑汇票和商业承兑汇票进行管理，包括应付票据的增加、修改、删除、计息、结算、转出等操作。如果要使用票据管理功能，必须将应付票据科目设置为有供应商辅助核算的应付受控科目。

当支付给供应商银行承兑汇票或者商业承兑汇票时，应将该商业汇票录入应付款管理子系统的票据管理中，票据保存后还可进行修改和删除；当票据到期支付时，应进行票据结算操作；如果是带息票据还可以进行期末计息操作。

如果在应付款管理子系统的控制参数设置中勾选“应付票据直接生成付款单”，则系统在保存票据的同时自动生成一张付款单；否则，需要单击［付款］按钮才能生成付款单。系统生成的付款单可以在付款单据录入中进行查询，并可以与应付单据进行核销处理。

### （十）转账处理

转账处理是指对发生的应付冲应付、预付冲应付、应付冲应收、红票对冲等业务的处理。

应付冲应付是指将某供应商、部门、业务员、项目和合同的应付款转到另一个中去。系统通过应付冲应付可以将应付款业务在供应商、部门、业务员、项目和合同之间进行转入、转出，实现应付业务的调整，解决应付款业务在不同供应商、部门、业务员、项目和合同之间入错账户或合并账户问题。

预付冲应付是指将预付供应商款项和所欠供应商的货款进行转账核销处理，即可以用某供应商的预付账款冲减应付账款。

应付冲应收是用对某供应商的应付账款，冲抵对某客户的应收账款。系统通过应付冲应收可以将应付款业务在客户和供应商之间进行转账，实现应付业务的调整，解决应收债权与应付债务的冲抵。

红票对冲是指将同一供应商的红字发票和其蓝字发票进行冲销。系统提供自动对冲和手工对冲两种处理方式。自动对冲可同时对多个供应商进行红票对冲，提高红票对冲的效率；手工对冲是对一个供应商进行红票对冲，可自行选择红票对冲的单据，提高红票对冲的灵活性。

### （十一）付款核销

微课

付款核销

付款核销处理是指日常进行的付款核销应付款的工作，建立付款与应付款的对应关系，监督应付款的支付情况，以便加强供应商往来款项的管理。系统提供手工核销和自动核销两种核销方式。在进行核销时，显示的都是已审核的应付单据与付款单据，一般是付款单与蓝字采购发票、蓝字应付单、收款单进行核销；收款单与红字采购发票、红字应付单、付款单进行核销。

【例 8-8】完成采购发票与付款单的核销工作。

操作路径：1月4日，以财务部“2002 肖然”的身份登录企业应用平台，执行［业务工作］—［财务会计］—［应付款管理］—［核销处理］—［手工核销］命令，打开［核销条件］对话框，选择供应商“正锋机械”，单击［确定］按钮，进入［单据核销］窗口，在采购专用发票行双击“原币金额”或“原币余额”，系统自动输入本次结算金额，单击［保存］按钮，如图 8-10 所示。

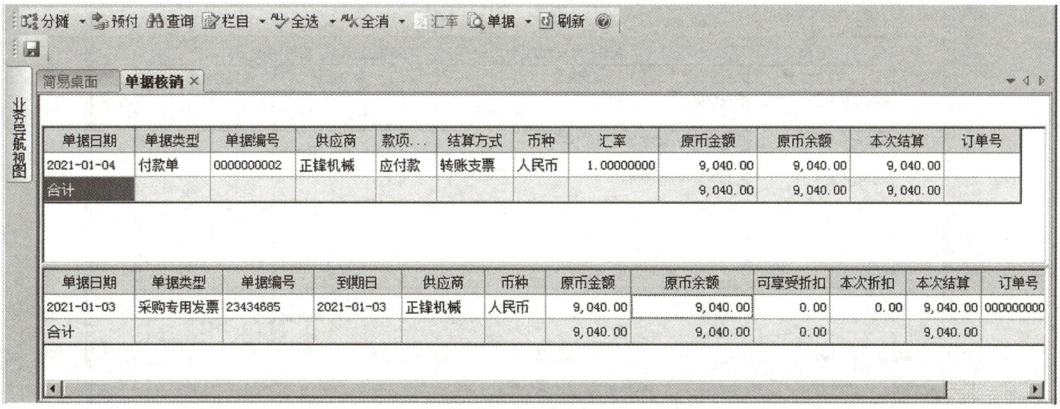


图8-10 单据核销

【请注意】核销时可以修改本次结算金额，但是不能大于该记录的原币金额。如果核销后未进行其他处理，可以在期末处理中用［取消操作］功能取消该核销操作。

### （十二）制单处理

制单处理即生成凭证，并将记账凭证传递至总账管理子系统进行审核、记账。企业采购过程中发生的采购请购单、采购订单、采购到货单无须制单处理，但是采购入库单需要传递到存货核算子系统进行单据记账和生成凭证；采购发票和付款单需要在应付款管理子系统中审核、制单。一张原始单据制单后，将不能再次制单。如果总账管理子系统设置了制单序时控制，则存货核算子系统和应付款管理子系统的制单日期应该满足总账管理子系统对制单日期的要求，即大于等于同月同凭证类别的日期。

应付款管理子系统对不同的单据类型或不同的业务处理提供实时制单的功能。制单类型包括发票制单、应付单制单、收付款单制单、核销制单、票据处理制单、应付冲应收制单、预付冲应付制单、现结制单等类型，用户可根据需要制单的单据类型选择合适的制单类型。例如，对采购发票制单时需勾选“发票制单”，对付款单制单时需勾选“收付款单制单”。

应付款管理子系统的制单分为立即制单和批量制单。批量制单是在业务发生完成后，使用［制单处理］功能进行批量制单；立即制单是在完成单据处理、转账处理、票据管理及坏账处理后，根据系统提示直接生单。

【例 8-9】依据采购发票、采购入库单、付款单进行制单处理。

微课

制单处理

操作路径：

（1）在应付款管理子系统中依据采购发票制单。1月3日，以财务部“2002 肖然”的身份登录企业应用平台，执行［业务工作］—［财务会计］—［应付款管理］—［制单处理］命令，打开［制单查询］对话框，选择“发票制单”，单击［确定］按钮，打开［采购发票制单］窗口，单击［全选］、［制单］按钮，生成转账凭证并保存，如图8-11所示。

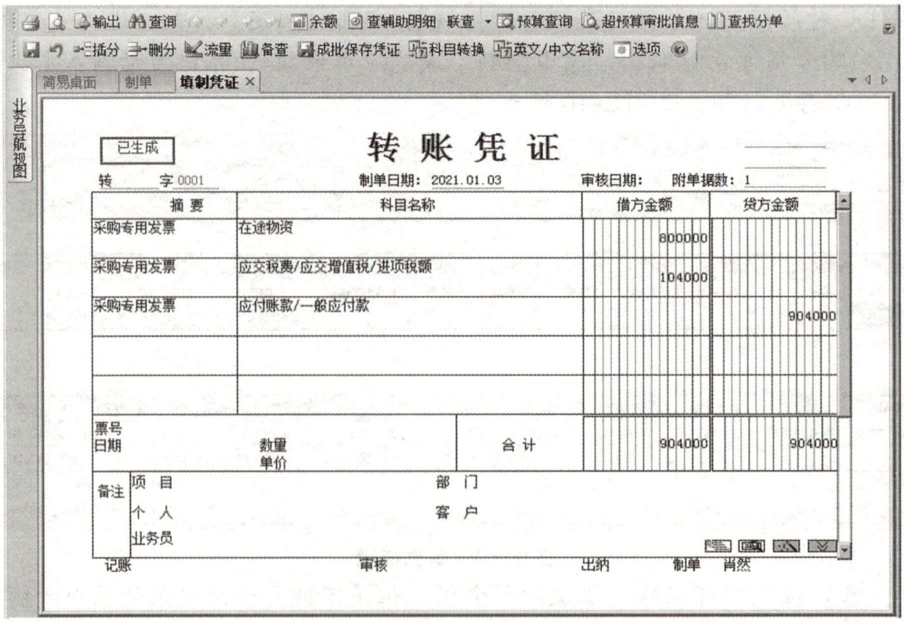


图8-11 生成转账凭证

（2）在存货核算子系统中对采购入库单记账并制单。

①1月3日，以财务部“2002肖然”的身份登录企业应用平台，执行［业务工作］—［供应链］—［存货核算］—［业务核算］—［正常单据记账］命令，弹出［查询条件选择］对话框，单击［确定］按钮，进入［正常单据记账列表］窗口，双击“选择”栏，进行记账，如图8-12所示。

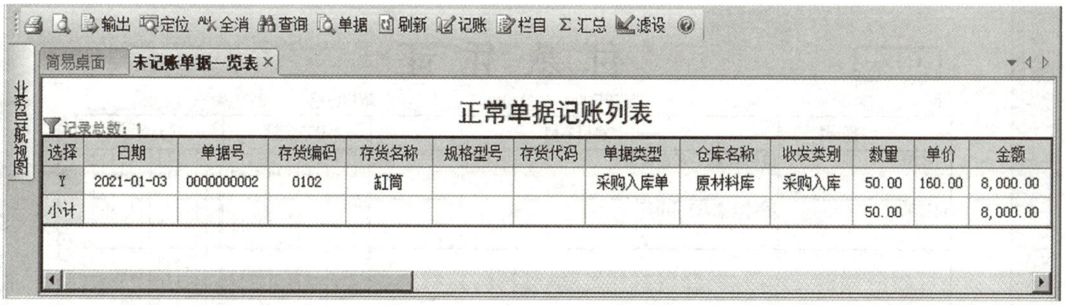


图8-12　正常单据记账列表

②执行［存货核算］—［财务核算］—［生成凭证］命令，进入［生成凭证］窗口，点击［选择］按钮，勾选“采购入库单”，返回［生成凭证］窗口，单击［生成］按钮，系统自动生成转账凭证，单击［保存］按钮，如图8-13所示。

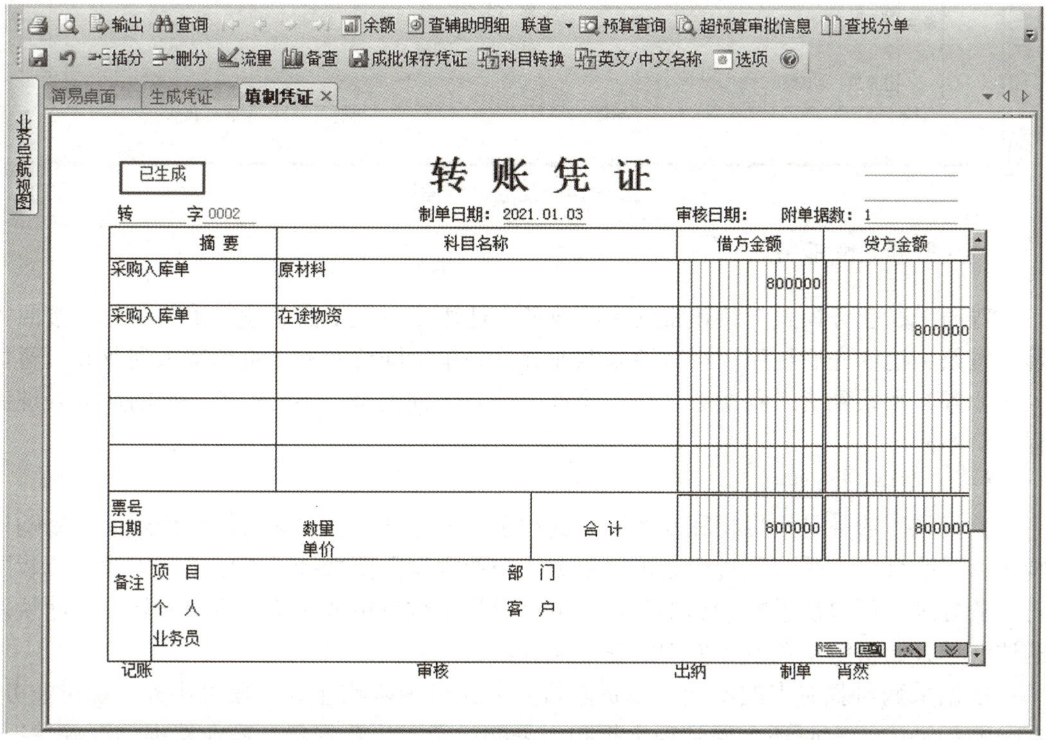


图8-13　生成转账凭证

（3）应付款管理子系统中依据付款单制单。1月4日，以财务部“2002肖然”的身份登录企业应用平台，执行［业务工作］—［财务会计］—［应付款管理］—［制单处理］命令，打开［制单查询］对话框，选择“收付款单制单”，单击［确定］按钮，打开［付款单制单］窗口，单击［全选］、［制单］按钮，系统自动生成付款凭证，如图8-14所示。

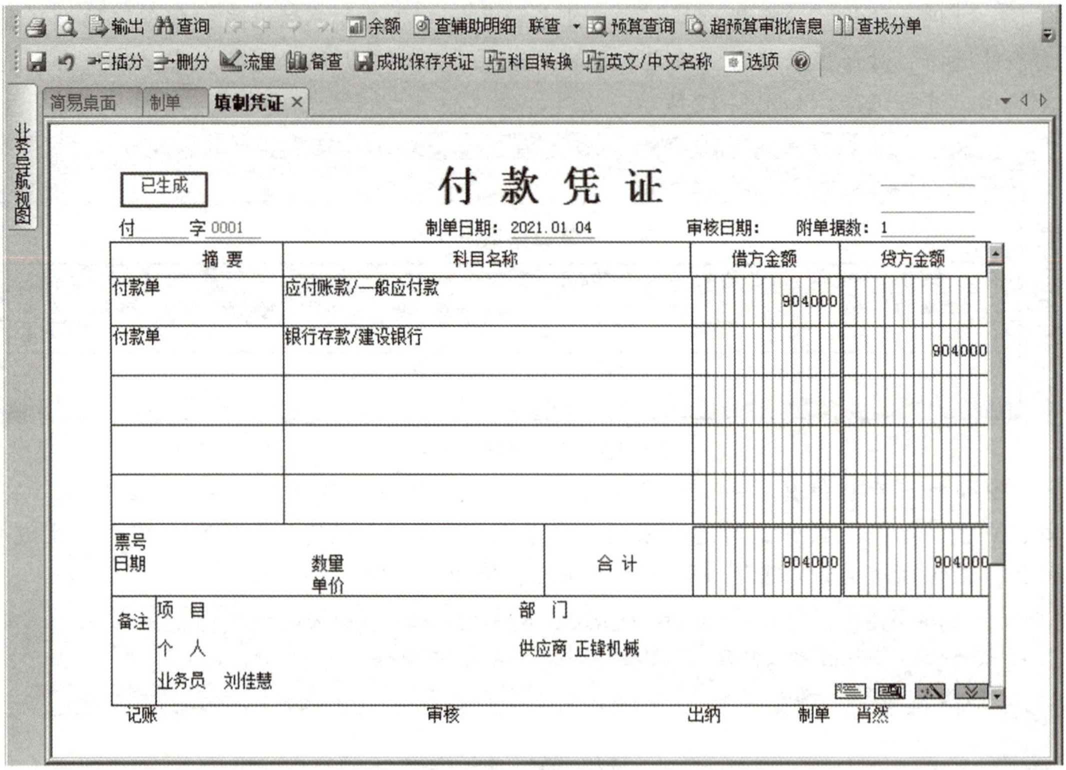


图8-14 生成付款凭证

## 二、普通采购业务

普通采购业务模式支持正常的采购业务，适用于一般工商企业的采购业务。按照货物和发票到达的先后顺序，将普通采购业务分为单货同行业务、货到票未到业务（暂估入库业务）和票到货未到业务（在途物资业务）三种类型，不同业务类型的业务处理流程有所不同。

### （一）单货同行业务

单货同行业务是指货物和发票同时到达企业的业务。在非必有订单模式下，采购请购单、采购订单、采购到货单是可选单据，企业根据需要选择是否使用。因此，单货同行业务处理，可以从采购请购单开始，也可以从采购订单或采购到货单开始，下面从采购请购单开始讲解采购业务处理的整个流程。

根据采购付款时点的不同，单货同行业务又分为赊购业务、预付业务、现付业务。在采购活动中，有时还会遇到现金折扣、采购运费、采购损耗、商业票据结算等情况，用友U8V10.1软件均提供了相应的处理功能。

#### 1. 赊购业务

赊购业务是采购货物后再进行付款的采购业务。赊购业务的付款是在采购货物之后进行，在应付款管理子系统中以“应付账款”科目入账。当采购管理与库存管理、存货核算、应付款管理集成应用时，赊购业务的主要操作流程如图8-15所示。

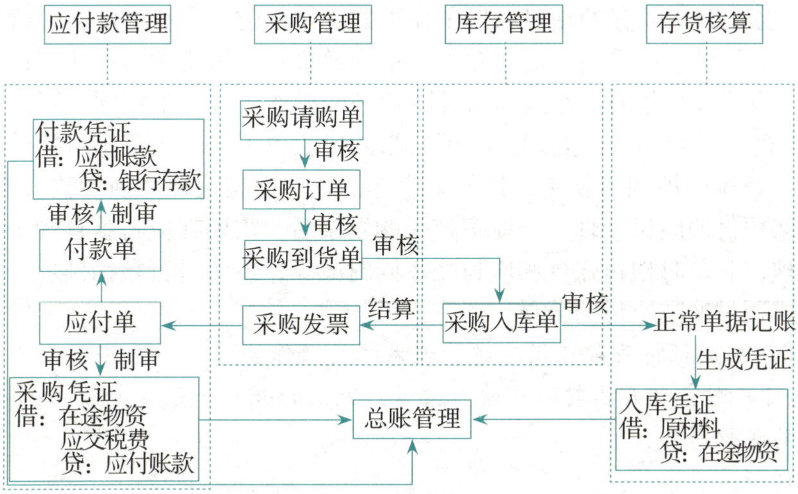


图8-15　赊购业务的主要操作流程

操作流程说明：

（1）在采购管理子系统中，填制并审核采购请购单。

（2）在采购管理子系统中，填制或根据审核后的请购单生成采购订单，保存单据并审核。

（3）在采购管理子系统中，填制或根据审核后的订单生成采购到货单，保存单据后审核。

（4）在库存管理子系统中，填制或根据审核后的订单、到货单生成采购入库单，保存单据后审核。

（5）在采购管理子系统中，填制或根据审核后的采购订单、采购入库单生成采购发票。

（6）在采购管理子系统中，对采购入库单和采购发票进行采购结算。

需要注意的是，当货物及采购发票同时到达企业时，首先检验发票与货物是否一致。如果单货一致，可以先填制采购发票，再填制采购入库单，及时进行采购结算；也可以先填制采购入库单，再参照入库单生成发票，用户可选择自动进行采购结算。

（7）在存货核算子系统中，对采购入库单记账，系统自动登记存货明细账。然后根据记账后的采购入库单生成凭证，凭证自动传递到总账管理子系统。

（8）在应付款管理子系统中，对采购发票审核，系统自动登记应付款明细账。然后对审核后的采购发票制单，生成的凭证自动传递到总账管理子系统。

（9）在应付款管理子系统中，支付采购货款时，填制并审核付款单，系统自动登记应付款明细账，然后对付款单制单，生成的凭证自动传递到总账管理子系统。

（10）在应付款管理子系统中，将审核后的付款单和采购发票进行核销，登记应付款明细账。

## 2. 预付业务

微课

预付业务

预付业务是指采购前预付部分货款，收到货物后再支付尾款的采购业务。预付业务的预付款发生在采购货物之前，企业提前支付货款时，形成了预付款；采购完货物并收到采购发票时，需要做预付冲应付。因此，采购预付业务的操作流程与赊购业务的操作流程基本相同，不同之处主要体现为付款环节的处理：①预付款的付款单不同。企业预付货款时，需要在应付款管理子系统中填制付款单，付款单表体的款项类型选择“预付款”，制单时形成预付账款。②预付冲应付处理。企业审核采购发票后，需要在应付款管理子系统中做预付冲应付处理，制单时预付账款和应付账款同时减少；或者进行核销处理，核销制单时系统自动生成预付冲减应付的分录。

【例8-10】完成预付业务在供应链管理系统的操作。

1. 1月1日，财务部开出转账支票（票号：78624596）一张，金额为9 040元，系预付正锋机械购买缸筒货款。

操作路径：

（1）1月1日，以财务部“2004唐艺”的身份登录企业应用平台，执行［业务工作］—［财务会计］—［应付款管理］—［付款单据处理］—［付款单据录入］命令，打开［收付款单录入］窗口，单击［增加］按钮，录入付款单信息，表体的“款项类型”选择“预付款”，单击［保存］按钮，如图8-16所示。

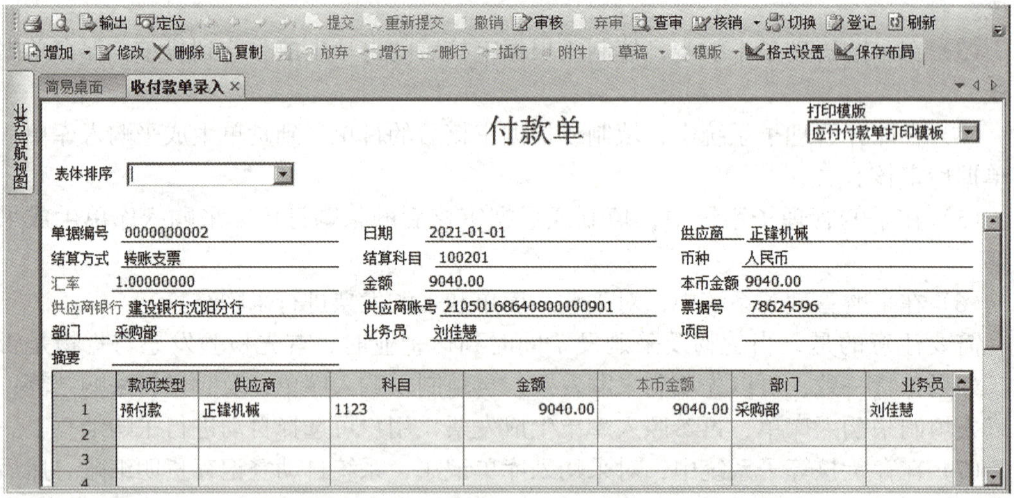


图8-16　录入付款单

（2）1月1日，以财务部“2002肖然”的身份登录企业应用平台，执行［业务工作］—［财务会计］—［应付款管理］—［付款单据处理］—［付款单据审核］命令，打开［付款单查询条件］对话框，单击［确定］按钮，弹出［收付款单列表］窗口，双击待审核的单据，弹出［收付款单录入］窗口，单击［审核］按钮，系统弹出“是否立即制单”提示框，单击［是］按钮，系统生成一张付款凭证，单击［保存］按钮，如图8-17所示。

2. 2021年1月1日，采购部刘佳慧向正锋机械订购一批缸筒，数量为50件，无税单价为160元/件，预计到货日期为2021年1月3日。2021年1月3日，采购部刘佳慧收到正锋机械发来的缸筒，已验收入原材料库，同时收到增值税专用发票一张，票号：23434685。

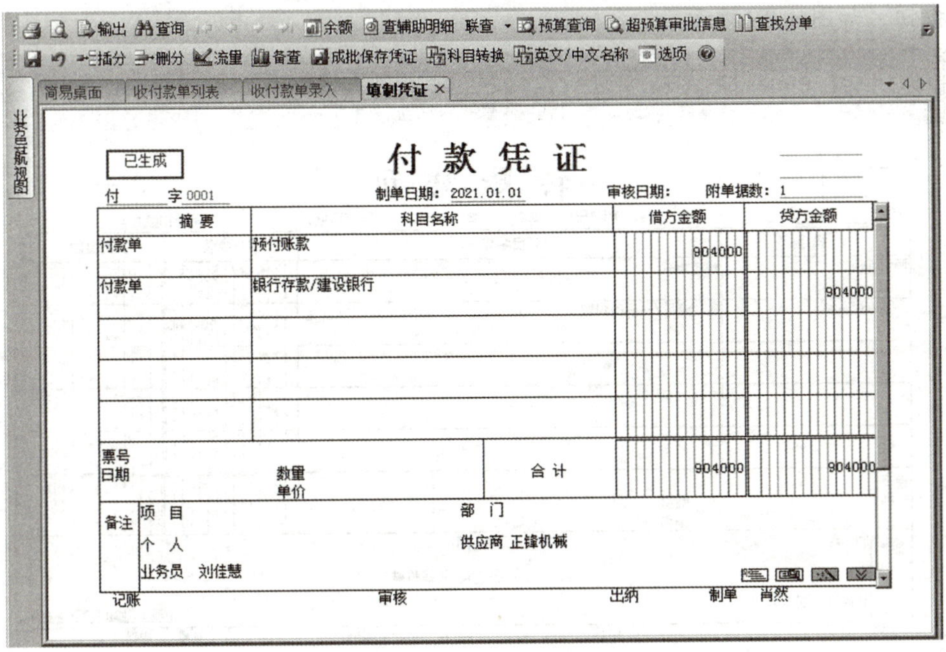


图8-17　生成付款凭证

操作路径：

（1）完成相关单据的填制处理。采购订单、采购到货单、采购入库单、采购发票、采购结算、应付单据审核与制单、采购入库单记账与制单的操作前面已介绍，在此不再赘述。

（2）在应付款管理子系统中进行预付冲应付并制单。1月3日，执行［业务工作］—［财务会计］—［应付款管理］—［转账］中的［预付冲应付］命令，打开［预付冲应付］对话框，分别单击［预付款］、［应付款］选项卡，依次输入转账金额，如图8-18所示。

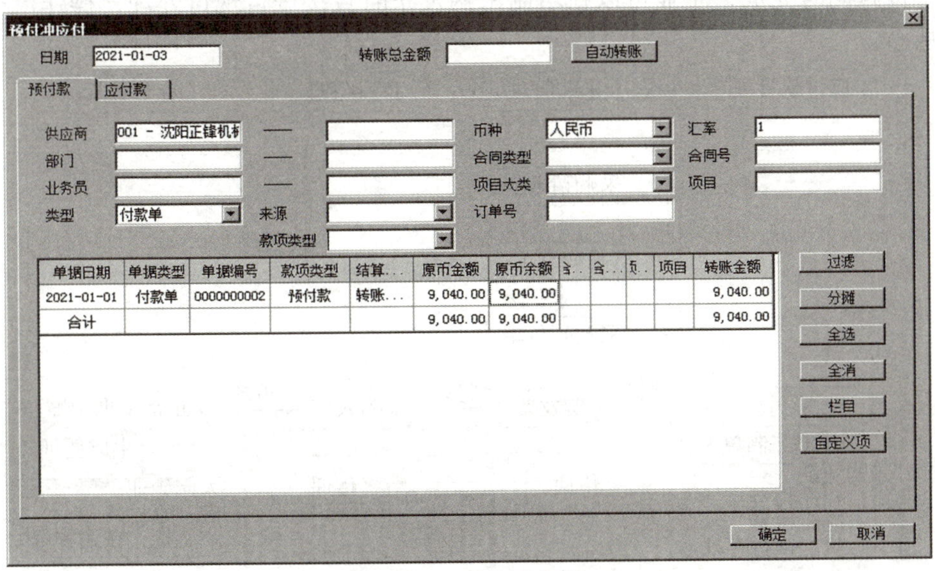


图8-18　预付冲应付

(3) 单击［确定］按钮，选择“立即制单”，系统自动生成转账凭证，单击［保存］按钮，如图8-19所示。

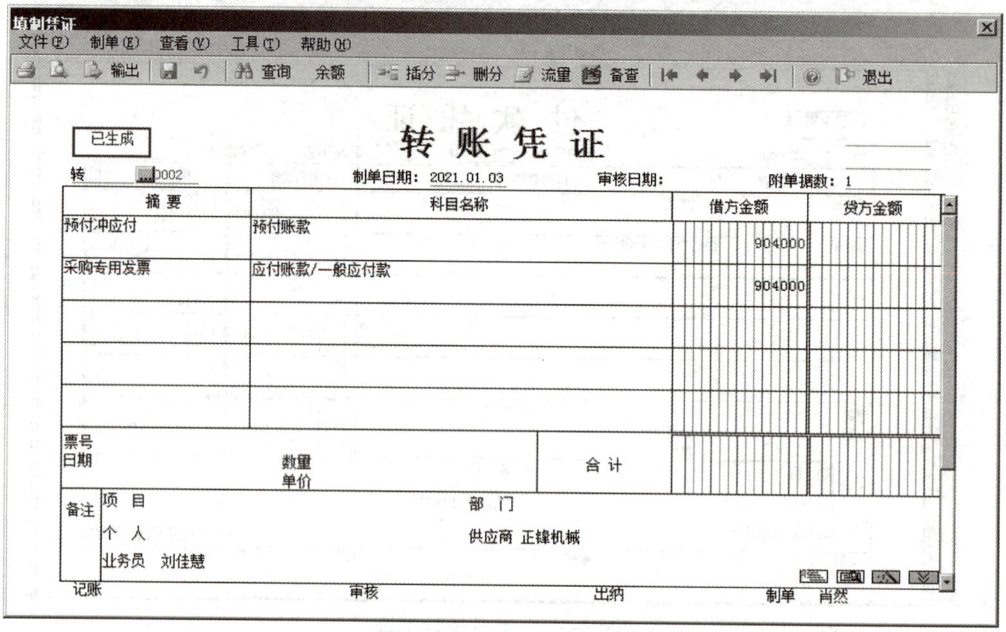

图8-19　生成转账凭证

【请注意】预付冲应付的转账处理有两种方法：一种是在［转账］—［预付冲应付］功能中自动生成凭证，无须再进行核销；另一种是通过［付款核销］功能进行核销后，再在［制单］功能中进行核销制单。

### 3.现付业务

现付业务，是指在业务发生当日，收到采购发票并支付货款的业务。由于开具发票和支付货款同时完成，企业可以在填制采购发票时直接进行现付处理，操作流程如图8-20所示。

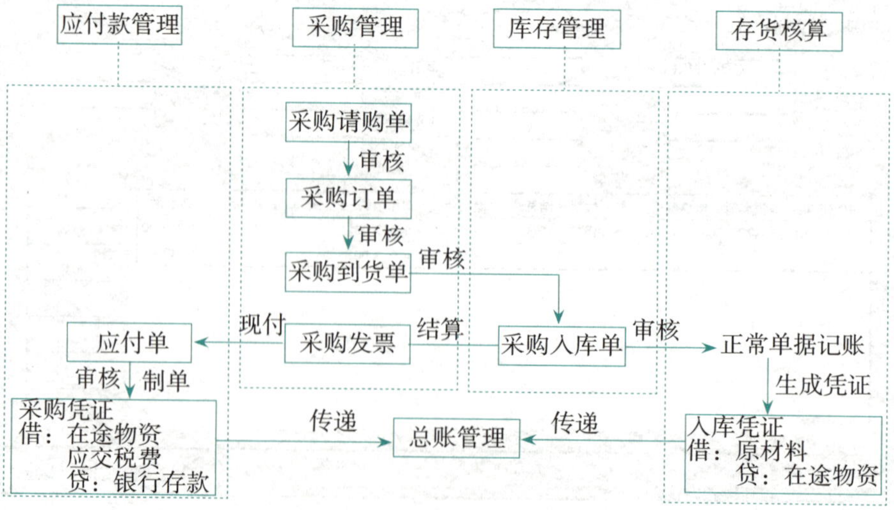

图8-20　现付业务的操作流程

现付业务的操作流程与赊购业务的操作流程类似，不同之处主要体现为：①付款信息的录入方式不同。现付业务在保存完采购发票后，通过采购发票上的［现付］功能录入付款信息，无须在应付款管理子系统中专门进行付款单处理。②采购发票审核和制单处理不同。在应付管理子系统中，打开应付单据审核查询条件时，需要勾选“包含已现结发票”，同时对采购发票制单时需要勾选“现结制单”。

**4. 其他采购业务**

在采购过程中，如果发生采购费用、现金折扣、采购损耗等其他情形，采购管理子系统和应付款管理子系统也提供了相应的处理功能，以保证采购业务处理的正确性。

（1）采购费用。采购费用是指企业在采购货物过程中所支付的各项费用，包括货物的运输费、装卸费、保险费、包装费、仓储费及运输途中的合理损耗和入库前的整理挑选费等。在全面实施营改增的情况下，企业发生采购运费时，采购运费通过录入采购发票来完成。在采购结算时，通过对采购运费的增值税发票、采购货物的增值税发票与采购入库单进行手工结算，将采购运费按数量或金额分摊到采购入库单中，系统后台自动更新采购入库单的单价。

（2）现金折扣。现金折扣是指在采购时供应商为鼓励企业尽早付清货款而提供的一种价格优惠，企业提前付款可以享受现金折扣优惠。针对这种情况，系统提供了相应的现金折扣处理功能。因此，企业在录入采购相关单据和进行付款处理时需要考虑现金折扣情况。现金折扣业务与普通采购业务处理流程基本类似，不同之处主要体现为：①在录入采购相关单据时录入付款条件。在采购管理子系统中，录入采购订单、采购到货单和采购发票时要选择正确的“付款条件”，该付款条件需要在基础设置中提前设置。②进行付款核销和制单处理时要考虑现金折扣金额。在应付款管理子系统中进行付款核销时，需要输入“本次折扣”和“本次核销”两栏的金额，如果系统设置“自动计算现金折扣”，则现金折扣金额由系统自动填写；发票制单时，需要同时勾选“收付款单制单”和“核销制单”复选框，才能生成正确的付款凭证。需要注意的是，系统自动生成的付款凭证财务费用科目金额在贷方，需要手工改为借方红字。

（3）采购损耗。采购损耗是指在采购过程中，由于运输、装卸等原因，采购的货物发生短缺毁损的情形。采购损耗形成的原因不同，进行的账务处理也有所不同。采购损耗分合理损耗和非合理损耗。合理损耗直接计入采购成本，即相应地提高入库货物的单位成本；非合理损耗应根据损耗具体原因选择相应的非合理损耗类型，在存货核算子系统中制单时自动生成相应凭证。发生采购损耗时，由于入库数量与发票数量不一致，在进行采购结算时，需要输入合理损耗的数量，或者输入非合理损耗的数量、金额和涉及的进项税额转出金额。在存货核算子系统生成凭证时，合理损耗只是增加单位成本，总金额不变；非合理损耗在制单时依据的是采购结算单，需要勾选“已结算采购入库单自动选择全部结算单上单据（包括入库单、发票、付款单），非本月采购入库单按蓝字报销单制单”选项，系统自动将损耗处理结果体现在生成的凭证中。如果不勾选此项，制单时非合理损耗在凭证中不予体现，需要在总账管理子系统中填制处理非合理采购损耗的凭证。

【请注意】发生采购损耗时，采购入库单应按实际入库数量录入，且采购结算需采用手工结算。

### （二）货到票未到业务（暂估入库业务）

#### 1. 暂估入库

暂估入库是指货物先到并已验收入库，而采购发票未到达企业的采购业务。企业可根据实际入库数量填制采购入库单，若月底发票仍未到达，为保证账实相符、及时核算存货成本，应先做存货暂估入库，待取得发票后，再录入采购发票并进行采购结算，以便调整存货成本。操作流程如图8-21所示。

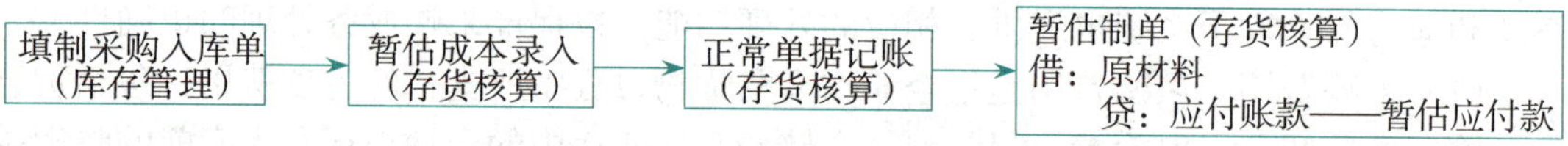


图8-21　采购暂估入库操作流程

#### 2. 暂估入库报销

暂估入库报销是指下月采购发票收到后，将上月的暂估成本调整为发票实际成本。系统提供了月初回冲、单到回冲、单到补差三种调整成本的处理方法。企业可以根据核算和管理需要，在存货核算子系统的控制参数中设置相应的“暂估方式”。

（1）月初回冲。月初回冲是指月初时系统自动生成红字回冲单；报销处理时，系统自动根据报销金额生成采购报销入库单。

月初，对上月未报销的暂估入库单，存货核算子系统自动生成与上月暂估入库完全相同的红字回冲单，同时自动登记存货明细账，以冲回上月暂估入库的明细账。此外，需要用户对红字回冲单制单，以冲回上月的暂估凭证。

月中收到采购发票时，在采购管理子系统中录入采购发票，并与采购入库单进行采购结算后，需要在存货核算子系统中进行结算成本处理，此时系统自动生成蓝字回冲单并登记存货明细账。同样，需要用户对蓝字回冲单制单，生成的凭证传递到总账管理子系统。

月末，对本月未报销的入库单进行期末处理后，系统自动生成蓝字暂估单，系统直接记入明细账，用户不能修改。

（2）单到回冲。单到回冲是指报销处理时，系统自动生成红蓝回冲单，同时登记存货明细账，并对红蓝回冲单制单，如图8-22所示。

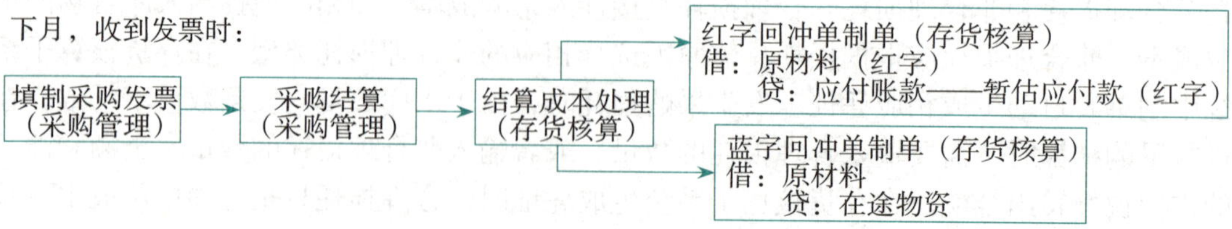


图8-22　单到回冲操作流程

月初系统不做处理，待收到采购发票时，在采购管理子系统中录入采购发票，并与采购入库单进行采购结算；在存货核算子系统中进行结算成本处理时，系统自动同时生成红字回冲单和蓝字回冲单，并登记存货明细账。此时，需要用户对红字回冲单和蓝字回冲单制单。

（3）单到补差。单到补差是指报销处理时，系统自动生成一笔调整单，调整金额为实际金额与暂估金额的差额。

月初系统不做处理，月中收到采购发票时，在采购管理子系统中录入采购发票，并与采购入库单结算后，需要在存货核算子系统中进行结算成本处理，系统自动生成调整单，由用户确认记账。生成的调整单中的金额，用户不能修改，只能确认或取消。

【动脑筋】月初回冲、单到回冲和单到补差有何异同？

【例 8-11】完成暂估入库报销业务工作。

1 月 14 日，收到山东鑫源开具的采购法兰盘的增值税专用发票一张，票号：32346789，数量 120 件，无税单价为 50 元/件，价税合计 6 780 元，该批货物已于上月暂估入库（企业采用单到回冲方式调整成本）。

操作路径：

（1）采购发票录入与采购结算。以“4001 刘佳慧”的身份进入采购管理子系统，参照采购入库单生成采购发票并采购结算。

（2）应付单据审核与制单。以“2002 肖然”的身份进入应付款管理子系统，进行应付单据的审核与制单。

（3）暂估成本处理。以“2002 肖然”的身份进入企业应用平台，执行［业务工作］—［供应链］—［存货核算］—［业务核算］—［结算成本处理］命令，查询出需要暂估处理的采购结算单，进入［结算成本处理］窗口，选中该单据后，单击［暂估］按钮，完成暂估成本处理，如图 8-23 所示，此时系统后台自动生成一张红字回冲单和一张蓝字回冲单。

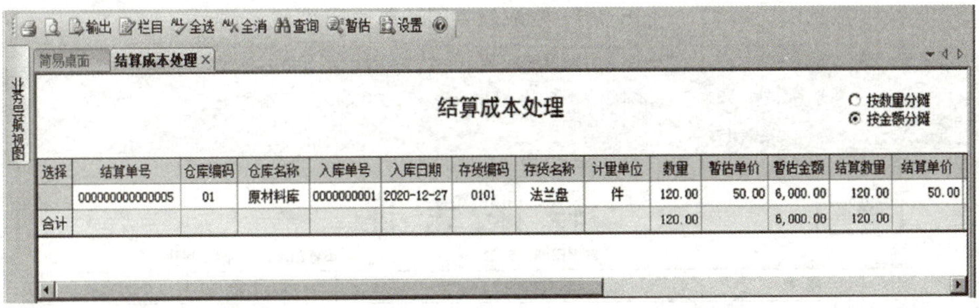


图8-23 结算成本处理

（4）红蓝回冲单制单。

①执行［存货核算］—［财务核算］—［生成凭证］命令，进入［生成凭证］窗口，单击［选择］按钮，查询出一张红字回冲单和一张蓝字回冲单，如图 8-24 所示。

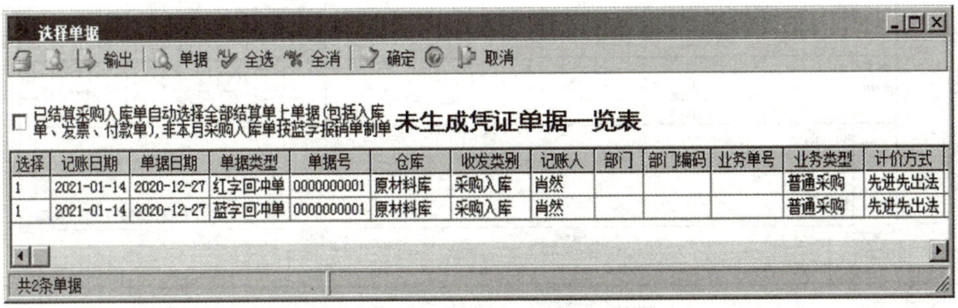


图8-24 未生成凭证单据一览表

②返回到［生成凭证］窗口，单击［生成］按钮，系统自动生成两张转账凭证，分别为红字回冲单凭证和蓝字回冲单凭证，如图8-25、图8-26所示。

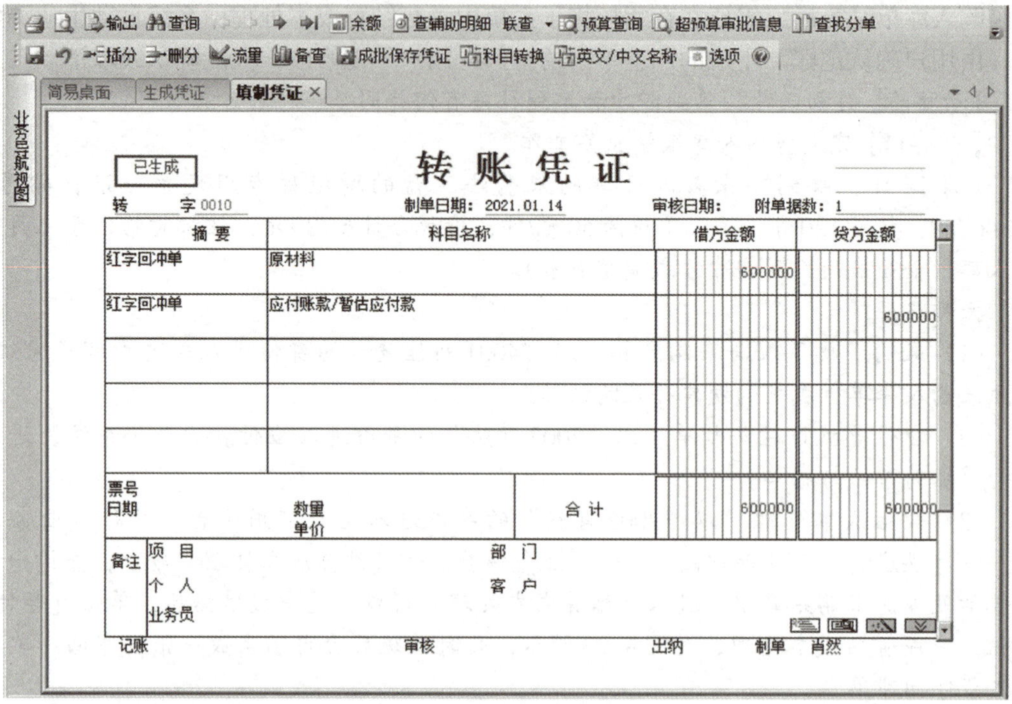


图8-25 生成红字回冲单凭证

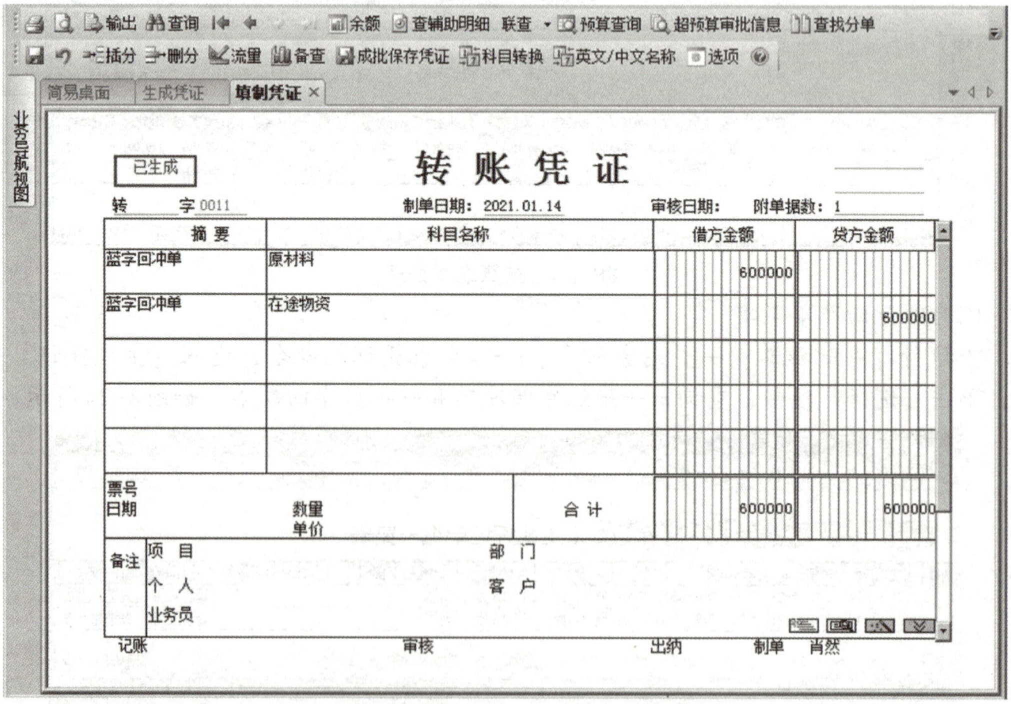


图8-26 生成蓝字回冲单凭证

### （三）票到货未到业务（在途物资业务）

票到货未到是指采购发票先到，而货物未到企业的业务。此时，企业可以不输入发票做压单处理，等货物到达企业时再填制采购入库单、采购发票；若要及时掌握在途货物情况，则应及时输入采购发票做在途物资处理。

## 三、特殊采购业务

企业有时也会碰到一些特殊采购业务（如采购货物因质量问题需要退货，或者赊购固定资产等），这些特殊采购业务的处理流程与普通采购业务有所不同。下面重点讲解采购退货业务、固定资产采购业务和直运采购业务的日常处理。

### （一）采购退货业务

采购退货业务是指采购货物因质量、品种、数量不符合要求或者其他原因，而将已购货物退回供应商的业务。企业发生采购退货业务时，因退货发生的时间不同，处理退货业务的流程也有所不同。针对不同情况的采购退货，系统提供了不同的解决方案。

#### 1. 采购结算前的退货业务

采购结算前发生退货业务，一般处理流程比较简单，根据具体退货时间不同，主要有以下几种情况需要分别处理：

（1）如果尚未办理到货单，则只需要把货物直接退给供应商即可，无须在系统中进行处理。

（2）如果只是录完到货单，则只需开具采购拒收单，然后按照实际入库数量录入采购入库单。

（3）如果已经录入采购入库单，但还没有收到发票，则只需要根据退货数量录入红字入库单，然后对红蓝入库单进行采购结算。

（4）如果已经录入采购入库单，同时收到采购发票，则只需要根据退货数量录入红字采购入库单，并根据红蓝入库单的数量差额录入采购发票。这时需要用手工结算方式将红字采购入库单、原蓝字采购入库单和采购发票三者进行采购结算，以冲减原入库数量。

#### 2. 采购结算后的退货业务

采购结算后发生退货业务，如果采购货款已经支付需要退款，在采购管理子系统中录入并审核退货单，录入红字采购发票；在库存管理子系统中录入并审核红字采购入库单；在采购管理子系统中对红字采购入库单和红字采购发票进行采购结算；在应付款管理子系统对红字发票审核制单，录入并审核收款单（即红字付款单），将收款单与红字采购发票进行核销处理；在存货核算子系统中对红字入库单记账并生成凭证，具体操作流程如图8-27所示。

微课

采购结算后的退货业务

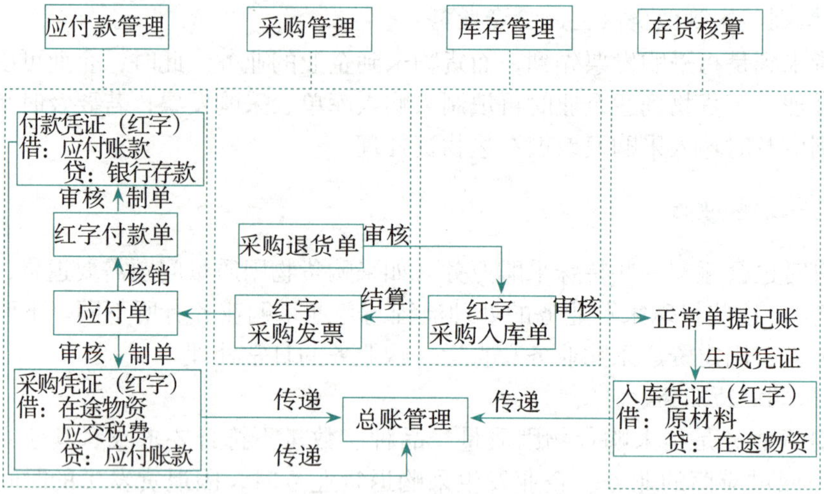


图8-27　结算后采购退货业务的操作流程

【例 8-12】完成结算后采购退货业务工作。

1月20日，仓库管理员发现3日采购入库的缸筒有6件存在质量问题，经协商决定，当日退回正锋机械。同时，收到正锋机械开具的红字增值税专用发票一张，票号：23434691，数量6件，无税单价为160元/件，已通过网上银行收到退货款，金额为1 084.8元。

操作路径：

（1）采购退货单录入与审核。以采购部“4001 刘佳慧”的身份进入企业应用平台，执行［业务工作］—［供应链］—［采购管理］—［采购到货］—［采购退货单］命令，进入［采购退货单］窗口，单击［增加］按钮，参照采购到货单生成一张采购退货单，修改数量为“-6”后，保存并审核，如图8-28所示。

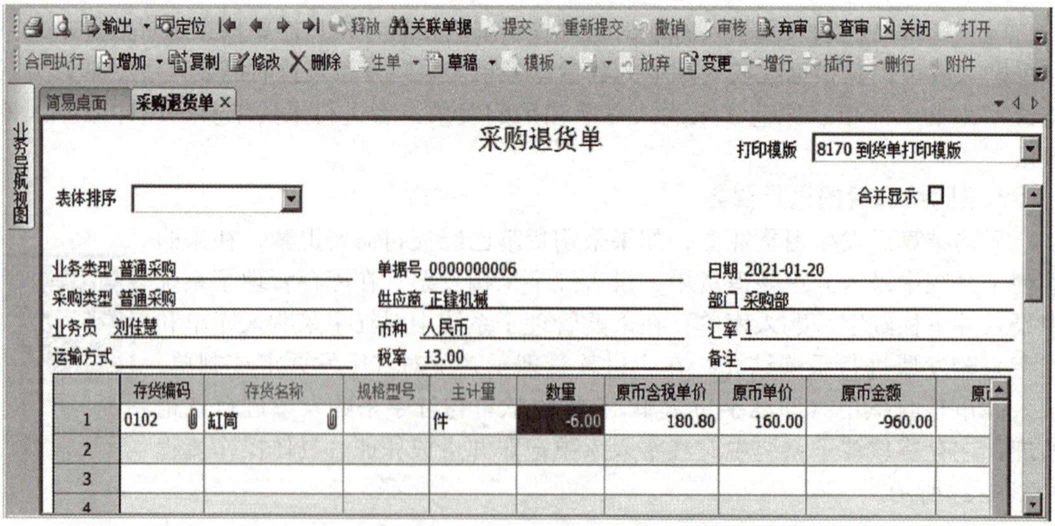


图8-28　生成并审核采购退货单

（2）红字采购入库单录入与审核。以仓管部“5001 吴晓波”的身份进入企业应用平台，执行［业务工作］—［供应链］—［库存管理］—［入库业务］—［采购入库单］命令，进入［采购入库单］窗口，参照采购退货单（红字）生成一张红字采购入库单，选择仓库为“原材料库”后，保存并审核，如图8-29所示。

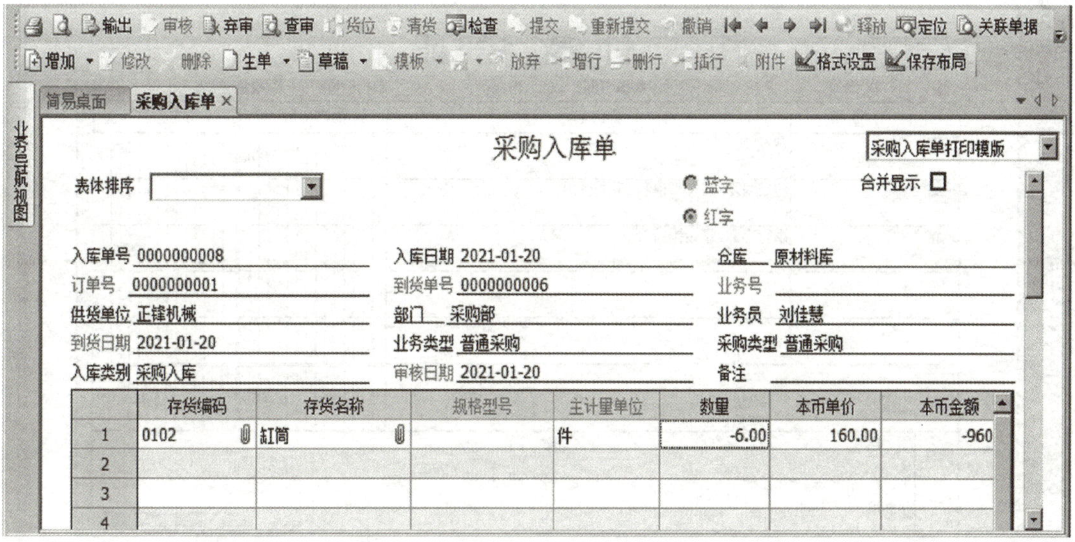


图8-29　生成并审核红字采购入库单

（3）红字采购发票录入与采购结算。以采购部“4001刘佳慧”的身份进入企业应用平台，执行［业务工作］—［供应链］—［采购管理］—［采购发票］—［红字专用采购发票］命令，进入［红字专用发票］窗口，参照红字采购入库单生成红字专用发票，输入发票号“23434691”后保存，单击［现付］按钮输入付款信息，单击［结算］按钮进行采购结算，如图8-30所示。

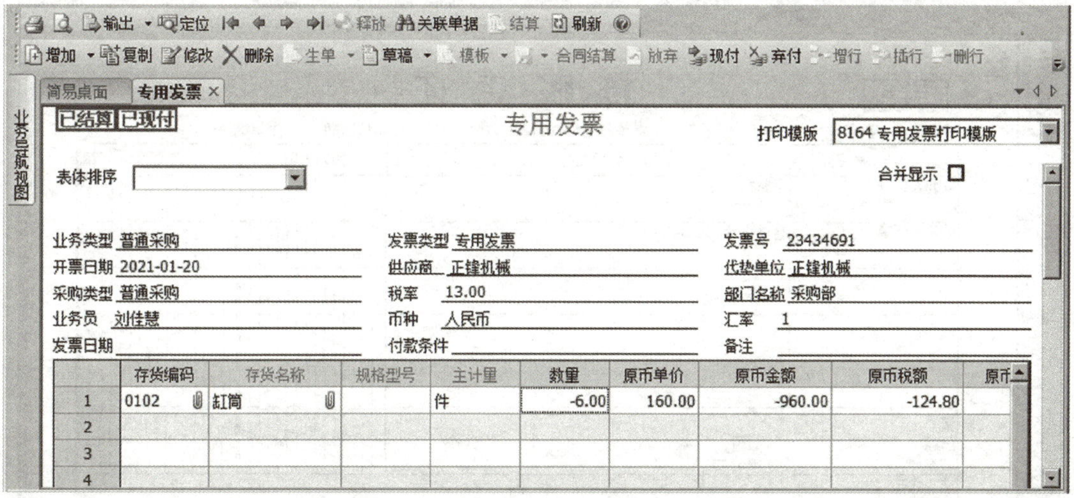


图8-30　生成并结算红字采购专用发票

（4）应付单据审核与制单。以财务部“2002肖然”的身份进入应付款管理子系统，进行应付单据审核与制单，注意应付单据为已现结发票，需要现结制单，凭证如图8-31所示。

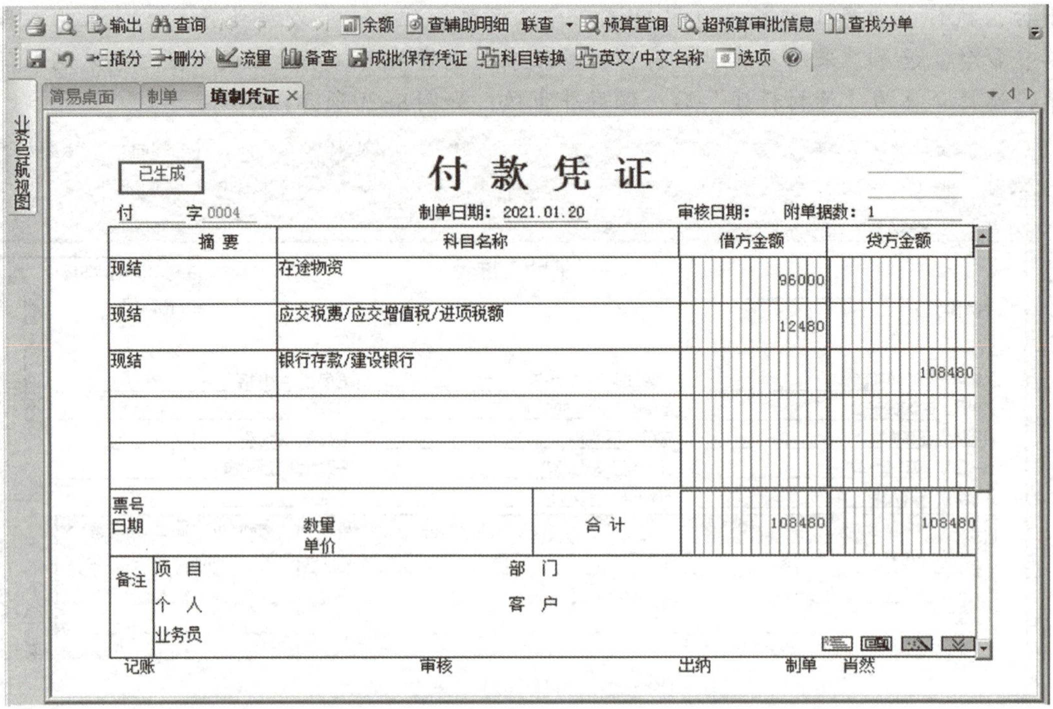


图8-31　生成付款凭证

（5）采购入库单记账与制单。以财务部“2002 肖然”的身份登录进入存货核算子系统，对采购入库单正常单据记账后，生成采购入库的转账凭证，如图8-32所示。

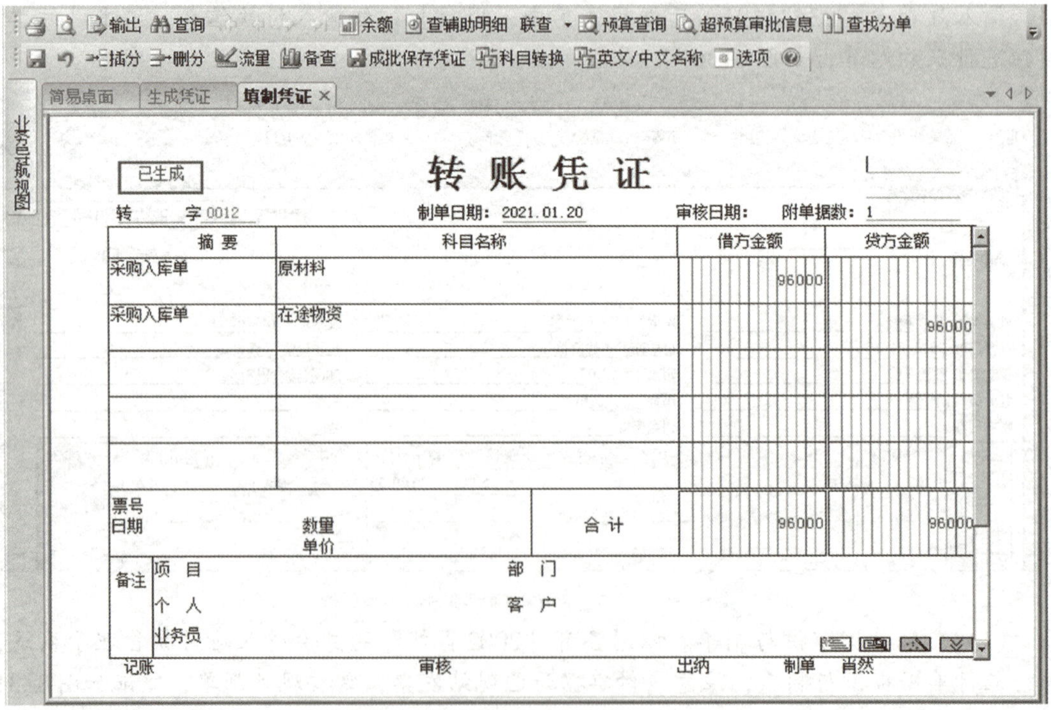


图8-32　生成转账凭证

## （二）固定资产采购业务

微课　采购固定资产业务

企业发生固定资产采购业务时有两种处理方式。一种是在固定资产管理子系统中通过［资产增加］功能完成资产卡片的登记、制单等处理，再到总账管理子系统中完成凭证的后续处理工作。另一种是在财务业务一体化环境下，运用采购管理子系统和库存管理子系统，以采购订单为核心完成固定资产的采购流程，再在固定资产管理子系统中通过采购资产功能，实现固定资产在固定资产管理子系统中的登记，然后通过应付款管理子系统实现对固定资产采购过程中发生的应付款项的管理。第一种业务处理方式已经在固定资产管理子系统项目中讲述，下面讲述财务业务一体化下的固定资产采购业务。

财务业务一体化下的固定资产采购业务，是以采购订单为核心的资产采购业务，需要同时启用采购管理子系统、库存管理子系统、应付款管理子系统和固定资产管理子系统，具体操作流程，如图8-33所示。

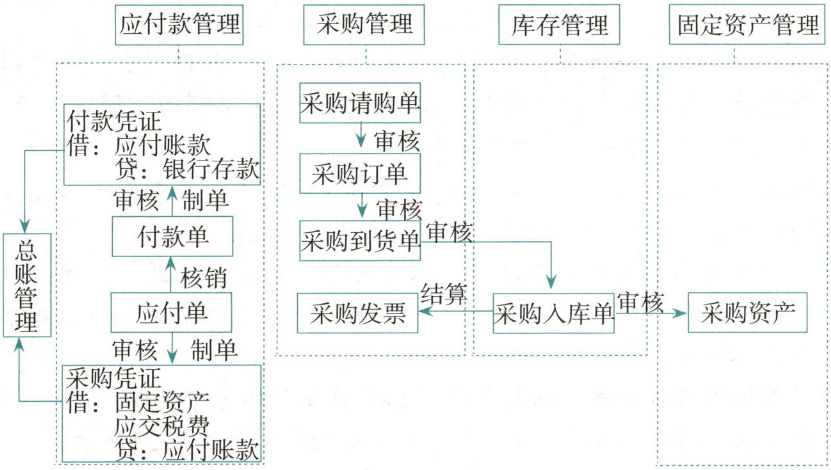


图8-33　固定资产采购业务的操作流程

固定资产采购业务与普通采购业务流程基本相似，主要体现在：①在采购管理子系统中完成填制订单、填制到货单、开具增值税发票、采购结算等环节的操作；②在库存管理子系统中完成采购货物入库的操作；③在应付款管理子系统中完成应付款管理的操作。固定资产采购业务与普通采购业务流程不同之处体现在：固定资产采购业务无须在存货核算子系统中进行业务处理，而是在固定资产管理子系统中通过［采购资产］功能形成资产卡片的增加，并根据采购发票和采购入库凭证登记资产账。

【动脑筋】为什么固定资产采购业务无须在存货核算子系统中进行业务处理？

【例8-13】完成固定资产采购业务工作。

1.1月21日，采购部刘佳慧向亿维科技订购服务器1台，无税单价为28 000元/台，预计到货日期为1月22日。

2.1月22日，采购的服务器到货，并移交经理室，预计使用年限5年，净残值率为5%。收到增值税专用发票一张，票号：33469824，款项尚未支付。

操作路径：

（1）采购订单录入与审核。以采购部“4001刘佳慧”的身份进入企业应用平台，执行［业务工作］—［供应链］—［采购管理］—［采购订货］—［采购订单］命令，进入［采购订单］窗口，单击［增加］按钮，修改业务类型为“固定资产”，输入采购订单内容后，保存并审核，如图8-34所示。

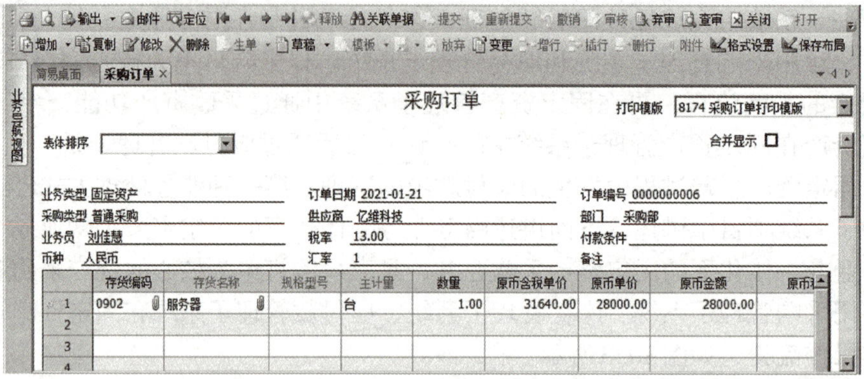

图8-34 录入与审核采购订单

（2）采购到货单录入与审核。执行［采购管理］—［采购到货］—［到货单］命令，进入［到货单］窗口，单击［增加］按钮，修改业务类型为“固定资产”，参照采购订单生成采购到货单，单击［审核］按钮。

（3）采购入库单录入与审核。以仓管部“5001 吴晓波”的身份进入库存管理子系统，参照采购到货单生成并审核采购入库单，注意仓库选择“固定资产库”。

（4）采购专用发票录入与采购结算。以采购部“4001 刘佳慧”的身份进入采购管理子系统，选择业务类型为“固定资产”，参照采购入库单生成采购专用发票，保存采购发票后，单击［结算］按钮进行采购结算。

（5）应付单据审核与制单。以财务部“2002 肖然”的身份进入应付款管理子系统，进行应付单据审核并制单，系统自动生成一张记账凭证，如图8-35所示。

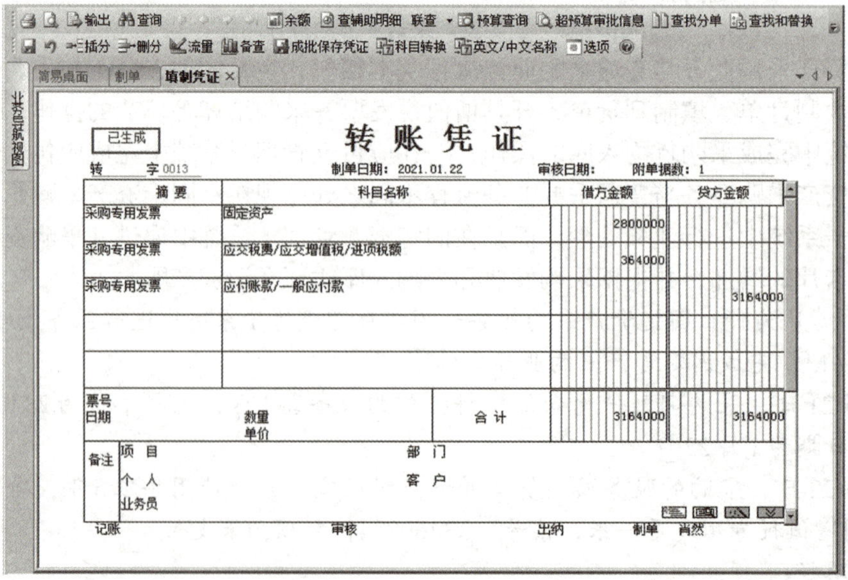

图8-35 采购固定资产凭证

（6）增加固定资产卡片。

①1月22日，以“2003张岩华”的身份进入企业应用平台，执行［业务工作］—［财务会计］—［固定资产］—［卡片］—［采购资产］命令，进入［采购资产］窗口，双击“选择”栏，单击［增加］按钮，弹出［采购资产分配设置］对话框，输入类别编号、使用部门、使用状态、使用年限等信息，如图8-36所示。

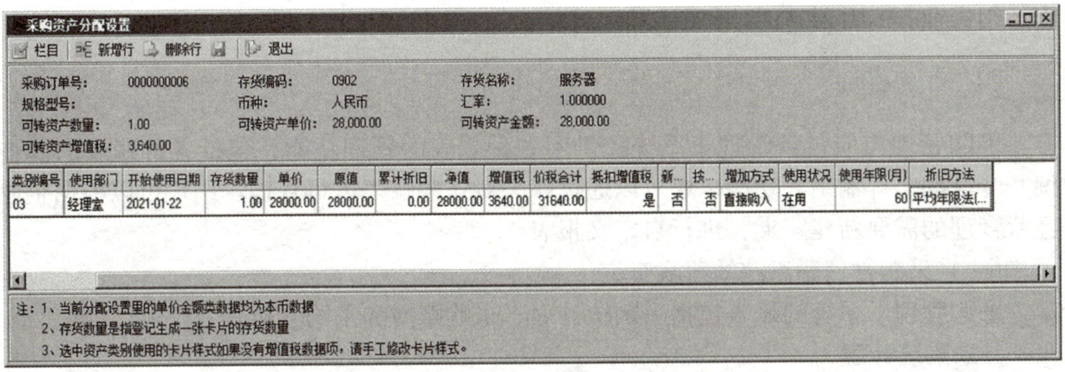


图8-36　采购资产分配设置

②在［采购资产分配设置］对话框中，单击［保存］按钮，系统自动生成一张固定资产卡片，如图8-37所示。

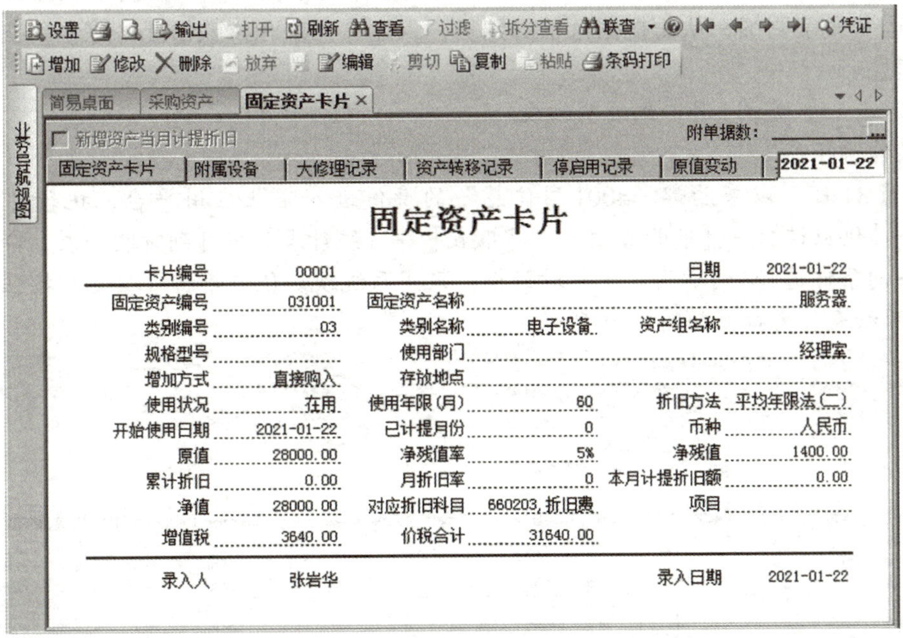


图8-37　固定资产卡片

## （三）直运采购业务

直运采购业务，是指采购的商品无须入库，直接由供应商发给客户的采购业务。直运业务的采购成本核算，直接用采购发票中的存货单价计入成本。对于必有订单的直运采购业务，直运采购订单是参照直运销售订单生成的，审核后的直运采购订单可参照生成直运采购发票；直运采购发票传递到应付款管理子系统中进行应付单据审核；在存货核算子系统进行直运业务记账并生成采购凭证。对于非必有订单的直运业务，直运采购发票和直运销售发票可以相互参照生成。采购管理子系统是否有直运采购业务，取决于销售管理子系统中控制参数是否勾选“有直运销售业务”。

直运业务是由直运采购业务和直运销售业务两个阶段完成，直运采购业务是其中一个环节，为了能全面理解直运业务，直运采购业务的操作流程将与销售管理子系统中的直运销售业务一并讲述。

## 四、账表查询

采购管理与应付款管理子系统提供了各种账表的管理功能，包括各种账表的［查询］、［打印］、［输出］功能，还可以通过账夹对这些账表进行管理。用户可以根据企业经营管理的需要新建账夹，进行自定义报表。

### （一）采购管理子系统的账表查询

采购管理子系统的账表包括采购统计表、采购账簿和采购分析表。

#### 1. 采购统计表

采购统计表包括到货明细表、采购明细表、入库明细表、结算明细表和采购执行进度表等，可以查询存货的到货明细、入库明细、采购结算明细，以及采购发票的数量、价税、费用、损耗等信息；也可以查询未完成业务的单据明细（如暂估入库和在途物资）、运费发票明细，从而根据订单的到货、入库、开票和付款情况，综合反映企业的采购信息。

【例8-14】查询1月份到货明细表。

操作路径：

1月31日，以采购部“4001 刘佳慧”的身份进入企业应用平台，执行［业务工作］—［供应链］—［采购管理］—［报表］—［统计表］—［到货明细表］命令，弹出［查询条件选择-到货明细表］对话框，采用系统默认值，单击［确定］按钮，进入［到货明细表］窗口，如图8-38所示。

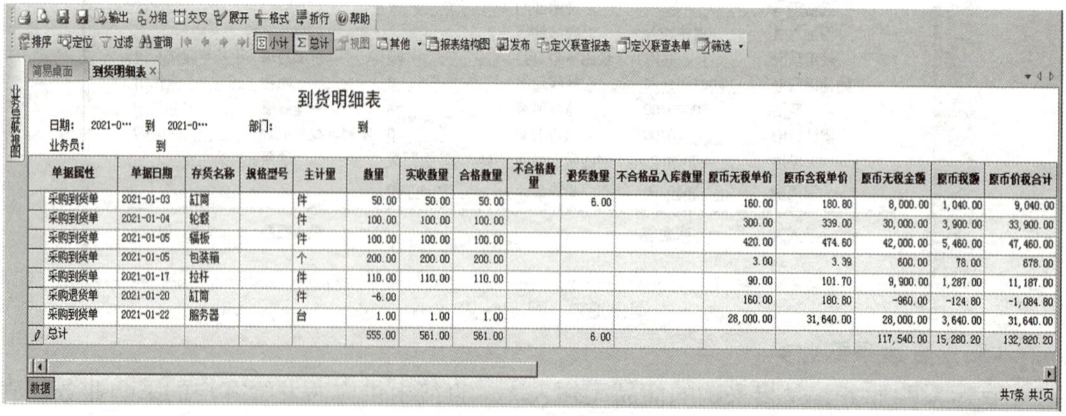

到货明细表

日期：2021-0… 到 2021-0… 部门： 到

业务员： 到

| 单据属性 | 单据日期 | 存货名称 | 规格型号 | 主计量 | 数量 | 实收数量 | 合格数量 | 不合格数量 | 退货数量 | 不合格品入库数量 | 原币无税单价 | 原币含税单价 | 原币无税金额 | 原币税额 | 原币价税合计 |
|---|---|---|---|---|---|---|---|---|---|---|---|---|---|---|---|
| 采购到货单 | 2021-01-03 | 缸筒 | | 件 | 50.00 | 50.00 | 50.00 | | 6.00 | | 160.00 | 180.80 | 8,000.00 | 1,040.00 | 9,040.00 |
| 采购到货单 | 2021-01-04 | 轮毂 | | 件 | 100.00 | 100.00 | 100.00 | | | | 300.00 | 339.00 | 30,000.00 | 3,900.00 | 33,900.00 |
| 采购到货单 | 2021-01-05 | 辐板 | | 件 | 100.00 | 100.00 | 100.00 | | | | 420.00 | 474.60 | 42,000.00 | 5,460.00 | 47,460.00 |
| 采购到货单 | 2021-01-05 | 包装箱 | | 个 | 200.00 | 200.00 | 200.00 | | | | 3.00 | 3.39 | 600.00 | 78.00 | 678.00 |
| 采购到货单 | 2021-01-17 | 拉杆 | | 件 | 110.00 | 110.00 | 110.00 | | | | 90.00 | 101.70 | 9,900.00 | 1,287.00 | 11,187.00 |
| 采购退货单 | 2021-01-20 | 缸筒 | | 件 | -6.00 | | | | | | 160.00 | 180.80 | -960.00 | -124.80 | -1,084.80 |
| 采购到货单 | 2021-01-22 | 服务器 | | 台 | 1.00 | 1.00 | 1.00 | | | | 28,000.00 | 31,640.00 | 28,000.00 | 3,640.00 | 31,640.00 |
| 总计 | | | | | 555.00 | 561.00 | 561.00 | | 6.00 | | | | 117,540.00 | 15,280.20 | 132,820.20 |

共7条 共1页

图8-38 到货明细表

#### 2. 采购账簿

采购账簿包括在途物资余额表、采购结算余额表、代销商品台账和代销商品余额表。通过查询采购账簿，可以了解普通采购业务的采购发票和采购入库单的结算情况，以及受托代销商品的入库、结算及结余情况。

### 3. 采购分析表

采购分析表包括采购成本分析、采购类型结构分析、采购资金比重分析、采购费用分析、采购货龄综合分析和采购成本趋势分析。通过查询采购分析表，可以根据采购发票对存货成本、参考成本和计划价进行对比分析；也可以对各种采购类型的业务比重、各种货物占用采购资金的比重、应税劳务存货占采购货物的比重进行分析；同时可以查询采购入库未结算的存货货龄、采购成本的环比和同比数据，从而进行采购货龄综合分析、采购成本趋势分析。

微课

采购执行进度表查询

## （二）应付款管理子系统的账表查询

应付款管理子系统的账表包括业务账表、统计分析和科目账查询。

### 1. 业务账表

业务账表主要提供对业务总账、业务余额表、业务明细账、对账单的查询。通过业务账表查询，可以及时了解一定期间期初应付款结存汇总情况、应付款或付款发生的汇总情况、期末应付款结存汇总情况；还可以了解各个供应商期初应付款结存明细情况、应付款或付款发生的明细情况、期末应付款结存明细情况，从而加强对往来款项的监督管理。

### 2. 统计分析

统计分析包括应付账龄分析、付款账龄分析、付款预测和欠款分析。通过统计分析，可以按用户定义的账龄区间，进行一定期间应付账款账龄分析、付款账龄分析、往来账龄分析；了解各个应付款的周转天数、周转率；了解各个账龄区间应付款、付款及往来情况，能及时发现问题，加强对往来款项的动态管理。

### 3. 科目账查询

科目账查询包括科目明细账和科目余额表的查询，显示U8所有系统中的受控科目信息。

科目明细账用于查询供应商往来科目下各个往来供应商的往来明细账，包括科目明细表、供应商明细账、三栏式明细账、多栏式明细账、供应商分类明细账、业务员明细账、部门明细账、项目明细账、地区分类明细账9种查询方式。

科目余额表用于查询应付受控科目各个供应商的期初余额、本期借方发生额合计、本期贷方发生额合计、期末余额。它包括科目余额表、供应商余额表、三栏式余额表、业务员余额表、供应商分类余额表、部门余额表、项目余额表、地区分类余额表8种查询方式。

## 同步训练

### 一、单项选择题

1. 在采购管理子系统中，下列各项不属于采购业务类型的是（　　）。

A. 普通采购业务　　　　B. 固定资产采购业务

C. 受托代销业务　　D. 委托代销业务

2. 下列各项关于采购结算的说法不正确的是（　　）。

A. 采购结算可以手工结算，也可以自动结算

B. 没有进行采购结算的采购入库单只能做暂估记账

C. 采购运费发票与采购入库单结算时，需要手工结算

D. 蓝字采购发票与红字采购发票不能进行采购结算

3. 在应付款管理子系统中进行转账处理时，如果是红字预付款和红字应付单进行冲销，过滤条件中的单据类型选择的是（　　）。

A. 预付款　　B. 应付款　　C. 收款单　　D. 付款单

4. 固定资产管理子系统与采购管理子系统、库存管理子系统、应付款管理子系统集成应用时，企业如果发生采购固定资产业务，下列各项操作错误的是（　　）。

A. 在采购管理子系统中，依次录入并审核采购订单、采购到货单

B. 在库存管理子系统中，生成采购入库单后审核

C. 在采购管理子系统中，生成采购发票后，与采购入库单进行结算

D. 在存货核算子系统中，对采购入库单记账并生成凭证

5. 在应付款管理子系统中，删除由收款单所生成的记账凭证使用的功能是（　　）。

A. 收款单据录入　　B. 收款单据审核　　C. 制单处理　　D. 凭证查询

## 二、多项选择题

1. 下列采购单据中，需要在采购管理子系统中审核的有（　　）。

A. 采购请购单　　B. 采购订单　　C. 采购到货单　　D. 采购发票

2. 普通采购业务按货物和发票到达的先后，将采购入库业务划分的类型包括（　　）。

A. 单货同行　　B. 现结业务

C. 货到票未到（暂估入库）　　D. 票到货未到

3. 对于暂估入库业务，系统提供的调整成本的方法有（　　）。

A. 月初回冲　　B. 单到回冲　　C. 月末回冲　　D. 单到补差

4. 应付款管理子系统中票据管理的操作内容有（　　）。

A. 新增　　B. 删除　　C. 转出　　D. 结算

5. 下列各项有关采购管理子系统的账表表述正确的有（　　）。

A. 在途货物余额表反映供货商的采购发票上的货物采购发生、采购结算及未结算的在途货物情况

B. 采购明细表可以查询采购发票的明细情况，包括数量、价税、费用、损耗等信息

C. 费用明细表可以查询运费发票的明细数据

D. 采购执行进度表可以综合反映订单的到货、入库、开票和付款情况

## 三、判断题（正确的打“√”，错误的打“×”）

1. 新建账套时，不管选择哪种企业类型，系统都可以处理受托代销的业务。（　　）

2. 当采购管理子系统与库存管理子系统集成应用时，入库业务在库存管理子系统中进行处理。（　　）

3. 收到供应商因退货退回的货款，需要在应收款管理子系统中填制收款单。（　　）

4. 固定资产采购业务是以采购订单为核心的资产采购业务。（　　）

5. 结算前发生退货业务时，如果已经录入采购入库单，但还没有收到发票，则可以根据退货数量录入红字入库单，然后对红蓝入库单进行自动结算。（　　）

# 任务三　采购管理与应付款管理子系统期末处理

企业本会计月的业务全部处理完后，进入下个会计月工作前，需要通过期末处理操作，将有待后续处理的采购有关单据和期末数据转为下月的期初数据，为下月工作的开展做好准备。采购管理与应付款管理子系统的期末处理主要包括汇兑损益处理和期末结账。

## 一、汇兑损益处理

汇兑损益处理是指计算外币单据的汇兑损益并对其进行相应的账务处理。对有外币往来业务的企业，应在应付款管理子系统控制参数中设置“汇兑损益方式”，在月末计算或单据结清时计算汇兑损益金额，并进行制单。

月末计算汇兑损益是指每个月末计算汇兑损益，在计算汇兑损益时，界面中显示所有外币余额不为零或者本币余额不为零的外币单据；外币余额结清时计算汇兑损益是指仅当某种外币余额结清时才计算汇兑损益，在计算汇兑损益时，界面中仅显示外币余额为零且本币余额不为零的外币单据。

【请注意】汇兑损益生成凭证时，如果财务费用科目的方向在贷方，则应改为借方红字表示。如果进行汇兑损益处理后，由于某些原因需要恢复到处理前状态，则用户可以在［取消操作］中按单据取消汇兑损益处理。

## 二、期末结账

采购管理与应付款管理子系统的期末结账主要是月末结账和取消结账。

### （一）月末结账

月末结账是逐月将每月的单据数据封存，并将当月的采购及付款数据记入有关账表中。月末结账前用户应检查本会计月工作是否已全部完成。例如：检查所有的采购订单、采购到货单和采购发票是否均录入并审核完成；通过“采购在途余额表”检查是否有应结算未结算的发票；检查本月的发票和应付单是否已全部审核等。这些检查工作关系到存货数据、暂估数据、应付账款余额等的准确性，只有在当前月份所有工作全部完成的前提下，才能进行月末结账。

采购管理子系统月末结账时，系统会提示“是否关闭订单”，如果选择关闭订单，用户直接输入关闭订单的条件即可；如果选择不关闭订单，计算机自动进行月末结账，将所选各月采购单据按会计期间分月记入有关报表中。

微课

月末结账

月末结账时的注意事项有：

（1）如果上月未结账，本月单据可以正常操作，不影响日常业务的处理，但本月不能结账。

（2）采购管理子系统没有期初记账，将不允许月末结账。

（3）应付款管理子系统的付款单在结账前应全部审核完毕，发票和应付单在结账前是否需要审核完取决于控制参数中设置的“单据审核日期依据”。

（4）月末结账不允许跨月结账，只能从未结账的第一个月逐月结账。

（5）采购管理子系统一旦月末结账后，已结账月份的采购入库单、采购发票等单据将不能修改、删除，该月未输入的单据只能视为下个月单据处理。

供应链管理系统的各个子系统相互联系、相互依赖，存在数据传递关系和控制关系。因此，月末结账时需按一定顺序进行，只有采购管理子系统月末结账后，应付管理子系统、库存管理子系统、存货核算子系统才能月末结账。月末结账顺序如图8-39所示。

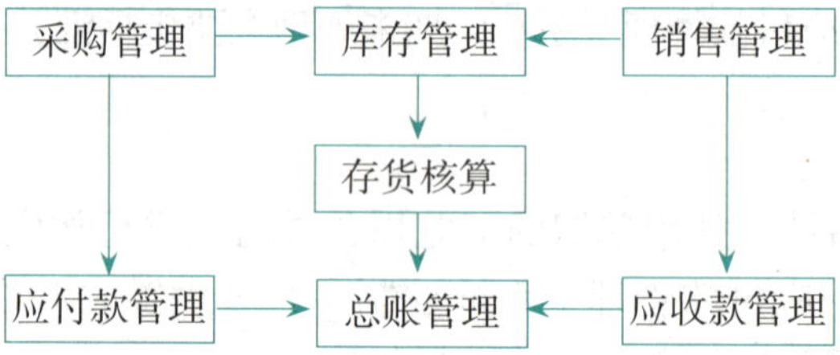


图8-39 月末结账顺序

【例8-15】完成采购管理与应付款管理子系统月末结账。

操作路径：

（1）采购管理子系统月末结账。1月31日，以采购部“4001 刘佳慧”的身份进入企业应用平台，执行［业务工作］—［供应链］—［采购管理］—［月末结账］命令，打开［结账］对话框，选中1月份，单击［结账］按钮，系统提示［是否关闭订单］，单击［否］按钮，月末结账完成，如图8-40所示。

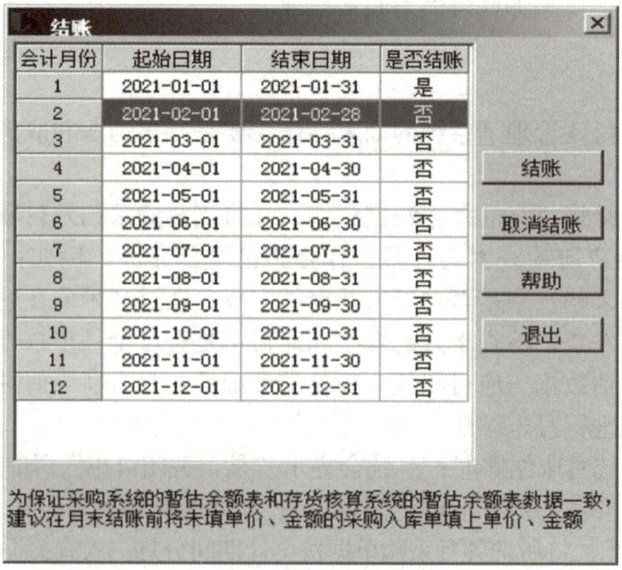


| 会计月份 | 起始日期 | 结束日期 | 是否结账 |
|---|---|---|---|
| 1 | 2021-01-01 | 2021-01-31 | 是 |
| 2 | 2021-02-01 | 2021-02-28 | 否 |
| 3 | 2021-03-01 | 2021-03-31 | 否 |
| 4 | 2021-04-01 | 2021-04-30 | 否 |
| 5 | 2021-05-01 | 2021-05-31 | 否 |
| 6 | 2021-06-01 | 2021-06-30 | 否 |
| 7 | 2021-07-01 | 2021-07-31 | 否 |
| 8 | 2021-08-01 | 2021-08-31 | 否 |
| 9 | 2021-09-01 | 2021-09-30 | 否 |
| 10 | 2021-10-01 | 2021-10-31 | 否 |
| 11 | 2021-11-01 | 2021-11-30 | 否 |
| 12 | 2021-12-01 | 2021-12-31 | 否 |

图8-40 月末结账

（2）应付款管理子系统月末结账。1月31日，以财务部“2002 肖然”的身份进入企业应用平台，执行［业务工作］—［财务会计］—［应付款管理］—［期末处理］—［期末结账］命令，打开［月末处理］对话框，双击1月份的“结账标志”，如图8-41所示，依次单击［下一步］、［完成］按钮，系统提示“1月份结账成功”。

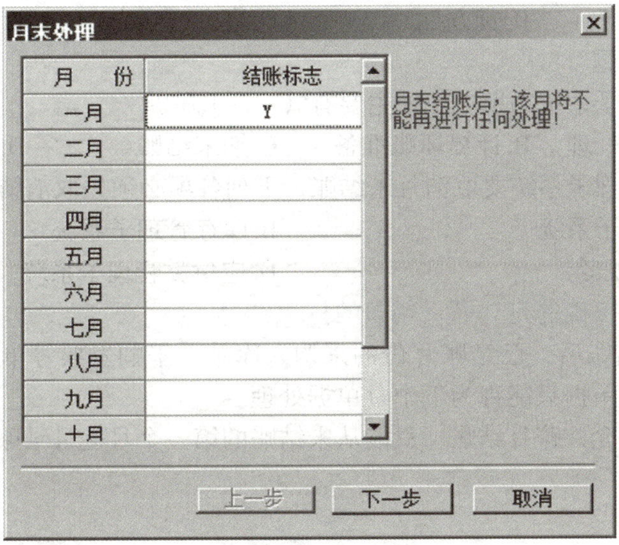


图8-41　月末处理

### （二）取消结账

取消结账又称反结账，是系统提供的一个纠错功能。月末结账后，如果由于某种原因，发现结账前的操作有误，而结账后不能修改结账前的数据，这时可以使用取消结账功能恢复到结账前状态去修改错误，建议用户谨慎使用该功能。

需要注意的是，取消结账也不允许跨月，只能从最后一个月逐月取消。取消结账与月末结账的顺序正好相反。

如果采购管理子系统要取消月末结账，必须先通知应付款管理子系统、库存管理子系统、存货核算子系统的操作人员，要求他们的系统取消月末结账。如果库存管理子系统、应付管理子系统中的任何一个子系统没有取消月末结账，则采购管理子系统无法取消月末结账。

如果应付款管理子系统取消结账，必须先将总账管理子系统取消结账，应付款管理子系统方可取消结账。

## 同步训练

### 一、单项选择题

1. 下列各项关于采购管理子系统月末结账表述错误的是（　　）。

A. 月末结账是逐月将每月的单据数据封存，并将当月的采购数据记入有关账表中

B. 只有在当前月份所有工作全部完成的前提下，才能进行月末结账

C. 期初不记账，不影响本月结账

D. 上月未结账，本月单据可以正常操作，不影响日常业务的处理

2. 汇兑损益生成凭证时，财务费用科目的方向是（　　）。

A. 借方　　B. 贷方　　C. 借方或贷方　　D. 以上都不正确

## 二、多项选择题

1. 应付款管理子系统的期末处理主要有（　　）。

A. 汇兑损益处理　　B. 计提坏账准备　　C. 期末结账　　D. 转账处理

2. 如果采购管理子系统要取消月末结账，下列各项必须先取消结账的有（　　）。

A. 薪资管理子系统　　B. 库存管理子系统

C. 存货核算账套　　D. 应付款管理子系统

## 三、判断题（正确的打“√”，错误的打“×”）

1. 一旦月末结账后，已结账月份的采购入库单、采购发票等单据将不能修改、删除，该月未输入的单据只能视为下个月单据处理。（　　）

2. 月末结账不允许跨月结账，只能从未结账的第一个月逐月结账。（　　）

# 思考题

1. 简述采购管理与应付款管理子系统的主要功能。
2. 简述采购管理与应付款管理子系统和其他子系统之间的关系。
3. 采购业务的主要环节有哪些？
4. 简述赊购业务的操作流程。
5. 简述票据管理的内容。
6. 简述采购固定资产业务的操作流程。
7. 采购管理与应付款管理子系统提供哪些账表的查询功能？

# 实践训练

完成与本教材配套的《会计信息系统实训》教材中“实训十”的实训内容。

# 项目九

## 销售管理与应收款管理子系统

学习目标

1. 认知销售管理与应收款管理子系统的主要功能
2. 领会销售管理与应收款管理子系统同其他子系统之间的关系
3. 能根据实际销售业务选用适合的单据，并完成该单据在相应子系统的操作
4. 快速查询销售管理与应收款管理子系统的相应单据或账表
5. 掌握期末处理的内容，并能完成汇兑损益处理和期末结账操作

知识点

销售订单　销售专用发票　发货单　直运销售订单
委托代销结算单　退货单　应收单据　收款单据　预收冲应收
应收冲应付　红票对冲　转账　票据管理　汇兑损益

技能点

销售订单处理　销售发票处理　发货单处理　现收处理
参照生单　应收单处理　收款单处理　转账处理　票据管理
坏账处理　核销处理　账表查询　月末结账

素养目标

1. 树立爱岗敬业和精益求精的工作精神，努力钻研专业技能，加强应收账款管理，及时发现存在的财务问题，践行工匠精神
2. 树立正确的人生观和价值观，用劳动创造价值，不得利用财务漏洞侵占、挪用公司资金，做到遵纪守法、廉洁自律

## 知识结构

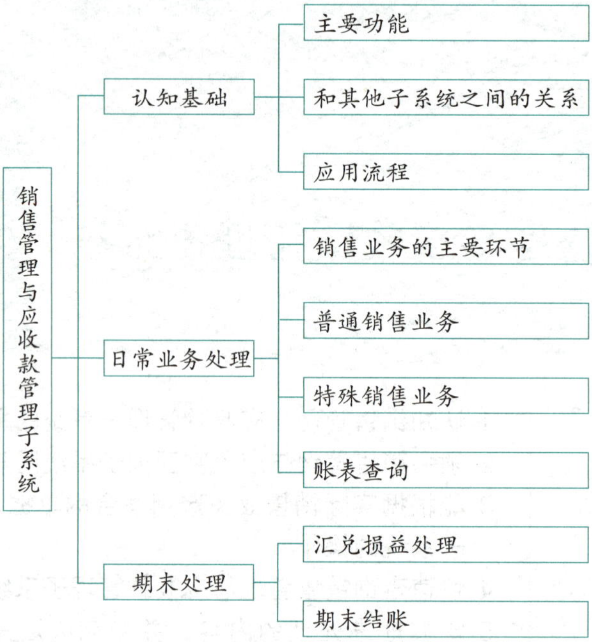


## 案例导入

山东泰恒建设机械有限公司的“666”账套，在2021年1月1日完成供应链管理系统初始设置后，可进行销售业务处理。销售部“3001赵景涛”负责销售管理子系统的日常业务处理和期末处理工作；财务部“2002肖然”负责应收款管理子系统的日常业务处理和期末处理工作，具体工作内容如下：

（1）日常业务处理工作。①销售管理子系统包括销售订单、销售发货单和销售发票的录入与审核；销售执行进度的跟踪，销售退货业务的及时处理；对销售价格和销售信用的实时监控，销售现存量及销售报表数据的查询。②应收款管理子系统包括各种销售发票、应收单等应收单据及收款单据的录入和审核；商业汇票的取得、贴现、背书、计息和结算等票据管理工作；应收冲应收、预收冲应收、应收冲应付和红票对冲等转账业务处理；坏账准备的计提、坏账发生和收回业务的处理；记账凭证的生成；各种单据与账表的查询；各种账表的查询及账龄分析等工作。

（2）期末业务处理工作。期末业务处理包括销售管理子系统的期末结账；应收款管理子系统的汇兑损益处理和期末结账。

思考：

（1）销售业务主要有哪些交易环节，每个交易环节对应的单据如何进行单据处理？

（2）先开票后发货业务与先发货后开票业务的操作流程有哪些区别？

（3）票据管理的功能有哪些？如何进行操作？

# 任务一　销售管理与应收款管理子系统认知基础

销售是企业生产经营成果的实现过程，是企业经营活动的中心。销售管理与应收款管理子系统是供应链管理系统的重要子系统，提供了销售报价、销售订货、销售发货、销售开票、收款、坏账处理等环节的综合处理，支持普通销售、委托代销、分期收款、直运销售、零售、销售调拨等多种类型的销售业务，并可对销售价格和信用进行实时监控，帮助企业实现对销售物流和资金流的双向控制与跟踪，以供企业制定有效的销售策略。

## 一、销售管理与应收款管理子系统的主要功能

销售管理与应收款管理子系统的主要功能包括与销售有关的初始设置、日常业务处理、账表查询及分析、期末处理等。通过这些功能可以帮助企业掌握客户信息，促进销售，并加速资金回笼。

### （一）初始设置

销售管理与应收款管理子系统的初始设置包括与销售有关的系统级初始设置、销售管理子系统的控制参数设置、期初数据录入，以及应收款管理子系统的控制参数设置、科目设置和期初数据录入，用于为企业日常销售业务处理做好准备工作。具体内容及操作在供应链管理系统初始设置中已经介绍，在此不再赘述。

### （二）日常业务处理

销售管理子系统可以进行日常销售业务的处理，包括报价、订货、发货、开票等销售环节的业务处理；支持普通销售、委托代销、分期收款、直运、零售、销售调拨等多种类型的销售业务；可以进行现结、代垫费用、销售支出的业务处理；可以制订销售计划，对价格和信用进行实时监控。

应收款管理子系统可以处理涉及日常应收、收款业务的处理及查询工作，包括应收单据处理、收款单据处理、票据管理、核销、转账处理、制单、单据查询和账表管理及其他处理等操作。

### （三）账表查询及分析

销售管理子系统提供了各种常见的销售业务统计表和销售分析表的查询，应收款管理子系统提供了业务总账、业务余额表、业务明细账、对账单的查询功能，基本涵盖了企业各种常规销售分析和往来管理分析需要的数据资料，以供销售决策和合理安排资金。

### （四）期末处理

销售管理与应收款管理子系统的期末处理主要包括坏账准备计提、汇兑损益处理、月末结账和取消结账等工作。

## 二、销售管理与应收款管理子系统和其他子系统之间的关系

销售管理与应收款管理子系统可以单独应用，也可以与库存管理子系统、存货核算

子系统、总账管理子系统集成应用。销售管理与应收款管理子系统和其他子系统集成应用时，各子系统之间可以相互传递单据和数据信息，实现各个子系统之间的无缝衔接，保持数据资料的一致性和信息传递的高效性。销售管理与应收款管理子系统和其他子系统之间的关系，如图9-1所示。

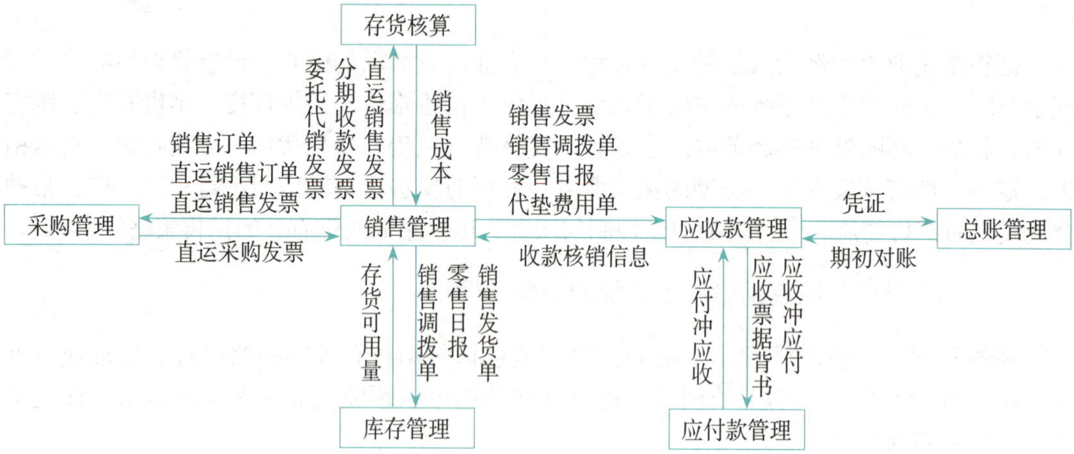


图9-1 销售管理与应收款管理子系统和其他子系统之间的关系

### （一）销售管理子系统与采购管理子系统之间的关系

采购管理子系统中的采购订单可参照销售管理子系统中的销售订单生成，直运采购订单可参照销售管理子系统中的直运销售订单生成。直运业务在非必有订单模式下，没有直运销售订单时，销售管理子系统中的直运销售发票与采购管理子系统的直运采购发票可互相参照。

### （二）销售管理子系统与库存管理子系统之间的关系

如果销售管理子系统的控制参数不勾选“销售生成出库单”，则在库存管理子系统中可以参照销售管理子系统的发货单、销售发票、销售调拨单、零售日报等单据生成销售出库单；如果勾选“销售生成出库单”，则销售出库单在销售管理子系统中生成后，传递到库存管理子系统后进行审核。库存管理子系统为销售管理子系统提供可用于销售的存货可用量。

### （三）销售管理子系统与存货核算子系统之间的关系

销售管理子系统中的直运销售发票、委托代销发货单或发票、分期收款发货单或发票，传递到存货核算子系统进行记账并登记存货明细账，同时制单生成凭证；存货核算子系统为销售管理子系统提供销售成本。如果在存货核算子系统控制参数中设置“按照销售发票确认销售成本”，则销售发票在存货核算子系统中进行记账、制单。

### （四）销售管理子系统与应收款管理子系统之间的关系

销售管理子系统中的销售发票、销售调拨单、零售日报、代垫费用单，传递到应收款管理子系统中进行审核并登记应收明细账，同时制单生成凭证。应收款管理子系统进行收款核销后，回写有关收款核销信息到销售管理子系统的相应单据中。

### （五）应收款管理子系统与应付款管理子系统之间的关系

应收款管理子系统中的应收款与应付款管理子系统中的应付款之间可以相互对冲，

做应收冲应付或应付冲应收处理；应收款管理子系统的应收票据背书时可以冲应付款管理子系统的应付账款。

### （六）应收款管理子系统与总账管理子系统之间的关系

应收款管理子系统生成的所有凭证都传递到总账管理子系统中进行审核、记账，结算方式为票据管理的付款单可登记到总账管理子系统的支票登记簿中。总账管理子系统可以引用应收款管理子系统的期初余额，并与之进行对账。

## 三、销售管理与应收款管理子系统的应用流程

销售管理与应收款管理子系统，对工业、商业和医药流通三种企业类型均适用，用户新建账套时应根据需要选择正确的企业类型。不同的企业采用的销售流程不同，但是不管何种企业类型、何种销售业务类型、业务模式是否必有订单，销售管理与应收款管理子系统的应用流程均分为初始设置、日常业务处理和期末处理，其主要应用流程如图9–2所示。

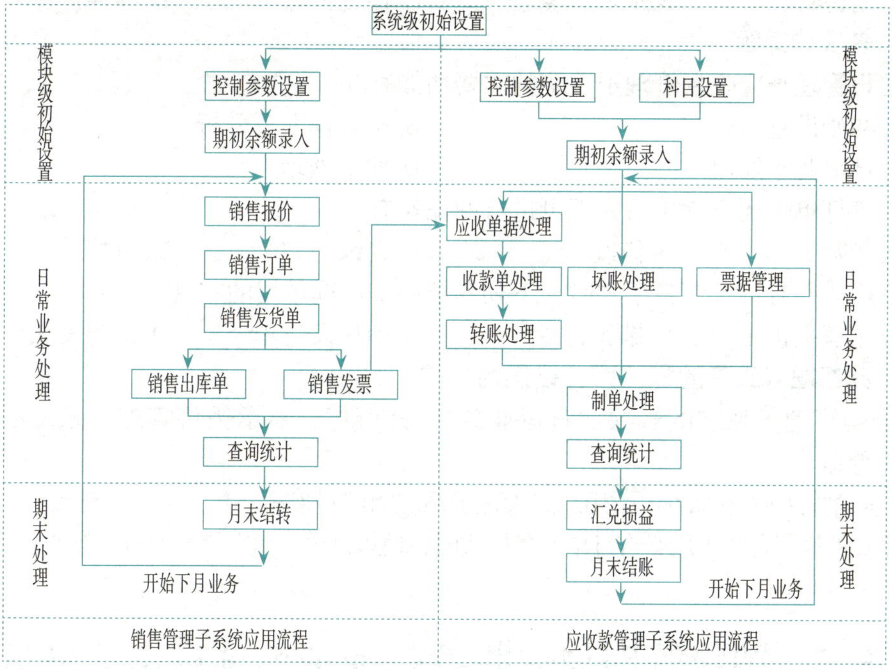


图9–2　销售管理与应收款管理子系统的应用流程

企业的销售业务采用非必有订单业务模式时，销售报价单、销售订单是可选单据，用户可以根据企业需要选择是否使用；采用必有订单业务模式时，订单是必要单据，是整个销售业务的核心，整个业务流程的执行情况都反馈到销售订单，通过销售订单可以跟踪整个销售业务的执行情况。

当销售管理子系统与应收款管理子系统集成应用时，销售发票在销售管理子系统中录入后，传递到应收款管理子系统中进行审核、制单；当应收款管理子系统单独使用时，销售发票在应收款管理子系统中的应收单据录入中增加。销售管理子系统与库存管理子系统集成应用时，销售出库单在库存管理子系统中录入并审核；如果不启用库存管理子系统，则销售出库单在销售管理子系统中录入并审核。

## 同步训练

### 一、单项选择题

1. 下列各项与应收款管理子系统没有直接关系的是（　　）。

A. 销售管理子系统　　B. 总账管理子系统

C. 存货核算子系统　　D. 应付款管理子系统

2. 下列各项不适用销售管理与应收款管理子系统的是（　　）。

A. 工业企业　　B. 商业企业　　C. 行政单位　　D. 医药流通企业

3. 销售管理子系统与应收款管理子系统集成应用时，增加销售发票的子系统是（　　）。

A. 销售管理　　B. 应收款管理　　C. 存货核算　　D. 库存管理

### 二、多项选择题

1. 销售管理与应收款管理子系统的主要功能有（　　）。

A. 初始设置　　B. 账表查询及分析

C. 日常业务处理　　D. 期末处理

2. 销售订单生成发货单后，不可进行的操作有（　　）。

A. 删除　　B. 修改　　C. 查询　　D. 审核

3. 采用非必有订单业务模式时，下列各项属于可选单据的有（　　）。

A. 销售报价单　　B. 销售订单　　C. 销售发货单　　D. 销售发票

### 三、判断题（正确的打"√"，错误的打"×"）

1. 采购管理子系统的选项"直运业务必有订单"，显示销售管理子系统的相应选项，不可修改。（　　）

2. 应收款管理子系统可以引用总账管理子系统的期初余额，并与之进行对账。（　　）

3. 企业的销售业务采用必有订单业务模式时，销售订单是整个销售业务的核心。（　　）

# 任务二　销售管理与应收款管理子系统日常业务处理

企业日常销售业务主要有普通销售、委托代销、直运销售、分期收款四种业务类型，有时集团内部会发生销售调拨业务，商业企业将商品零售给客户时会发生零售日报业务。针对不同的销售业务类型，销售管理子系统配置了不同的业务流程，在参数设置时可供企业选择，用于规范企业销售业务的执行。下面在介绍销售业务主要环节的基础上，讲解各种销售业务类型的操作流程。

## 一、销售业务的主要环节

不同的销售业务交易环节有所不同，企业规模越大，交易过程越复杂，交易环节越多。但是大部分企业处理销售交易，主要由报价、签订销售合同、销售发货、销售开票、销售出库、收款等环节组成，销售管理与应收款管理子系统针对上述交易环节提供了相应的单据处理功能，以实现销售业务的全过程管理。

### （一）销售报价

销售报价是企业向客户提供货品、规格、价格、结算方式等信息。双方达成协议后，销售报价单转为有效的销售订单。企业可以针对不同客户、不同存货、不同批量的销售提出不同的报价、扣率。

销售报价单可以手工增加，也可以参照模拟报价生成。已审核未关闭的销售报价单可参照生成销售订单。但生成销售订单时，不进行数量的控制，即未关闭的报价单可以多次生成销售订单。

销售报价单是可选单据，用户可根据业务需要选用。

### （二）销售订货

销售订货是确认客户要货需求的过程。销售订单是企业与客户之间签订的一种销售协议，它可以是企业销售合同中关于货物的明细内容，也可以是一种订货的口头协议。企业根据销售订单组织货源，并对订单的执行进行管理、控制和追踪。

销售订单可以手工增加，也可参照已审核未关闭的销售报价单或参照已审核的销售预订单生成。已审核未关闭的销售订单可参照生成销售发货单、销售发票；如果销售业务中有销售定金，在应收款管理子系统中录入收款单时可参照销售订单。

销售订单是可选单据，但采用必有订单业务模式时，销售订单必有。必有订单业务模式是标准、规范的销售管理模式，销售订单是整个销售业务的核心，为了将整个业务流程的执行信息回写到销售订单上，发货单、销售发票只能参照单据生成，从而可以通过销售订单跟踪销售业务的执行情况。

微课

录入销售订单

【例9-1】完成销售订单的录入与审核工作。

1月2日，销售部赵景涛收到嘉丰机械订单一张，订购涨紧油缸一批，数量20件，无税单价760元/件，要求发货日期为2021年1月3日。

操作路径：以销售部“3001赵景涛”的身份登录企业应用平台，执行［业务工作］—［供应链］—［销售管理］—［销售订货］—［销售订单］命令，进入［销售订单］窗口，单击［增加］按钮，输入销售订单相关内容后，保存并审核，如图9-3所示。

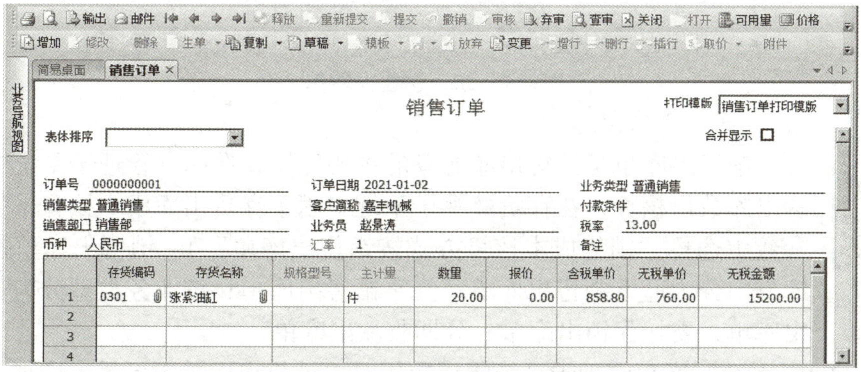


图9-3　录入销售订单

【请注意】报价单、销售订单是可选单据，销售发货单、销售发票和销售出库单是必要单据。但采用必有订单业务模式时，订单必有。

### （三）销售发货

销售发货是企业执行与客户签订的销售合同或销售订单，将货物发往客户的行为，是销售业务的执行阶段。发货单是销售方给客户发货的凭据，是销售发货业务执行的载体。无论工业企业还是商业企业，发货单都是销售管理子系统的必要单据。

微课

录入发货单

先发货后开票业务，销售发货单可以手工增加，也可以参照销售订单生成；开票直接发货业务，发货单由销售发票复核时自动生成，发货单可以浏览，不能直接修改、删除、弃审等，销售发票弃复时自动删除生成的发货单。采用必有订单业务模式时，销售发货单不可手工新增，只能参照生成。

【例9-2】完成销售发货单的录入与审核工作。1月3日，销售部赵景涛将上述货物从产成品库发出。

操作路径：以销售部“3001赵景涛”的身份登录企业应用平台，执行［业务工作］—［供应链］—［销售管理］—［销售发货］—［发货单］命令，进入［发货单］窗口，单击［增加］按钮，参照销售订单生成销售发货单，完成保存和审核工作，如图9-4所示。

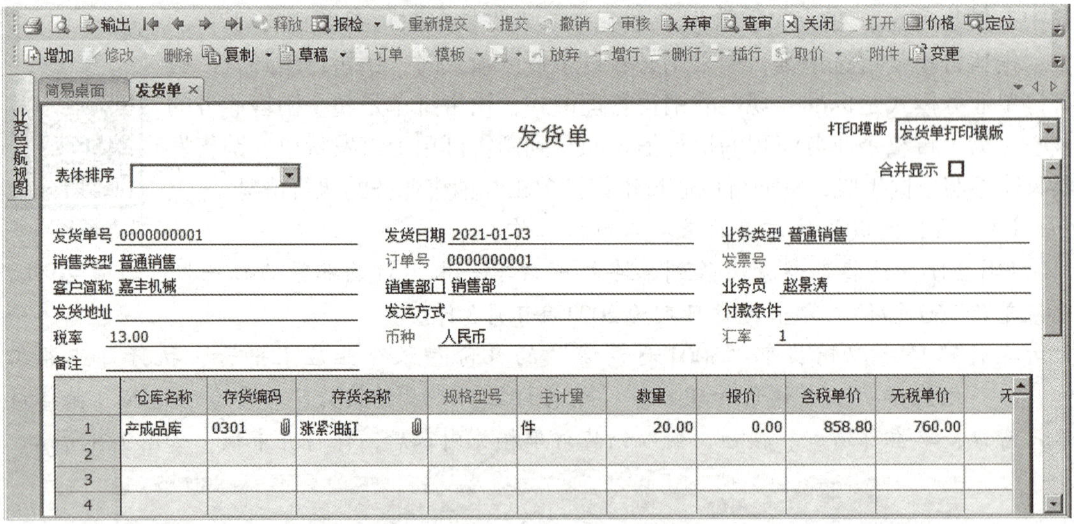


图9-4 录入销售发货单

微课

录入销售出库单

### （四）销售出库

销售出库单是销售出库业务的主要凭据，在库存管理子系统中用于存货出库数量核算；在存货核算子系统中用于存货出库成本核算（如果控制参数中选择“销售成本核算方式按销售出库单”）。销售出库单按进出仓库方向分为蓝字销售出库单、红字销售出库单；按业务类型分为普通销售出库单、委托代销出库单、分期收款出库单。

销售管理子系统与库存管理子系统集成应用时，销售出库单不可手工增加，只能参照生单，比如参照销售发货单、销售发票、销售调拨单、销售日报等单据生成。如果在销售管理子系统的控制参数设置中勾选“销售生成出库单”，则销售出库单在销售管理子系统审核发货单或复核销售发票、销售调拨单等单据时系统自动生成。

【例9–3】沿用【例9–2】的资料，完成销售出库单的录入与审核工作。

操作路径：1月3日，以仓管部“5001吴晓波”的身份登录企业应用平台，执行［业务工作］—［供应链］—［库存管理］—［出库业务］—［销售出库单］命令，进入［销售出库单］窗口，参照销售发货单生成销售出库单，完成保存和审核工作，如图9–5所示。

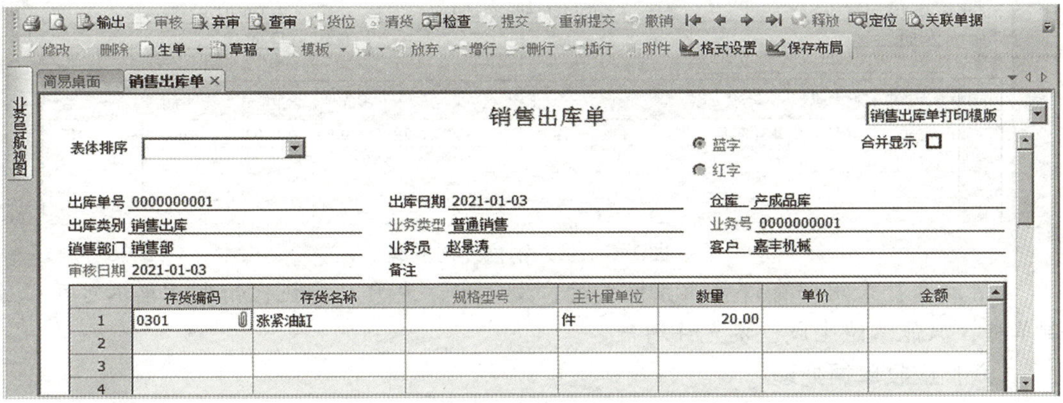


图9–5　录入销售出库单

## （五）销售开票

销售开票是在销售过程中企业给客户开具销售发票及其所附清单的过程，它是确认销售收入、应交增值税和应收账款的依据，是销售业务的必要环节。销售发票是在销售开票过程中销售方所开具的原始销售单据，包括增值税专用发票和增值税普通发票。销售发票复核后传递到应收款管理子系统进行审核、登记应收明细账和制单生成凭证。

不同的销售业务类型，销售发票的填制方式不同。开票直接发货业务，销售发票可以手工增加，也可以参照销售订单生成，销售发票复核时自动生成销售发货单；先发货后开票业务，销售发票参照销售发货单生成，销售发票可以修改、删除、复核、弃复；直运业务的直运销售发票可参照直运采购发票生成，也可以参照销售订单生成；委托代销业务的销售发票在参照委托代销发货单生成委托代销结算单时系统自动生成。

微课

销售发票处理

【例9–4】完成销售专用发票的录入与复核工作。1月4日，企业向嘉丰机械开具增值税专用发票（票号：35434678）一张。

操作路径：以销售部“3001赵景涛”的身份登录企业应用平台，执行［业务工作］—［供应链］—［销售管理］—［销售开票］—［销售专用发票］命令，进入［销售专用发票］窗口，单击［增加］按钮，参照发货单生成销售发票，输入发票号，完成保存和审核工作，如图9–6所示。

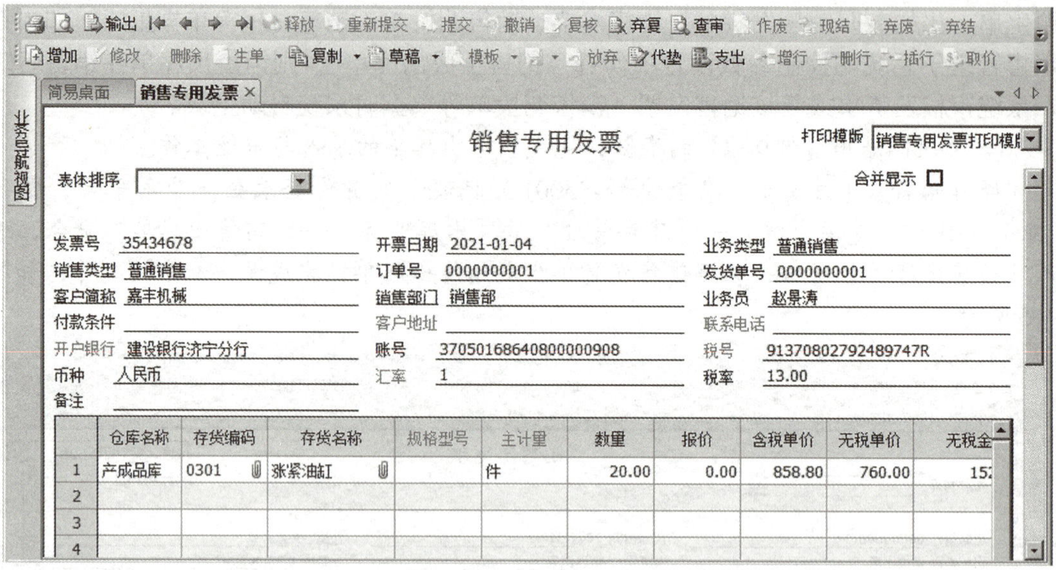


图9-6　录入销售专用发票

【请注意】采用必有订单业务模式时，发货单、发票、委托代销发货单不可手工填制单据，只能参照生成，不允许增行。

### （六）应收单据处理

应收单据处理指用户对应收单据进行单据录入和单据管理的工作。企业的应收单据主要来源于销售发票和其他应收单，其中销售发票包括销售专用发票和销售普通发票。根据系统启用的子系统不同，销售发票来源的子系统也不同。应收单据处理包括应收单据录入和应收单据审核。

应收单据录入是对销售过程中的各类销售发票及其他应收单据进行录入。确定单据名称、单据类型及方向后，才可以根据业务内容录入单据的表头和表体信息。应收单表头中的信息相当于凭证中的一条分录的信息，表头科目为核算该客户所欠款项的一个科目，该科目必须是应收系统的受控科目。

【请注意】如果同时使用应收款管理子系统和销售管理子系统，则发票和代垫费用产生的应收单据在销售管理子系统中录入并复核后，传递到应收款管理子系统，在应收款管理子系统中可以对这些单据进行审核、弃审、查询、核销、制单等操作。此时，在应收款管理子系统中录入的单据仅限于应收单。如果没有使用销售管理子系统，则各类发票和应收单均应在应收款管理子系统中录入。

应收单据审核是在应收单据录入完成保存后，对单据正确性进行的进一步审核确认。应收单据的审核有单张审核和批量审核两种。单张审核是指进入单据卡片界面后直接进行审核。批量审核是指在［应收单据审核］窗口中，系统自动或手工对过滤出的所有需要审核的单据进行审核，可以自动批审或手工批审。

【例9-5】沿用【例9-4】的资料，完成销售发票的审核工作。

操作路径：1月4日，以财务部“2002肖然”的身份登录企业应用平台，执行［业务工作］—［财务会计］—［应收款管理］—［应收单据处理］—［应收单据审核］命令，打开［应收单据查询条件］对话框，单击［确定］按钮，弹出［应收单据列表］窗口，双击［选择］栏，单击［审核］按钮，如图9-7所示。

微课
审核应收单

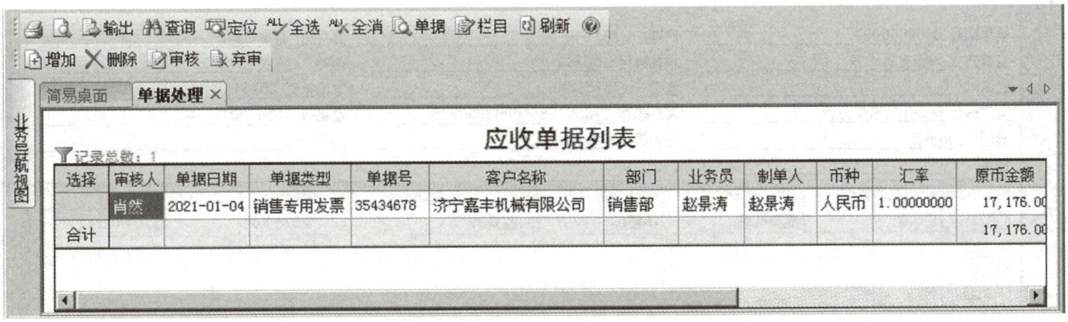


图9-7　审核应收单据

## （七）收款单据处理

收款单据处理主要是对结算单据（收款单、付款单即红字收款单）进行管理，包括收款单或付款单的录入、修改、审核和删除等操作。收款单用来记录企业所收到的客户款项，款项性质包括应收款、预收款、销售定金、现款结算、其他费用等；付款单又称红字收款单，用来记录发生销售退货时企业退付给客户的款项。

收款单据录入，是将已收到的客户款项（包括客户支付的销售定金）或退回客户的款项，录入应收款管理子系统，包括收款单与付款单（即红字收款单）的录入。应收款管理子系统的收款单用来记录企业收到的款项，当企业收到每一笔款项时，应知道该款项是客户结算的货款，还是支付的销售定金，或提前支付的货款，或支付其他费用，或手续费、利息。系统将款项类型分为应收款、预收款、其他费用、手续费、利息、现款结算、销售定金，用以区别不同的用途，在录入收款单时，需要指定其款项用途。

收款单据审核主要完成收付款单的自动审核和批量审核。在［收款单据审核］界面中显示的单据包括全部已审核、未审核的收款单据，余额为零的单据不再显示，并可以进行收款单或付款单的增加、删除、审核、弃审等操作。

微课
录入收款单

【例9-6】完成收款单的录入与审核工作。1月6日，收到嘉丰机械转账支票（票号：65436017）一张，金额为25 764元，用于支付本月及去年的涨紧油缸货款。

操作路径：

（1）出纳录入收款单。以财务部“2004唐艺”的身份登录企业应用平台，执行［业务工作］—［财务会计］—［应收款管理］—［收款单据处理］—［收款单据录入］命令，进入［收款单］窗口，单击［增加］按钮，录入收款单内容并保存，如图9-8所示。

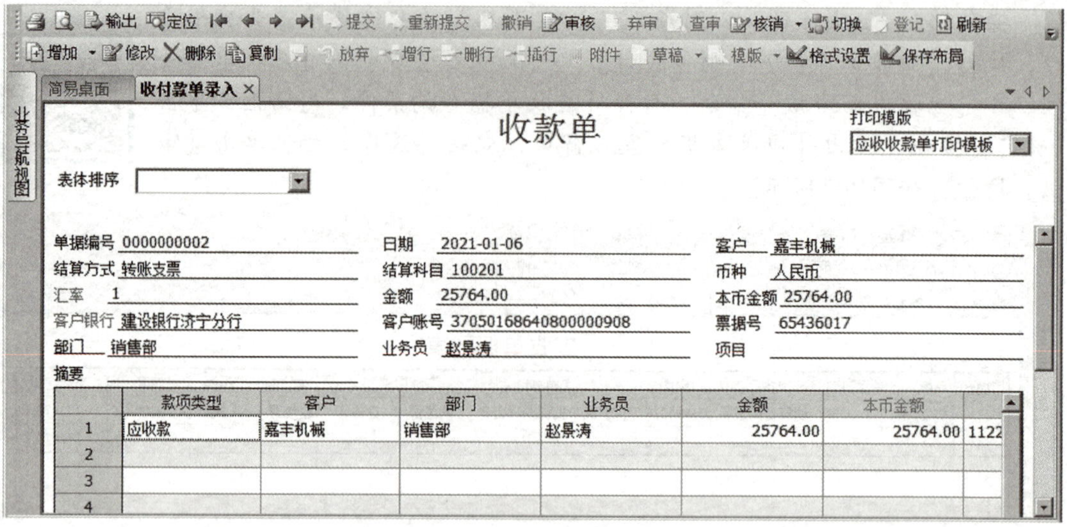


图9-8 录入收款单

（2）会计审核收款单。以财务部“2002 肖然”的身份登录企业应用平台，执行［业务工作］—［财务会计］—［应收款管理］—［收款单据处理］—［收款单据审核］命令，打开［收款单查询条件］对话框，单击［确定］按钮，弹出［收付款单列表］窗口，选择待审核单据后进行审核。

### （八）票据管理

票据管理主要用来管理企业销售商品、提供劳务过程中收到的银行承兑汇票或商业承兑汇票，包括票据的新增、修改、删除、票据贴现、背书、计息、结算等操作。如果要使用票据管理功能，必须将应收票据科目设置为有客户辅助核算的应收受控科目。

当用户收到银行承兑汇票或者商业承兑汇票时，应将该汇票录入应收款管理子系统的票据管理中，票据保存后还可进行修改和删除。但是票据所形成的收款单已经核销的不能被修改或删除；已经进行过计息、结算、转出等处理的票据不能被修改或删除。

票据贴现指持票人因急需资金，将未到期的承兑汇票背书转让给银行，贴给银行一定利息后收取剩余票款的行为。应收票据背书是指用应收票据冲抵自己的应付款的行为，当背书方式为“冲销应付账款”时，如果背书金额大于应付账款，则将剩余金额记为供应商的预付款，并结清该张票据。票据计息是对带息票据进行的计算利息的处理。票据结算就是收回票款，但结算金额不一定是票据余额或票据面额。

### （九）转账处理

转账处理是指在日常业务处理中经常发生的应收冲应收、预收冲应收、应收冲应付以及红票对冲等业务的处理。

应收冲应收是指将一家客户的应收款转给另一家客户。通过将应收款业务在客户之间转入、转出，实现应收业务的调整，解决应收款业务在不同客户之间入错户和合并户等问题。

预收冲应收是指处理客户的预收款和该客户应收欠款的转账核销业务。即某一个客户有预收款时，可用该客户的一笔预收款冲其一笔应收款。

应收冲应付是指用某客户的应收款冲减某供应商的应付款项。通过应收冲应付，将应收款业务在客户和供应商之间进行转账，实现应收业务的调整，解决应收债权与应付债务的冲抵。

红票对冲是指客户的红字应收单据与其蓝字应收单据、收款单与付款单之间进行冲抵的操作，可以自动对冲或手工对冲。自动对冲可同时对多个客户依据红冲规则进行红票对冲，提高红票对冲的效率。自动红票对冲提供进度条，并提交自动红冲报告，用户可了解自动红冲的完成情况及失败原因。手工对冲是对某一客户进行红票对冲，可自行选择红票对冲的单据，提高红票对冲的灵活性。手工红票对冲时采用红蓝上下两个列表形式，红票记录全部采用红色显示，蓝票记录全部用黑色显示。

【请注意】输入转账总金额后，可通过单击［自动转账］按钮，系统自动根据过滤条件完成成批的预收款冲应收款的操作。应收款的转账金额合计应该等于预收款的转账金额合计。

### （十）坏账处理

坏账处理是指对企业应收款项进行的坏账准备计提、坏账发生、坏账收回和坏账查询等业务操作。

计提坏账准备是指系统根据控制参数中选择的坏账准备计提方法，自动计算坏账准备金额，并按用户设置的坏账准备科目和对方科目，自动生成计提坏账凭证的操作。计提坏账准备的方法主要有销售收入百分比法、应收账款余额百分比法和账龄分析法。

坏账发生是指用户确定某些应收款为坏账的工作，用户选定坏账单据并输入坏账发生的原因、金额后，系统将根据客户单据类型查找业务单据，对所选的单据进行坏账处理。通过本功能可及时确认坏账，避免应收款长期呆滞的现象。

坏账收回是已确认为坏账的应收账款又被收回的情况。发生坏账收回时，需填制一张收款单，其金额为收回的坏账金额。通过本功能可以对一定期间发生的坏账收回业务进行处理，反映应收账款的真实情况，便于对应收款进行管理。需要注意的是，坏账收回的收款单不需要审核。

坏账查询是指对一定期间系统进行坏账处理的过程和处理结果的查询，主要包括坏账准备期初余额、坏账计提金额、坏账发生额、坏账收回额及坏账准备余额等信息，以便加强对坏账的监督。

### （十一）收款核销

收款核销指日常进行的收款核销应收款的工作，建立收款与应收款的对应关系，监督应收款的收款情况，加强客户往来款项的管理。单据核销分为手工核销和自动核销。手工核销时一次只能显示一个客户的单据记录，且收付款单列表根据表体记录明细显示；自动核销可对多个客户进行核销处理。

微课

收款核销

单据核销时，若选择收付款单类型为收款单，被核销单据列表中可以显示的记录有蓝字应收单、蓝字发票、付款单；若选择收付款单类型为付款单，被核销单据列表中可以显示的记录有红字应收单、红字发票、收款单；款项类型为现款结算、销售定金、其他费用的收款单，不参与核销处理。

【例 9-7】完成销售发票与收款单的核销工作。

操作路径：1 月 6 日，以“2002 肖然”的身份登录企业应用平台，执行［业务工作］—［财务会计］—［应收款管理］—［核销处理］—［手工核销］命令，打开［核销条件］对话框，选择客户“嘉丰机械”，单击［确定］按钮，进入［单据核销］窗口，输入本次结算金额后进行保存，如图 9-9 所示。

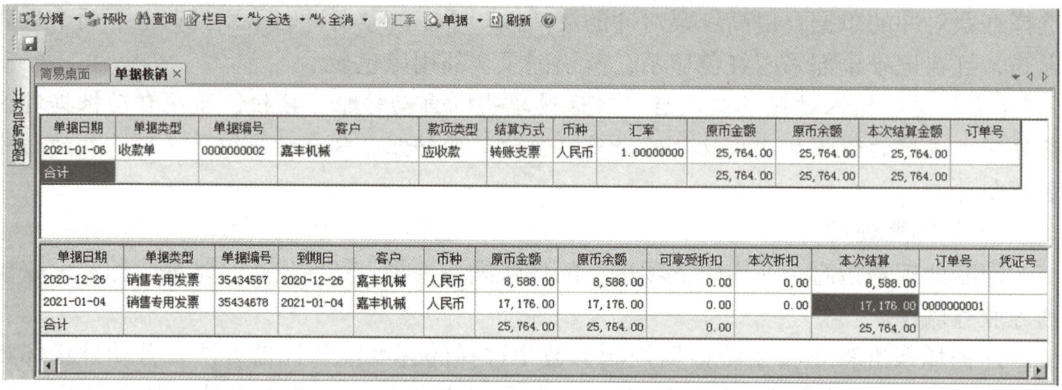


| 单据日期 | 单据类型 | 单据编号 | 客户 | 款项类型 | 结算方式 | 币种 | 汇率 | 原币金额 | 原币余额 | 本次结算金额 | 订单号 |
|---|---|---|---|---|---|---|---|---|---|---|---|
| 2021-01-06 | 收款单 | 0000000002 | 嘉丰机械 | 应收款 | 转账支票 | 人民币 | 1.00000000 | 25,764.00 | 25,764.00 | 25,764.00 | |
| 合计 | | | | | | | | 25,764.00 | 25,764.00 | 25,764.00 | |

| 单据日期 | 单据类型 | 单据编号 | 到期日 | 客户 | 币种 | 原币金额 | 原币余额 | 可享受折扣 | 本次折扣 | 本次结算 | 订单号 | 凭证号 |
|---|---|---|---|---|---|---|---|---|---|---|---|---|
| 2020-12-26 | 销售专用发票 | 35434567 | 2020-12-26 | 嘉丰机械 | 人民币 | 8,588.00 | 8,588.00 | 0.00 | 0.00 | 8,588.00 | | |
| 2021-01-04 | 销售专用发票 | 35434678 | 2021-01-04 | 嘉丰机械 | 人民币 | 17,176.00 | 17,176.00 | 0.00 | 0.00 | 17,176.00 | 0000000001 | |
| 合计 | | | | | | 25,764.00 | 25,764.00 | 0.00 | | 25,764.00 | | |

图9-9　单据核销

## （十二）制单处理

微课

制单处理

应收款管理子系统为每一种类型的业务处理提供了相应的制单功能，生成的记账凭证传递到总账管理子系统进行审核、记账。制单分为立即制单和批量制单。立即制单是在单据处理、转账处理、票据管理及坏账处理等功能操作界面录入原始单据进行审核时立即制单；批量制单是在所有业务发生完成后，使用制单处理功能进行批量处理制单。

【例 9-8】依据销售发票、销售出库单、收款单进行制单处理。

操作路径：（1）在存货核算子系统中对销售出库单记账并制单。

①1 月 3 日，以“2002 肖然”的身份登录企业应用平台，执行［业务工作］—［财务会计］—［供应链］—［存货核算］—［业务核算］—［正常单据记账］命令，进入［正常单据记账列表］窗口，双击“选择”栏，进行记账，如图 9-10 所示。

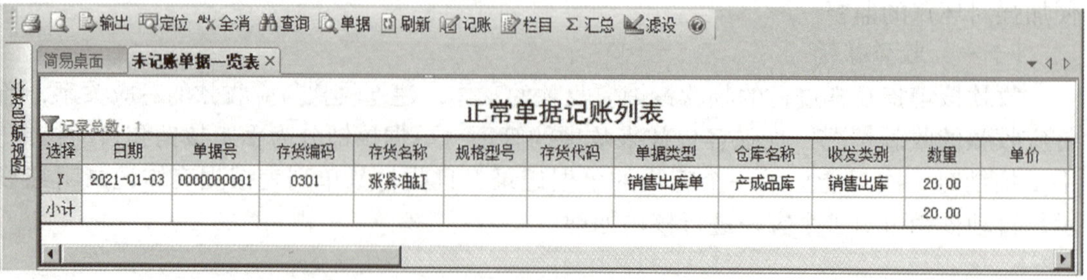


| 选择 | 日期 | 单据号 | 存货编码 | 存货名称 | 规格型号 | 存货代码 | 单据类型 | 仓库名称 | 收发类别 | 数量 | 单价 |
|---|---|---|---|---|---|---|---|---|---|---|---|
| Y | 2021-01-03 | 0000000001 | 0301 | 张紧油缸 | | | 销售出库单 | 产成品库 | 销售出库 | 20.00 | |
| 小计 | | | | | | | | | | 20.00 | |

图9-10　正常单据记账

②执行［存货核算］—［财务核算］—［生成凭证］命令，进入［生成凭证］窗口，单击［选择］按钮，选择需要制单的销售出库单，返回［生成凭证］窗口，单击［生成］按钮，系统自动生成转账凭证，如图9-11所示。

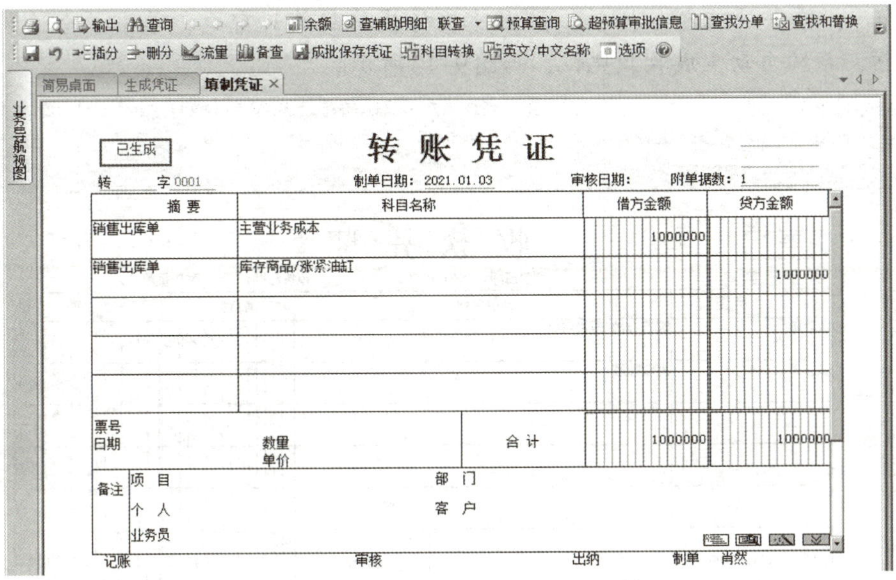


图9-11　生成转账凭证

（2）在应收款管理子系统中依据销售发票制单。

1月4日，以“2002肖然”的身份登录企业应用平台，执行［业务工作］—［财务会计］—［应收款管理］—［制单处理］命令，打开［制单查询］对话框，选择“发票制单”，单击［确定］按钮，弹出［销售发票制单］窗口，单击［全选］和［制单］按钮，系统自动生成转账凭证，如图9-12所示。

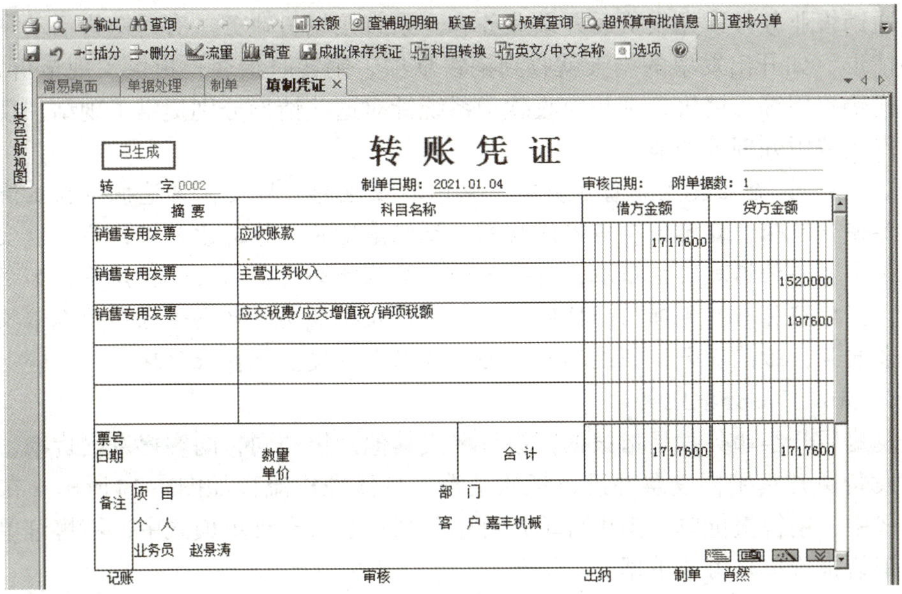


图9-12　生成转账凭证

（3）在应收款管理子系统中依据收款单制单。

1月6日，以“2002肖然”的身份登录企业应用平台，执行［业务工作］—［财务会计］—［应收款管理］—［制单处理］命令，打开［制单查询］对话框，选择“收付款单制单”，单击［确定］按钮，弹出［收付款单制单］窗口，单击［全选］和［制单］按钮，系统自动生成收款凭证，如图9-13所示。

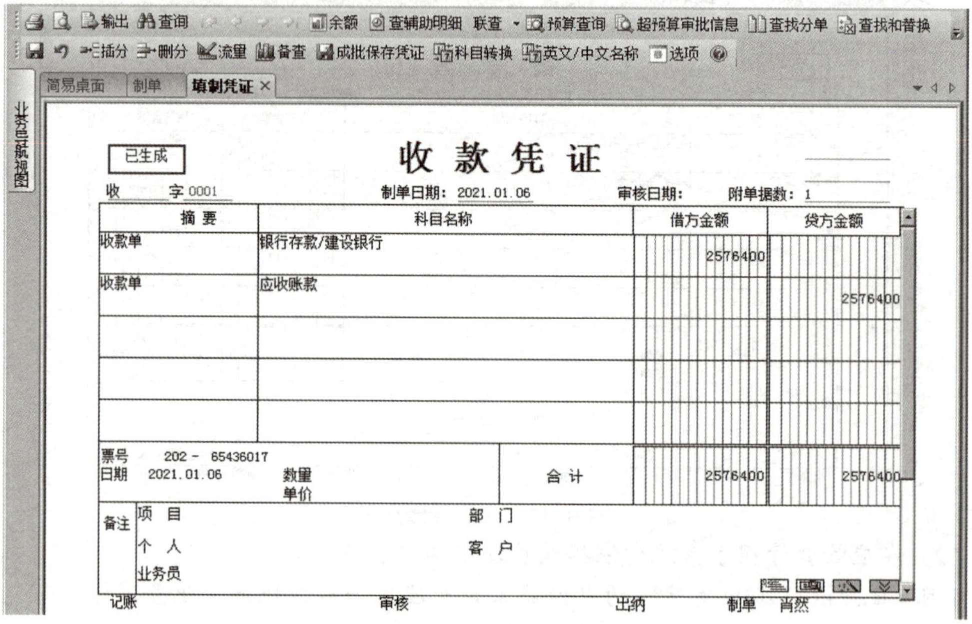

图9-13　生成收款凭证

## 二、普通销售业务

普通销售业务分为先发货后开票业务和开票直接发货业务。有时销售活动中可能发生一些情形，如开出发票的当天就收到销售款项、销售时给客户提供了现金折扣优惠、销售时代垫费用等，销售管理与应收款子系统针对这些情形分别提供了现结、现金折扣处理、代垫费用处理等功能。

【明德善思】企业发生销售业务时，需以职业道德为标尺，自觉抵御利益诱惑。一方面，要诚信做账，真实完整地确认收入，杜绝虚增收入等弄虚作假行为，以实事求是的态度筑牢财务数据真实性根基；另一方面，应构建全链条信用管理体系，加强应收账款管理，强化销售与财务部门的协同联动，对应收账款实时动态追踪和精准催收，加速销售资金回笼，防范资金侵蚀或坏账风险，确保企业现金流良性循环。

### （一）先发货后开票业务

先发货后开票业务，是指根据销售订单或其他销售合同，向客户发出货物，发货之后根据发货单开具销售发票并进行货款结算。具体操作流程如图9-14所示。在非必有订单模式中，销售报价单、销售订单是可选单据；在必有订单模式中，销售订单是必要单据，销售报价单是可选单据。

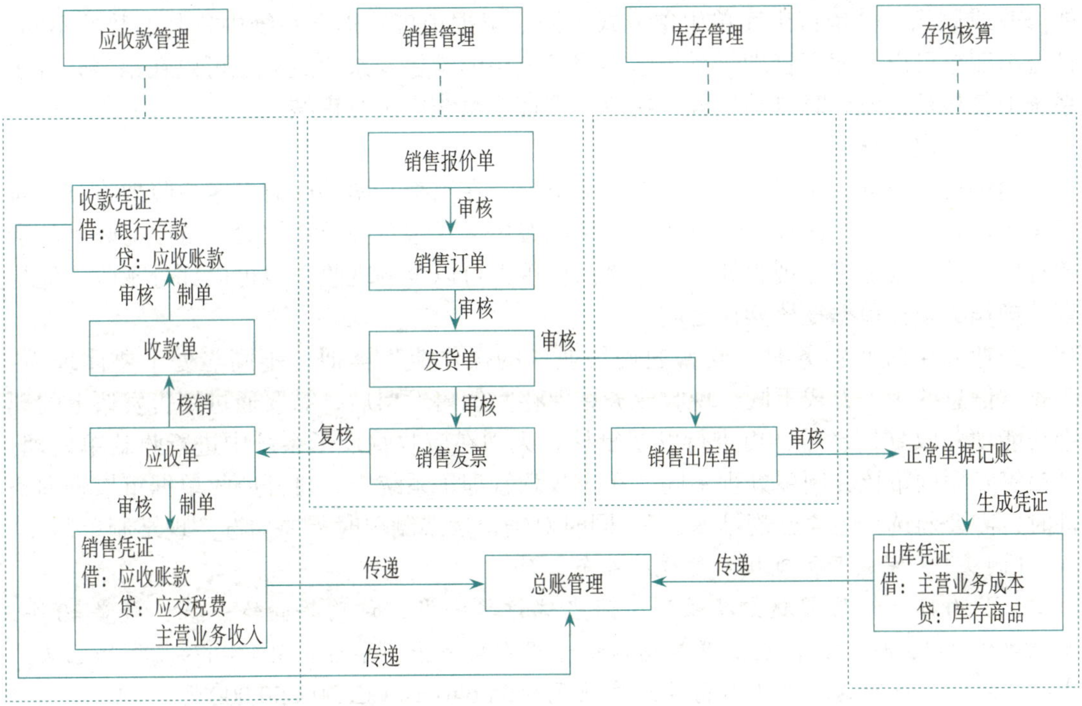


图9-14　先发货后开票业务的操作流程

流程说明：

（1）在销售管理子系统中，填制并审核销售报价单。

（2）在销售管理子系统中，填制或根据审核后的销售报价单生成销售订单，保存并审核。

（3）在销售管理子系统中，填制或根据审核后的销售订单生成发货单，保存并审核。

（4）在销售管理子系统中，根据审核后的发货单生成销售发票，保存并复核。

（5）在库存管理子系统中，根据审核后的发货单生成销售出库单，保存并审核。

（6）在存货核算子系统中，对销售出库单记账，系统自动登记存货明细账。然后根据记账后的销售出库单生成凭证，并将凭证自动传递到总账管理子系统。

（7）在应收款管理子系统中，对销售发票审核，系统自动登记应收款明细账。然后对销售发票制单，生成的凭证自动传递到总账管理子系统。

（8）在应收款管理子系统中，填制并审核收款单，系统自动登记应收款明细账，然后对收款单制单，生成的凭证自动传递到总账管理子系统。

（9）在应收款管理子系统中，将审核后收款单和销售发票进行核销处理，登记应收款明细账，并将有关信息回填到销售管理子系统。

### （二）开票直接发货业务

开票直接发货业务，是指根据销售订单或其他销售合同，向客户开具销售发票，客户根据销售发票到指定仓库提货。

开票直接发货业务的操作流程与先发货后开票业务基本相同，主要区别体现在：①增加销售发票和发货单的先后顺序不同。在销售管理子系统中，销售部门根据销售订单生成销售发票，复核销售发票时系统自动生成销售发货单，销售发货单只能浏览，不能修改或删除。②销售出库单生单方式不同。根据销售管理子系统中控制参数的不同，销售出库单可以在库存管理子系统中参照已复核的销售发票生成；也可以在销售管理子系统中复核销售发票时自动生成，在库存管理子系统中进行审核。

## （三）现收业务

销售现收业务，是指在货款两讫的情况下，在销售开票的同时向客户收取货款。对于销售现收业务，在保存销售发票、销售调拨单、零售日报等单据时，可以对收到的货款直接在其单据上进行现收处理。一张销售单据可以全额现收，也可以部分现收，但是现结操作必须在单据复核操作之前。

企业发生现收业务时，与普通销售业务的操作流程类似，不同之处主要体现为：①收款信息的录入方式不同。现收业务在保存完销售发票后，需要通过销售发票上的现结功能填写收款信息后，再进行发票复核，无须在应收管理子系统中进行收款单处理。②销售发票的审核和制单处理不同。在应收款管理子系统中，打开应收单据审核查询条件时，需要勾选"包含已现结发票"，同时对销售发票制单时需要勾选"现结制单"。

【例9-9】完成开票直接发货现结业务工作。

1月10日，销售部赵景涛收到上海鑫瑞订单一张，订购导向轮一批，数量40件，无税单价为3 200元/件，企业开具增值税专用发票一张，票号：35434679，货物已从产成品库发出。同时通过网上银行收到货物尾款94 640元（已预收50 000元）。

操作路径：

（1）录入与审核销售订单。1月10日，以销售部"3001赵景涛"的身份进入企业应用平台，执行［业务工作］—［供应链］—［销售管理］—［销售订货］—［销售订单］命令，填制并保存销售订单。

（2）录入与复核销售发票。执行［销售管理］—［销售开票］—［销售专用发票］命令，打开［销售专用发票］窗口，单击［增加］按钮，参照销售订单生成一张销售专用发票，输入发票号"35434679"、仓库名称"产成品库"后，保存发票。单击［现结］按钮，系统弹出［现结］对话框，输入结算方式、原币金额，如图9-15所示。单击［确定］按钮，销售专用发票左上角生成"现结"字样，单击［复核］按钮，如图9-16所示。

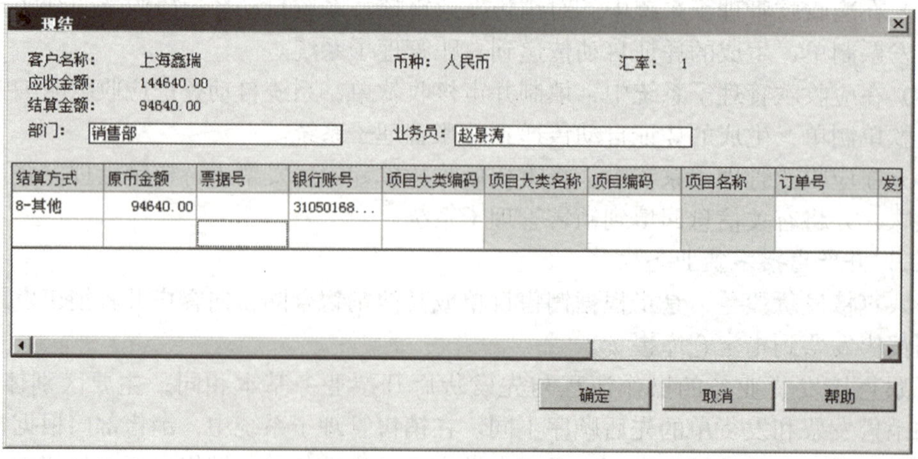


图9-15 现结信息录入

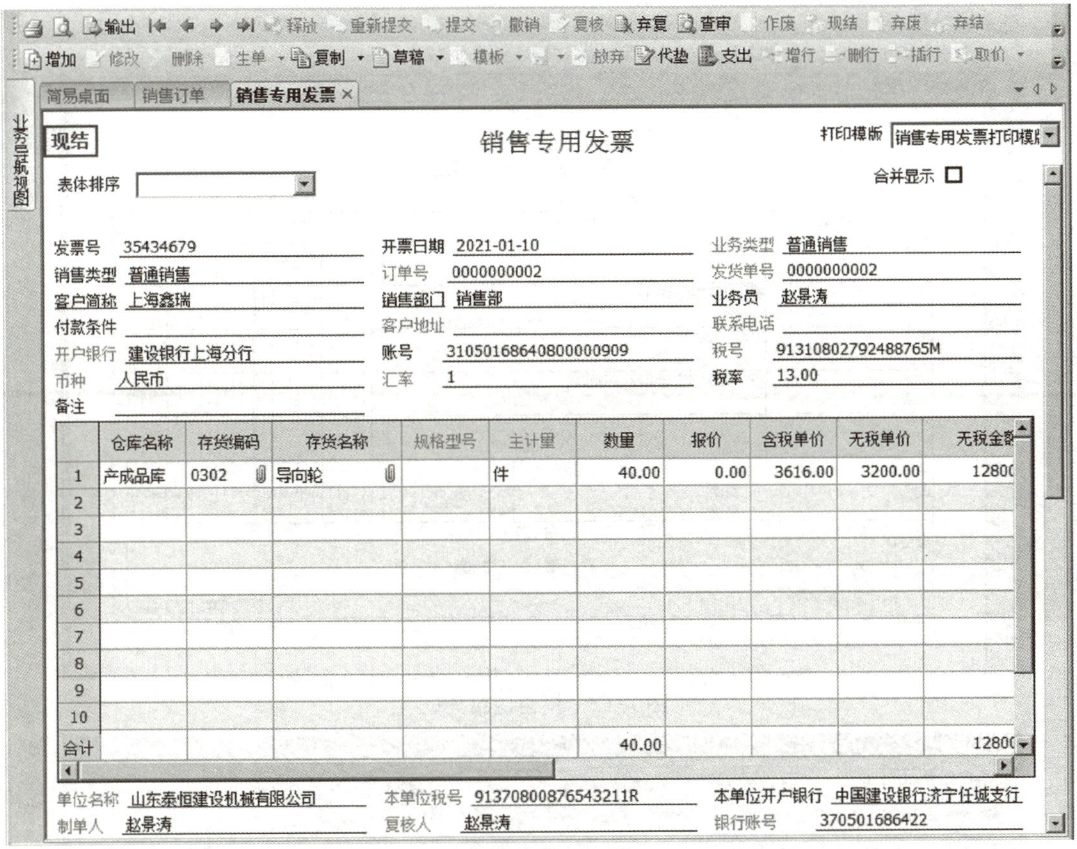

图9-16 销售专用发票现结与复核

（3）查看销售发货单。执行［销售管理］—［销售发货开票］—［发货单］命令，查看由系统自动生成的销售发货单，该单据只能查看，不能修改和删除。

（4）录入与审核销售出库单。以仓管部“5001 吴晓波”的身份进入库存管理子系统，参照销售发货单生成并审核销售出库单。

（5）应收单据审核与制单。

①1月10日，以财务部“2002 肖然”的身份进入企业应用平台，执行［业务工作］—［财务会计］—［应收款管理］—［应收单据处理］—［应收单据审核］命令，查询条件勾选“包含已现结发票”，选中发票后进行审核。

②执行［应收款管理］—［制单处理］命令，在［制单查询］对话框勾选“现结制单”，进入［应收制单］窗口，选中单据后，单击［制单］按钮，系统生成一张收款凭证，如图9-17所示。

（6）预收冲应收并制单。执行［应收款管理］—［转账］—［预收冲应收］命令，打开［预收冲应收］对话框。选择［预收款］选项卡，过滤出客户的预收款，输入转账金额“50 000”；选择［应收款］选项卡，过滤出客户的应收款，输入转账金额“50 000”，如图9-18所示。单击［确定］按钮，立即制单生成一张预收冲应收的转账凭证，如图9-19所示。

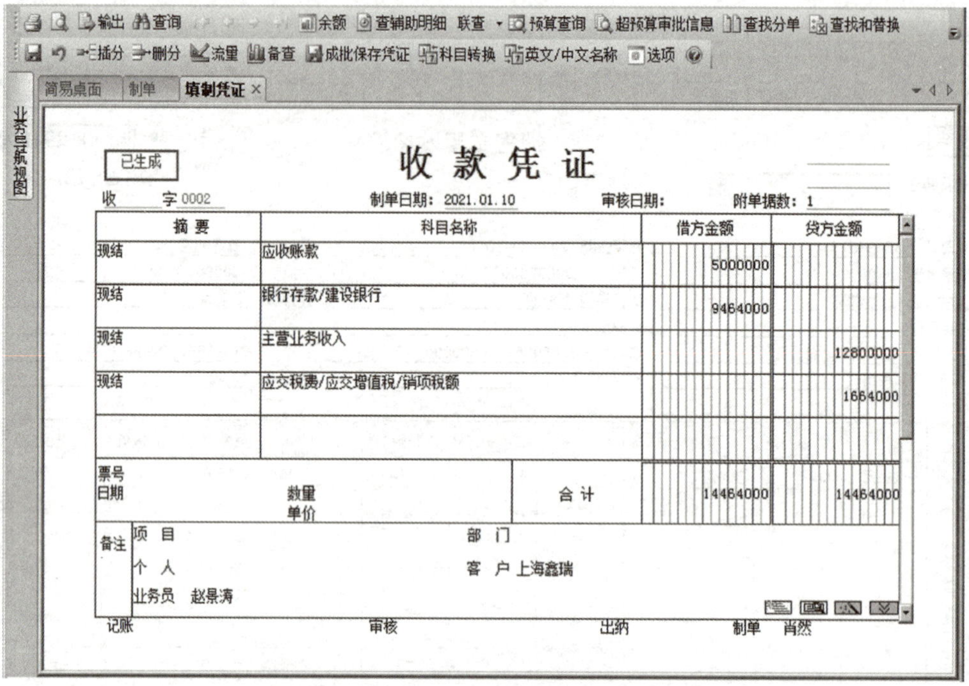


图9-17 销售现结凭证

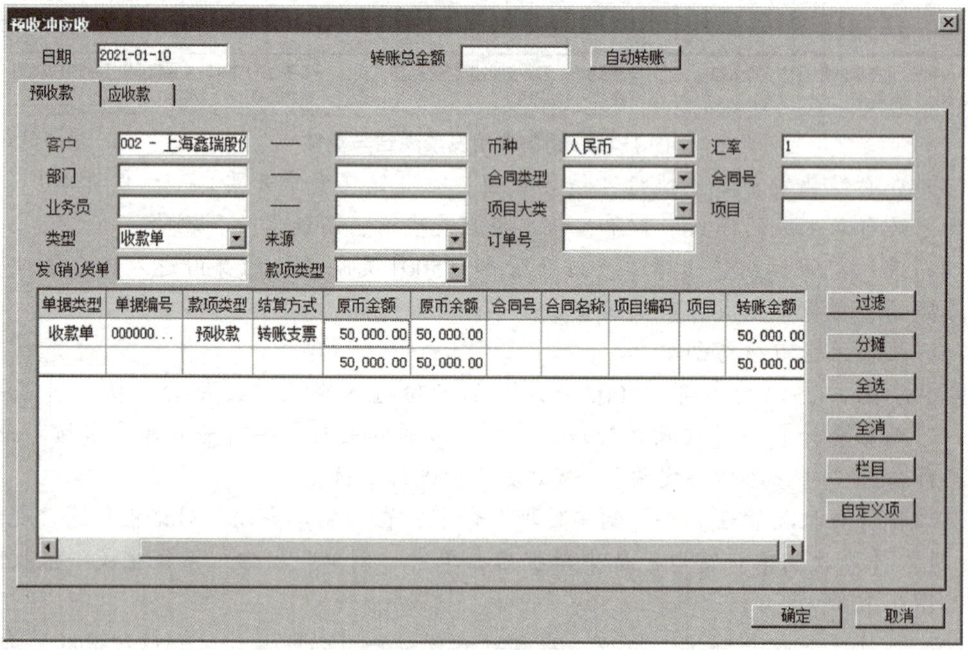


图9-18 预收冲应收

（7）销售出库单记账与制单。以财务部“2002 肖然”的身份进入存货核算子系统，对销售出库单正常单据记账后，生成结转成本的转账凭证。

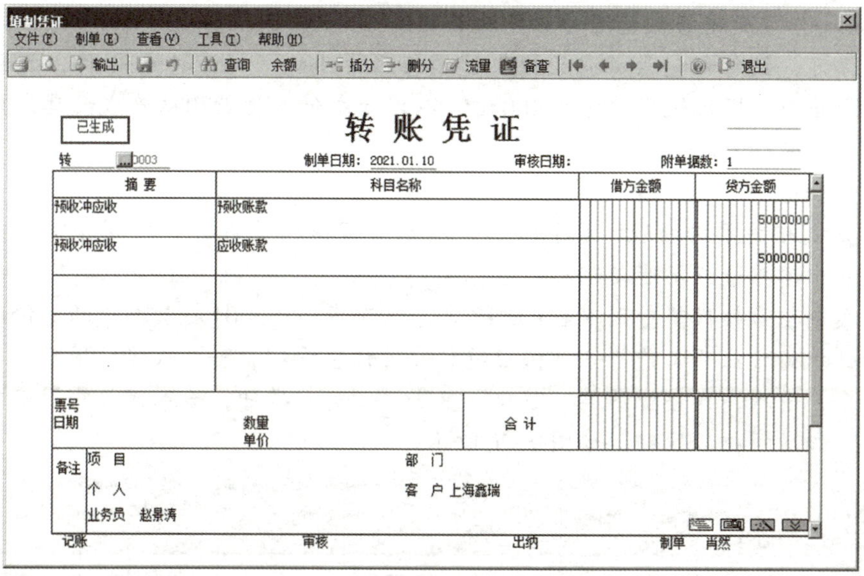


图9-19　预收冲应收转账凭证

### （四）现金折扣业务

现金折扣业务，是指在销售时为敦促客户尽早付清货款而提供的一种价格优惠，客户提前付款就可以享受现金折扣优惠。针对这种情况，用友提供了相应的现金折扣处理功能。

企业销售发生现金折扣时，与普通销售业务处理基本流程类似，不同之处主要体现在：①在录入销售相关单据时录入付款条件。在销售订单、销售发货单和销售发票中要选择正确的“付款条件”，该付款条件需要在基础设置中提前设置正确。②收款核销和制单处理时要考虑现金折扣金额。在应收款管理子系统中，收款单与销售发票核销时，需要输入“本次折扣”和“本次核销”两栏的金额，如果系统设置“自动计算现金折扣”，则系统自动填写现金折扣金额。发票制单时，需要同时勾选“发票制单”和“核销制单”两项，才能生成正确的收款凭证。

### （五）代垫费用业务

代垫费用是指在销售业务过程中，随货物销售发生的（如运杂费、保险费等）暂时代垫费用。代垫费用发生时，这些费用项目将来需要向客户收取，因此，一般企业将代垫费用记入“应收账款”账户，形成对客户的应收款。收到客户支付的货款和代垫费用时，直接冲减“应收账款”账户。

微课

销售代垫运费业务

针对代垫费用系统提供了相应的处理功能，主要体现在：①在销售管理子系统中，用户有两种方式填制并审核代垫费用单。一种方式是在填制销售发票、销售调拨单、零售日报时，通过单击［代垫］按钮后输入代垫费用内容；另一种方式是通过执行［代垫费用］—［代垫费用单］命令后输入代垫费用内容。②在应收款管理子系统中，对代垫费用单进行应收单据审核与制单。审核后的代垫费用单生成其他应收单传递到应收款管理子系统，在应收款管理子系统中进行应收单据审核与制单，形成对客户的应收款。

【例9-10】完成销售代垫运费业务的处理工作。

1月17日，销售部赵景涛向天悦机械销售涨紧油缸一批，数量30件，无税单价为760元/件，并为天悦机械代垫运费400元，以现金支付。货物已从产成品库发出，增值税专用发票尚未开具。

操作路径：

（1）完成相关单据处理。1月17日，填制并审核销售订单、生成并审核销售出库单、对销售出库单进行记账与制单。

（2）填制与审核代垫费用单。1月17日，以销售部“3001赵景涛”的身份进入企业应用平台，执行［业务工作］—［供应链］—［销售管理］—［代垫费用］—［代垫费用单］命令，进入［代垫费用单］窗口，单击［增加］按钮，输入代垫费用单内容，单击［保存］和［审核］按钮，如图9-20所示。

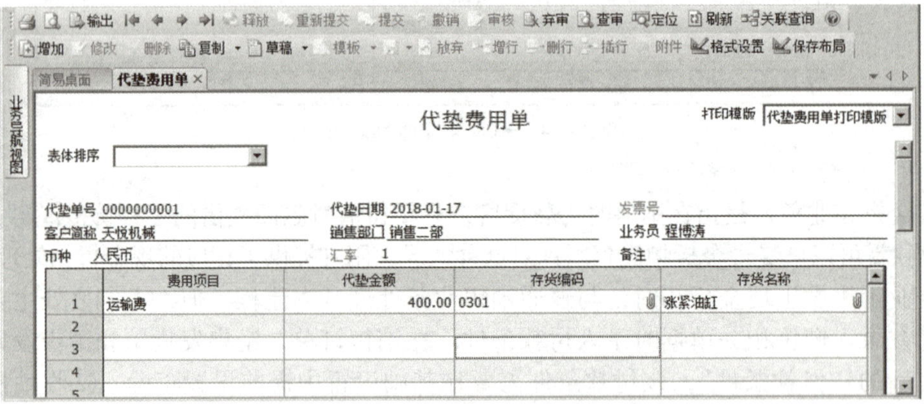


图9-20 录入代垫费用单

（3）其他应收单据审核与制单。1月17日，以财务部“2002肖然”的身份进入应收款管理子系统，对其他应收单据进行审核并制单，制单时注意勾选“应收单制单”，生成的付款凭证如图9-21所示。

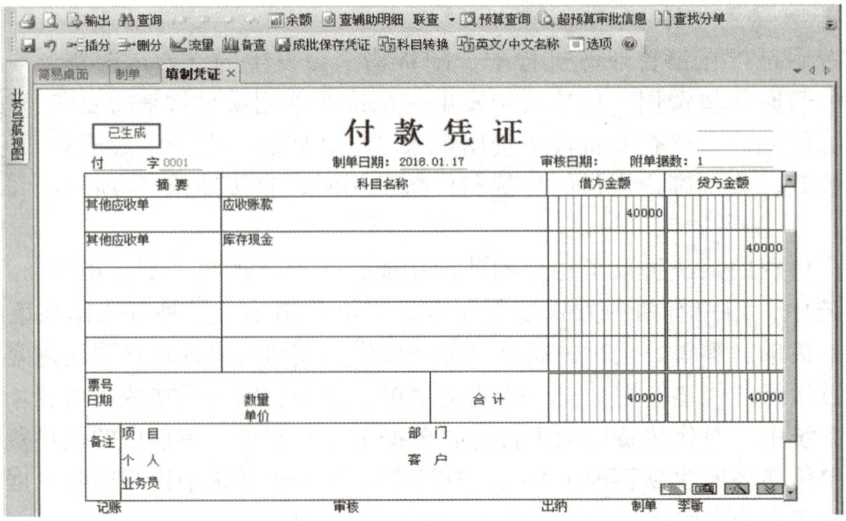


图9-21 生成付款凭证

## 三、特殊销售业务

企业除了日常发生的普通销售业务外，有时会碰到一些特殊业务，如销售货物因质量问题退货、直运销售、委托代销商品、分期收款等业务，这些销售业务的操作流程与普通销售业务有所不同，下面分别进行讲解。

### （一）销售退货业务

销售退货业务是指客户因货物质量、品种、数量不符合要求或者其他原因，而将已购货物退回给本单位的业务。处理销售退货业务是销售管理子系统的功能之一，企业发生销售退货时，因退货时间不同，销售管理子系统提供了不同的退货业务处理流程。

发生销售退货时，对已发货尚未开票的业务，只需填制销售退货单并生成红字出库单，根据实际发货数量开具销售发票；对已开具销售发票的业务，应通过录入退货单、红字销售出库单和红字发票来处理退货业务。具体操作流程如图9-22所示。

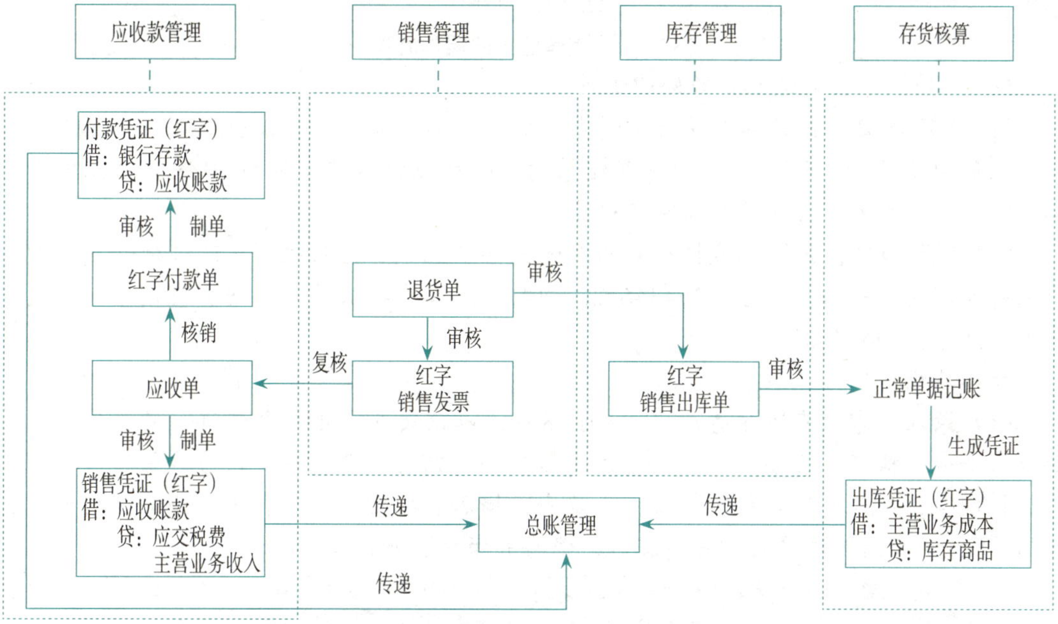


图9-22　销售退货业务的操作流程

销售退货与正常销售的流程基本相同。需要注意的是退货单可以参照订单生成、可以直接填制或参照发货单生成，生成的退货单可以参照生成红字销售发票和红字销售出库单。

### （二）直运业务

直运业务是指产品无须入库即可完成购销业务，由供应商直接将商品发给企业的客户，收付款结算时，由企业分别与购销双方结算。直运业务包括直运销售业务和直运采购业务。企业没有实物的出入库，货物直接从供应商流向客户，财务结算通过直运销售发票、直运采购发票解决。直运业务为可选业务，由销售管理子系统的控制参数中是否勾选“有直运销售业务”决定，只有勾选此项，才能进行直运业务的处理。采购管理子系统的控制参数“直运业务必有订单”，显示的是销售管理子系统相应选项，不可修改。

直运业务是否必有订单，取决于销售管理子系统控制参数中是否勾选“直运销售必有订单”。对于有订单的直运业务，由于是根据销售直接进行采购，所以可以参照直运销售订单生成直运采购订单，参照直运采购订单生成直运采购发票，参照直运销售订单生成直运销售发票；对于没有订单的直运业务，直运采购发票和直运销售发票可互相参照。必有订单模式下的直运业务流程，如图9-23所示。

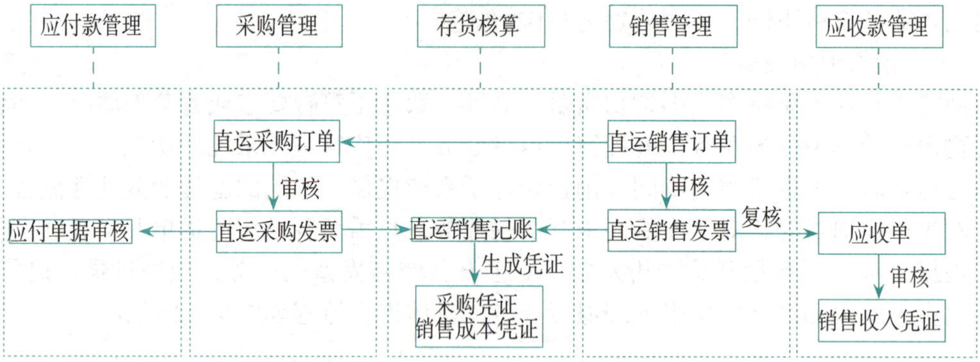


图9-23　直运业务的操作流程

【例9-11】完成直运业务的处理工作。

（1）1月18日，销售部赵景涛收到嘉丰机械订单一张，订购涨紧油缸一批，数量50件，无税单价为760元/件。采购部刘佳慧向正锋机械订购涨紧油缸50件，无税单价为640元/件，要求将货物直接发往嘉丰机械。

（2）1月19日，正锋机械将涨紧油缸送至嘉丰机械。企业收到正锋机械开具的增值税采购专用发票一张，票号：26434612；同时企业向嘉丰机械开具增值税销售专用发票一张，票号：35434683。

操作路径：

（1）录入与审核直运销售订单。1月18日，以销售部“3001赵景涛”的身份进入企业应用平台，执行［业务工作］—［供应链］—［销售管理］—［销售订货］—［销售订单］命令，打开［销售订单］窗口，单击［增加］按钮，修改表头的业务类型为“直运销售”，输入销售订单的相关内容后，保存并审核，如图9-24所示。

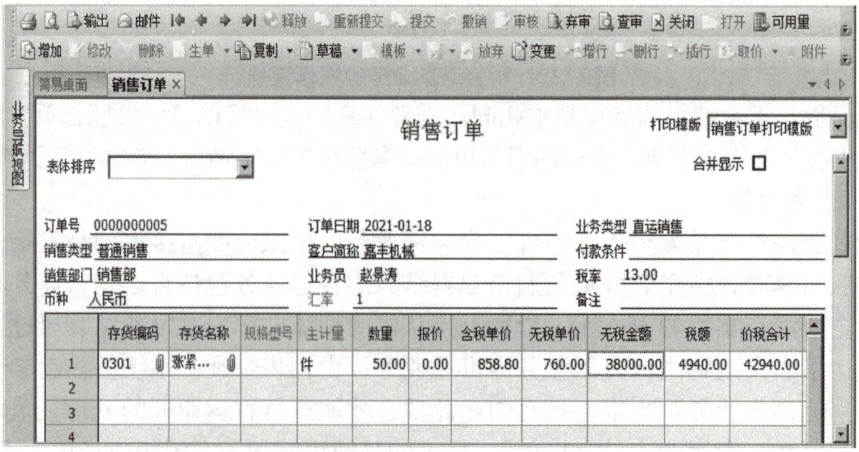


图9-24　录入与审核直运销售订单

（2）录入与审核直运采购订单。1月18日，以采购部“4001刘佳慧”的身份进入企业应用平台，执行［业务工作］—［供应链］—［采购管理］—［采购订货］—［采购订单］命令，打开［采购订单］窗口，单击［增加］按钮，修改表头的业务类型为“直运采购”，使用［生单］功能，参照销售订单生成直运采购订单，补充采购订单内容后，保存并审核，如图9-25所示。

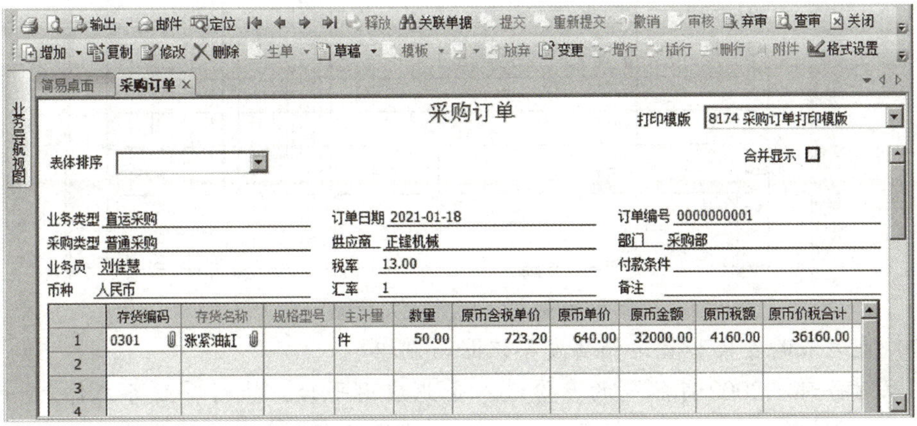


图9-25　录入与审核直运采购订单

（3）参照直运采购订单生成直运采购发票。1月19日，以采购部“4001刘佳慧”的身份进入企业应用平台，执行［业务工作］—［供应链］—［采购管理］—［采购发票］—［专用采购发票］命令，打开［专用发票］窗口，单击［增加］按钮，修改业务类型为“直运采购”，使用［生单］功能，参照采购订单生成直运采购发票，补充发票号为“26434612”后，保存发票，如图9-26所示。

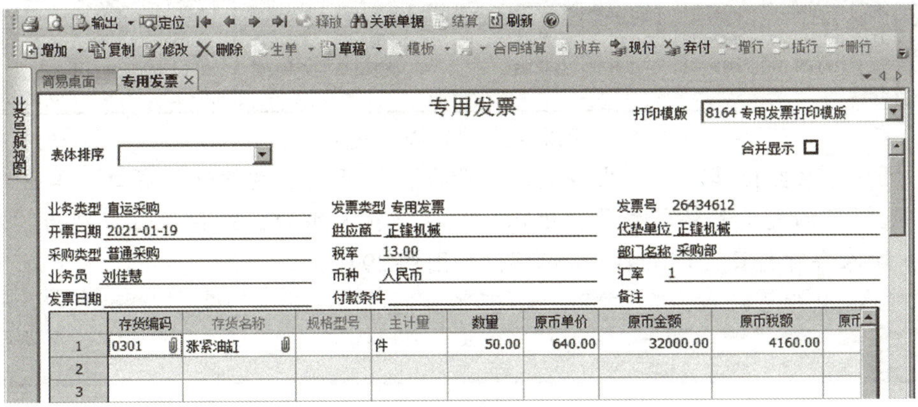


图9-26　生成直运采购专用发票

（4）生成并复核直运销售发票。以销售部“3001赵景涛”的身份进入销售管理子系统，参照直运销售订单生成并复核直运销售发票。

（5）应收单据审核与制单。以财务部“2002肖然”的身份进入应收款管理子系统，进行应收单据审核与制单，销售收入凭证如图9-27所示。

（6）应付单据审核。以财务部“2002肖然”的身份进入应付款管理子系统，进行应付单据审核，无须制单。

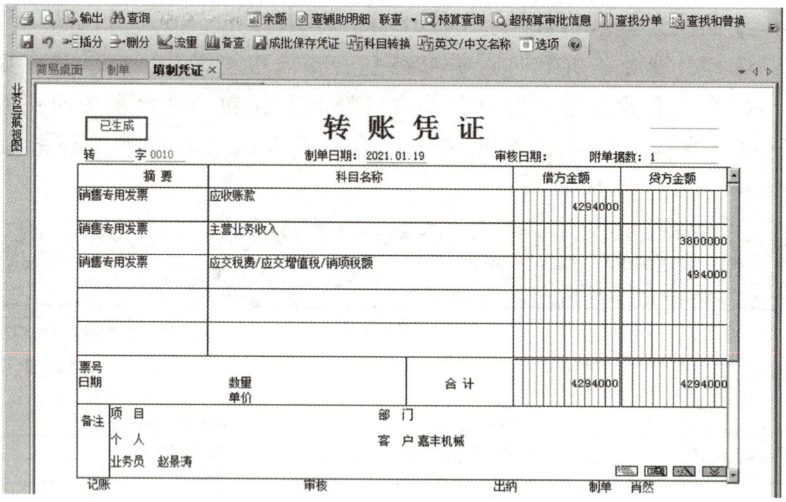


图9-27 销售收入凭证

（7）直运采购发票和直运销售发票记账与制单。

①以财务部“2002 肖然”的身份进入企业应用平台，执行［业务工作］—［供应链］—［存货核算］—［业务核算］—［直运销售记账］命令，查询直运采购发票和直运销售发票，进入［直运销售记账］窗口，选中两张发票，单击［记账］按钮，记账完毕，如图9-28所示。

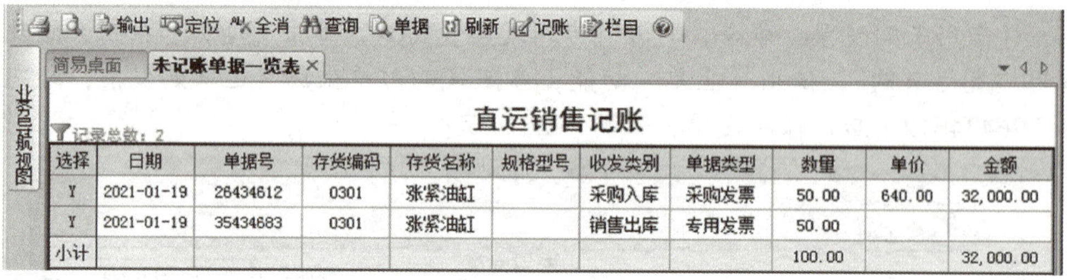
直运销售记账

记录总数：2

| 选择 | 日期 | 单据号 | 存货编码 | 存货名称 | 规格型号 | 收发类别 | 单据类型 | 数量 | 单价 | 金额 |
|---|---|---|---|---|---|---|---|---|---|---|
| Y | 2021-01-19 | 26434612 | 0301 | 张紧油缸 | | 采购入库 | 采购发票 | 50.00 | 640.00 | 32,000.00 |
| Y | 2021-01-19 | 35434683 | 0301 | 张紧油缸 | | 销售出库 | 专用发票 | 50.00 | | |
| 小计 | | | | | | | | 100.00 | | 32,000.00 |

图9-28 直运销售记账

②执行［财务核算］—［生成凭证］命令，打开［生成凭证］窗口，单击［选择］按钮，选择采购发票和销售发票，返回［生成凭证］窗口，选择凭证类别为“转 转账凭证”，输入存货科目“1402 在途物资”，如图9-29所示。

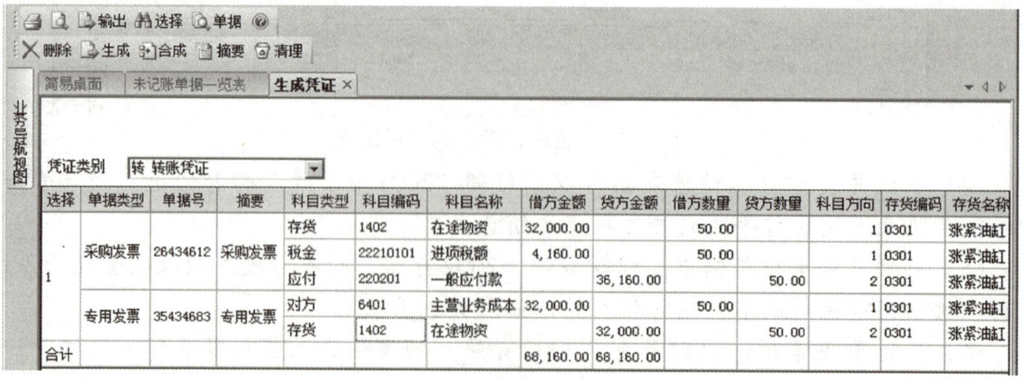
凭证类别 转 转账凭证

| 选择 | 单据类型 | 单据号 | 摘要 | 科目类型 | 科目编码 | 科目名称 | 借方金额 | 贷方金额 | 借方数量 | 贷方数量 | 科目方向 | 存货编码 | 存货名称 |
|---|---|---|---|---|---|---|---|---|---|---|---|---|---|
| 1 | 采购发票 | 26434612 | 采购发票 | 存货 | 1402 | 在途物资 | 32,000.00 | | 50.00 | | 1 | 0301 | 张紧油缸 |
| | | | | 税金 | 22210101 | 进项税额 | 4,160.00 | | 50.00 | | 1 | 0301 | 张紧油缸 |
| | | | | 应付 | 220201 | 一般应付款 | | 36,160.00 | | 50.00 | 2 | 0301 | 张紧油缸 |
| | 专用发票 | 35434683 | 专用发票 | 对方 | 6401 | 主营业务成本 | 32,000.00 | | 50.00 | | 1 | 0301 | 张紧油缸 |
| | | | | 存货 | 1402 | 在途物资 | | 32,000.00 | | 50.00 | 2 | 0301 | 张紧油缸 |
| 合计 | | | | | | | 68,160.00 | 68,160.00 | | | | | |

图9-29 未生成凭证单据一览表

③单击［生成］按钮，系统自动生成两张凭证，分别为依据销售发票生成结转销售成本的凭证、依据采购发票生成核算采购成本的凭证，如图9-30和图9-31所示。

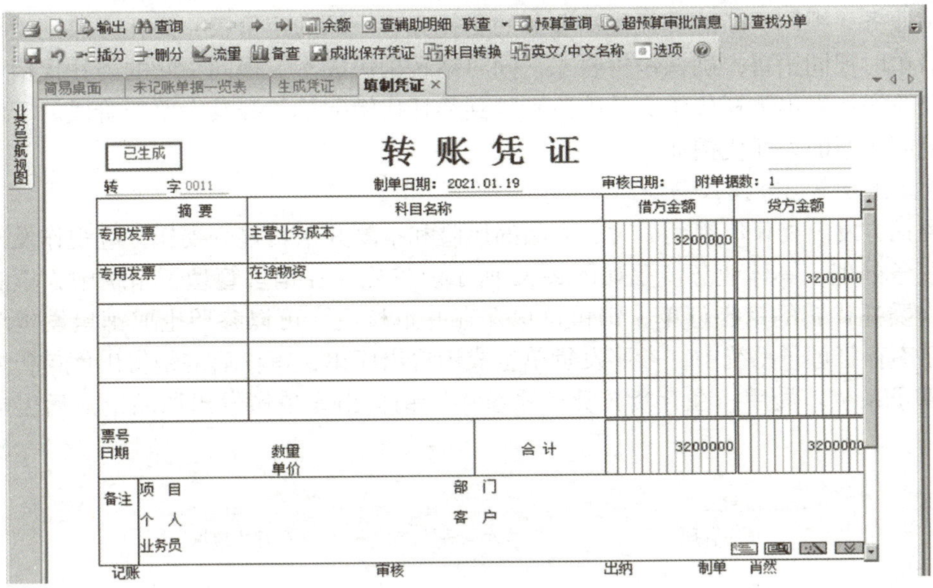


图9-30　结转销售成本凭证

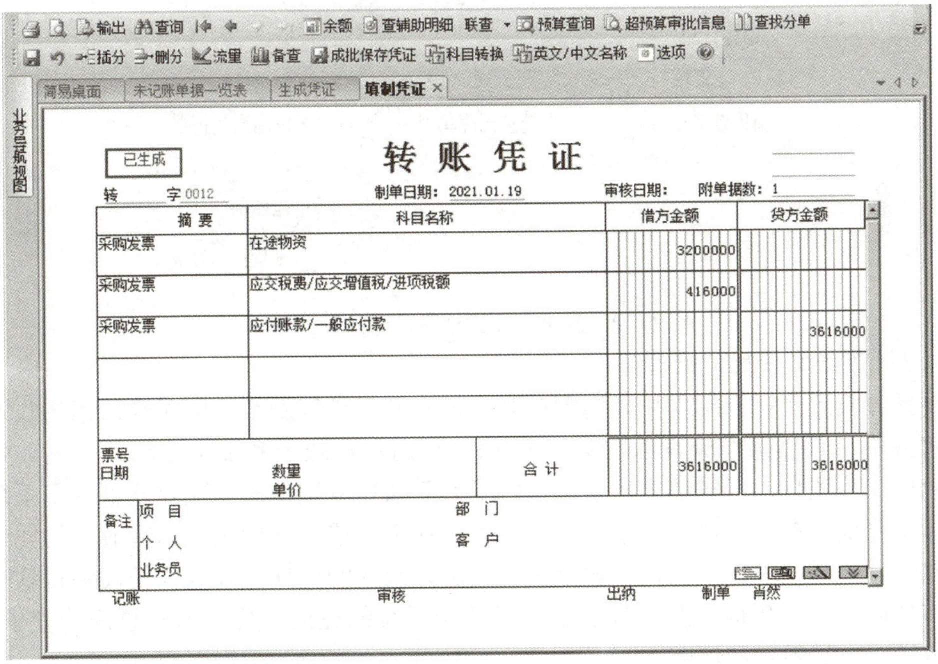


图9-31　采购成本凭证

## （三）委托代销业务

委托代销业务，是指委托方将商品委托给受托方代为销售，但商品所有权并未转移给受托方，委托方在交付商品时不确认收入，不开具销售发票，等到受托方销售商品并开出代销清单时，委托方根据代销清单开具销售发票，与受托方进行结算，此时确认销售收入并结转销售成本，委托代销商品的所有权转移。

委托代销业务按是否支付手续费，分为支付手续费的委托代销业务和视同买断的委托代销业务。视同买断的委托代销业务的受托方有产品的定价权，委托方收到受托方的代销清单时视同销售，确认销售收入，同时结转销售成本。视同买断的委托代销业务分为两个阶段：发出委托代销商品阶段和收到委托代销清单并开具发票的阶段。下面主要讲解视同买断的委托代销业务。

### 1. 委托方发出委托代销商品

委托方发出委托代销商品时，商品的风险和报酬并未转移，委托方应视作发出商品进行账务处理，具体业务流程如图9–32所示。首先，在销售管理子系统中，填制业务类型为委托代销的销售订单，销售订单保存并审核后，可以参照生成销售发货单。其次，在库存管理子系统中，参照发货单生成销售出库单，审核后的销售出库单传递到存货核算子系统。最后，在存货核算子系统中，销售出库单做发出商品记账后生成出库凭证。

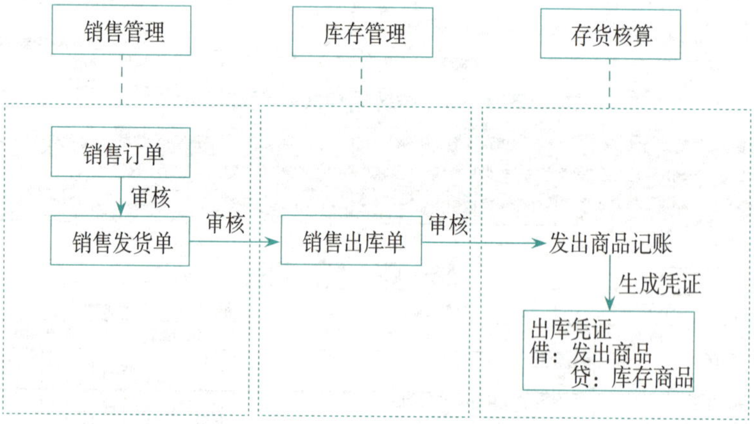


图9–32 发出委托代销商品时的操作流程

### 2. 委托方收到委托代销清单

委托方收到受托方的委托代销清单时，据以开具销售发票，同时确认销售收入、结转销售成本，具体操作流程如图9–33所示。在销售管理子系统中填制并审核委托代销结算单后，系统自动生成销售发票，销售发票复核后分别传递到应收款管理子系统和存货核算子系统。在存货核算子系统中，对委托代销发票记账后生成结转成本的凭证。在应收款管理子系统中，审核销售发票后生成确认收入的凭证。收到委托代销货款时，填制并审核收款单，生成收款凭证。最后各个子系统的凭证，均传递到总账管理子系统，进行审核、出纳签字和记账。

支付手续费的委托代销业务，是指委托方和受托方签订合同或协议，委托方根据合同或协议约定向受托方支付代销手续费，受托方按照合同或协议规定的价格销售代销商品的销售方式。在这种销售方式下，委托方在发出商品时，通常不确认销售商品收入，而是在收到受托方开出的代销清单时确认销售商品收入、结转销售成本，同时将应支付的代销手续费计入销售费用。

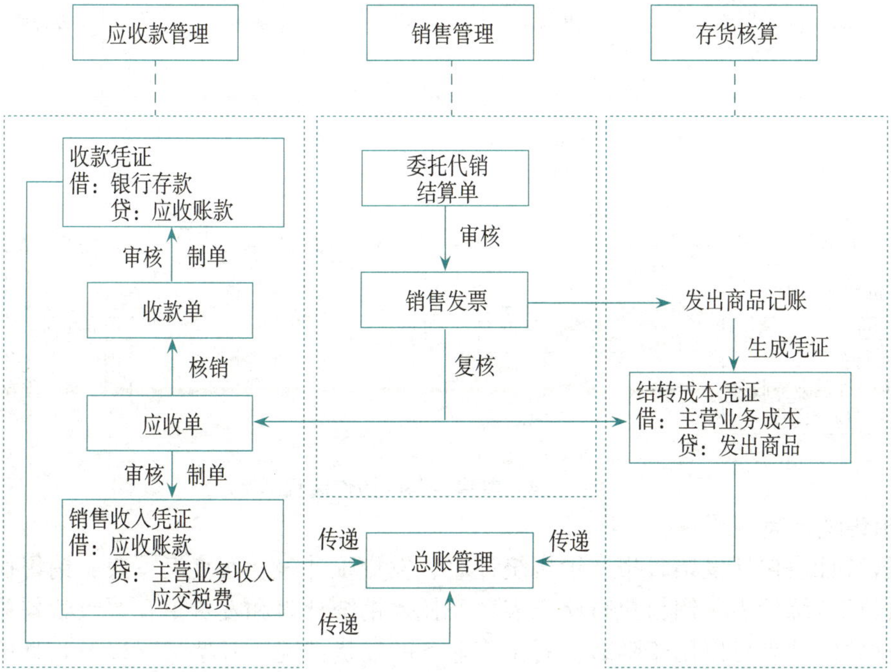


图9-33　收到委托代销清单时的操作流程

### （四）分期收款业务

分期收款发出商品业务，是指货物提前发给客户，分期收回货款的业务。分期收款销售的特点是一次发货，分次确认收入，在确认收入的同时配比性地结转成本。

分期收款业务的操作流程类似于视同买断的委托代销业务。第一阶段发出货物时的业务流程跟发出委托代销商品类似，不同的是销售订单、销售发货单需要选择业务类型为“分期收款”。第二阶段收到分期收款商品的货款时，类似于分期收款业务收到委托代销商品的业务流程，不同的是分期收款业务无须填制委托代销结算单，而是直接参照发货单生成销售发票，销售发票可以做现结处理。

### （五）零售业务

零售业务是商业企业将商品销售给零售客户的销售业务，这种业务常见于商场、超市等零售企业。零售日报不是原始的销售单据，是零售业务数据的日汇总。零售日报可以用来处理企业客户比较零散的销售，对于这部分客户，企业可以用一个公共客户代替（如零散客户），将零散客户的销售凭单先按日汇总，再录入零售日报进行管理。

零售业务一般是采用现结的方式结算货款，具体操作流程如图9-34所示。

## 四、账表查询

### （一）销售管理子系统的账表查询

销售管理子系统提供了强大的信息查询和数据分析功能，包括销售统计表、销售明细表、销售分析表、客户分析表、费用分析表、综合分析表等报表的查询和管理功能。

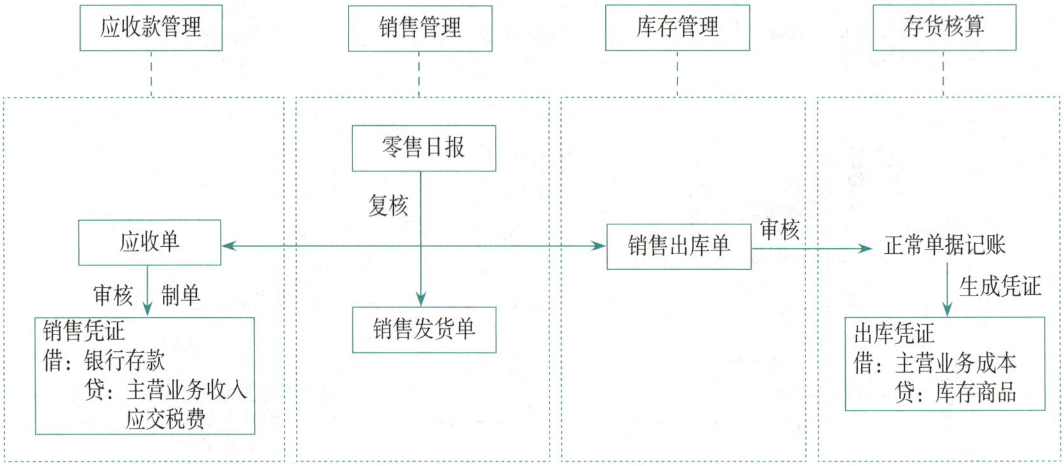


图9-34　零售业务的操作流程

### 1.销售统计表

销售统计表包括发票日报、销售统计表、发货统计表、发货汇总表、销售执行进度表、销售综合统计表、销售执行状态表、委托代销统计表和发货单开票收款勾兑表等统计表。这些统计表可以用于随时查看销售业务的发货情况、开票情况以及收款情况；查询委托代销货物发出情况、结算情况及发货未结算的余额；提供销售金额、折扣、成本和毛利等数据。

【例9-12】完成销售统计表的查询工作。

操作路径：

1月31日，以销售部“3001赵景涛”的身份进入企业应用平台，执行［业务工作］—［供应链］—［销售管理］—［报表］—［统计表］—［销售统计表］命令，弹出［查询条件选择-销售收入明细账］对话框，采用默认参数，单击［确定］按钮，进入［销售统计表］窗口，如图9-35所示。

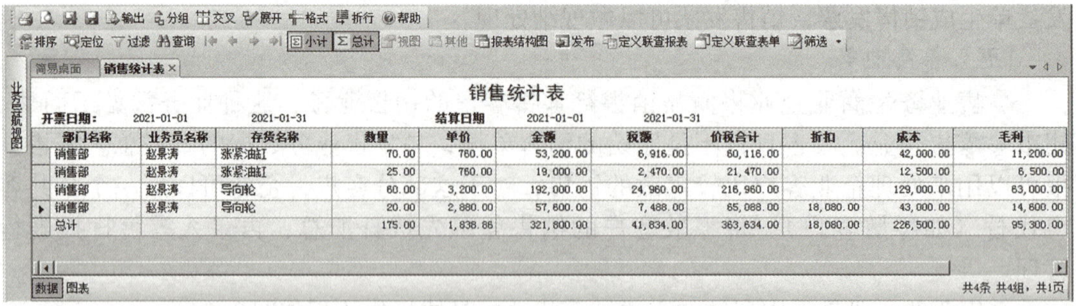


销售统计表

开票日期：2021-01-01　2021-01-31　结算日期　2021-01-01　2021-01-31

| 部门名称 | 业务员名称 | 存货名称 | 数量 | 单价 | 金额 | 税额 | 价税合计 | 折扣 | 成本 | 毛利 |
|---|---|---|---|---|---|---|---|---|---|---|
| 销售部 | 赵景涛 | 张紧油缸 | 70.00 | 760.00 | 53,200.00 | 6,916.00 | 60,116.00 | | 42,000.00 | 11,200.00 |
| 销售部 | 赵景涛 | 张紧油缸 | 25.00 | 760.00 | 19,000.00 | 2,470.00 | 21,470.00 | | 12,500.00 | 6,500.00 |
| 销售部 | 赵景涛 | 导向轮 | 60.00 | 3,200.00 | 192,000.00 | 24,960.00 | 216,960.00 | | 129,000.00 | 63,000.00 |
| 销售部 | 赵景涛 | 导向轮 | 20.00 | 2,880.00 | 57,600.00 | 7,488.00 | 65,088.00 | 18,080.00 | 43,000.00 | 14,600.00 |
| 总计 | | | 175.00 | 1,838.86 | 321,800.00 | 41,834.00 | 363,634.00 | 18,080.00 | 226,500.00 | 95,300.00 |

图9-35　销售统计表

微课

查询1月份销售收入明细账

### 2.销售明细表

销售明细表包括销售收入明细表、销售成本明细表、发货明细表、销售明细表、发货结算勾兑表和委托代销明细账。通过这些明细表可以查询销售发票的明细数据、存货的销售成本、发货单的明细记录、销售的成本及毛利、发货单的开票及结算情况、委托代销的发货情况及结算情况。

#### 3.销售分析

销售分析主要用于对销售数据进行分析，包括销售增长分析、销售情况分析、货物流向分析、销售结构分析、销售毛利分析、市场分析和货龄分析。销售分析可以分析销售的增长趋势、汇总统计销售情况、查看销售货物流向比例、分析某时间段的销售构成情况、统计货物在不同期间的毛利变动及影响原因，可以反映某时间区间内部门、业务员所负责的客户或地区销售、回款、业务应收（发货未开票）的比例情况，分析各货龄区间发货未开票或发货未收款的情况。

#### 4.客户分析

客户分析包括销售统计、客户价值金字塔、客户分布分析、客户新增分析、客户流失分析、客户购买分析、产品销售排名、产品类销售排名和活动统计。客户分析可以统计部门、业务员、客户在每个时间段的销售金额；帮助用户分析客户价值、客户分布情况、客户的活跃程度；分析客户在某时间段内购买的产品的范围及数量、购买次数、购买周期等情况。

#### 5.费用分析

费用分析包括客户费用统计、部门费用统计、业务员费用统计和费用趋势分析，可以按客户、部门、业务员分别查看某一时间段内的销售费用支出明细及费用开支趋势。

#### 6.综合分析

综合分析只能用于商业企业，而且必须在销售管理子系统与存货核算子系统联合使用时可用。综合分析包括动销分析、商品周转率分析和畅适滞分析，可以分析某时间范围内所经营商品的动销率、周转速度，还可以分析查询期间经营货物的畅销、适销、滞销构成情况。

### （二）应收款管理子系统的账表查询

应收款管理子系统的账表查询包括业务账表、统计分析和科目账查询。

#### 1.业务账表

业务账表主要提供对业务总账、业务余额表、业务明细账和对账单的查询。

业务总账可以根据查询对象查询在一定期间内发生的业务汇总情况；业务余额表和业务明细账可以查看客户、客户分类、地区分类、部门、业务员、客户总公司、主管业务员、主管部门在一定期间所发生的应收、收款的余额情况和明细情况；对账单可以获得一定期间各客户、客户分类、客户总公司、地区分类、部门、业务员、主管部门、主管业务员的对账单并生成相应的催款单。

#### 2.统计分析

统计分析指系统提供对应收业务进行的账龄分析。

通过统计分析，可以按用户定义的账龄区间，进行一定期间内应收账款账龄分析、收款账龄分析、欠款分析和收款预测，了解各个客户应收款的周转天数、周转率，了解各个账龄区间内应收款、收款及往来情况，及时发现问题，加强对往来款项的动态管理。

#### 3.科目账查询

科目账查询用来查询科目明细账和科目余额表，显示所有系统中的受控科目信息。

科目明细账用于查询指定科目下各往来客户的明细账情况。科目余额表用于查询应收受控科目下所有客户的发生额和余额情况。

## 同步训练

### 一、单项选择题

1. 普通销售业务支持的两种业务模式是（　　）。
   A. 先发货后开票和销售退货业务　　B. 开票直接发货和销售退货业务
   C. 必有订单业务模式和销售退货业务　　D. 先发货后开票和开票直接发货业务
2. 在输入销售单据的表头和表体项目时，能体现销售现金折扣的项目是（　　）。
   A. 销售扣率　　B. 业务类型　　C. 销售类型　　D. 付款条件
3. 委托代销支持的业务模式是（　　）。
   A. 先发货后开票　　B. 开票直接发货
   C. 先发货后开票和开票直接发货两种　　D. 销售退货业务和开票直接发货两种
4. 下列各项有关直运业务的描述错误的是（　　）。
   A. 直运业务指产品无须入库即完成的购销业务，供应商直接将商品发给客户，由购销双方直接结算
   B. 直运业务包括直运销售业务和直运采购业务
   C. 核算上直运业务不通过库存商品科目，进货成本直接根据商品销售成本计价
   D. 直运业务没有实物的出入库，货物流向是直接从供应商到客户，财务结算通过直运销售和采购发票解决

### 二、多项选择题

1. 下列各项属于应收款管理子系统转账处理的有（　　）。
   A. 红票对冲　　B. 应收冲应付　　C. 应收冲应收　　D. 预收冲应收
2. 销售管理子系统支持的销售业务有（　　）。
   A. 销售调拨业务　　B. 零售业务
   C. 分期收款销售业务　　D. 委托代销业务
3. 下列各项关于先发货后开票的业务，表述正确的有（　　）。
   A. 有无先发货后开票业务，是由销售参数选项决定的
   B. 销售发票参照销售发货单生成
   C. 开具发票时如果收到销售货款的，可以做现结处理
   D. 销售出库单是由销售发票自动生成的
4. 下列各项属于销售明细表的有（　　）。
   A. 销售收入明细表　　B. 销售成本明细表
   C. 发货明细表　　D. 委托代销明细账

### 三、判断题（正确的打“√”，错误的打“×”）

1. 销售现收业务，是指销售商品开出销售发票时以库存现金进行结算的业务。（　　）

2. 如果退货单是参照发货单生成的，后面参照发货单生成蓝字销售发票时，默认数量为扣除退货数量后的实际发货数量。（　　）

3. 委托代销业务在委托方向受托方交付商品时，应该确认收入并结转成本。（　　）

4. 应收款管理子系统的账表查询包括业务账表、统计分析、科目账查询。（　　）

# 任务三　销售管理与应收款管理子系统期末处理

企业本会计月的业务全部处理完后，需要通过期末处理操作，将有待后续处理的销售有关单据和期末数据转为下月的期初数据，为下月日常业务工作的开展做好准备。销售管理子系统的期末处理主要是期末结账，应收款管理子系统的期末处理主要包括计提坏账准备、汇兑损益处理和期末结账，其中计提坏账准备业务处理已在前面进行讲述。

## 一、汇兑损益处理

企业如果有外币往来，则应根据在应收款管理子系统控制参数中选择的“汇兑损益方式”，在月末计算汇兑损益金额或外币余额结清时计算汇兑损益金额，并进行制单。

发生一笔外币往来，用户可以根据科目、币种分别进行汇兑损益处理，而且无论根据哪种方式进行汇兑损益处理，均可以按币种、客户、单据查询相应的汇兑损益信息。用户进行汇兑损益处理后，若发现处理错误需要恢复到处理前状态，则可以在［取消操作］功能中按单据取消其汇兑损益处理。

## 二、期末结账

销售管理与应收款管理子系统的期末结账处理主要有月末结账和取消结账。

### （一）月末结账

微课

月末结账

月末结账是逐月将每月的单据数据封存，并将当月的销售及收款数据记入有关报表中。结账前用户应检查本月工作是否已全部完成。例如：检查销售订单、销售发货单是否都已录入并审核；检查销售发票是否都已录入并复核完成；检查收款单是否全部审核；只有在当前月确认所有工作全部完成的前提下，才能进行月末结账。

销售管理子系统月末结账时，系统会提示“是否关闭订单”，如果选择关闭部分订单，用户直接输关闭订单的条件即可；如果选择不关闭订单，系统开始进行合法性检查。如果检查通过，系统立即进行结账操作；如果检查未通过，系统会提示不能结账的原因。

月末结账时应注意下列事项：

（1）上月未结账，本月单据可以正常操作，不影响日常业务的处理，但本月不能结账。

（2）销售管理子系统如果本月有未审核的单据仍可月末结账。

（3）应收款管理子系统的收款单在结账前应全部审核完毕，发票和应收单在结账前是否需要全部审核完毕，取决于控制参数“单据审核日期依据”是单据日期还是业务日期。

（4）应收款管理子系统在结账前是否需要全部制单完毕，取决于控制参数是否勾选

“月结前全部生成凭证”。

（5）月末结账不允许跨月结账，只能对当前会计月进行结账，即只能对最后一个结账月份的下一个会计月进行结账。

（6）月末结账后将不能再做当前会计月的业务，只能做下个会计月的日常业务。

在供应链管理系统集成应用时，各个子系统之间相互传递数据和单据，月末结账时应该按照单据数据传递的方向顺序，依次进行月末结账。采购管理子系统、销售管理子系统月末结账后，才能进行库存管理子系统、应付款管理子系统、应收款管理子系统的月末结账；库存管理子系统月末结账后，才能进行存货核算子系统的结账；应收款管理子系统、存货核算子系统、应付款管理子系统月末结账后，才能进行总账管理子系统的月末结账。具体结账顺序，如图9-36所示。

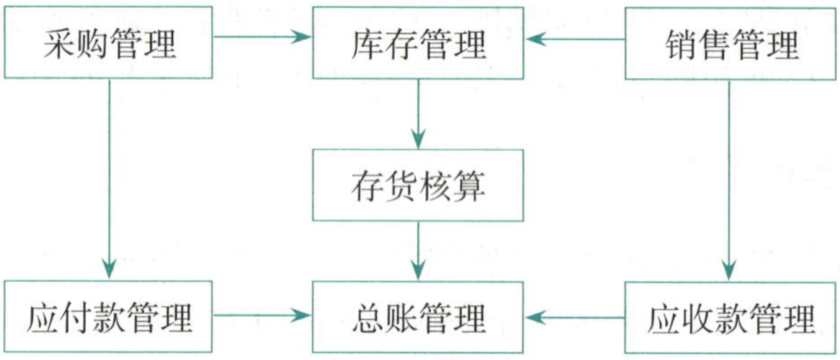


图9-36　月末结账顺序

【例9-13】完成销售管理与应收款管理子系统月末结账。

操作路径：

（1）销售管理子系统月末结账。1月31日，以销售部“3001赵景涛”的身份进入企业应用平台，执行［业务工作］—［供应链］—［销售管理］—［月末结账］命令，打开［结账］对话框，选中1月份，单击［结账］按钮，系统提示［是否关闭订单］，单击［否］按钮，月末结账完成，如图9-37所示。

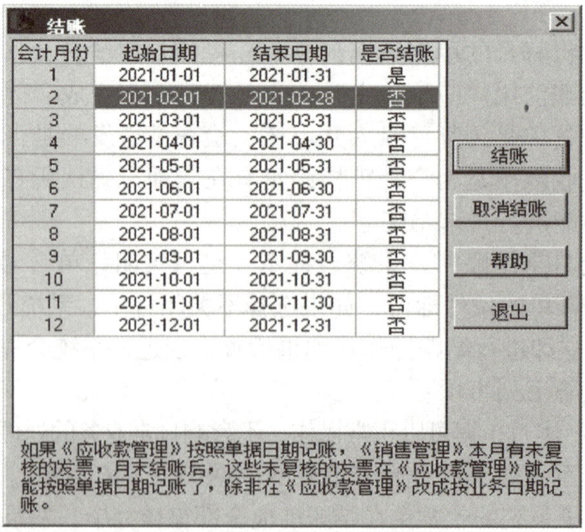


| 会计月份 | 起始日期 | 结束日期 | 是否结账 |
|---|---|---|---|
| 1 | 2021-01-01 | 2021-01-31 | 是 |
| 2 | 2021-02-01 | 2021-02-28 | 否 |
| 3 | 2021-03-01 | 2021-03-31 | 否 |
| 4 | 2021-04-01 | 2021-04-30 | 否 |
| 5 | 2021-05-01 | 2021-05-31 | 否 |
| 6 | 2021-06-01 | 2021-06-30 | 否 |
| 7 | 2021-07-01 | 2021-07-31 | 否 |
| 8 | 2021-08-01 | 2021-08-31 | 否 |
| 9 | 2021-09-01 | 2021-09-30 | 否 |
| 10 | 2021-10-01 | 2021-10-31 | 否 |
| 11 | 2021-11-01 | 2021-11-30 | 否 |
| 12 | 2021-12-01 | 2021-12-31 | 否 |

图9-37　月末结账

（2）应收款管理子系统月末结账。1月31日，以财务部“2002肖然”的身份进入企业应用平台，执行［业务工作］—［财务会计］—［应收款管理］—［期末处理］—［期末结账］命令，打开［月末处理］对话框，双击1月份的“结账标志”，如图9-38所示，依次单击［下一步］、［完成］按钮，系统提示“1月份结账成功”。

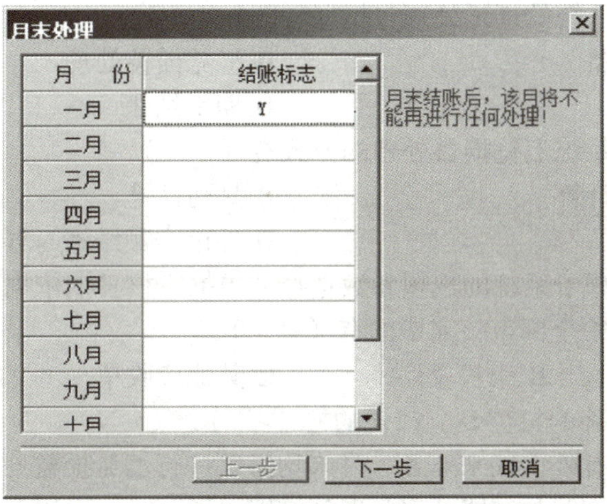


图9-38　月末处理

### （二）取消结账

取消结账又称反结账，是系统提供的一个纠错功能。月末结账后，如果由于某种原因，发现结账前的操作有误，而结账后不能修改结账前的数据，可以使用取消结账功能恢复到结账前状态去修改错误。建议用户谨慎使用该功能。

系统不允许跨月取消月末结账。只能从最后一个月逐月取消。有多个年度时，如果下年度1月份已结账，则上年度12月份不允许取消结账。

取消结账也应按照一定的顺序进行，如果销售管理子系统要取消月末结账，必须保证库存管理子系统、存货核算子系统、应收款管理子系统、总账管理子系统都尚未月末结账，如果上述任一子系统已经结账，则需要取消该子系统的月末结账。

## 同步训练

### 一、单项选择题

1. 销售管理子系统的期末处理主要指的是（　　）。

A. 处理完相关单据　　B. 月末结账

C. 取消结账　　D. 月末对账

2. 下列各项关于销售管理子系统月末结账表述错误的是（　　）。

A. 月末结账是逐月将每月的单据数据封存，并将当月的销售数据记入有关账表中

B. 如果本月有未审核的单据仍可月末结账

C. 月末结账后将不能再做当前会计月的业务，只能做下个会计月的日常业务

D. 上月未结账，不影响本月结账

3. 销售管理子系统月末结账后，才能进行结账的子系统是（　　）。

A.采购管理子系统　　B.库存管理子系统
C.固定资产管理子系统　　D.薪资管理子系统

## 二、多项选择题

1.应收款管理子系统的期末处理包括（　　）。

A.计提坏账准备　　B.汇兑损益处理
C.期末对账　　D.期末结账

2.应收款管理子系统汇兑损益处理的方式有（　　）。

A.业务发生时计算　　B.月初计算
C.月末计算　　D.外币余额结清时计算

3.如果应收款管理子系统的选项参数选择“单据审核日期依据”是单据日期，下列单据在系统结账前必须全部审核完毕的有（　　）。

A.销售订单　　B.销售发票　　C.其他应收单　　D.收款单

## 三、判断题（正确的打“√”，错误的打“×”）

1. 无论企业是否有外币往来业务，月末均必须进行汇兑损益处理。（　　）
2. 月末结账不允许跨月结账，但是取消结账可以跨月。（　　）
3. 如果销售管理子系统要取消月末结账，必须先通知库存管理子系统、存货核算子系统、应收款管理子系统的操作人员，要求其系统取消月末结账。（　　）

# 思考题

1. 简述销售管理与应收款管理子系统的主要功能。
2. 简述销售管理与应收款管理子系统和其他子系统之间的关系。
3. 先开票后发货业务与先发货后开票业务有哪些异同点？
4. 比较不同销售业务类型的异同，并绘出每种销售业务的操作流程图。
5. 简述转账处理包括的内容。
6. 简述坏账处理包括的内容。
7. 销售管理与应收款管理子系统提供哪些账表的查询功能？

# 实践训练

完成与本教材配套的《会计信息系统实训》教材中“实训十一”的实训内容。

# 项目十

## 库存管理与存货核算子系统

**学习目标**

1. 认知库存管理与存货核算子系统的主要功能
2. 领会库存管理与存货核算子系统与其他子系统之间的关系
3. 识别不同子系统集成应用时各种单据的来源
4. 完成产成品入库、材料出库、盘点等业务在相关子系统中的操作
5. 恰当地运用系统对应功能，完成各种单据的记账和生成凭证操作
6. 能快速查询库存管理与存货核算子系统的相应单据或账表
7. 描述期末处理的内容，并能完成期末成本处理、对账和月末结账操作

**知识点**

产成品入库单　其他入库单　材料出库单　其他出库单
盘点单　调拨单　入库调整单　出库调整单　假退料单
产成品成本分配表　单据记账　库存台账

**技能点**

产成品入库处理　材料出库处理　盘点单处理　调拨单处理
假退料单处理　单据记账　产成品成本分配　生成凭证
账表查询　对账　期末成本处理　月末结账

**素养目标**

1. 强化成本控制意识，从价值链的各环节入手，全方位降低存货成本，提高企业成本竞争优势
2. 强化信息传递与共享意识，加强存货管理信息化建设，提高存货协同管理能力，减少存货资金占用，加速存货周转

## 知识结构

- 库存管理与存货核算子系统
  - 认知基础
    - 主要功能
    - 和其他子系统之间的关系
    - 应用流程
  - 日常业务处理
    - 库存管理子系统的日常业务处理
    - 存货核算子系统的日常业务处理
    - 账表查询
  - 期末处理
    - 期末成本处理
    - 对账
    - 月末结账

## 案例导入

山东泰恒建设机械有限公司的“666”账套，在2021年1月1日完成供应链管理系统初始设置后，可以进行库存和存货核算业务处理。仓管部“5001吴晓波”负责库存管理子系统的日常业务处理和期末处理工作，财务部“2002肖然”负责存货核算子系统日常业务处理和期末处理工作，具体工作内容如下：

（1）日常业务处理工作。日常业务处理包括各种出入库单、盘点单、调拨单、调整单、退料单等单据的录入与审核工作；变质、不合格物资或呆滞物资的跟踪与处理；对各种单据记账并生成凭证，尤其是调拨业务、委托代销业务、分期收款业务和直运业务选用正确的记账方式，并检查生成凭证的正确性，以免出现存货核算错误。

（2）期末业务处理工作。期末业务处理包括库存管理子系统的对账和月末结账，存货核算子系统的期末成本处理、对账和月末结账。

思考：

（1）盘点业务的处理分为哪两个阶段？

（2）为什么对于全月平均、计划价/售价法计价的存货必须期末处理后才能进行成本核算和生成凭证？

# 任务一　库存管理与存货核算子系统认知基础

库存管理子系统是供应链管理系统中的一个重要子系统，主要从物流的角度管理存货的出入库业务，能够满足采购入库、销售出库、产成品入库、材料出库、其他出入库、盘点管理等业务需要，提供仓库货位管理、批次管理、保质期管理、出库跟踪、入库管理、可用量管理、序列号管理等全面的业务管理，适用于各种类型的工商业企业。

存货核算子系统也是供应链管理系统的一个重要子系统，是供应链管理系统中连接业务与财务的桥梁，从资金的角度管理存货的出入库业务，主要用于核算企业的入库成本、出库成本及结余成本，适用于工商企业的各种存货核算形式。

## 一、库存管理与存货核算子系统的主要功能

库存管理与存货核算子系统的主要功能包括初始设置、日常业务处理、账表查询和期末处理。

### （一）初始设置

库存管理与存货核算子系统的初始设置主要包括与库存有关的基础设置，库存管理子系统的控制参数设置、期初数据录入，存货核算子系统的控制参数设置、期初数据录入和科目设置。

### （二）日常业务处理

库存管理子系统的日常业务处理主要包括进行出入库业务和库存控制的操作，同时对调拨业务、盘点业务、组装拆卸业务、形态转换业务提供了所对应的单据处理功能；存货核算子系统的日常业务处理包括出入库单、调整单、假退料单等单据的录入和修改，通过对各种单据的记账，计算出存货成本，并生成凭证后传递到总账管理子系统中进行审核、记账。

### （三）账表查询

库存管理与存货核算子系统可以查询各类报表，随时掌握存货的收发存信息。库存管理子系统可以查询库存账、批次账、货位账、统计表、储备分析报表等账表，通过这些账表可以随时掌握各类存货和委托代销物资的收发存情况，以及物资的短缺、呆滞信息；存货核算子系统可以查询各种出入库汇总表、存货分析表和存货明细账，并根据需要进行打印或输出。

### （四）期末处理

库存管理与存货核算子系统的期末处理主要包括期末成本处理、对账和月末结账。

## 二、库存管理与存货核算子系统和其他子系统之间的关系

库存管理与存货核算子系统可以单独使用，也可以和其他子系统集成应用。当库存管理与存货核算子系统和其他子系统集成应用时，各子系统之间相互传递单据和数据信息，实现各个子系统的无缝衔接，保证资料的一致性和信息传递的高效性。库存管理与

存货核算子系统和其他子系统之间的关系，如图10-1所示。

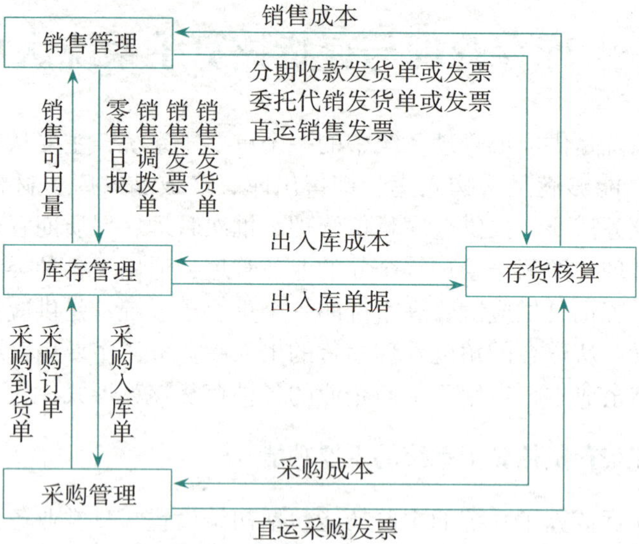


图10-1 库存管理与存货核算子系统和其他子系统之间的关系

### （一）库存管理子系统与采购管理子系统之间的关系

库存管理子系统可以参照采购管理子系统的采购订单、采购到货单生成采购入库单，并将入库情况反馈到采购管理子系统；采购管理子系统可以参照库存管理子系统的采购入库单生成采购发票，同时将采购入库单和采购发票进行采购结算。

### （二）库存管理子系统与销售管理子系统之间的关系

根据销售管理子系统的控制参数设置，可以在库存管理子系统中参照销售管理子系统的销售发货单、销售发票、销售调拨单、零售日报等单据生成销售出库单；也可以在销售管理子系统中复核销售发票时系统自动生成销售出库单，并传递到库存管理子系统中进行审核。库存管理子系统为销售管理子系统提供可用于销售的存货可用量。

### （三）库存管理子系统与存货核算子系统之间的关系

在库存管理子系统中录入的采购入库单、销售出库单等出入库单据传递到存货核算子系统中后只能修改出入库单的单价、金额，并对其记账、登记存货明细账和制单；在存货核算子系统中记账登记的存货成本信息反馈到库存管理子系统中。库存管理子系统的期初结存与存货核算子系统的期初余额可以分别录入，也可以相互取数与对账，但是不要求两边的数据完全一致。

### （四）存货核算子系统与采购管理子系统之间的关系

采购管理子系统中的直运采购发票传递到存货核算子系统后，进行记账、登记存货明细账和制单；采购结算单也可以在存货核算子系统中进行制单。采购管理子系统中没有录入单价的采购入库单，在存货核算子系统中报销记账时，用户根据所选的暂估处理方式进行相应处理。

### （五）存货核算子系统与销售管理子系统之间的关系

存货核算子系统中的期初委托代销发出商品和期初分期收款发出商品数据，可以取销售管理子系统中相应单据的期初数据。销售管理子系统中录入的直运销售发票、委托代销发货单或发票、分期收款发货单或发票等单据，传递到存货核算子系统中后进行记账和生成凭证，同时存货核算子系统将成本信息反馈到销售管理子系统的相应单据。

## 三、库存管理与存货核算子系统的应用流程

库存管理子系统主要进行出入库单据的录入与审核等操作处理，侧重于存货数量核算；存货核算子系统主要填制或接收其他子系统传递过来的出入库单据，并对出入库单据进行记账，从而核算存货成本并生成凭证。两个子系统的应用流程差别较大，尤其是日常业务的处理流程。

### （一）库存管理子系统的应用流程

库存管理子系统的应用流程分为初始设置、日常业务处理和期末处理三阶段。首先，在完成与库存相关的系统级初始设置基础上，进行库存管理子系统模块级初始设置，为日常库存业务处理做好准备工作；其次，开展各种日常业务的处理工作，主要包括各种日常出入库业务处理、其他特殊业务处理和账表查询；最后，进行对账和月末结账。具体应用流程如图10-2所示。

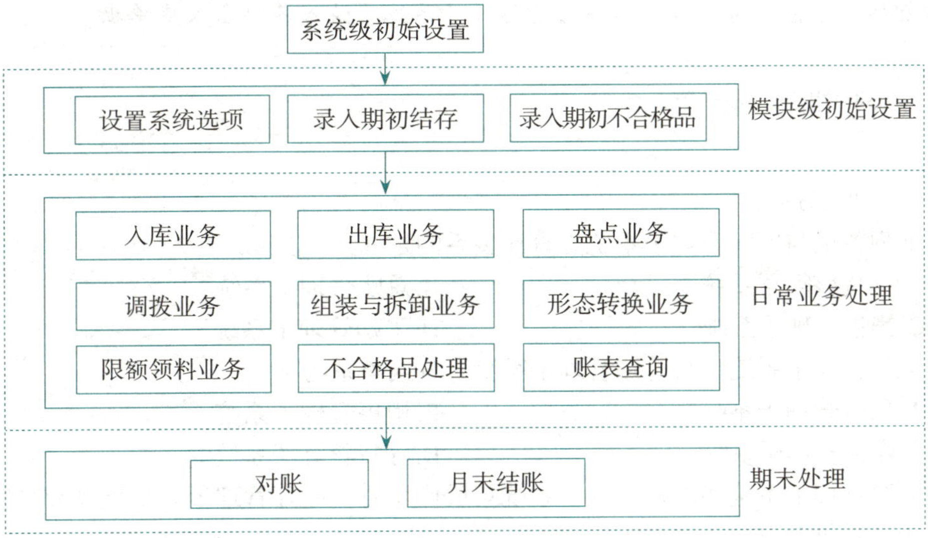


图10-2　库存管理子系统的应用流程

### （二）存货核算子系统的应用流程

存货核算子系统主要针对企业存货的收发存业务进行成本核算，掌握存货的耗用情况，及时准确地把各类存货成本归集到各成本项目和成本对象上，为企业的成本核算提供基础数据，具体应用流程如图10-3所示。

应用流程说明：

（1）初始设置，包括公共基础设置、参数选项、期初数据录入和记账、科目设置。

（2）单据录入，包括材料出库单、销售出库单、采购入库单、产成品入库单、其他出入库单、入库调整单、出库调整单、价格调整单和假退料单的录入修改等操作。

（3）单据记账和期末处理，计算存货成本。

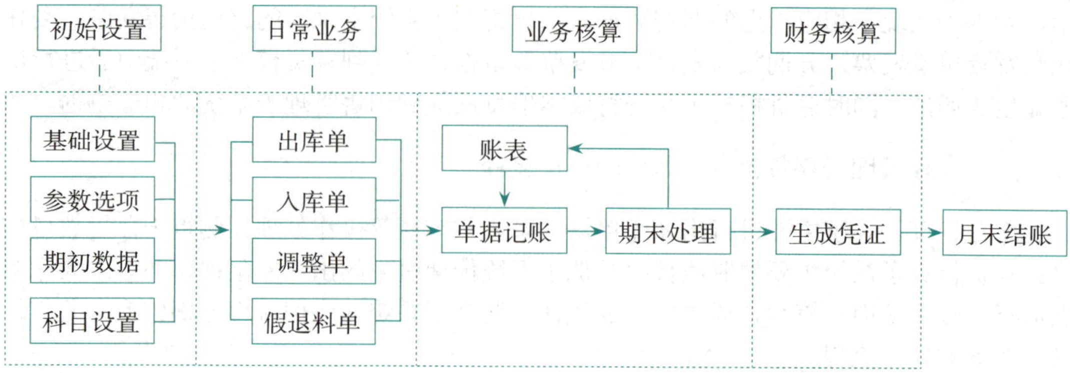


图10-3 存货核算子系统的应用流程

（4）对已记账单据生成凭证。

（5）存货数据的查询和统计分析。

（6）月末结账。

【请注意】存货核算子系统与库存管理子系统集成应用时，须在库存管理子系统中录入各种出入库单据，审核后的出入库单传递到存货核算子系统进行记账、制单；单独应用存货核算子系统时，可直接在存货核算子系统中录入各种出入库单据。

## 同步训练

### 一、单项选择题

1.下列各项与库存管理子系统无直接关系的是（　　）。

A.存货核算子系统　　B.总账管理子系统

C.销售管理子系统　　D.采购管理子系统

2.下列各项子系统中与总账管理子系统有直接关系的是（　　）。

A.采购管理子系统　　B.销售管理子系统

C.库存管理子系统　　D.存货核算子系统

3.库存管理子系统和采购管理子系统集成应用时，库存管理子系统可以参照生成采购入库单的单据是（　　）。

A.采购请购单　　B.未审核的采购订单

C.采购发票　　D.采购到货单

4.下列各项描述错误的是（　　）。

A.根据选项设置，可以在库存管理子系统中参照销售管理子系统中的发货单生成销售出库单

B.根据选项设置，销售出库单也可以在销售管理子系统生成后传递到库存管理子系统

C.由销售管理子系统生成的销售出库单传递到库存管理子系统后，无须在库存管理子系统中进行审核

D.库存管理子系统为销售管理子系统提供可用于销售的存货的可用量

二、多项选择题

1. 供应链管理系统中与库存管理子系统有直接数据传递的系统有（　　）。

A. 采购管理子系统　　B. 销售管理子系统

C. 存货核算子系统　　D. 总账管理子系统

2. 下列各项属于库存管理子系统的功能的有（　　）。

A. 参数设置　　B. 科目设置　　C. 日常业务处理　　D. 账表查询

3. 库存管理子系统和采购管理子系统集成应用时，下列各项关于采购入库单的说法正确的有（　　）。

A. 采用必有订单业务模式时，可以参照采购订单生成采购入库单

B. 采用必有订单业务模式时，可以参照采购到货单生成采购入库单

C. 采用必有订单业务模式时，可以手工增加采购入库单

D. 采用非必有订单业务模式时，可以参照采购到货单生成采购入库单

4. 其他出库单是指除销售出库、材料领用出库之外的其他出库业务形成的出库单据，能形成其他出库单的业务有（　　）。

A. 调拨出库　　B. 盘盈出库　　C. 组装拆卸出库　　D. 形态转换出库

三、判断题（正确的打"√"，错误的打"×"）

1. 库存管理子系统不能单独使用，存货核算子系统可以单独使用。（　　）

2. 存货核算子系统是供应链管理系统中连接业务与财务的桥梁，是供应链管理系统的一个重要子系统。（　　）

3. 库存管理子系统与采购管理子系统共用采购入库单。（　　）

4. 库存管理子系统与存货核算子系统集成应用时，所有出入库单均由库存管理子系统填制，存货核算子系统只能填写出入库单的单价、金额，不能修改数量等项目。（　　）

# 任务二　库存管理与存货核算子系统日常业务处理

## 一、库存管理子系统的日常业务处理

库存管理子系统的日常业务处理主要包括出库业务处理、入库业务处理和其他业务处理。其他业务处理主要是指除一般出入库业务以外的业务处理，如盘点业务、调拨业务、组装拆卸业务、形态转换业务等，这些业务一般会形成其他出入库单。

### （一）入库业务

入库业务是指仓库收到采购或生产完工的货物，仓库保管员验收货物的数量、质量、规格型号等信息，确认验收无误后入库，并登记库存账的业务。入库业务根据入库物资的内容和来源的不同，形成三类入库单据：采购入库单、产成品入库单和其他入库单。

### 1. 采购入库单

采购入库单是根据采购到货签收的实收数量填制的单据。采购入库单按进出仓库的方向分为蓝字采购入库单、红字采购入库单；按业务类型分为普通采购入库单、受托代销入库单（商业）、委外加工入库单（工业）、代管采购入库单、固定资产采购入库单、一般贸易进口入库单、进料加工入库单。

红字采购入库单是采购入库单的逆向单据。在采购活动中，如果发现已入库的货物因质量等原因要求退货，则可录入并审核红字采购入库单。如果发现已审核的入库单数据有错误，也可以填制红字采购入库单冲抵原入库单数据。

采购入库单的录入与审核，详见采购管理子系统，在此不再赘述。

### 2. 产成品入库单

产成品入库单一般指工业企业产成品验收入库时所填制的入库单据。产成品入库单是工业企业入库单据的主要部分，商业企业无此单据。产成品入库单可以手工增加，也可以参照生产订单（父项产品及产出品）生成，审核后的产成品入库单可以在存货核算子系统中进行查看、修改单价和金额、记账、制单等操作，但是不能修改数量，只能由库存管理子系统修改数量或删除单据。

产成品一般在入库时无法确定产品的总成本和单位成本，所以在填制产成品入库单时，一般只有数量，没有单价和金额，在存货核算子系统通过产成品分配功能对产成品入库单进行批量分配成本时，将单价和金额回写到产成品入库单。

微课

产成品入库

【例 10–1】完成产成品入库业务的处理工作。

1 月 3 日，收到生产二部送来的导向轮一批，数量 18 件，验收入产成品库。该批导向轮总成本为 38 700 元，其中直接材料成本为 28 000 元，直接人工成本为 9 000 元，制造费用为 1 700 元。需要进行产成品成本分配并生成凭证。

操作路径：

（1）录入与审核产成品入库单。1 月 3 日，以仓管部“5001 吴晓波”的身份进入企业应用平台，执行［业务工作］—［供应链］—［库存管理］—［入库业务］—［产成品入库单］命令，打开［产成品入库单］窗口，单击［增加］按钮，输入产成品入库单的相关内容后，保存并审核，如图 10–4 所示。

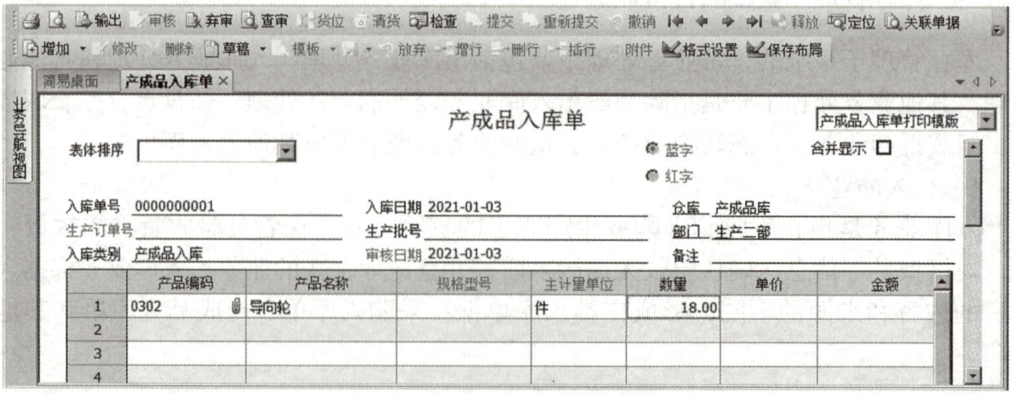


图10–4 录入与审核产成品入库单

（2）产成品成本分配表、单据记账和生成凭证。在存货核算子系统中，经过产成品成本分配后，对产成品入库单正常单据记账并生成凭证，具体操作见存货核算子系统的日常业务处理。

### 3.其他入库单

其他入库单是指除采购入库、产成品入库之外的其他入库业务形成的入库单，如调拨入库、盘盈入库、组装拆卸入库、形态转换入库等业务形成的入库单。其他入库单一般在审核其他业务单据时系统自动生成，也可手工填制，无论是手工填制还是系统自动生成的其他入库单，均需要在库存管理子系统审核后才能传递到存货核算子系统中进行记账并生成凭证。

## （二）出库业务

出库业务是指仓库对保管的货物按照生产、销售的要求或因其他原因，办理出库的业务。出库业务涉及的出库单据，包括销售出库单、材料出库单和其他出库单。

### 1.销售出库单

对于工业企业，销售出库单一般指产成品销售出库时所填制的出库单据；对于商业企业，销售出库单一般指商品销售出库时所填制的出库单据。无论是工业企业还是商业企业，销售出库单都是销售出库业务的主要凭据，在库存管理子系统用于存货出库数量核算；在存货核算子系统用于存货出库成本核算（如果控制参数中选择“销售成本核算方式按销售出库单”）。销售出库单按进出仓库方向分为蓝字销售出库单和红字销售出库单。

存货核算子系统单独应用时，销售出库单直接在存货核算子系统中手工填制；与库存管理子系统、销售管理子系统集成应用时，销售出库单不可手工填制，只能在库存管理子系统中参照单据生成或接收销售管理子系统中自动生成的销售出库单。如果发生销售退货业务，可以参照退货单生成数量为负数的红字销售出库单，并进行审核。

### 2.材料出库单

材料出库单是领用材料时所填制的出库单据，当从仓库中领用材料用于生产或委外加工时，就需要填制材料出库单。只有工业企业才有材料出库单，商业企业没有此单据。材料出库单可以手工增加，可以配比出库，或根据限额领料单、领料申请单生成，但根据限额领料单生成的材料出库单不可修改、删除。

微课

材料领用出库

材料出库单可以只录入数量，不录入单价，由系统根据计价方式自动计算并回写单价信息。按先进先出法、移动平均法、个别计价法核算的材料，在存货核算子系统中进行单据记账后，由系统自动回写单价、出库成本；按全月平均法、计划价/售价法计价核算的材料，在存货核算子系统中进行期末成本处理后，由系统自动回写单价、出库成本。

【例10-2】完成材料领用出库业务的处理工作。

1月5日，生产二部从原材料仓库领用轮壳40件、轮毂35件、辐板35件，用于生产导向轮。

操作路径：

（1）录入与审核材料出库单。1月5日，以仓管部“5001吴晓波”的身份进入企业应用平台，执行［业务工作］—［供应链］—［库存管理］—［出库业务］—［材料出库单］命令，打开［材料出库单］窗口，单击［增加］按钮，输入材料出库单的相关内容后，保存并审核，如图10-5所示。

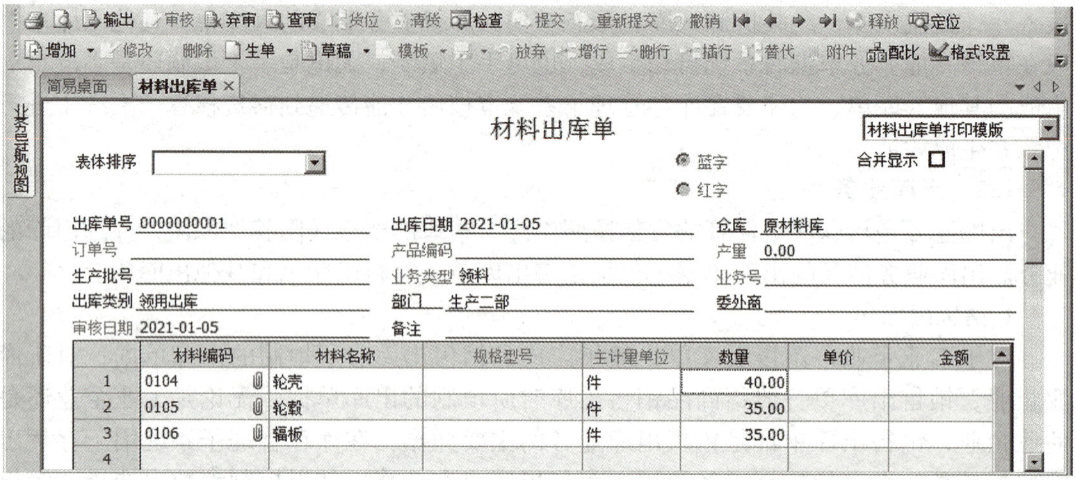


图10-5 录入材料出库单

（2）材料出库单记账与制单。在存货核算子系统中，对材料出库单正常单据记账后生成转账凭证，具体操作见存货核算子系统的日常业务处理。

### 3.其他出库单

其他出库单指除销售出库、材料出库之外的其他出库业务，如调拨出库、盘亏出库、组装拆卸出库、形态转换出库、不合格品记录等业务形成的出库单。其他出库单一般在其他业务单据审核时由系统自动生成，也可以手工填制，无论是手工填制还是系统自动生成的其他出库单，均需要在库存管理子系统审核后才能传递到存货核算子系统记账并生成凭证。

## （三）盘点业务

微课

盘点业务

为了保证企业存货资产的安全和完整，做到账实相符，企业必须对存货进行定期或不定期的清查，查明存货盘盈、盘亏的数量及其原因，并据以编制存货盘点报告表，按规定程序报有关部门审批后，进行相应的账务处理，调整存货的账面数量，使存货的账面记录与实际库存数量保持一致。

系统提供多种盘点方式，如按仓库盘点、按批次盘点、按类别盘点、对保质期临近多少天的存货进行盘点等，还可以对各仓库或批次中的全部或部分存货进行盘点，盘盈、盘亏的结果自动生成其他出入库单，该单据审核后传递到存货核算子系统中进行记账并生成凭证。盘点业务的操作流程，如图10-6所示。

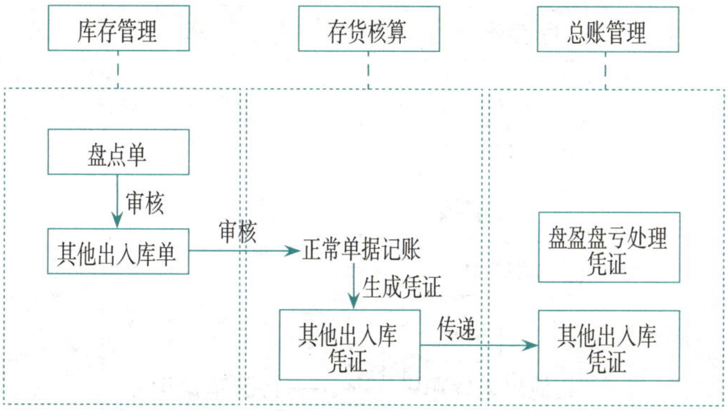


图10-6　盘点业务的操作流程

操作流程说明：

（1）在库存管理子系统中，录入盘点单。盘点单审核后，系统对盘亏的存货自动生成业务类型为“盘亏出库”的其他出库单；系统对盘盈的存货自动生成业务类型为“盘盈入库”的其他入库单。

（2）在库存管理子系统中，找到系统自动生成的其他入库单或其他出库单，进行审核。

（3）在存货核算子系统中，对其他出入库单进行正常单据记账，系统自动登记存货明细账。

（4）在存货核算子系统中，根据记账后的其他出入库单生成凭证，将盘盈盘亏的存货转入“待处理财产损溢”科目，凭证自动传递到总账管理子系统进行审核、记账等操作。

（5）对造成盘盈、盘亏的原因，经有关领导审批后，根据处理结果，直接在总账管理子系统中填制盘盈、盘亏处理凭证，将“待处理财产损溢”科目转入其他相应科目。

【请注意】盘点单可以手工输入，也可以通过“盘库”和“选择”批量录入。盘点单中，表体的盘点数量默认为账面数量，如果盘点数量与账面数量不一致，需要根据实际盘点数量进行修改，修改后系统自动计算盘盈、盘亏数量，该数量不可修改。

### （四）调拨业务

调拨业务是指仓库之间的存货转库业务或部门之间的存货调拨业务。企业在经营过程中，有时发生不同的分支机构、门店或事业部门之间的调货活动，或者企业总部根据市场情况进行配货，而引起仓库之间的存货转库业务或部门之间的存货调拨业务。调拨业务的具体操作流程如图10-7所示。

微课

调拨业务

企业发生调拨业务时，总部根据要货情况录入调拨申请单。审核后的调拨申请单生成调拨单，或者由仓管人员手工增加调拨单，调拨单经审核后自动生成其他出库单和其他入库单。在存货核算子系统，对其他出入库单进行特殊单据记账，并登记存货明细账。

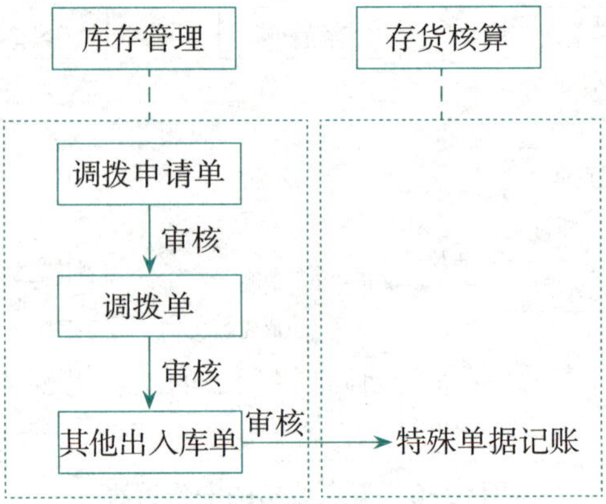


**图10-7　调拨业务的操作流程**

【请注意】调拨业务形成的其他出入库单，在存货核算子系统中进行特殊单据记账后，一般可以不生成凭证，除非调拨的两个仓库使用不同的存货科目。

## 二、存货核算子系统的日常业务处理

存货核算子系统主要用于对企业存货的出入库业务进行成本核算，动态反映存货资金的增减变动情况，提供存货资金周转和占用分析，从而降低库存量，减少资金积压，加速资金周转，适用于工商企业的各种存货核算形式。

存货核算子系统的日常业务处理主要包括日常业务单据录入、业务核算和财务核算。

### （一）日常业务单据录入

存货核算子系统的日常业务单据录入主要是用于核算存货出入库单据的录入和成本核算。在存货核算子系统中，单据是进行成本核算的主要载体，录入的日常业务单据主要包括入库单据、出库单据、调整单据和假退料单等，从而实现入库业务、出库业务、调整业务、假退料业务等各种业务的成本核算。

当存货核算子系统单独应用时，各种出入库单据直接在存货核算子系统中录入、修改或删除；当存货核算子系统与库存管理子系统集成应用时，各种出入库单只能在库存管理子系统中录入，单据传递至存货核算子系统后只能查看、修改单价或金额，不能直接增加各种出库单据。如果没有启用库存管理子系统，当存货核算子系统与采购管理子系统集成应用时，采购入库单在采购管理子系统中录入；当存货核算子系统与销售管理子系统集成应用时，销售出库单在销售管理子系统中录入。

### （二）业务核算

存货核算子系统的本质是进行存货成本核算。业务核算主要通过结算成本处理、产成品成本分配和单据记账功能，进行出入库成本计算，从而核算出存货的收发存成本，它是存货核算子系统最主要的功能。

系统对存货的核算提供三种方式：按仓库核算、按部门核算和按存货核算。通常情况下，企业应按存货进行核算。按仓库核算是指按在仓库档案中设置的计价方式，对每个仓库单独核算出库成本；按部门核算是指按仓库档案中所属部门设置的计价方式，对所属部门相同的各仓库统一核算出库成本；按存货核算是指按存货档案中设置的计价方式进行核算，相同存货按相同计价方式核算成本。

系统对存货提供了先进先出法、移动平均法、个别计价法、全月平均法等6种计价方法。系统支持多种业务类型的成本核算，如普通采购业务、暂估入库业务、受托代销业务、普通销售业务、分期收款发出商品业务、委托代销发出商品业务和直运销售业务等业务类型。

【明德善思】成本管理是企业生存发展的核心，我们应树立成本控制观念，强化存货管理意识，培养精益求精的工匠精神，正确运用成本计价方法，精准核算各项出入库成本，做到厉行节约、避免浪费，培养崇尚节约、严谨细致的职业素养，弘扬勤俭节约的中华民族传统美德。同时，要不断降低经营成本、优化资源配置，提高企业的市场竞争力和盈利水平。

### 1. 单据记账

单据记账是依据用户输入的出入库单据或调整单据登记存货明细账、差异明细账/差价明细账、受托代销商品明细账、受托代销商品差价账等。对于采用先进先出法、移动平均法、个别计价法计价的存货，在单据记账时进行出库成本核算；对于采用全月平均法、计划价/售价法计价的存货，在期末成本处理时进行出库成本核算。

（1）正常单据记账。正常单据记账可以对各种出入库单据进行记账、核算成本，并登记存货明细账。委托代销业务、分期收款业务和直运业务的单据除外。组装单、调拨单和形态转换单可按特殊单据记账，也可在此按正常单据记账。

【例10-3】完成对产成品入库单、材料出库单的正常单据记账处理。

操作路径：

①1月3日，以“2002肖然”的身份登录企业应用平台，执行［业务工作］—［供应链］—［存货核算］—［业务核算］—［正常单据记账］命令，选中查询到的产成品入库单，单击［记账］按钮，完成对产成品入库单的记账处理，如图10-8所示。

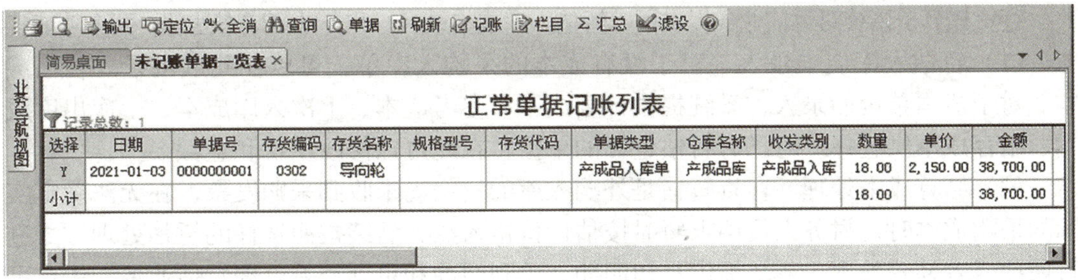


| 选择 | 日期 | 单据号 | 存货编码 | 存货名称 | 规格型号 | 存货代码 | 单据类型 | 仓库名称 | 收发类别 | 数量 | 单价 | 金额 |
|---|---|---|---|---|---|---|---|---|---|---|---|---|
| Y | 2021-01-03 | 0000000001 | 0302 | 导向轮 | | | 产成品入库单 | 产成品库 | 产成品入库 | 18.00 | 2,150.00 | 38,700.00 |
| 小计 | | | | | | | | | | 18.00 | | 38,700.00 |

图10-8　正常单据记账

②同理，1月5日，完成对材料出库单的记账处理。

（2）发出商品记账。发出商品记账是对委托代销业务和分期收款业务的发货单或发票进行记账，登记存货明细账。对分期收款、委托代销商品发货单记账时，减少库存商品，增加分期收款、委托代销商品；对分期收款、委托代销商品发票记账时，则减少分期收款、委托代销商品，并结转销售成本。只有启用销售管理子系统时，存货核算子系统才能对分期收款发出商品业务进行核算。系统提供委托代销业务的两种成本核算方式：按普通销售核算和按发出商品核算。在存货核算子系统的控制参数中，若选择“按普通销售核算”，则通过正常单据记账进行成本核算；若选择“按发出商品核算”，则通过此功能进行单据记账和成本核算。

（3）直运销售记账。直运销售记账是对直运业务的直运采购发票或直运销售发票记账。对直运业务采购发票记账时，增加直运的库存商品；对直运业务销售发票记账时，减少直运的库存商品，并结转销售成本。只有在销售管理子系统中启用直运销售业务时，存货核算子系统才能对直运业务进行核算。采购管理子系统、销售管理子系统和存货核算子系统集成应用时，在直运业务必有订单模式下，直运销售发票是根据直运销售订单生成的，必须在有直运采购订单的情况下才能对直运销售发票记账，直运销售发票记账取直运采购订单的单价。

（4）特殊单据记账。特殊单据记账是对组装单、调拨单、形态转换单记账，进行成本计算，登记存货明细账。组装单、调拨单和形态转换单可按特殊单据记账，也可按正常单据记账。全月平均法、计划价法/售价法核算的存货，按特殊单据记账时，组装单、调拨单和一组数据转换的形态转换单生成的其他出入库单按存货上月的平均单价或差异率计算成本；按正常单据记账时，组装单、调拨单和一组数据转换的形态转换单生成的其他出入库单按存货当月的平均单价或差异率计算成本。如果调拨单、组装单、形态转换单等按特殊单据记账，则由其生成的其他出入库单不允许再记账。

### 2. 恢复记账

恢复记账用于将用户已登记明细账的单据恢复到未记账状态。采用全月平均法、计划价/售价法、个别计价法计价时，可选择某张单据直接进行恢复；采用移动平均法、先进先出法计价时，不能单独恢复中间的某张单据，应按记账顺序从后向前恢复。

本月已生成凭证的单据，不能恢复记账，并且之前的单据也不能恢复记账，如果需要恢复记账，应先删除所生成的凭证。

### 3. 暂估处理

存货核算子系统对暂估业务提供了［暂估入库成本录入］和［结算成本处理］两个功能。

（1）暂估入库成本录入。对于没有成本的采购入库单，可以在此成批录入暂估成本。对于成本单价的录入，系统提供计划成本、参考成本、上次入库成本、上次出库成本、结存成本供选择。对已有暂估金额的单据，在此可以修改单价和金额。

（2）结算成本处理。存货暂估是外购入库的货物尚未收到采购发票，在无法确定实际的采购成本时，财务人员期末暂时按估计价格入账，后续按照选择的暂估处理方式进行回冲或者补差处理。系统提供月初回冲、单到回冲和单到补差处理暂估业务，用户可在控制参数中设置“暂估方式”。

### 4. 产成品成本分配

产成品成本分配是对已入库未登记明细账的产成品进行成本分配。在产成品成本分配中，可以直接输入需要分配的总成本，或者从成本管理子系统取产成品的成本，然后通过分配功能把成本分配到产成品的入库单据。

存货核算子系统与成本管理子系统集成应用时，如果成本管理子系统本月已结账并且已计算出产成品的单位成本，则存货核算子系统的产成品入库成本可以取成本管理子系统的产成品单位成本，然后计算出列表中记录的金额。用户可以通过［取价］功能取一种产成品的单位成本，通过［全取］功能取所有产成品的单位成本。

当输入成本分配列表中的金额后，可进行成本分配。在进行成本分配时，先以某存货的金额除以数量求出平均单价，再将详细信息中此存货的每笔记录的数量乘以此单价，算出每笔记录的金额，填到对应的产成品入库单中。成本分配完成后，直接退出，用户可以调出产成品入库单，查看成本分配的情况。

【例 10-4】完成产成品成本分配工作。

操作路径：

1 月 3 日，以“2002 肖然”的身份进入企业应用平台，执行［业务工作］—［供应链］—［存货核算］—［业务核算］—［产成品成本分配］命令，打开［产成品成本分配表］窗口，单击［查询］按钮，选择“产成品库”，系统自动将产成品入库信息带入产成品分配表中，输入金额“38 700”，单击［分配］按钮，完成产成品成本的分配，如图 10-9 所示。

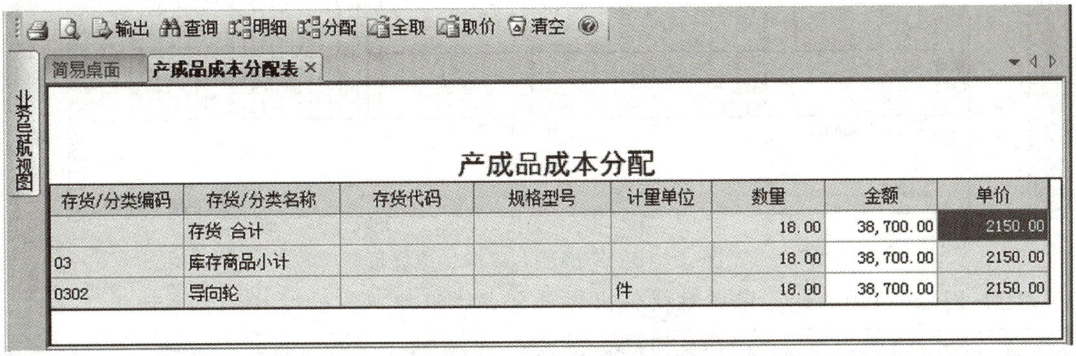


| 存货/分类编码 | 存货/分类名称 | 存货代码 | 规格型号 | 计量单位 | 数量 | 金额 | 单价 |
|---|---|---|---|---|---|---|---|
| | 存货 合计 | | | | 18.00 | 38,700.00 | 2150.00 |
| 03 | 库存商品小计 | | | | 18.00 | 38,700.00 | 2150.00 |
| 0302 | 导向轮 | | | 件 | 18.00 | 38,700.00 | 2150.00 |

图10-9　产成品成本分配

### （三）财务核算

存货核算子系统的财务核算提供了关于凭证的生成、查询、修改和删除等操作。存货核算子系统在完成单据记账并进行出入库成本核算后，需要进一步生成记账凭证，凭证生成以后可以在凭证列表中进行查询、修改和删除等操作。

生成凭证主要是根据存货核算子系统初始化时设置的存货科目、存货对方科目等，对本月已记账的各种出入库单、销售发票、回冲单等单据自动生成凭证。系统生成的凭证自动传递到总账管理子系统中进行审核、记账，从而实现财务业务一体化操作。需要注意的是，组装单、拆卸单、形态转换单、调拨单进行制单时，只能使用［合成］按钮进行制单；对于其生成的其他出入库单，可以使用［生成］按钮进行制单。

凭证列表的功能主要是进行凭证查询、修改、删除和冲销等操作。在凭证查询列表中，可双击某行的凭证查询该凭证的具体内容，也可对选中的凭证进行修改、删除或红字冲销。存货核算子系统中删除的凭证只是将传递到总账管理子系统中的凭证做作废处理，如果要彻底删除该凭证，还需要在总账管理子系统中使用［整理凭证］功能将其删除。

【例 10-5】完成对产成品入库单、材料出库单的生成凭证处理。

操作路径：

（1）1 月 3 日，以“2002 肖然”的身份进入企业应用平台，执行［业务工作］—［供应链］—［存货核算］—［财务核算］—［生成凭证］命令，打开［生成凭证］窗口，单击［选择］按钮，查询出需要制单的产成品入库单，选中该单据，单击［生成］按钮，系统自动生成转账凭证，如图10-10所示。

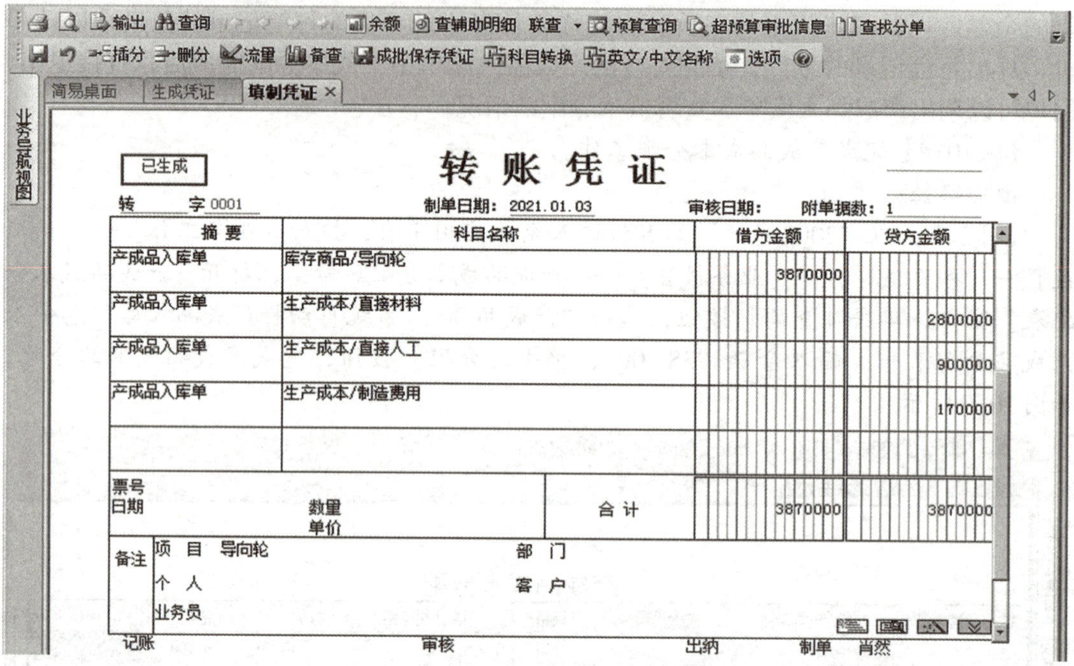


图10-10 产成品入库单生成凭证

（2）同理，1月5日，完成对材料出库单生成凭证处理，如图10-11所示。

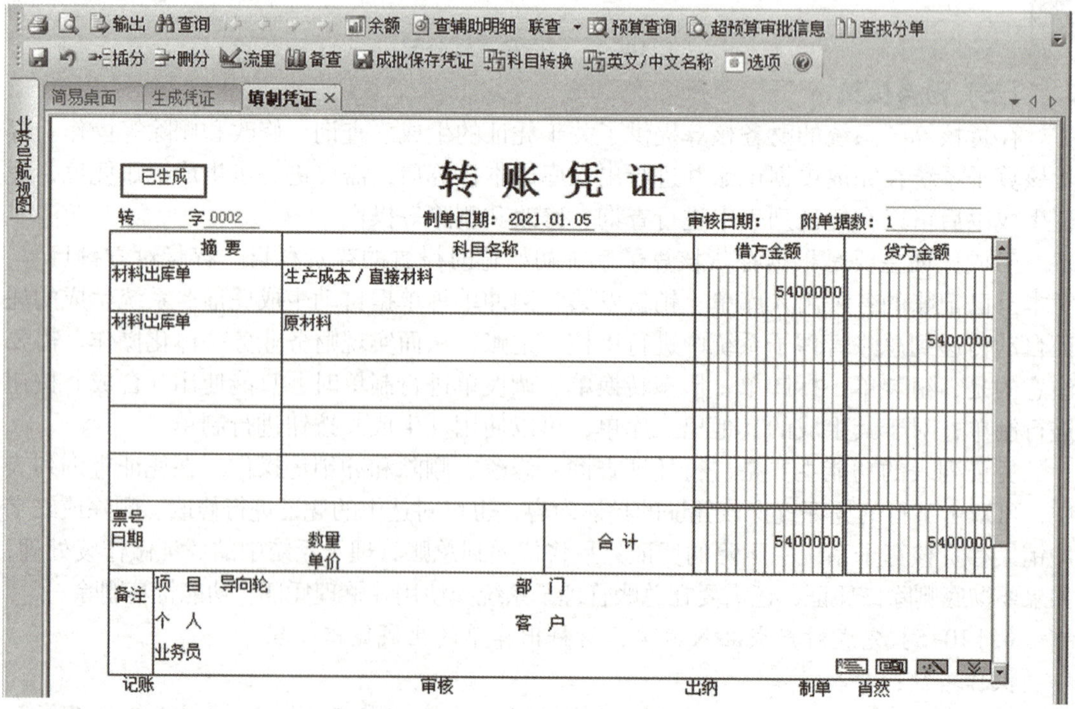


图10-11 材料出库单生成凭证

## 三、账表查询

库存管理子系统和存货核算子系统分别提供了丰富的账表查询功能，同时还可以进行数据的分析和账表管理。

### （一）库存管理子系统的账表查询

库存管理子系统提供了强大的信息查询和数据分析功能，包括库存账、批次账、货位账、统计表、储备分析等账表的查询和管理功能。

#### 1. 库存账

库存账包括现存量查询、出入库流水账、库存台账、委托代销备查簿、受托代销备查簿、不合格品备查簿、呆滞积压备查簿、供货单位收发结存汇总表和入库跟踪表。通过库存账可以查询各种库存信息，如存货的现存量、某时段存货的出入库情况、受托代销物资的收发明细、不合格品的记录和处理情况等。

微课

库存现存量查询

【例 10-6】查询1月份的库存现存量。

操作路径：

1月31日，以仓管部“5001 吴晓波”的身份进入企业应用平台，执行［业务工作］—［供应链］—［库存管理］—［报表］—［库存账］—［现存量查询］命令，弹出［查询条件选择-现存量查询］对话框，单击［确定］按钮，进入［现存量查询］窗口，如图10-12所示。

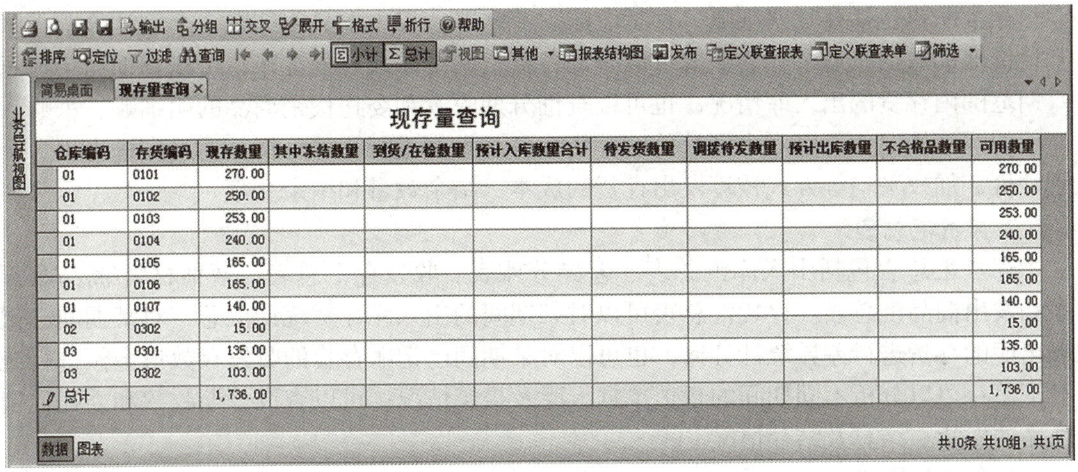


现存量查询

| 仓库编码 | 存货编码 | 现存数量 | 其中冻结数量 | 到货/在检数量 | 预计入库数量合计 | 待发货数量 | 调拨待发数量 | 预计出库数量 | 不合格品数量 | 可用数量 |
|---|---|---|---|---|---|---|---|---|---|---|
| 01 | 0101 | 270.00 | | | | | | | | 270.00 |
| 01 | 0102 | 250.00 | | | | | | | | 250.00 |
| 01 | 0103 | 253.00 | | | | | | | | 253.00 |
| 01 | 0104 | 240.00 | | | | | | | | 240.00 |
| 01 | 0105 | 165.00 | | | | | | | | 165.00 |
| 01 | 0106 | 165.00 | | | | | | | | 165.00 |
| 01 | 0107 | 140.00 | | | | | | | | 140.00 |
| 02 | 0302 | 15.00 | | | | | | | | 15.00 |
| 03 | 0301 | 135.00 | | | | | | | | 135.00 |
| 03 | 0302 | 103.00 | | | | | | | | 103.00 |
| 总计 | | 1,736.00 | | | | | | | | 1,736.00 |

图10-12 现存量查询

#### 2. 批次账

批次账包括批次台账、批次存货汇总表和保质期预警。通过批次账可以查询批次管理的存货的各仓库各月份各批次的收发存明细情况；查询库存各存货各批次的出入库和结存情况，可对各批次进行详细的跟踪；查询用户指定日期范围内将要失效或已失效的存货。

### 3. 货位账

货位账包括货位卡片、货位汇总表和货位存量，通过货位账可以查询各货位各存货的详细或汇总性的收发存情况。

### 4. 统计表

统计表包括库存展望、收发存汇总表、存货分布表、业务类型汇总表、限额领料汇总表、组装拆卸汇总表、形态转换汇总表、业务追溯报表、生产齐料展望分析、存量波动分析、未审核单据查询和未指定货位单据查询。通过统计表可以查询展望期内存货的预计库存、可用量情况，也可以查询各仓库各存货各种业务类型的收入、发出及结存情况等信息。

### 5. 储备分析

储备分析包括储备分析、安全库存预警、超储存货查询、短缺存货查询、呆滞积压存货分析、库龄分析、缺料表、库存齐套分析和用料周期分析。通过储备分析可以查询当前可用量大于或小于安全库存量的存货、当前可用量大于最高库存量的存货、当前可用量小于最低库存量的存货、呆滞存货和积压存货等信息，从而对存货的储备进行分析。

## （二）存货核算子系统的账表查询

存货核算子系统提供了各种账表的查询功能，包括存货账簿、存货汇总表和存货分析表的查询，还可以通过账夹对这些报表进行管理。

### 1. 存货账簿

存货账簿包括存货明细账、存货总账、流水账、发出商品明细账、个别计价明细账和计价辅助数据。通过存货账簿可以查询各存货明细账或总分类账；可以查询当年任意日期范围内存货的出入库情况；也可以查询分期收款和委托代销商品的明细账、采购入库单的明细情况；可以对个别计价的存货按各个批次进行统计分析；通过先进先出、个别计价、加权平均等方式核算发出存货的成本、结余数量和结余金额。

### 2. 存货汇总表

存货汇总表包括出入库汇总表、差异分摊表、收发存汇总表、暂估材料/商品余额表和发出商品汇总表。存货汇总表可以对某期间的出入库存货统计汇总；对某期间已记账出库的存货进行差异统计分摊；也可以对某期间已记账存货的收发存数量金额进行统计汇总；可以分析不同期间的暂估单据入库及报销情况；可以查询分期收款和委托代销商品的发货、结算及结存情况。

### 3. 存货分析表

存货分析表包括存货周转率分析、ABC成本分析、库存资金占用规划、库存资金占用分析和入库成本分析。通过存货分析表可以提供某一种存货、某一类存货或全部存货的存货周转率分析；可以按成本比重高低计算确定各存货的ABC分类；可以按用户的初始设置提供库存资金的不同占用规划；可以分析实际库存资金的占用额与计划额之间的差额；可以统计不同期间或不同入库类别的存货的入库成本。

## 同步训练

### 一、单项选择题

1.下列各项不能形成其他入库单的是（　　）。

A.调拨入库　　B.盘盈入库　　C.委托代销入库　　D.形态转换入库

2.下列各项关于材料出库单的说法错误的是（　　）。

A. 材料出库单是领用原材料时所填制的单据

B. 在工业企业核算类型的账套中，可以填材料出库单

C. 在商业企业核算类型的账套中，不可以填材料出库单

D. 无论是在工业企业核算类型还是商业企业核算类型的账套中，都可以填材料出库单

3.下列各项关于调拨单的说法错误的是（　　）。

A.调拨单可以生成其他入库单　　B.调拨单可以生成其他出库单

C.调拨单保存时生成其他出入库单　　D.调拨单审核时生成其他出入库单

4.系统提供的存货核算方式不包括（　　）。

A.按人员类别核算　　B.按部门核算

C.按存货核算　　D.按仓库核算

5.下列各项关于库存台账的说法错误的是（　　）。

A. 库存台账可查询库存期初结存

B. 库存台账主要用于查询各仓库存货各月份的收发明细情况

C. 库存台账不可以按照“存货+自由项”设置账页

D. 库存台账可以联查单据

### 二、多项选择题

1.存货成本核算的方式有（　　）。

A.按仓库核算　　B.按部门核算

C.按存货核算　　D.按客户或供应商核算

2.系统设置的盘点方式有（　　）。

A.按仓库盘点　　B.按类别盘点　　C.按日期盘点　　D.按批次盘点

3.关于产成品入库业务核算的描述正确的有（　　）。

A. 产成品入库单的单价与金额，既可以通过修改产成品入库单直接填入，也可以由成本分配功能自动计算填入

B. 当存货核算子系统与库存管理子系统集成应用时，在库存管理子系统中录入产成品入库单

C. 存货核算子系统可对产成品入库单进行产成品成本分配

D. 产成品入库单在填制时，要求同时录入数量、单价才能保存

4.发出商品记账功能适用的业务类型有（　　）。

A.普通销售业务　B.分期收款业务　　C.假退料业务　　　D.委托代销业务

5.下列各项关于收发存汇总表描述正确的有（　　）。

A.收发存汇总表用于对某期间已记账存货的收发存数量金额进行统计汇总

B.收发存汇总表只用于对某期间未记账存货的收发存数量金额进行统计汇总

C.收发存汇总表对未发生业务的存货不能查询

D.收发存汇总表可以查询结存数量为零的存货

**三、判断题（正确的打"√"，错误的打"×"）**

1.红字入库单是采购入库单的逆向单据。（　　）

2.其他入库单一般由系统根据其他业务单据自动生成，不可手工填制。（　　）

3.材料出库单可以手工增加，可以配比出库，或根据限额领料单、领料申请单生成，生成的材料出库单可以修改或删除。（　　）

4.盘点单审核时，对于盘点单中盘亏的存货，系统自动生成业务类型为"盘亏出库"的其他出库单。（　　）

5.存货核算子系统与采购管理子系统集成应用时，对于当期货到票未到、未结算的采购入库单的单价可以利用"暂估成本录入"进行批量修改。（　　）

# 任务三　库存管理与存货核算子系统期末处理

库存管理与存货核算子系统的期末处理主要包括期末成本处理、对账和月末结账。通过期末成本处理可以核算全月平均法、计划/售价法下的存货成本，核对系统之间数据的一致性，并将本月期末数据资料结转为下月的期初数据。

## 一、期末成本处理

微课

期末成本处理

当日常业务全部处理完成后，用户可进行期末成本处理，系统自动按全月平均法计算存货的全月平均单价以及本会计月出库成本；按计划价/售价法计算存货的差异率/差价率及其本会计月的分摊差异/差价；对已完成日常业务处理的仓库、部门、存货做处理标志。

期末成本处理每月只能执行一次，且在期末结账之前执行。一旦期末成本处理完成，当月的出入库单将不能在本会计期间录入。因此，进行期末处理之前，用户应仔细检查本月业务是否还有未记账的单据，用户应在完成本会计月的全部日常业务后，进行期末成本处理工作。

由于生成凭证只支持按整单制单，故在第12个月期末处理前，用户一定要将未整单记账的所有未记账单据全部记账，并且在月末结账前生成凭证。

【请注意】按全月加权平均法核算的仓库必须先对仓库进行期末处理后，出入库单据才能生成凭证，否则没有金额的出库单和其他有金额的单据一起生成凭证后会引起对账不平。各仓库期末处理完后，检查是否还有未生成凭证的单据，如果有，需要在本月全部生成凭证，否则存货核算与总账对账不平。

系统提供恢复期末成本处理功能。按仓库或部门核算时，可以对整个仓库、所属部门进行恢复期末成本处理，也可选择对仓库、所属部门中部分存货进行恢复期末成本处理。

【例 10-7】完成存货核算子系统的期末成本处理。

操作路径：

1 月 31 日，以财务部“2002 肖然”的身份进入企业应用平台，执行［业务工作］—［供应链］—［存货核算］—［业务核算］—［期末处理］命令，弹出［期末处理-1 月］对话框，单击［处理］按钮，完成所有仓库的期末成本处理，如图 10-13 所示。

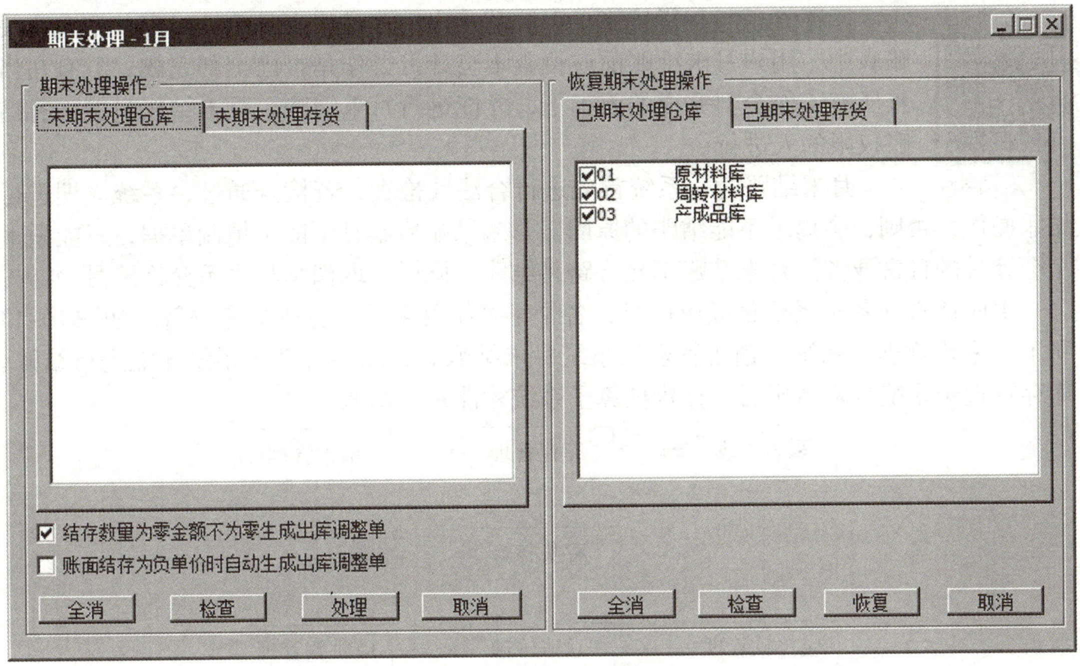


图10-13　期末处理-1月

## 二、对账

为了保证各个子系统之间数据的一致性，库存管理与存货核算子系统分别提供了对账功能。

### （一）库存管理子系统的对账

库存管理子系统的对账包括库存与存货对账、库存账与货位账对账。

库存与存货对账是指库存管理子系统与存货核算子系统对账，对账的内容为某月份各仓库、各存货的收发存数量。如果核对一致，系统将提示用户对账完成，并退出［对账］功能；如果核对不一致，系统将不一致的数据显示在对账报告中。

库存账与货位账对账是指库存台账与货位卡片进行对账。如果核对一致，系统会提示对账结果正确。

### （二）存货核算子系统的对账

存货核算子系统的对账包括存货与总账对账、发出商品与总账对账。

存货与总账对账是指存货核算子系统与总账管理子系统核对存货科目和差异科目在各会计月份的借贷方发生额、数量以及期末结存的金额、数量等信息。发出商品与总账对账是指存货核算子系统的发出商品科目与总账的发出商品科目进行对账。

在期末对账时，可通过［明细］功能将科目数据按单据还原为明细数据进行显示，并可在明细对账记录中联查业务单据及其凭证。对于核对结果，系统显示不同颜色加以区分，白色记录表示对账结果相符，蓝色记录表示对账结果不平。

## 三、月末结账

微课

月末结账

库存管理与存货核算子系统的月末结账是将本月单据封存并记入有关账表中。用户月末结账前应检查本会计月工作是否已全部完成，只有在当月所有工作全部完成的前提下，才能进行月末结账。月末结账只能由有结账权限的人进行。

月末结账时，系统首先进行合法性检查，若检查通过，系统立即进行结账操作，否则，会提示不能结账的原因。月末结账后本月不能再填制单据，只能做下个会计月的日常业务。月末结账不允许跨月结账，同样，取消结账也不允许跨月。

供应链管理各子系统集成应用时，各个子系统月末结账应按顺序进行，如图10-14所示。采购管理子系统、销售管理子系统月末结账后，库存管理子系统才能进行结账。库存管理子系统月末结账后，存货核算子系统才能月末结账。

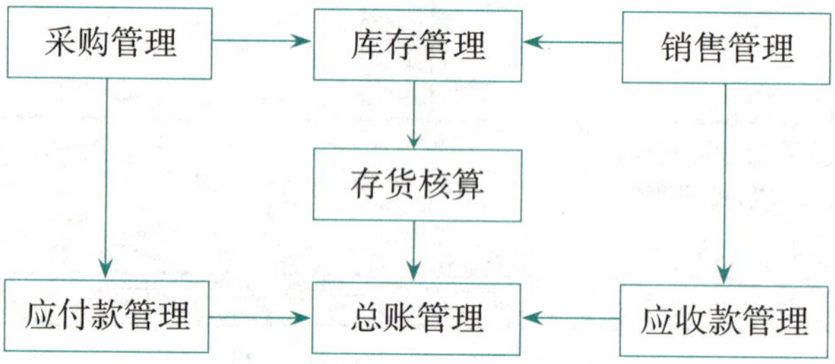


图10-14　月末结账顺序

取消结账时应当按照与结账顺序相反的顺序进行操作。只有总账管理子系统当月未结账或取消结账后，存货核算子系统才能取消结账；只有存货核算子系统当月未结账或取消结账后，库存管理子系统才能取消结账。

【例10-8】完成库存管理与存货核算子系统的月末结账。

操作路径：

（1）库存管理子系统月末结账。1月31日，以仓管部“5001吴晓波”的身份进入企业应用平台，执行［业务工作］—［供应链］—［库存管理］—［月末结账］命令，弹出［结账］对话框，选中“会计月份1月”，单击［结账］按钮，完成库存管理子系统月末结账，如图10-15所示。

（2）存货核算子系统的月末结账。1月31日，以财务部“2002肖然”的身份进入企业应用平台，执行［业务工作］—［供应链］—［存货核算］—［业务核算］—［月末结账］命令，弹出［结账］对话框，如图10-16所示，选中“会计月份1月”，单击［结账］按钮，完成存货核算子系统月末结账。

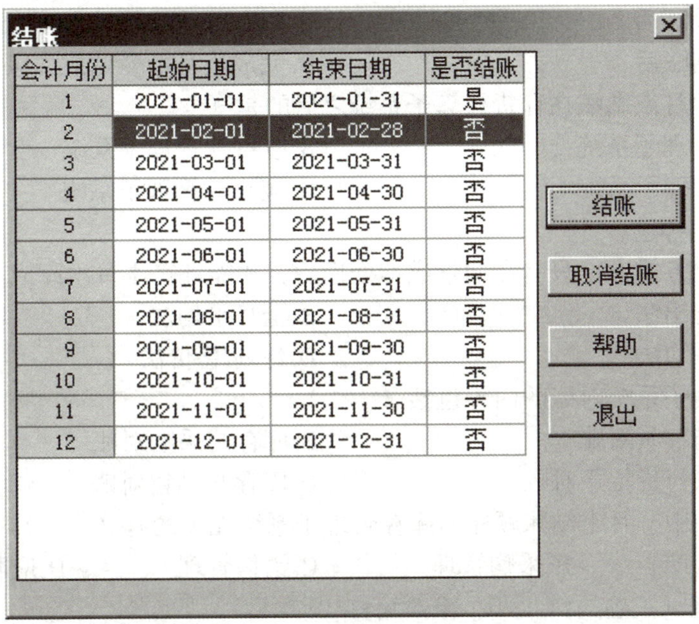


| 会计月份 | 起始日期 | 结束日期 | 是否结账 |
|---|---|---|---|
| 1 | 2021-01-01 | 2021-01-31 | 是 |
| 2 | 2021-02-01 | 2021-02-28 | 否 |
| 3 | 2021-03-01 | 2021-03-31 | 否 |
| 4 | 2021-04-01 | 2021-04-30 | 否 |
| 5 | 2021-05-01 | 2021-05-31 | 否 |
| 6 | 2021-06-01 | 2021-06-30 | 否 |
| 7 | 2021-07-01 | 2021-07-31 | 否 |
| 8 | 2021-08-01 | 2021-08-31 | 否 |
| 9 | 2021-09-01 | 2021-09-30 | 否 |
| 10 | 2021-10-01 | 2021-10-31 | 否 |
| 11 | 2021-11-01 | 2021-11-30 | 否 |
| 12 | 2021-12-01 | 2021-12-31 | 否 |

图10-15　库存管理子系统月末结账

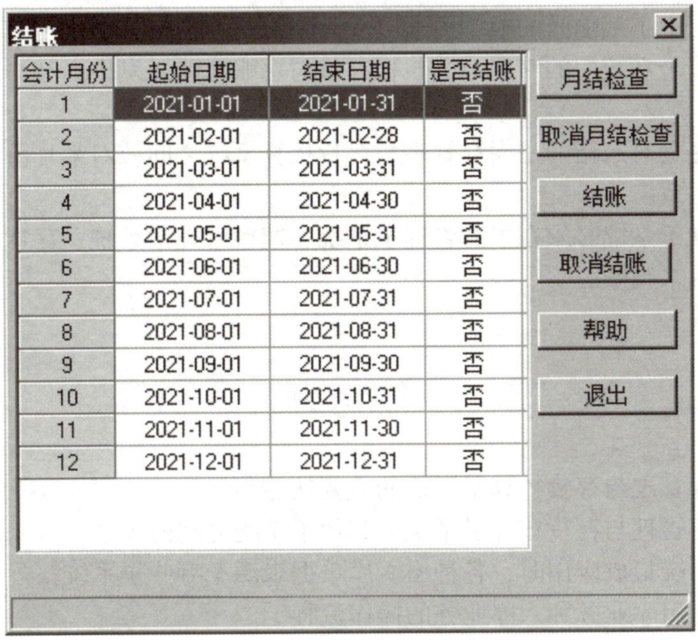


| 会计月份 | 起始日期 | 结束日期 | 是否结账 |
|---|---|---|---|
| 1 | 2021-01-01 | 2021-01-31 | 否 |
| 2 | 2021-02-01 | 2021-02-28 | 否 |
| 3 | 2021-03-01 | 2021-03-31 | 否 |
| 4 | 2021-04-01 | 2021-04-30 | 否 |
| 5 | 2021-05-01 | 2021-05-31 | 否 |
| 6 | 2021-06-01 | 2021-06-30 | 否 |
| 7 | 2021-07-01 | 2021-07-31 | 否 |
| 8 | 2021-08-01 | 2021-08-31 | 否 |
| 9 | 2021-09-01 | 2021-09-30 | 否 |
| 10 | 2021-10-01 | 2021-10-31 | 否 |
| 11 | 2021-11-01 | 2021-11-30 | 否 |
| 12 | 2021-12-01 | 2021-12-31 | 否 |

图10-16　存货核算子系统月末结账

## 同步训练

### 一、单项选择题

1.某种存货的计价方式为“全月平均法”时，计算全月平均单价的时间是（　　）。

A. 期末处理后　　　　B. 所有单据记账后
C. 月末结账后　　　　D. 完成当月的暂估成本录入后

2. 下列各项月末结账在存货核算子系统之后的是（　　）。

A. 库存管理子系统　　　　B. 应付款管理子系统
C. 总账管理子系统　　　　D. 应收款管理子系统

## 二、多项选择题

1. 下列计价方式中，只有在期末成本处理后，才能计算本月出库成本的有（　　）。

A. 先进先出法　　　　B. 全月平均法
C. 移动平均法　　　　D. 计划/售价法

2. 库存管理子系统对账的内容包括（　　）。

A. 库存与存货对账　　　　B. 库存与采购对账
C. 库存账与货位账对账　　　　D. 库存与销售对账

3. 下列系统中，月末结账顺序与库存管理子系统无关的有（　　）。

A. 固定资产　　B. 采购管理　　C. 销售管理　　D. 应收款管理

## 三、判断题（正确的打"√"，错误的打"×"）

1. 对于已填写单价、金额的材料出库单，系统在单据记账、期末处理时不会修改其成本数，以单据中手工输入的成本为准。（　　）

2. 存货核算子系统中的对账范围包括存货与总账对账、发出商品与总账对账。（　　）

3. 库存与存货对账指的是库存管理与存货核算系统之间核对某月份各仓库存货的收发存数量是否一致。（　　）

4. 库存管理子系统必须在采购管理子系统、销售管理子系统、存货核算子系统结账后，才能进行月末结账。（　　）

# 思考题

1. 简述库存管理与存货核算子系统的主要功能。
2. 简述库存管理与存货核算子系统与其他子系统之间的关系。
3. 不同子系统集成应用时，各种出入库单据来源于哪些子系统？
4. 简述普通出库业务和入库业务的操作流程。
5. 简述不同的单据采用的单据记账方式。
6. 库存管理与存货核算子系统提供哪些账表的查询功能？

# 实践训练

完成与本教材配套的《会计信息系统实训》教材中"实训十二"的实训内容。

# 参考文献


［1］财政部会计财务评价中心．中级会计实务［M］．北京：经济科学出版社，2025.

［2］中国注册会计师协会．会计［M］．北京：中国财政经济出版社，2025.

［3］中华人民共和国财政部．企业会计准则2006［M］．北京：经济科学出版社，2006.

［4］中华人民共和国财政部．企业会计准则——应用指南［M］．北京：中国财政经济出版社，2006.


# 学习资源网站

［1］爱课程网址：国家级精品资源共享课《会计信息化实务操作》．https：//www.icourses.cn/sCourse/course_3548.html.

［2］学银在线平台网址：国家在线精品课程《会计信息系统应用》．https：//www.xueyinonline.com/detail/249705792.

［3］全国职业院校技能大赛．http：//www.chinaskills-jsw.org.

［4］山东省职业院校技能大赛．http：//sdskills.sdei.edu.cn.

# 微课索引

为了便于读者查找本教材中以二维码形式添加的129个重点、难点的微课，特在括号内标注每个微课的具体页码，翻到对应位置，用手机扫一扫即可直接观看。

[14] 人员档案设置（p.46）
[15] 客户分类设置（p.48）
[16] 客户档案设置（p.49）
[17] 总账管理子系统主要功能（p.57）
[18] 会计科目（p.65）
[19] 修改会计科目（p.65）
[20] 删除会计科目（p.66）
[21] 指定会计科目（p.67）
[22] 凭证类别（p.67）
[23] 项目目录（p.69）
[24] 外币设置（p.70）
[25] 总账控制参数（p.71）
[26] 录入无辅助核算科目的期初余额（p.75）
[27] 录入有辅助核算科目的期初余额（p.76）
[28] 期初余额（p.76）
[29] 填制凭证（p.79）
[30] 填制辅助核算凭证（p.81）
[31] 修改凭证（p.82）
[32] 删除凭证（p.84）
[33] 常用凭证（p.84）
[34] 出纳签字、凭证审核、凭证记账（p.86）
[35] 审核凭证（p.87）
[36] 凭证记账（p.89）
[37] 制作红字冲销凭证（p.89）
[38] 查询凭证（p.90）
[39] 现金日记账查询（p.91）
[40] 支票登记簿（p.92）
[41] 银行对账（p.94）
[42] 录入银行对账单（p.94）
[43] 查询银行存款余额调节表（p.96）
[44] 查询余额表（p.97）
[45] 查询管理费用多栏账（p.98）
[46] 期间损益结转（p.102）
[47] 自定义转账（p.102）
[48] 转账生成（p.102）
[49] 对账和结账（p.103）
[50] 月末结账（p.104）
[51] 调用报表模板（p.115）
[52] 调用利润表模板（p.115）